This book belongs to:

Marielle F

Le roi Carême

Philippe Alexandre
Béatrix de l'Aulnoit

Le roi
Carême

Albin Michel

© Editions Albin Michel S.A., 2003
22, rue Huyghens, 75014 Paris
www.albin-michel.fr
ISBN 2-226-14202-9

« ... Chers lecteurs, je prie Dieu qu'il vous tienne en bon appétit, vous conserve en bon estomac et vous garde de faire de la littérature. »

Alexandre DUMAS

1

L E MONDE n'en croit pas ses yeux. Dans les plaines de
Champagne, de Brie, de Picardie, Napoléon a perdu la
bataille de France. Qui à présent pourrait gagner celle de
Paris ? Depuis trois jours, le canon fait trembler les villages
des alentours : Montreuil, Clichy, Charenton, Bagnolet, avec
leurs potagers et leurs vergers en fleur. Poussant les troupeaux,
les paysans cheminent vers le faubourg Saint-Antoine. Aux
barrières, la garde nationale ne s'oppose plus au déferlement
des régiments ennemis. Les Parisiens épouvantés ferment leurs
volets. Jamais la capitale n'a été envahie.

A l'entresol de l'immense hôtel de l'Infantado, rue Saint-
Florentin, Talleyrand, que l'Empereur a fait prince de Bénévent, secoue ses manchettes de dentelle. Il porte son habit
rouge de grand chambellan brodé de feuilles d'or, cet uniforme de courtisan zélé qui lui a valu plus de flots d'argent
qu'aucun seigneur d'Europe.

Napoléon vient d'arriver à Fontainebleau, prêt à marcher
sur Paris et à faire couler le sang glorieux de ses derniers
grognards. La paix ! Après vingt-deux années d'hécatombe,
les mères et les épouses en deuil la réclament. Les maréchaux
épuisés l'exigent. A Tilsit, le ministre des Relations extérieures

9

la conseillait déjà. Depuis six ans, Talleyrand travaille dans l'ombre à préserver la prospérité d'une France enrichie par l'Italie et les Flandres. Ah, si seulement l'Empereur l'avait écouté !

Aujourd'hui, il n'y a plus le choix. C'est le tsar qu'il faut faire plier, qu'il faut ensorceler. Et pour le seconder, le prince, stratège invincible de toutes les séductions, dispose d'un maréchal de génie. Avec ses « grands extraordinaires », Antonin Carême lui a valu bien des triomphes. Toutes les chancelleries, les lords anglais, les princesses de Pologne et les grands-ducs de Russie ont été à jamais éblouis par les chefs-d'œuvre de ce prodigieux Parisien de trente ans, roi de la pâte feuilletée, qui ne cesse d'inventer, d'embellir, de parfaire la grande cuisine française. Ses croustades de truffes en surprise cuites au champagne ont fait pleurer de volupté une génération d'ambassadeurs et de prélats. Ses timbales de macaronis aux perdreaux rouges, aux faisans, aux mauviettes et aux champignons étaient accueillies comme le saint sacrement. Et les dames de la cour se pâmaient devant ses pièces montées en pagodes chinoises, en pavillons turcs, en ruines de Palmyre... Lorsqu'on venait à Paris, il ne fallait pas seulement être reçu par l'Empereur, il fallait avoir goûté aux festins mis en scène par Carême dans les plus beaux palais de la capitale. « La plume reconnaît son insuffisance pour donner une idée de ces tableaux », dit son admirateur, le marquis de Cussy, ami de Grimod de La Reynière et préfet des Tuileries depuis 1810.

Rares sont ceux, pourtant, qui ont aperçu la silhouette élancée de cet artiste qui règne sur les sous-sols enfumés où les grandes cheminées brûlent jour et nuit. Mais Talleyrand, comme les seigneurs de naguère, les Conti et les Soubise, participe à l'élaboration méticuleuse de ses fêtes. Son contrôleur Boucher a servi chez les Condé après avoir fait ses premières armes chez l'amie de Marie-Antoinette, la gracile princesse de Lamballe, veuve à dix-neuf ans et qui s'évanouissait à la vue d'une écrevisse ou d'un homard. Avec Carême, ils s'entendent à merveille pour éblouir leurs invités. Comme son fastueux prince, l'enfant de la misère et de la Terreur a le culte du luxe et de la beauté qui participent à la grandeur de la patrie. L'un et l'autre savent que, pour livrer ces somptueuses batailles, chaque détail a son prix. Et qu'il ne faut pas compter.

En ce début d'après-midi du jeudi 31 mars 1814, le printemps est dans sa gloire. Sur les nappes blanches damassées, le soleil illumine la porcelaine de Sèvres, les couverts en vermeil, les coupes antiques, les candélabres en bronze et, en milieu de table, les architectures de sucre filé qu'Antonin a terminées depuis la veille.

Aux Champs-Elysées, le tsar, le roi de Prusse, l'ambassadeur d'Autriche von Schwarzenberg et lord Stewart, commissaire britannique auprès des souverains coalisés, passent en revue leurs troupes, grenadiers hongrois, cosaques en tunique écarlate, hussards de la garde royale prussienne. Un millier de généraux avec à leur tête l'irascible Blücher. Quatre cents canons. Des centaines de milliers d'hommes aux moustaches luisantes, aux uniformes exotiques, qui, par rangées de trente, débouchent depuis plusieurs heures, avec fracas, de la rue Royale, mariant les bicornes bas, les shakos à longs plumets et les casques à crinière que Carême a si souvent exécutés en pièces montées pour les fêtes impériales.

Par la fenêtre, le cuisinier aperçoit les Tuileries abandonnées deux jours plus tôt par Marie-Louise et le petit roi de Rome. Dans la grosse berline qui les emmenait à Rambouillet, l'enfant trépignait et l'impératrice de vingt-deux ans ne pouvait retenir ses larmes. Antonin revoit les grandes réceptions données par l'Empereur, les maréchaux, les ministres, les membres de l'Institut, des Beaux-Arts, de l'Académie de médecine : « Oh ! qu'elles étaient belles moralement ces générations surexcitées par un grand but sitôt moissonnées et disparues !... Hommes immortels que j'ai vus, César à leur tête, aux dîners et aux grands bals de Paris, de Saint-Cloud, de Trianon, de Compiègne, de Fontainebleau, de Neuilly, à ces fêtes brillantes où vous n'aviez autour de vous que des orateurs et des généraux célèbres, et des femmes gracieuses... » Il revoit les buffets somptueux de l'Hôtel de Ville au lendemain des victoires de Marengo, d'Austerlitz, d'Iéna, de Friedland, de Wagram, les buissons d'écrevisses, les brochets glacés, les turbans d'anguille en gelée. La table splendide des Murat qu'il a servis deux ans comme chef pâtissier à l'Elysée-Napoléon. Tant de splendeurs qui firent de son « état » un art universellement admiré et dont il devine déjà qu'elles ne reviendront plus.

Sur sa jument grise, Eclipse, offerte par Napoléon, des étriers d'or à ses bottes, Alexandre Ier traverse maintenant la place de la Concorde, son visage pâle légèrement penché sous son bicorne vert orné d'un flot de plumes. Comme Frédéric-Guillaume de Prusse, il a refusé de dormir dans ce palais des Tuileries si souvent balayé par l'histoire qu'il porte sûrement malheur. Il devait loger à l'Elysée-Napoléon. Mais ce matin, sur les boulevards, un billet lui a été remis pour l'avertir que le palais était miné. Est-ce encore une de ces intrigues dont le diabolique Talleyrand est accoutumé ? Le grand chambellan a aussitôt offert au tsar le premier étage de sa demeure vraiment royale. Il l'aura sous la main.

Après une première discussion dans le grand salon de l'Aigle, le dîner réunit les souverains. Le prince diplomate a pour le soutenir Mgr de Pradt, éphémère ambassadeur à Varsovie, son complice des plus noires conspirations, surnommé le « marmiton de la cuisine politique », l'abbé Louis, qui l'assistait déjà, le 14 juillet 1790, à la messe de la fête de la Fédération, et le duc de Dalberg, prince primat de la Confédération du Rhin, qu'il a envoyé l'avant-veille à Alexandre pour lui dire d'arriver au plus vite.

Entre deux bouchées de croquettes de homard aux champignons, il faut persuader maintenant le tsar de replacer les Bourbons sur le trône. « Je ne les connais pas », réplique le monarque dans son français sans accent. Napoléon, en revanche, il l'admire et garde pour lui une délicate affection. Comme le prince von Schwarzenberg, il est partisan d'une régence de Marie-Louise.

Mais l'Opéra les attend. « Alexandre a envie de se montrer aux Parisiens », répétait son ami de Tilsit. Et ces Parisiens, tournant précipitamment la page de l'histoire, acclament le souverain russe lorsque celui-ci pénètre dans sa loge, les épaules effacées par les franges d'or, la poitrine barrée du grand cordon bleu de Saint-André. Les duchesses du faubourg Saint-Germain n'ont pas perdu une minute pour orner leur coiffure d'une fleur blanche. N'est-ce pas un général français émigré au service des Russes qui, hier, a pris d'assaut les moulins à vent de la colline de Montmartre ? Le directeur de l'Opéra a, en toute hâte, changé le programme et remplacé le trop bonapartiste *Triomphe de Trajan* par l'innocente *Vestale* de Spontini. Déjà, le chanteur Laÿs entonne un couplet de circonstance sur l'air de *Vive Henri IV* :

Vive Alexandre,
Vive ce roi des rois.

A deux pas de là, les officiers de cavalerie parquent leurs montures dans la cour du Palais-Royal et se disputent les tables des célèbres Beauvilliers, Le Gacque ou Véry, dont les cartes de plus de cent plats font rêver toute l'Europe et jusqu'en Amérique. La garde russe bivouaque aux Champs-Elysées. Les cuisines de l'auberge Le Doyen n'ont pas été pillées. Pour avoir volé un pain dans une boulangerie, un cosaque a été puni de mort et abattu sur place. Sous les frondaisons naissantes, les petits chevaux arabes grignotent l'écorce des marronniers, mais on a oublié les rations des soldats. A l'entracte, le tsar, averti, sort de sa loge pour exiger qu'on nourrisse ses hommes. Aussitôt, toutes les berlines de Paris sont réquisitionnées pour acheminer poulets et bouteilles auprès des vainqueurs affamés.

Rue Saint-Florentin, l'hôtel de Talleyrand est éclairé de centaines de chandelles. Les courtisans en foule envahissent le grand escalier de marbre qu'Alexandre, sanglé dans sa tunique noire, gravit pour la seconde fois. Sur la table étincelante d'or et de cristaux, le contrôleur Boucher fait disposer les petits pâtés aux huîtres, les croustades de lamproie, les boudins de carpe à la Soubise, les filets de sole à la Villeroy comme autant de pièces d'artillerie. Rien de plus grandiose pour Carême, de plus harmonieux, de plus élégant que ce service à la française avec, à chacun des trois actes, son ballet de laquais en livrée soulevant avec un bel ensemble les couvercles de Sèvres et les cloches d'argent.

A deux heures du matin, le tsar cède. Dans son verre de madère, Talleyrand trempe un boudoir dessiné par Antonin pour lui permettre de sacrifier confortablement à son habitude gourmande. Sa victoire est totale. Il est chef du gouvernement provisoire. Les Bourbons vont pouvoir franchir la Manche.

14

« Mais je veux être sûr que les Français en veuillent », exige Alexandre.

Qu'à cela ne tienne ! Le lendemain, le Sénat, magistralement orchestré, vote la déchéance de l'Empereur. Le 4 avril, un dîner magnifique en réunit les membres rue Saint-Florentin. Et comme certains régicides ou ex-jacobins prétextent une maladie diplomatique, on travestit quelques comédiens du costume officiel de sénateur : habit et manteau de velours brodés d'or et doublés de soie jaune, cravate de dentelle, ceinture et culotte blanches, chapeau de feutre noir retroussé avec une ganse en or et un bouquet de plumes blanches.

Les trois services comprennent huit potages, huit relevés de poisson, huit grosses pièces, puis quarante-huit entrées et huit plats de rôts, suivis de quarante-huit entremets. Tout en maigre, la grande cuisine des rois de France qu'Antonin a apprise, à l'Elysée, des vieux officiers de bouche de l'Ancien Régime : « Cette spécialité a manqué d'être engloutie dans nos révolutions, assez incrédules en fait de pratiques pieuses... Le beau *maigre* reparut d'abord chez Mme Caroline Murat. Ce fut là le sanctuaire de la bonne chère, et Murat fut un des premiers à faire pénitence, mais quelle pénitence ! » Le jeune tsar est d'une piété scrupuleuse. Il s'est recueilli toute une nuit avant d'entrer dans Paris. En cette semaine sainte, il assiste à deux messes par jour. On a dressé dans l'hôtel voisin une chapelle de rite orthodoxe. Mais le petit-fils chéri de la Grande Catherine est aussi un sensuel raffiné qui s'occupe personnellement de sa table de Saint-Pétersbourg. Et, dans le maigre, Carême porte son art à son degré suprême. Alexandre, charmé, lève son verre de romanée pour un toast au roi de France Louis XVIII. « Vive les Bourbons ! » reprennent les faux sénateurs enivrés par les effluves des truffes « tournées en olives » qui couronnent les filets d'esturgeon à la Tourville.

Antonin ne dort que quelques heures grappillées par-ci par-là. Il sait que l'histoire traverse une nouvelle convulsion et que, cette fois, il en est l'un des acteurs. Dans la nuit, le maréchal de Marmont, tout couvert de poussière, arrive de Versailles pour discuter avec le prince von Schwarzenberg. « Il faut le faire dîner avant de le faire parler ! » s'écrie Talleyrand. La fatale trahison de Marmont prive Napoléon de la moindre espérance de faire donner la poudre. Le 6 avril, la nouvelle éclate. A Fontainebleau, l'Empereur a signé son abdication. Dans les antichambres de la rue Saint-Florentin, se pressent autant de bonapartistes que de royalistes. L'ancien ministre des Relations extérieures Reinhardt compare le grand salon à une lanterne magique : « L'ancienne et la nouvelle noblesse s'y coudoient, le clergé et les laïques s'y rencontrent... Tous les grands dignitaires et sénateurs qui s'étaient éloignés envoient leur adhésion et chacun s'efforce de remonter à la surface. »

Cette année, Pâques russes et catholiques coïncident. Alexandre y voit le doigt de Dieu. Sur l'ancienne place Louis XV, il préside une cérémonie devant un autel dressé là où a roulé sur l'échafaud la tête de Louis XVI. Le préfet de police a ordonné que, dans tout Paris, la voie publique soit nettoyée de la boue et du crottin. La circulation comme le stationnement des voitures sont interdits jusqu'à sept heures du soir. Dans les cuisines où Carême, le bonnet de coton blanc sur la tête, surveille ses troupes, parviennent les chants slavons entonnés de leurs voix ténébreuses par les popes barbus porteurs d'icônes et repris en chœur par tout un peuple de soldats et d'officiers à genoux. « C'était pour mon cœur un moment solennel, émouvant et terrible, écrit le monarque russe à son ami Galitzine, fondateur d'une société biblique. Voici, me disais-je, que j'ai amené, par la volonté insondable de la Providence, mes guerriers orthodoxes du fond de leur froide patrie nordique pour élever vers le Seigneur nos prières communes dans la capitale de ces étrangers, qui, récemment encore, attaquaient la Russie, à l'endroit même où la victime royale succomba à la fureur populaire... Les fils du Nord célébraient, aurait-on dit, les obsèques du roi de France. Le tsar de Russie priait selon le rite orthodoxe, avec son peuple, et de la sorte, purifiait la place ensanglantée... Notre triomphe spirituel a pleinement atteint son but. Je fus même amusé de voir des maréchaux et des généraux français se presser et se bousculer pour baiser la croix russe. »

Dans le faubourg Saint-Germain, ses élégants cavaliers n'ont aucun mal à apprendre aux jeunes marquises qui les hébergent le traditionnel baiser sur la bouche. Et, dans le menu de ce grand jour, il n'est plus question de maigre. Antonin déploie toutes les splendeurs du terroir de ce radieux début de printemps. Les homards de Bretagne, les gigots de pré-salé du Mont-Saint-Michel, les veaux de Pontoise nourris au biscuit et à la crème, les chapons gras de la Sarthe, les grosses asperges de Vendôme, les fraises de Touraine, cette bonne crème épaisse de Normandie et cet incomparable beurre d'Isigny qui unit toutes les notes de la symphonie dont il est le compositeur. Jamais la table de France n'a été aussi resplendissante. Devant la nappe blanche en dentelle et « ces cristaux parfaits pour boire nos excellents vins de France », le tsar serait tenté de s'agenouiller. Et, avec lui, le très gourmet prince de Metternich, enfin arrivé de Vienne.

Alexandre évoque le renouveau de ses cuisines depuis que

Riquette, envoyé par Boucher en 1808, remplit, à Saint-Péters-bourg, les fonctions de maître d'hôtel. Carême connaît bien l'ineffable Riquette qui gouvernait les fourneaux quand il a débuté chez Talleyrand. Le chef venait aussi en extra dans les cuisines de l'Elysée pour les grands bals que donnait la princesse Caroline sur ordre de son « auguste » frère : « Riquette, l'un des plus distingués cuisiniers de l'époque, après avoir travaillé dans nos grands travaux modernes, alla à la cour de Russie faire briller la cuisine française dans tout son éclat. Parisien, parlant et écrivant bien sa langue (chose peu commune chez les hom-mes de bouche), aussi fut-il surnommé le beau parleur. » Et voilà le tsar intarissable sur son nouveau maître en gastronomie qu'il couvre de faveurs. « Un jour, ce souverain dit au prince : Riquette a des jaloux, on me dit qu'il est riche, qu'il a des maisons. J'en suis charmé, c'est à lui que nous sommes redeva-bles de savoir manger. Quel éloge ! Quand on pense que cet éloge fut prononcé par l'empereur Alexandre ! »

Chaque soir, il y a fête rue Saint-Florentin. Et le souverain russe constate qu'à l'égal de Riquette l'habile Carême est capable, lui aussi, de varier à l'infini ses entrées et ses entre-mets. Talleyrand a toujours exigé de son contrôleur qu'il ne serve jamais deux fois par an le même menu. Une prouesse dans une maison qui, depuis le Directoire, ne cesse de recevoir l'élite de l'Europe. Le 11 avril, le prince écrit à son amie polonaise, la duchesse de Courlande : « Venez dîner avec Dorothée. L'empereur dîne... Monsieur le comte d'Artois arrive demain à Paris. » Le frère du roi est l'éclaireur de Louis XVIII. « Cette fois tout est fini et bien fini », soupire, satisfait, le grand chambellan qui peut enfin relâcher Alexandre.

A la différence de Napoléon, le tsar ne voyage pas avec ses officiers de bouche. Depuis une semaine, l'ambassadeur russe, le glouton prince Kourakine, est à la recherche d'un cuisinier pour Sa Majesté. Et bien entendu c'est au contrôleur Boucher, pourvoyeur des cours européennes, qu'il s'est adressé. Quel autre choix que Carême pour le monarque le plus puissant du monde ?

Antonin connaît les grandes cuisines voûtées de l'Elysée-Napoléon qu'il a quittées en 1808 lorsque les Murat devinrent souverains de Naples. Il a percé tous les secrets des fourneaux, apprécié la fraîcheur de l'office et arpenté la salle à manger blanc et or où les convives ont applaudi tant de ses chefs-d'œuvre. Il était alors chef pâtissier du grand La Guipière qui avait connu les fastes de Versailles. Avec le contrôleur Robert, ancien de chez les Condé, ce cuisinier hors pair a porté à son apogée la table de la sœur de l'Empereur.

A la porte du palais, les soldats russes remplacent les hussards de Murat. A l'intérieur règne déjà l'aide de camp du tsar, le beau comte Tchernichev, qui a fait chavirer bien des cœurs en 1811 lors de ses deux missions à Paris pour sonder les projets de Napoléon. Et aussi le grand-duc Constantin, le frère dissipé d'Alexandre, fou de fêtes et de femmes. Mais le Parisien Carême ne se sent pas étranger dans cette cour slave : « J'obtins tout de suite l'amitié et la protection d'un homme aimable et distingué, le contrôleur de sa maison, monsieur Muller. Je devins, sous sa direction, chef des cuisines de l'empereur, chargé de toutes les dépenses, de toutes les rédactions de menu... j'étais maître absolu dans mes fonctions. Voilà le moment de ma vie où je fus jeté dans le service le plus étendu et le plus actif... »

Chaque nuit, le palais étincelle de toutes ses chandelles. Le 12 avril, le comte d'Artois y fait son premier dîner parisien depuis son émigration en 1789. Le tsar l'accueille dans cet

Elysée dont, comme Antonin, personne ne sait plus de quel nom l'appeler : Elysée-Napoléon, Elysée-Impérial ou Elysée-Bourbon. Le 16 avril, l'empereur d'Autriche s'installe, à deux pas, dans l'hôtel de Pauline Borghèse. Il vient en voisin fêter la fin des hostilités, avec Frédéric-Guillaume de Prusse, les princes Metternich et von Schwarzenberg, Wellington et le gourmand lord Stewart chargé d'aller faire signer le traité de paix au régent d'Angleterre. Muller a donné carte blanche pour le choix des extras. « Mes travaux furent heureux, tout réussit et tout m'était plus facile, car je choisissais les hommes qui devaient m'être adjoints ! » s'exclame Carême, enthousiasmé par la prodigalité du souverain russe.

Un jour, Alexandre reçoit le sénateur Chaptal qui vient de publier *L'Art de faire les vins* et *La Chimie appliquée aux arts*. Ministre de l'Intérieur sous le Consulat, directeur de la fabrique des Poudres pendant la Révolution, le créateur de la première chaire de chimie est aussi le père des tribunaux de commerce et de l'école des Arts et Métiers. A la tête d'une députation, il remercie Sa Majesté pour la protection qu'elle a accordée, dès son entrée à Paris, à tous les établissements de la capitale. « Je désire vivement que les arts, les métiers les plus utiles se répandent sur toute la surface du globe », répond le monarque. Un autre jour, il invite à sa table l'abbé Sicard, fondateur de l'institut des sourds-muets, auquel il a déjà conféré la croix de Saint-Wladimir, décoration que Napoléon a interdit au prêtre de porter. Le tsar est d'autant plus sensible aux succès de l'ecclésiastique qu'il souffre d'une légère surdité. Avec grâce, il incline la tête vers ses interlocuteurs. Sa vue un peu courte l'oblige aussi à se servir d'un face-à-main qu'il fait disparaître dans sa manche et perd parfois en se levant de table.

Muller informe Carême des préférences de Sa Majesté. Alexandre et ses généraux commencent leur dîner par quelques douzaines d'huîtres. Ils aiment la soupe froide à la russe. Et surtout l'« ouka », grosse bouillabaisse dont Antonin laisse la confection à ses aides slaves. Mais, curieux de gestes nouveaux, il les regarde « colorer » à la broche deux poules puis les disposer dans une grande marmite avec une sous-noix de veau, deux navets, deux carottes, deux oignons, un bouquet de poireaux, un pied de céleri qu'ils couvrent d'eau. Après cinq heures de « légère ébullition » au coin de l'âtre, ils ajoutent dans ce bouillon barbues, anguilles, perches et soles, « les poissons que la Halle de Paris nous fournit, tandis qu'à Saint-Pétersbourg le sterlet est l'âme de ce potage ».

Le potage aux choux est plus simple encore, puisqu'ils remplacent les poissons de l'ouka par des lamelles de tendrons de veau, d'oignons et un gros chou blanc. C'est le « tschy », qu'il écrit et prononce le chic. Toute sa vie, il aura des problèmes avec les noms étrangers pour lesquels il n'entend faire aucun effort. Carême n'aime que le français qu'il parle d'ailleurs à merveille.

A son grand regret, il a dû se mettre au service à la russe et abandonner la belle table à la française qui double le plaisir des gourmets en leur offrant un coup d'œil ravissant sur les chefs-d'œuvre des cuisiniers : « Le service à la russe diffère infiniment du nôtre, en ce que rien du service de cuisine ne paraît sur la table. Toutes les entrées doivent être dépecées ainsi que la grosse pièce et le rôt. Au fur et à mesure qu'une entrée se trouve servie, le maître d'hôtel revient à la cuisine chercher celle que l'on finit... Premièrement, on sert les huîtres, au potage succèdent les hors-d'œuvre, ensuite l'entrée froide, après cela vient la grosse pièce, puis viennent les entrées de poisson, de volaille, de gibier, de boucherie, et les entremets de légumes, ensuite le plat de rôt avec la salade. Le service se termine par les entremets de douceurs, les gelées, les crèmes et les soufflés. » C'est en juin 1810, au château de Clichy où il avait pris ses quartiers d'été, que le prince Kourakine a fait servir en France les premiers dîners à la russe. « On ne voyait sur la table que les desserts et les fleurs. Tout Paris en parla », écrit l'historien Frédéric Masson. C'est pourtant ce service à la russe qui sera adopté dans le monde entier parce qu'il permet aux convives de manger chaud. Antonin veut bien admettre que cette manière de passer les plats à chaque convive avec rapidité est « favorable à la bonne chère ». Mais quel travail supplémentaire en cuisine !

A son habitude, dès l'aube, il est à la Halle et, chaque soir, avant de se coucher, il note sur un cahier son menu du jour, une nouvelle recette, les temps de cuisson, la température idéale du four, le mouvement du poignet qui lui permettra le lendemain de rendre sa sauce plus onctueuse encore. C'est cette précision doublée d'une curiosité insatiable qui est à l'origine de ses succès. Et ce tsar, si admiratif du génie français, l'inspire. Voyant que ses aides russes mélangent petits pois, carottes en dés et haricots verts avec de la mayonnaise, Antonin invente, pour accompagner cette salade russe, une couronne de poulet en gelée : « La première fois que j'ai servi l'aspic de blancs de volaille garnis d'une macédoine ce fut à l'empereur de Russie à l'Elysée-Bourbon. Cette entrée est très appétissante, tant par sa bonne mine que par sa qualité, surtout si on la sert pendant la primeur des légumes et racines potagères. »

Délicate récompense, Muller lui en fait compliment : « Ma manière, disait-il, plaisait beaucoup à l'empereur. Et cela était facile, car tout était digne, vraiment impérial dans cette grande maison du czar. » Avec le contrôleur, Carême parle sans se lasser des cuisiniers français qui s'illustrent à Moscou et à Saint-Pétersbourg. C'est un bavard. Par la faute de la Révolution, il a à peine eu le temps d'apprendre à lire et à écrire, mais il peut discourir avec lyrisme de tous ses confrères et ses maîtres croisés lors des grandes fêtes du Consulat et de l'Empire et qui sont partis faire fortune dans les neiges de Russie. Daniel, Benoist, Talon qui a ouvert un célèbre restaurant à son nom, Dubois, devenu maître d'hôtel de l'impératrice douairière... Et bien entendu son ami Riquette. Antonin aime à se dire que ce tsar qui aime la table ne peut être l'ennemi de la France.

Bien sûr, depuis des semaines, *Le Journal des débats* et *Le Moniteur* ont complaisamment détaillé le pillage des caves de Champagne et les viols commis par les envahisseurs cosaques. Bien sûr, ce sont les régiments russes qui ont arraché l'Empereur du sommet de la colonne Vendôme pour le remplacer par un drapeau blanc. Mais, aujourd'hui, Napoléon déchu s'apprête à partir pour l'île d'Elbe. Et c'est le tsar, contre l'avis des Alliés, qui insiste pour qu'on lui attribue ce royaume de poche. Alors que son mamelouk Roustan, son premier valet de chambre Constant et même son cuisinier Dunan, confrère et ami de Carême, abandonnent leur maître, renoncent au voyage, épuisés par les courses folles de ces dernières années à travers l'Europe.

Le 29 avril, dans les cuisines, c'est le retour du roi que l'on commente. Il est à Compiègne. Pas plus que le tsar, Antonin ne le connaît. Il se souvient de Louis XVI, aperçu, comme des milliers d'autres gosses, le 14 juillet 1790 à cette fête de la Fédération où Paris tout entier s'était massé au Champ-de-

Mars. Il vivait rue du Bac dans une baraque de chantier. Il allait fêter ses sept ans. Et son œil vif captait avidement tous les détails de la pompe royale. Sous le dais, se détachait l'imposante carrure du gourmand Bourbon. Comme son frère, Louis XVIII possédait jadis au palais du Luxembourg les meilleurs officiers de bouche. Il en a conservé des habitudes gloutonnes. Il raffole tant des huîtres que bientôt on le surnommera Louis Dix-huîtres. Au début de chaque repas, on lui sert aussi des côtelettes de mouton désossées et il avale, à la file, une quinzaine de ces petites noisettes saignantes. On murmure déjà que sa première volonté est de réengager les grands talents de la cuisine française.

Le 1ᵉʳ mai est jour de repos pour Antonin. Le tsar doit passer la nuit à Compiègne où il entend se faire l'avocat de l'armée et des libertés pour ce peuple de France qui le séduit depuis deux semaines. Trônant dans son fauteuil, le Bourbon n'offre au tsar qu'une simple chaise. « Le roi m'a montré sa proclamation. Il la date de la dix-neuvième année de son règne. Je lui ai donné le conseil d'ôter cette date, mais il ne paraît pas disposé à le suivre. Je prévois qu'il choquera bien des intérêts et que ce n'est pas encore là ce qui conviendra à la France. »

L'appartement destiné à Alexandre est indigne d'un empereur. Mesquinerie supplémentaire, à l'heure du dîner, Louis XVIII entre le premier dans la salle à manger, et comme le maître d'hôtel s'empresse auprès du tsar, le roi obèse s'écrie : « A moi, s'il vous plaît ! » Usage hérité de l'Ancien Régime. « Louis XIV ne m'aurait pas autrement reçu à Versailles... Son accueil a produit sur moi le même effet qu'un seau de glace qu'on m'eût jeté à la tête. » Dès la fin du repas, le monarque russe demande sa voiture et revient à l'Elysée qu'envahit le parfum des cuisines où règne sans partage le roi Carême.

Une semaine plus tard, Paris fête l'arrivée aux Tuileries de la fille de Marie-Antoinette, la petite orpheline du Temple, échangée à l'Autriche sous la Révolution contre des prisonniers français. Elle a gagné Vienne avant de rejoindre ses oncles et a épousé son cousin, le duc d'Angoulême. Son visage triste et sévère émeut la foule venue admirer le carrosse du roi tiré par six chevaux blancs. Mais c'est Alexandre qui règne sur Paris. Alexandre qui, chaque jour, visite des établissements consacrés aux sciences, aux beaux-arts, à l'industrie. Alexandre qui parcourt les ateliers de l'imprimerie Didot, la plus grande d'Europe. Alexandre qui dîne chez le banquier Laffitte et chez Mme de Staël à qui il promet d'affranchir les serfs de Russie.

A la Malmaison, il se promène au bras de Joséphine au milieu de la roseraie et de grosses fleurs blanches que l'impératrice a baptisées hortensias en l'honneur de sa fille Hortense. Dans le jardin tropical des serres chaudes, il promet de défendre les intérêts de son fils Eugène que Napoléon avait nommé vice-roi d'Italie. Antonin, pour qui l'ex-impératrice est une bonne fée et Eugène de Beauharnais le « prince parfait », s'attendrit chaque fois que leurs noms sont prononcés. Le tsar, lui, est sous le charme des yeux bleus d'Hortense, épouse malheureuse de Louis Bonaparte : « J'arrivais à Paris plein d'animosité contre votre famille et c'est seulement au milieu d'elle que je trouve la douceur de vivre », lui confie-t-il.

A plusieurs reprises, il se rend chez l'ex-reine de Hollande. Il lui raconte son dîner aux Tuileries, plaisante sur la longueur du repas, évoque Napoléon ! « Il me dit combien il l'avait aimé, comme il avait été touché au cœur de s'en être vu trompé, comment il lui en voulait doublement de cette guerre de Russie qui lui avait fait perdre son ami de Tilsit et d'Erfurt et comment, tout en rendant justice à ses grandes qualités, il s'était juré de ne jamais se réconcilier avec lui... Il était le seul alors, des Français et étrangers, qui s'exprimât convenablement sur l'Empereur... » Ah ! Napoléon ! Alexandre lui envie tous ses maréchaux. « Quel bonheur pour un souverain de régner sur une nation que le seul mot d'honneur électrise. »

Avec sa politesse exquise, sans doute trop étudiée pour être sincère, il ne charme pas seulement Joséphine et sa fille. Mais aussi la princesse polonaise Potocka et la princesse russe Bagration, ravissante veuve du général tombé deux ans plus tôt à Borodino pendant la campagne de Moscou. Chez la princesse Jablonowska, quand il ouvre le bal à la tête des danseurs pour la traditionnelle polonaise, toutes les femmes n'ont d'yeux que pour lui. La cuisse moulée dans une culotte blanche, le mollet pris dans de hautes bottes vernies à bouts pointus, il virevolte à ravir aux sons des violons.

La tsarine, son épouse, est chez sa mère dans le grand-duché de Bade. Il ne l'a pas vue depuis seize mois. Il est de ces hommes sévères à la maison mais frivoles à l'extérieur. Le matin, les cuisines ont ordre de porter dans sa salle de bains un morceau de glace dont il se frotte les joues pour garder un teint frais de jeune amoureux. Son visage aux approches de la quarantaine est toujours aussi séduisant. Son front s'est un peu dégarni, mais il arrange ses cheveux blonds avec soin sur le haut du crâne et fait bouffer ses favoris comme de la bourre de soie.

Au lieu d'assister avec les souverains étrangers au service célébré à Notre-Dame en l'honneur de Louis XVI et de Marie-Antoinette, il part, le 14 mai, en petite calèche avec Tchernichev en direction de Chantilly pour déjeuner chez Hortense, au château de Saint-Leu, ancienne propriété des Condé. Joséphine et Eugène sont de la partie. Le 21 mai, il visite avec eux la machine de Marly.

Le 28, une fois de plus, Alexandre se rend à la Malmaison. A la suite d'un refroidissement, Joséphine doit garder le lit et ses enfants décident de ne pas l'informer de la venue du tsar qui tient compagnie à Eugène, malade lui aussi, dans sa chambre.

Le lendemain, l'ex-impératrice meurt, regrettée par le petit peuple de Paris. L'empereur d'Autriche, qui se rend à pied à l'Elysée, est abordé dans la rue du Faubourg-Saint-Honoré par un commis : « Ah monsieur ! Savez-vous la nouvelle ? Cette bonne impératrice Joséphine vient de mourir. » Antonin pleure aussi l'astre de tant de fêtes, « la grâce même, l'ange qui endormit sous la tombe nos dernières agitations civiles ». De cette disparition subite, Napoléon n'est prévenu que quelques jours plus tard par un valet de chambre qui, après l'avoir accompagné à l'île d'Elbe, s'en revient à Paris et découvre la nouvelle, à Gênes, dans un journal qu'il fait aussitôt parvenir à l'Empereur.

Le tsar informe Louis XVIII qu'il restera à Paris tant que la France n'aura pas sa Constitution. Effectivement, il ne prend la route pour Londres que le 3 juin, à quelques heures de l'adoption de la charte par le Congrès. En chemin, il fait un détour par Saint-Leu où il passe la nuit et prend son petit déjeuner près du lit d'Hortense, habillé de noir. Le surlendemain, il arrive à Boulogne. Les journaux ne parlent que de l'embouteillage provoqué dans le port « par l'immense cortège qui accompagne les souverains de Russie et de Prusse ». Charles Stewart les pilote jusqu'à Londres, où le maréchal Blücher ne peut s'empêcher de s'exclamer : « Quelle belle ville à mettre à sac ! » Le régent qui connaît le point faible du tsar a fait construire une nouvelle salle à manger dans sa résidence de Carlton House.

Pendant ces deux mois, le sensuel Alexandre, comblé par son service de table, s'est fait acclamer avec ravissement dans Paris. Un peu de l'éclat de cet aimable tsar amoureux de la France et de son peuple rejaillit sur Carême. En quittant l'Elysée, Muller lui fait savoir que Sa Majesté désire l'avoir pour chef de ses cuisines à Saint-Pétersbourg. Voici le petit poucet de la rue du Bac envié et admiré. « Cette belle place me donna tout à coup une importance que je n'avais pas espérée jusque-là. Cependant, j'avais déjà l'honneur d'être en butte aux jaloux, mais ils se turent. Je n'étais pas sans recueillir quelques réflexions. Quel bonheur est le sien ! se disait-on autour de moi. »

Un bonheur rudement gagné.

2

BLANCHES, droites, fières, les colonnes s'élancent à l'assaut du ciel. Pour mesurer leur progression, Antonin doit renverser la tête, presque se coucher et alors, le soleil l'éblouit. Dans cette rue du Bac dont il connaît chaque pavé, le petit garçon suit avec gravité la construction des beaux hôtels qui poussent au milieu des jardins potagers. Les blocs de pierre basculent des charrettes dans les cris des hommes, le hennissement des chevaux et les nuages de poussière.

Son père est l'un de ces ouvriers qui travaillent torse nu à faire surgir du sol des palais enchanteurs. La famille vit dans une baraque près de la rue de Sèvres, à hauteur des hôpitaux des Femmes-Incurables et des Petites-Maisons. Une baraque où les enfants n'ont pas leur place. Chaque année voit une nouvelle naissance. Sa mère, un bébé toujours accroché à son sein, n'a pas une minute à consacrer aux plus grands. « Né dans une des familles les plus pauvres de France, une famille qui a compté vingt-cinq enfants », Antonin grandit dehors. Il accompagne son père sur les chantiers. Du travail il y en a : « La maçonnerie a recomposé un tiers de la capitale depuis vingt-cinq années. On y a spéculé sur les terrains. On a appelé des régiments du Limousin, et l'on a vu des monceaux de

pierre de taille s'élever en l'air et attester la fureur de bâtir »,
écrit Louis Sébastien Mercier.

Sur les quais, le prince de Salm-Krybourg édifie un coûteux
pavillon en rotonde, et le prince de Condé n'en finit pas
d'embellir son palais Bourbon ou son hôtel de Lassay voisin
dont les grandes portes-fenêtres s'ouvrent sur des jardins qui
descendent vers les berges, avec la plus belle vue de Paris sur
les forêts des Champs-Elysées, la colline de Chaillot jusqu'aux
villages de Passy et d'Auteuil. Pour sa fille Louise, il vient, sur
le terrain contigu, d'achever un véritable bijou dont l'entrée
ornée d'une colonnade en demi-lune débouche sur un petit
temple de l'Amour et de l'Amitié.

Antonin a une prédilection pour les colonnes sculptées sur
les façades du quartier. La fontaine des Quatre-Saisons en
possède quatre. Et elles sont si nombreuses sur le dôme des
Invalides que ses mains ne suffisent pas à les compter. Mais
il leur préfère encore celles du chantier du marquis de Galliffet
au coin de la rue du Bac et de la rue de Grenelle. L'entrée
s'ouvre en face du couvent des Récollettes et le parc s'étend
jusqu'à la rue de Varenne. Il lui faut se faufiler dans la seconde
cour pour apercevoir le majestueux péristyle avec ses huit
colonnes de dix mètres de haut. Les maçons en dressent vingt
autres qui formeront un large passage conduisant à l'escalier.
Au premier étage, les doreurs s'activent sur des chapiteaux
aux feuilles délicates. L'architecte Legrand a, là encore, dessiné
quarante colonnes dans une grande galerie qui s'étend sur
plus de cent pieds*, car le marquis donne des fêtes splendides
qui le font surnommer dans tout Paris : « celui qui gala fait ».
Et tant pis si les mises en scène somptueuses qu'il offre à ses

---

* Environ trente mètres.

invités dans son château des Ternes engloutissent chaque fois une de ses grosses fermes champenoises !

Dans le sable qui tombe des brouettes, de ses doigts fins déjà habiles, Antonin recopie les volutes gracieuses. Quand il sera grand, il tracera lui aussi, sur de grands rouleaux de papier, des colonnes, des fontaines et des porches aux jolies statues. Il sera architecte.

En cette fin de printemps 1789, Paris se réchauffe après un hiver terrible. La Seine a gelé jusqu'à son embouchure. Les moulins, pris dans la glace, ont cessé de tourner et, dans tous les quartiers, le froid a paralysé les chantiers de la capitale. Dans le faubourg Saint-Germain, mais aussi de l'autre côté de la Seine, dans le quartier neuf de la Chaussée d'Antin, où financiers et actrices construisent fiévreusement. Certains soirs, il a fait dix-huit degrés « sous la glace ». De grands feux brûlaient devant les hôtels pour que les pauvres puissent se réchauffer. A l'Elysée-Bourbon, la princesse Bathilde, mère du jeune duc d'Enghien, a ordonné qu'ils ne s'éteignent jamais, même le jour. Son frère, le duc d'Orléans, dépense des fortunes pour distribuer du pain. La foule bénit son carrosse et l'appelle le « Protecteur du peuple ». Elle pourrait l'appeler le « prince promoteur ». En 1781, son cousin Louis XVI lui a donné l'autorisation d'amputer ses jardins du Palais-Royal pour y construire des galeries de pierre vite louées à des traiteurs et des limonadiers.

A six ans, Antonin a connu la faim, le froid. La misère qui meurtrit le corps. Chaque jour, des enfants comme lui sont abandonnés sur les marches des églises. Et le quartier ne manque ni de chapelles ni de couvents plus riches les uns que les autres. Des étages élevés de l'abbaye aux Bois, rue de Sèvres, on aperçoit une forêt de clochers qui pointent au-dessus des arbres. L'abbaye accueille des jeunes aristocrates célibataires ou

mariées comme on en voit aussi sortir du couvent de Penthé-
mont où Joséphine de Beauharnais, tyrannisée par son mari, a
passé deux ans en 1784 avec sa femme de chambre mulâtre et
son petit Eugène. Rue du Bac, les dominicains ont leur noviciat
au coin de la rue aux Vaches, devenue la rue Saint-Dominique.
Surnommés les jacobins parce que leur maison mère se trouve
rue Saint-Jacques, ils ne tirent pas leurs revenus de leurs prédi-
cations ou de leurs légumes. Ils louent des maisons. Leur église
dédiée à saint Thomas d'Aquin est somptueuse. Et le noviciat
s'enorgueillit d'une bibliothèque de quatorze mille volumes.
Dans le grand parloir de l'entrée, les visiteurs peuvent admirer
les portraits du pape, du cardinal de Richelieu, de Saint Louis
en famille. Et des cuisines du sous-sol s'échappent des odeurs
qui poussent au péché de gourmandise. Toutes les congrégations brillent par l'éclat de leurs tables et il n'est pas rare qu'un
prélat meure d'indigestion avant d'avoir pu atteindre le dessert
et goûter aux feuillantines, délices de fruits et de pâte feuilletée,
créées par les religieuses des Feuillants.

Bien sûr le petit Carême a été baptisé. Il porte le nom
d'Antoine Marie. Mais on l'appelle Antonin, ce qu'il préférera
toute sa vie. Il a appris son catéchisme en regardant les images
des livres pieux et bientôt il connaîtra son alphabet. Mais il
adore surtout parler, poser des questions, raconter ce qu'il a
vu et entendu pendant la journée. Et quel spectacle offrent
les rues de Paris !

Dès le matin, les robustes laitières venues en carriole d'au-
delà des barrières ouvrent le feu en criant : « Au lait, allons
vite ! » Et aussitôt accourt une nuée de femmes et de gamines.
Car la mode est au café au lait. Même les duchesses en boivent
à la porte de leur carrosse. Et c'est l'unique déjeuner des
ouvriers des chantiers. Les vinaigriers coiffés de rouge pous-

sent leurs brouettes et leurs tonnelets au cri de « Bon vinaigre ! ». M. Maille qui fournit toute l'Europe en a créé quatre-vingt-douze différents. Pulvérisé sur la peau, son vinaigre de Virginité, au benjoin, conserve un teint blanc de jeune fille. Un autre permet aux Parisiennes, qui se plaignent de toujours grossir, de garder la taille fine. Et on s'arrache la recette de son vinaigre des Quatre-Voleurs si efficace contre les évanouissements intempestifs : romarin, sauge, menthe et fleur de lavande macérés deux jours dans du vinaigre concentré auquel on ajoute un peu d'ail, de cannelle, de girofle et de muscade. M. Debauve, pharmacien-chimiste rue Saint-Dominique, est, lui, spécialiste du chocolat reconstituant qu'il fabrique à base de salep de Perse, une poudre d'orchidée que l'on dit aphrodisiaque.

Le nez en l'air, le petit garçon observe à tous les carrefours les enseignes en bois ou en tôle peinte des confiseurs, des bottiers, des serruriers. Les plus nombreuses sont celles des cabarets. On en compte plusieurs centaines à Paris, toutes différentes. Certaines n'ont qu'une pomme de pin ou un écu d'argent, mais d'autres une petite galère toutes voiles dehors ou la figure ronde d'un Maure enturbanné, arrivé avec sa cargaison d'épices d'une expédition lointaine. Parfois le cabaretier remplace son enseigne par un simple moulinet pour avertir le consommateur que le vin fait tourner la tête. On boit trop à Paris. Du bon mais aussi de la piquette.

Au coin du quai et de la rue du Bac, s'alignent les diligences de l'hôtel d'Argental qui, à toute heure du jour et de la nuit, conduisent les voyageurs courtisans à Versailles, Saint-Germain, partout où ils doivent rendre au roi leurs hommages intéressés. Sur les berges, les lavandières sont à l'ouvrage dans un grand bruit de battoirs. Elles ne lèvent le nez que lorsqu'un pêcheur à la ligne attrape sur l'autre rive un saumon de dix livres sous les applaudissements. Se baigner nu dans la Seine est désormais interdit. Mais il y a des bateaux de bains publics où l'on apprend à nager. Et d'autres pour se laver. Les plus connus, les bains Vigier au Pont-Royal, offrent des baignoires pleines d'eau chaude. Une fois par semaine, les dames de la bonne société se rendent dans ces cabines parfumées, accompagnées de leur femme de chambre.

Car les boueurs ont beau nettoyer les rues à l'aube avec leurs tombereaux, on se salit vite en marchant dans Paris. Les jours de pluie, on patauge dans un cloaque de boue et de crottin. Seule la rue Royale possède deux trottoirs. Ailleurs, c'est pain bénit pour les petits Savoyards qui lancent leurs planches au-dessus des caniveaux fangeux en criant : « Passez, payez ! » Il n'y a rien de plus drôle que de voir, aux alentours de trois heures de l'après-midi, les hommes en habit de soie rose, bas blancs et perruque poudrée essayer de franchir ces ruisseaux pestilentiels sur la pointe de leurs souliers vernis à grosses boucles d'argent. C'est l'heure du dîner. Il n'y a plus une voiture de libre dans Paris.

Des boutiques des traiteurs s'échappe une flopée de commis portant les pâtés de pigeon et les rôtis brûlants qui ont à peine le temps de refroidir. Les rôtisseurs livrent aussi, dans la minute, des poulardes dorées. A la Marmite perpétuelle, quai des Grands-Augustins, mijotent des chapons au gros sel à emporter ou à consommer sur place. C'est que juste à côté se tient le marché aux volailles de la Vallée, ouvert et fermé chaque jour par une cloche qui concurrence l'horloge de la Samaritaine, la première à pomper l'eau de la Seine sur le Pont-Neuf. Derrière leurs étals, les harengères crient : « Il brûle ! il brûle ! », les huîtrières : « A l'écaille ! », et l'on peut se régaler de harengs grillés et d'huîtres fraîches. Les marchandes de pain d'épices s'égosillent joyeusement : « V'là le plaisir, mesdames ! » Toutes ces voix chantent la vie. Au pied de Notre-Dame, les broches de la rue de la Huchette ont diverti la suite du dernier ambassadeur turc. On raconte que « les tailleurs de pierre limousins y viennent manger leur pain sec à l'odeur du rôt ».

Car, depuis cet hiver polaire, les prix de la Halle flambent. « Le litron des premiers pois se vend parfois cent écus, constate Mercier. Les vivres sont renchéris d'une manière exorbitante, c'est l'effet du luxe de la table des riches. Ils enlèvent tout et il faut ensuite que les pauvres se disputent le fretin... Il faut partout aujourd'hui des entrées et des entremets à profusion et on ne mange pas le quart de ce qui est servi. Tous ces plats coûteux sont dévorés par la valetaille. Un laquais est beaucoup mieux nourri qu'un petit bourgeois... Les classes pauvres se contentent d'un cervelas de trois sols. »

Le 5 mai, Antonin a entendu les cloches célébrer en chœur la procession des députés des états généraux défilant, un cierge à la main, dans les rues de Versailles. Mais deux mois plus tard, c'est le tocsin qui le fait trembler. De l'autre côté de la Seine, derrière la Bastille, s'élève une grosse fumée noire. Le feu a été mis à la fabrique de papiers peints de M. Réveillon qui a osé déclarer : « Les ouvriers peuvent bien vivre avec quinze sols par jour. » Le premier, le faubourg Saint-Antoine s'est révolté. Le 12 juillet, par les boulevards, l'émeute gagne les jardins du Palais-Royal où l'on promène les bustes du duc d'Orléans et du ministre Necker renvoyé par le roi. L'enfant entend dire que, poussés par la faim, des brigands s'approchent de Paris. Le surlendemain, une foule grondante d'hommes armés de piques et de broches de rôtisseur traverse le faubourg Saint-Germain en direction des Invalides où sont entreposées des armes. Elle s'empare des canons. Quelques heures plus tard, les cinq grosses tours de la Bastille sont aux mains du peuple. La liesse éclate. Plus d'arrestations arbitraires ! Plus d'impôts aux barrières ! Vive les états généraux !

Le prix du pain ne baisse pas pour autant. Antonin ne connaît que le « pain tout blé » complet, cuit avec les cosses. Les riches, eux, aiment le pain blanc pétri avec la fleur de farine. Mais les bonnes pâtisseries sont rares. « Dans l'Ancien Régime, nos pâtissiers établis ne fournissaient que quelques financiers et la classe bourgeoise, parce que chaque maison de notre ancienne noblesse avait un aide-pâtissier : voilà pourquoi les secrets de l'art n'appartenaient qu'aux pâtissiers de maison », explique Carême. Les meilleurs petits pains mollets, on les trouve rue Dauphine. Cette mie fondante sous sa légère croûte dorée fait les délices du jeune avocat Grimod de La Reynière dont les ancêtres, depuis quatre générations, sont fermiers généraux. Un original qui ne quitte pas ses gants car il est né avec les doigts palmés. Pour se venger de la nature, il ne songe qu'à croquer la fabuleuse fortune paternelle.

Situé place Louis XV à l'orée des Champs-Elysées, le nouvel hôtel des La Reynière est connu de tous les gourmands de la capitale. Et pas seulement parce que le chef des cuisines, Morillion, est réputé. Le 1er février 1783 s'y est tenu le souper le plus macabre et le plus mirobolant du siècle. Sur les cartons d'invitation, semblables à des faire-part de deuil, figurait un catafalque. Seize convives seulement étaient priés d'assister au festin mis en scène par l'acteur Dazincourt, professeur de déclamation de Marie-Antoinette et créateur du rôle de Figaro. A la porte, deux hommes en armes questionnaient : « Venez-vous chez M. de la Reynière, sangsue du peuple, ou chez son fils, défenseur de la veuve et de l'orphelin ? » Un autre serviteur, déguisé en chevalier Bayard, menait chaque invité devant une sorte de juge en perruque et bonnet carré. Puis Grimod, dans sa robe noire d'avocat, rassembla ses amis ahuris dans une pièce obscure. La porte s'ouvrit à deux battants devant la salle du souper éclairée par trois cent soixante-cinq torches romaines. Une balustrade encadrait la table gardée par deux hérauts. Quatre éphèbes en toge se placèrent derrière les convives avec des encensoirs : « Quand mes parents reçoivent, il y a toujours trois ou quatre personnes qui les encensent. J'ai voulu vous épargner cette peine ! » s'écria leur hôte avant de s'attabler avec délectation. Le repas ne comptait pas moins de quatorze services qu'un public pouvait savourer, mais seulement des yeux, derrière la balustrade. Grimod avait aussi décidé de tourner en dérision le cérémonial du grand couvert de Versailles où, une fois par semaine, la foule défilait devant la table royale. Une bonne occasion pour ce provocateur d'attirer l'attention juste avant la publication de ses *Réflexions philosophiques sur le plaisir*.

Ses déjeuners littéraires des mercredis et des samedis sont moins dispendieux. Pour y être admis, il suffit d'avoir écrit un sonnet, un madrigal ou un quatrain et de s'engager à boire dix-sept tasses de café. On y voit Beaumarchais, le poète Fontanes, les frères Chénier... Les immortels épicuriens Restif de La Bretonne et Mercier ne sont venus qu'une fois, car on y sert de simples tartines beurrées avec un seul anchois. Et interdiction de boire du vin. Lorsque quatre heures sonnent, Grimod se rattrape en retrouvant ses amis de la Société des Mercredis pour leur dîner hebdomadaire chez Le Gacque, le fameux restaurant des Tuileries, situé dans la cour du Manège.

Antonin est un pur enfant de Paris. Il aime les fêtes. Les

marionnettes de la place Louis XV. Les cotillons du dimanche sur les boulevards. Le cirque où galope l'écuyer Franconi dans son habit rouge et or. La foire Saint-Germain, paradis des bateleurs, des farceurs et des montreurs d'ours. Les boutiques de charcutiers qui, à Noël, restent allumées toute la nuit. Et, la semaine sainte, la grande fête aux jambons sur le parvis de Notre-Dame, avec ses paysans dont les paniers remplis de saucissons, de boudins et de jambons décorés de laurier annoncent la fin du maigre. Il aime la foule qui engloutit les gaufres au gros sucre, les beignets et les crêpes des jours de carnaval. Et la fête du Bœuf couronné, le plus gros bestiau acheté sur les marchés de Sceaux ou de Poissy, que les garçons bouchers traînent dans les rues sur un char décoré d'angelots. Cette semaine-là, Paris est comme fou. A chaque carrefour, ce ne sont qu'interpellations ironiques et ripostes galantes. Les bals masqués de l'Opéra attirent toute l'Europe et tant de foule que la reine elle-même s'y rend avec son beau-frère, le comte d'Artois, à l'insu de son mari. Pour s'échapper de bonne heure de Versailles, ils avancent les pendules afin de hâter le coucher du roi. Un matin, Louis XVI, furieux d'apprendre que Marie-Antoinette n'était pas rentrée, fit fermer les grilles du château pour les punir de leur escapade.

Mais en 1790, pour la première fois, c'est l'Opéra qui n'a pas ouvert ses portes. Plus de bals masqués ni de concerts. Cette année, la capitale se prépare à commémorer la prise de la Bastille par une grande fête patriotique à laquelle toute la nation doit participer. L'évêque d'Autun, Charles Maurice de Talleyrand, en a proposé l'idée à l'Assemblée constituante : « Une telle fête en réveillant des souvenirs glorieux, en resserrant les liens de fraternité entre tous les citoyens, en rendant sensible à tous le patriotisme qui anime les Français, achèvera de persuader aux ennemis de la révolution combien seraient vains les efforts qu'ils feraient pour la détruire. » Cette initiative provoque un tel enthousiasme que le député du clergé ne peut plus sortir sans être acclamé rue de Bellechasse, où il est hébergé par des religieuses.

Le lieu choisi est le Champ-de-Mars, gigantesque terrain de manœuvre où s'exercent les élèves de l'Ecole militaire. Partis des ruines de la Bastille, leurs bannières en tête, les cortèges de fédérés des quatre-vingt-trois départements doivent s'y regrouper pour assister à une grand-messe en plein air en présence du roi et de la reine. Talleyrand s'est désigné lui-même pour officier. Le pieux Louis XVI n'aime pas ce prélat cynique et noceur. Mais comme d'habitude, il s'est résigné.

Les quinze mille pensionnaires des ateliers de charité sont réquisitionnés pour creuser, dans l'immense friche, un amphithéâtre avec des gradins. L'autel se dressera au milieu, sur un talus. Les hommes sont nourris et payés quarante sols par jour. Pourtant le travail n'avance pas. Au début de juillet, les Parisiens sont appelés en renfort. Les volontaires affluent. De la rue du Bac, la trotte est longue. Mais l'enthousiasme est général, mêlant tous les métiers à commencer naturellement par les ouvriers des chantiers. Antonin et ses frères accompagnent leur père. La corpulente duchesse de Luynes pousse une ravissante brouette en acajou spécialement fabriquée pour ramasser la terre que forgerons et limonadiers creusent avec ardeur, les manches retroussées sur leurs gros bras nus. Les curés relèvent le bas de leur soutane. Et le miracle se produit. Bientôt se dresse un arc de triomphe à trois arches. A travers la Seine, un pont repose sur des bateaux. Un pont que l'on vient admirer de la guinguette du Gros-Caillou réputée, sur les berges, pour sa matelote d'anguilles et de carpes.

La veille du grand jour, rue de Bourbon, chez son ami Saisseval, Talleyrand répète. « Un autel avait été improvisé sur une cheminée, dit son biographe Lacour-Gayet. Mirabeau, qui avait assisté dans ses prisons à plus de messes que Talleyrand n'en avait dites dans sa vie, jouait le double rôle de servant et de maître des cérémonies. Il indiquait les gestes, il prescrivait des génuflexions. De voir leur ami, avec le rochet, la chasuble et la mitre en tête, les assistants furent pris d'un fou rire. Pyrame, la chienne de Talleyrand, se mit de la partie par ses aboiements. Elle se jeta avec fureur sur la soutane de son maître, surtout au moment où Mirabeau, plein de gravité, en soulevait la queue. »

Le 14 juillet, il pleut à verse. Mais jamais les Français n'ont été aussi magnifiquement rassemblés. Sous le roulement des tambours et des fifres, s'avancent des cohortes de curés en surplis de dentelle vers la pyramide sacrée. En face de l'autel, le roi et l'Assemblée sont assis côte à côte. Et lorsque Louis XVI prête serment à la Constitution, trois cent mille personnes, retenant leur souffle, se persuadent qu'une ère de liberté commence et que jamais les ennemis ne mettront la patrie en danger. A la fin de la cérémonie, les gardes nationaux commandés par La Fayette jurent d'être fidèles à la nation, à la loi et au roi. Déjà les orchestres s'installent. Ils ne bougeront pas d'une semaine. On danse sous les lampions et les cocardes tricolores au Champ-de-Mars, aux Champs-Elysées, à la Bastille, derrière la Halle... Chaque quartier organise son premier bal du 14 Juillet. Les bouchers brandissent l'oriflamme cousue pour le défilé : « Tremblez aristocrates, voici les garçons bouchers. »

Ce sont les princes qui, les premiers, ont pris peur. Le

comte d'Artois puis les Condé, partis de Chantilly dès le 17 juillet 1789 après avoir dîné « dans un silence déchirant » et précipitamment ordonné d'effacer les armoiries de leurs voitures, suivis par les Polignac, les Broglie... beaucoup prétextant un départ, comme chaque année, pour les eaux d'Aix-la-Chapelle ou de Bath en Angleterre, mais ne revenant pas à l'automne. Rue du Bac, peintres et doreurs achèvent les colonnes du bel hôtel de Galliffet. Mais dans le quartier, il n'y a plus de nouveau chantier. Plus d'ouvrage pour le père d'Antonin qui a toujours ses innombrables bouches à nourrir.

Les cortèges remplacent les processions du Grand-Pardon, de la Fête-Dieu et de Sainte-Geneviève où les notables venaient s'agenouiller devant la châsse ouverte de la sainte patronne de Paris. Le lundi 4 avril 1791, Mirabeau, décédé subitement quelques semaines après avoir été élu président de l'Assemblée, est enterré dans la ferveur au Panthéon. Le 11 juillet, on y porte en triomphe les cendres de Voltaire. Précédé d'une foule interminable, le char s'arrête devant la maison où le prophète des Lumières est mort treize ans plus tôt, quai des Théatins, à deux pas du couvent dont la chapelle conserve avec fierté le cœur de Mazarin. Le quai des Théatins devient aussitôt le quai Voltaire.

Chaque jour, sur des brancards, ostensoirs et ciboires sortent des églises en direction de l'Assemblée. Avec les anges de Raphaël et les Vierges de Titien disparaissent les religieuses en cornette qui apportaient des langes et des chemises dans les baraques des chantiers. Et les réfectoires où l'on servait du pain et de la soupe. Et aussi les prêtres et leurs écoles.

Accrochés aux pantalons tricolores de leur père, les enfants répètent : « Ça ira, ça ira » et les couplets de *La Marseillaise* que l'on chante à toutes les occasions, heureuses et malheureuses. Car la guerre est déclarée. Le duc de Brunswick entre sur le territoire français. Le 10 août 1792, le tocsin des Cordeliers sonne des heures durant. Les barricades illuminent la nuit. On entend le canon. Aux Tuileries, le peuple en furie brise les glaces, transperce les Suisses, s'empare des chemises en dentelle et des brosses à cheveux de l'Autrichienne. Des cuisines, il emporte des chapons farcis, des pâtés de foie gras, des bouteilles de vin de Bourgogne.

Au faubourg Saint-Germain, devant les portes des hôtels, on vend à l'encan les verres gravés, les rafraîchissoirs en vermeil, les grands plats d'argent et les livrées abolies par décret. « Cette révolution de 93, qui voulait tout frapper pour tout détruire, a atteint dans leur fondement les maisons les plus illustres », dira Carême. Dans les cours, désertées par les chevaux et les carrosses, l'herbe pousse entre les pavés. La boue n'est plus enlevée dans les rues. Les réverbères qui ne sont plus allumés annoncent la fin d'un monde. Le 21 janvier 1793, peu après huit heures, le roi monte dans la voiture du maire de Paris. Des canons ont été disposés sur les places publiques. Mille deux cents hommes en armes escortent le monarque jusqu'à la place Louis XV devenue place de la Révolution : « Il a paru vouloir haranguer le peuple, un roulement de tambour a donné le signal, à 10 heures 22 minutes, le ci-devant roi n'était plus », rapporte le lendemain *La Gazette de France* devenue *Gazette nationale*. Un profond silence submerge la capitale jusqu'à la nuit tombée.

L'été pluvieux annonçait une mauvaise récolte. Et la guillotine n'empêche ni le pain ni les chandelles d'augmenter. Les 26 et 27 février, on pille et on assassine les épiciers tenus pour responsables du prix élevé du savon. Deux mois plus tard, Robespierre fixe un prix « maximum » pour le blé, la farine, les principales denrées alimentaires, les salaires. Mais, dans la baraque de la rue du Bac, Antonin s'endort le ventre creux. « Une pensée affligeante me rappelle malgré moi le malheureux temps du maximum, où la France entière éprouva cette disette qui lui imposait un jeûne qui menaçait de ruiner tous les estomacs du peuple français. »

Des « commissaires aux accaparements » ont ordre de saisir les vivres qui circulent dans la rue et font, sans s'annoncer, des perquisitions dans les maisons. Les commerçants ont interdiction de fermer boutique. Une loi récompense tout citoyen qui dénonce les accapareurs coupables de cacher des denrées chez eux. Il aura droit au tiers des produits saisis.

Ces temps nouveaux sont placés sous le signe des Anciens. Les bons citoyens ne s'appellent plus Antoine ou Marie mais Popée ou Titus, Aspasie ou Epaminondas. Chaumette, procureur de la Commune, se rebaptise Anaxagoras et l'académicien Lemercier, Népomucène. Au théâtre, on s'extasie devant *Midas au Parnasse*.

Le 10 août, la fête de l'Union célèbre la fraternité entre le cultivateur, l'artiste et le soldat dans une de ces mises en scène qu'affectionne le peintre David, président montagnard de la Convention, qui ne jure que par les républiques antiques. En tête de la procession, une charrue, une presse, une pique précèdent le char triomphal qui emmène à Versailles le livre de la Constitution posé sur le flanc d'un rocher, symbole de la Montagne, et surmonté d'un globe portant en toutes lettres « Liberté-Egalité ». Des jeunes citoyennes, en robe blanche et ceinture tricolore, portent des vases de fleurs et des coupes d'encens en chantant des cantiques. Suivent les bustes de Brutus, de Franklin, de Voltaire, de Rousseau, de Marat, de Le Peletier de Saint-Fargeau. Au bruit des canons et des vivats, le drapeau bleu-blanc-rouge est élevé sur le palais de Louis XIV rebaptisé « national ». Un repas frugal est servi à quatorze octogénaires à l'exemple de Sparte où l'on ne faisait pas bombance. « L'année 1793 et suivantes nous avaient réduits à la ration d'un pain noir et dégoûtant dont les chiens de l'ancien régime n'auraient pas voulu », dira Grimod dans son *Almanach* de 1807. A la vitrine d'un libraire du Palais-Egalité, un ouvrage est recommandé, *Le Bonheur du pauvre*, dont la première maxime est de ne jamais manquer de pain.

3

La RÉVOLUTION n'est pas encore repue de sang, mais elle a faim. Elle regorge d'utopistes, de savants et de faiseurs de lois qui, eux, ne manquent pas de pain. Les députés touchent depuis août 1789 dix-huit livres par jour et beaucoup, sans se priver de dîner, n'en dépensent que la moitié. Le 10 mars 1793, aux Tuileries, une meute hurlante et affamée s'est une nouvelle fois armée de piques, de sabres et de broches pour réclamer du pain aux représentants de la nation qui ne savent plus à quel dieu antique se vouer !

Des travées de la Convention, de nouvelles voix s'élèvent pour accélérer un retour à la nature qui, elle, ne ment pas. Elles exaltent le culte ancestral de l'humble travail du semeur, du laboureur, du forgeron qui peine sur son enclume. Elles l'opposent au pillage de la nation par les spéculateurs sur les grains qui fournissent les armées. La patrie en danger ne réclame pas seulement des enfants qui savent la bravoure de Brutus et la frugalité des Spartiates. Elle veut des ouvriers, des artisans. Des petits citoyens qui apprennent à travailler avec leurs mains.

Dans un vacarme fiévreux, un nouveau décret est proposé. Tous les enfants, les riches comme les pauvres, devront, dès leur plus jeune âge, faire l'apprentissage d'un « vrai » métier. La Convention adopte le projet dans l'ivresse. Les familles partent à la recherche d'une place pour leur progéniture souvent nombreuse. Ce n'est pas facile. Le faubourg Saint-Antoine, devenu le faubourg Antoine, résonnait autrefois des scies et des rabots des ébénistes. Mais depuis le début des troubles la plupart des ateliers ont fermé. Même les glorieuses manufactures des Gobelins du faubourg Marcel ne font plus tournoyer leurs navettes. Il faut souvent sortir de Paris, aller à la campagne, dans ces villages paisibles où les fureurs idéologiques n'ont pas eu raison du bon sens laborieux. Eugène de Beauharnais, âgé de douze ans, fait son apprentissage à Croissy, chez un menuisier qui se vante d'avoir pris, le 10 août aux Tuileries, le marteau de Louis XVI. Sa petite sœur Hortense coud des chemises.

Comme elle, Antonin a dix ans. Son père n'a plus guère de travail. Et quand il gagne quelques sols, il les dépense davantage au cabaret qu'à acheter du pain pour ses enfants. Il connaît les gargotes du quartier de Vaugirard. Un après-midi, il y emmène son fils pour essayer de le placer. Une centaine d'années plus tard, dans son *Mémorial historique de la pâtisserie*, Pierre Lacam, qui a connu des élèves de Carême, raconte la scène à la façon du Petit Poucet : « Son père s'enivrait fréquemment, peut-être par dégoût de la vie. Et ses irrégularités de conduite augmentaient la misère et les chagrins de ceux qu'il avait à nourrir. Un lundi qu'il rentra avant l'heure du dîner, il emmena avec lui son Antonin. Ils allèrent dans les champs. Après la promenade, ils revinrent à la barrière du Maine, où ils dînèrent. Le repas fini, le père parla d'avenir au pauvre enfant et l'engagea à quitter la famille. "Va, petit, va bien, dans le monde, il y a de bons métiers. Laisse-nous.

La misère est notre lot. Ce temps-ci sera celui de bien des fortunes, il suffit d'avoir de l'esprit pour en faire une, et tu en as... Ce soir ou demain quelque bonne maison s'ouvrira pour toi. Va avec ce que Dieu t'a donné." Ces paroles, remarquables dans la bouche d'un garçon de chantier, retentirent toujours aux oreilles de Carême. Près de quarante ans après les avoir entendues, il avait encore devant les yeux la figure souffrante de son père. »

En haut du mont Parnasse, la barrière du Maine est l'une des quarante-six portes que Ledoux a construites dix ans plus tôt avant de les relier entre elles par une enceinte. L'architecte s'est ingénié à les concevoir en rotonde, en temple ou en arc de triomphe, toutes différentes, impressionnantes et somptueuses comme autant de cassettes royales. Ce maudit mur des Fermiers généraux fait murmurer la population. Car pas une carriole ne peut le franchir sans être contrôlée et fouillée. Chaque cocher paye sa taxe et la répercute largement sur le prix de la course. Mercier, qui a dû y laisser quelques louis, décrit l'attente interminable devant ces barrières de bois qui se lèvent et s'abaissent à chaque passage : « Elles sont communément de sapin et rarement de fer, mais elles pourraient être d'or massif si ce qu'elles rapportent avait été employé à les faire de ce métal. Aux barrières, un commis en redingote qui gagne cent misérables pistoles par an, l'œil toujours ouvert, ne s'écartant jamais d'un pas et qui verrait passer une souris, se présente à la portière de chaque équipage, l'ouvre subitement et vous dit : "N'avez-vous rien contre les ordres du roi ?" Il faut toujours répondre : "Voyez." » Près de l'Observatoire, la barrière d'Enfer porte bien son nom. C'est là que passent les troupeaux. On l'évite.

La Révolution a supprimé le droit d'octroi, mais les pavillons subsistent. Ils marquent la limite entre la ville, ses vacarmes et les jardins qui ne bruissent que du chant des oiseaux. Le dimanche, pardon, le décadi*, les Parisiens viennent en famille. Sous les treilles, à l'ombre des acacias, ils s'attablent devant un gros pâté de grives, une fricassée de lapin, des fromages à la crème. On dîne en plein air. Parfois, les musiciens font encore danser des bandes joyeuses coiffées du bonnet phrygien. Et comme naguère quand ils ne payaient pas l'octroi, les vins de Sèvres, d'Issy ou d'Argenteuil coûtent moins cher qu'à Paris et chassent les idées sanglantes : « Ils n'empâtent pas la bouche, y laissent un goût léger de framboise, et s'ils montent à la tête, y portent des chansons joyeuses. Si peu d'alcool qu'ils ne sauraient nuire, assez pour qu'ils fassent regarder la vie, les êtres et les choses avec une douceur attendrie. C'étaient là nos vins de pays », écrit Frédéric Masson.

Les tonneaux sont mis en perce et vidés sur-le-champ dans les guinguettes, les cafés, les cabarets qui ne désemplissent pas et résonnent des disputes enflammées ponctuées du bruit des chopes en étain sur les tables. Antonin trouve vite une enseigne pour l'accueillir et le nourrir. Pour certains, elle s'appellerait « A la Renommée de la bonne gibelotte », établissement réputé dont le patron est connu pour sa jovialité. Une autre légende affirme qu'il aurait débuté dans une pauvre gargote, et que c'est un miracle qu'il y ait appris la cuisine des rois. Une seule chose est sûre : ni dans ses recettes ni dans ses menus, on ne trouvera jamais l'ombre d'un lapereau aux échalotes mijoté au vinaigre, au vin blanc et à l'armagnac dans une fondue de tomate.

Sa situation n'a rien d'exceptionnel. Cette génération des années 1780 grandit sans tuteur et pour ainsi dire orpheline. Quand ils ne sont pas réduits à la mendicité, les pères sont à

---

* La Révolution a divisé le mois en trois semaines de dix jours.

l'armée ou en prison. N'a-t-on pas vu arriver l'autre jour à la Convention un garçon de dix ans, le fils aîné du citoyen Foucault, juge au Tribunal révolutionnaire ? Il avait bravé les gardes pour venir demander la grâce de son père condamné à la guillotine. Ses paroles ardentes ont atteint le cœur des députés les plus sanguinaires. Un autre, Pierre Claude Duchemin, futur cuisinier-pâtissier, est parti seul sur les chemins de Jemmapes : « A cette époque de troubles, l'argent étant fort rare, je me trouvai sans le plus petit pécule. Je fus donc obligé de vivre au long de ma route comme les oiseaux aux dépens de chacun. Heureusement les arbres étaient porteurs de fruits. »

De cette école du grand air et de l'effort, sont nés des hommes aguerris et audacieux qui bientôt vont faire la gloire de la France : « Seul au monde, j'avais senti la nécessitée de me sufir à moi-même malgré mes terribles évènements qui ont péser sur ma pauvre vie. » Peu importe qu'il n'y ait plus un curé pour apprendre à lire ou à écrire et que, comme Bonaparte et ses maréchaux, Carême fasse jusqu'à son dernier jour des fautes d'orthographe, il y a en lui la même ambition, l'amour de son pays et surtout le goût du beau.

A la barrière du Maine, l'enfant de la rue du Bac découvre les fermes, les prés, les lilas aux odorantes grappes blanches et mauves. Sur les collines, vignes et vergers se mêlent à perte de vue. Dans ce jardin d'Eden, on ne rêve que de rivaliser avec le potager du roi. Chaque village a sa renommée. Fontainebleau pour son raisin, Montmorency pour ses cerises appelées « gros gobets », Montreuil pour ses poires et ses pêches veloutées au goût d'ambroisie. Entre les espaliers, les laitues dessinent une géométrie parfaite au milieu des carottes, des navets et surtout des petits pois, orgueil de l'Ile-de-France. Cette fin de siècle, illustrée par la présentation aux Invalides du nouveau tubercule de Parmentier dont Louis XVI a épinglé une fleur mauve à sa boutonnière, a l'ivresse du jardinage.

Autour de Paris, ce n'est qu'une constellation de châteaux, de folies, de pavillons de plaisance, de parcs à l'anglaise parsemés de pagodes chinoises, de ruines antiques, de cascades, de moulins, de laiteries et de bergeries tendues de soie comme à Trianon. Ces fausses chaumières et ces cabinets de verdure où l'on collationne de pâtés et de fruits pyramidés avec art et simplicité ne sont pas réservés à l'aristocratie fortunée, désireuse de fuir l'étiquette contraignante et démodée de Versailles. Sitôt qu'il parvient à l'aisance, le bourgeois parisien aspire à se délasser d'une vie qu'il croit fiévreuse et à posséder un peu de cette terre si généreuse en fruits, en fleurs et en légumes.

Lorsque ont éclaté les premières flammes de la Révolution, tous ont trouvé là, à l'ombre de leurs arbres, au bord des rivières pleines de gardons et d'écrevisses, un furtif repos et une table appétissante. Car, bientôt, sur les murs de Paris apparaît une nouvelle affiche :

Accourez donc approvisionneurs de toute espèce, marchands de grains, de farine, de bétail, de marée, de légumes, de fruits... venez coopérer avec les habitans de cette grande ville.
Tel était le serment des Romains à l'instant même où leurs terres étaient envahies par les despotes armés contre eux pour rétablir un odieux tyran.
Tel fut celui de ces Grecs invincibles qui triomphèrent si souvent de ces hordes innombrables que le grand roi arma vainement pour les asservir.
Liberté, Union, Victoire.

27 juillet, signé Pache, maire.

Malgré les appels grandiloquents au civisme, Antonin ne voit plus, à la porte de sa guinguette, défiler les paniers de canards et d'épinards en direction de la Halle. Personne ne se hasarde à nourrir cette capitale en proie à la Terreur. Chaque jour une soixantaine de têtes tombent et personne n'est à l'abri d'une accusation publique. Les sections ne traquent pas seulement les ennemis supposés de la Révolution, mais aussi les garde-manger qui pourraient receler des victuailles. Aux barrières, tout fonctionnaire qui laisse sortir la moindre miette de pain est puni de dix jours de détention. Mais le nouveau régime a beau sillonner les campagnes pour réquisitionner les troupeaux, les bœufs gras de naguère ne sont plus que des vaches maigres.

A bout de ressources, le Comité de salut public, installé aux Tuileries dans les petits appartements du roi, décrète la carte de pain obligatoire. Puis un nouvel arrêté est placardé sur la porte des boucheries : « La viande est réservée aux malades, aux infirmes et aux femmes en couches. » Derrière les lecteurs, Mercier entend une marchande de choux, sa hotte sur le dos, s'écrier : « Ils sont partis les bœufs, ratissons-nous les boyaux ! » En 1794, un livre de recettes illustre cette tragique époque. Mme Mérigot, auteur d'une *Cuisine républicaine*, apprend comment réussir un gâteau de veau à la sans-culotte, une galantine de poulet à la Marat et des yeux de bœuf à la sauce au réveille-matin à laquelle la tomate donne une belle couleur rouge sang.

Dans tous les parcs, on plante des pommes de terre et même au jardin des Tuileries. Devant les hôtels, les rangées de poireaux remplacent les parterres de lys. Condamnés à l'oisiveté, les officiers de bouche reconvertissent eux aussi leurs aristocratiques fourneaux. La Révolution jette à la rue cette gigantesque corporation de maîtres d'hôtel, chefs de paneterie, cuisiniers, rôtisseurs, potagers*, pâtissiers, porteurs, garde-vaisselle, aides, maîtres de cave, écuyers tranchants, verduriers... Selon la duchesse d'Abrantès, il y avait, sous l'Ancien Régime, cinquante à soixante maisons qui recevaient fastueusement. Chez le comte d'Artois, on ne comptait pas moins de six cent trente-cinq personnes. Le duc de Penthièvre se faisait précéder de cent cinquante-deux hommes de bouche lorsqu'il s'en allait dans ses terres de Bretagne. Et à Chantilly, où les broches rôtissaient jusqu'à cent vingt faisans par semaine, les maîtres d'hôtel inscrivaient dans leurs menus des croquettes de cervelles de faisan. Carême dira avec nostalgie : « Les bouches des maisons royales, des princes de Condé, d'Orléans et de Soubise étaient renommées par la bonne chère que l'on y faisait... Les maisons de la haute noblesse, du clergé, de la finance et du Parlement avaient également des cuisiniers réputés fameux. Il n'était pas une de ces maisons qui ne fût grandement montée. Celles où l'on servait quatre entrées de fondation avaient un aide-pâtissier, un aide-rôtisseur, un garçon de cuisine et, de plus, un ou deux apprentis. Il est facile de voir que le chef, étant ainsi secondé par de bons aides, devait servir d'excellents dîners dans tous leurs détails. Voilà en partie les causes de la splendeur de l'ancienne cuisine. »

Le précurseur Antoine Beauvilliers, officier de bouche de Monsieur, frère du roi et futur Louis XVIII, a quitté le palais du Luxembourg avant 1789 pour s'établir au Palais-Royal. Dans la toute neuve galerie de Valois, il a ouvert, à son nom, une maison de traiteur que l'on commence à appeler restaurant.

Les conventionnels remplissent sa salle. On y croise Brillat-

---

* Cuisiniers qui mitonnent sauces et ragoûts sur un « potager ». Ancêtre de la cuisinière, ce plan de cuisson en maçonnerie apparu au XVIIe siècle possède parfois des réchauds alimentés en bois ou au charbon.

Savarin, député du Bugey, en compagnie de ses collègues avocats. Les représentants du peuple portent l'habit noir imposé au tiers état, mais ont le goût des bonnes tables. La spécialité de Beauvilliers est le filet de chevreuil piqué aux petits lardons. Son concurrent, Méot, cuisinier du duc d'Orléans après son apprentissage au service des Condé, s'est installé à deux pas, rue des Bons-Enfants, dans la chancellerie d'Argenson. Son établissement occupe le salon, la salle d'audience, le grand cabinet, la bibliothèque, la salle à manger, l'antichambre, la grande antichambre, le boudoir où, comme autrefois, brûle l'encens dans des cassolettes en argent... La Révolution, la vraie, va chez lui. On y voit Robespierre, Saint-Just, Hérault de Séchelles et Fouquier-Tinville, fournisseur attitré de la guillotine. La Constitution de 1793 a été rédigée dans ce décor somptueux de cariatides, de miroirs et de plafonds peints représentant les travaux d'Hercule ou Hébé versant le nectar à Jupiter.

Alors que sous la monarchie on dînait à trois heures et on soupait dans la nuit, les Montagnards s'y retrouvent en fin d'après-midi après la séance. « C'est ainsi que trois cents ou quatre cents mauvais avocats de province changèrent nos mœurs et nos habitudes les plus sacrées, s'indigne Grimod de La Reynière. Lorsqu'ils imaginèrent des séances du soir, ils s'y rendaient en sortant de table, encore échauffés par le vin et la bonne chère. La plupart des décrets désastreux ont été rendus dans ces séances du soir qui se prolongeaient quelquefois fort avant dans la nuit. »

Galerie de Beaujolais, il y a aussi les Frères Provençaux, non pas frères mais beaux-frères venus de la Durance. Maneille a dirigé la maison avant d'être rejoint par Barthélemy et Simon passés un temps au service du prince de Conti. Rois de la bouillabaisse et de la brandade de morue, ils font découvrir l'ail aux Parisiens. Leur meilleur client est Barras, provençal lui aussi, qui invite un Buonaparte encore sans le sou autour d'une table en bois recouverte d'une toile cirée verte. Car les corporations ont beau être abolies, les traiteurs contestent aux restaurateurs le droit de servir leurs clients sur une nappe.

Danton, le plus gros mangeur de la Convention, a ses habitudes rue de la Grange-Batelière, chez Roze, réputé pour ses romanée. Roze a racheté toute la cave du prince de Conti, propriétaire du légendaire vignoble de Bourgogne qui a été décrété bien national.

Mais le premier à relever le drapeau de la cuisine française, leur maître à tous par le talent et l'expérience, c'est l'énergique Robert qui, enfant, a connu les cuisines de Louis XV et des Condé avant de faire sa carrière chez l'archevêque d'Aix. « Au milieu de ces changements, et fort heureusement pour nous, une maison célèbre avait conservé le feu sacré de la cuisine française. Ce bienfait est dû aux frères Robert, qui fondèrent, en 1789, ce restaurant si fameux en France », dit Carême. Installé au Palais-Royal, Robert inonde tout Paris de soupers fins et accueille une pléiade de chefs venus, comme lui, des maisons princières.

Ces artistes n'ont rien perdu de leurs habitudes de splendeur. Leurs sauces, leurs gibiers, leurs timbales sont dignes des tables qu'ils servaient autrefois. Et leurs cartes rivalisent d'abondance. Certaines proposent plus de cent plats qui ne nourrissent pas seulement les députés les plus exaltés, mais les « ci-devants » qui, dans leurs cellules, attendent l'heure de la guillotine. « Les victimes, dans les prisons, sacrifiaient à l'estomac, et l'étroit guichet voyait passer les viandes les plus exquises pour des hommes qui touchaient à leurs derniers repas et qui ne l'ignoraient point. Du fond d'un cachot, on faisait un traité avec un restaurant, et les articles étaient signés de part et d'autre avec des conventions particulières sur les primeurs. On ne visitait point un prisonnier sans lui apporter pour consolation la bouteille de bordeaux, les liqueurs des îles et le plus délicat des pâtés. De son côté, le pâtissier, qui sait très bien que la bouche va toujours, faisait descendre ses cartes jusqu'au fond des prisons », note Poulet-Malassis dans *Paris pendant la Révolution*.

A la veille de leur supplice, les condamnés se régalent d'un dernier pâté de faisan et lèvent leurs verres avec panache, afin d'y trouver la force de monter à l'échafaud la tête haute. Aux Carmes, Lazare Hoche, général de la Révolution, s'écrie avec superbe : « Rien n'est agréable comme un bon dîner... Vive la République ! » A la Conciergerie, le duc de Lauzun se fait apporter des huîtres et une bouteille de vin blanc avant l'arrivée du bourreau. Il n'a pas fini de manger quand on vient le chercher. « Citoyen, dit-il, permets-moi d'achever, je ne te ferai pas attendre longtemps. » Appelant le guichetier, il lui demande avec cette grâce qui lui était naturelle : « Va chercher un verre, Langlois. » Il remplit le verre et l'offre au bourreau : « Prends ce vin, tu dois en avoir besoin au métier que tu fais. » Puis se tournant vers ses compagnons de détention : « C'est fini, messieurs, je pars pour le long voyage. »

Aux Jacobins, rue Saint-Honoré, dans ce périmètre où la gastronomie est reine, on tempête, on fulmine et on menace ces aristocrates qui, dans les prisons, font bombance alors que le peuple a le ventre vide. Le comité révolutionnaire de la section de la Montagne dénonce « les traiteurs et les restaurateurs du Palais de l'Egalité qui n'a changé que de dénomination et qui pourrait porter encore celle de Palais-Royal par le luxe insolent que l'on y étale ». La Convention décrète que, pour prévenir les abus, chaque prison sera désormais dotée d'un traiteur chargé de fournir la nourriture et payé cinquante sous par jour et par détenu, non compris le pain et le vin aux frais de leurs clients : « S'il n'y a pas de cuisine, il y sera pourvu sans délai. » Les condamnés ont interdiction de faire venir de l'extérieur galantines d'anguille ou poulardes à la crème. Les bouteilles de vin, seules, sont autorisées.

Mais la famine ne cède pas à la fureur des législateurs. Le 9 mars 1793, la section Marat se présente au grand complet à la Commune pour annoncer qu'elle va « voiler la Déclaration des droits de l'homme jusqu'au retour de l'abondance ». Alors aux Jacobins, l'invalide Couthon, le cruel compère de Robespierre, non content d'avoir dévasté à Lyon les manufactures des soyeux que jalousaient les Anglais, déclenche la chasse aux casseroles. « Il devient nécessaire de faire des visites chez les traiteurs, les restaurateurs, aubergistes et de savoir quels sont ceux qui ont fait des repas à cent livres par tête. Ceux qui ont fait de pareils repas et ceux qui les donnent sont également suspects... » Premier visé, Beauvilliers abandonne fourneaux et profits juteux pour s'enfuir en Angleterre. Un président de comité, Naudet, s'empare de son enseigne sans en changer le nom.

Danton n'échappe pas à la vindicte des Montagnards. On lui reproche ses agapes rue de la Grange-Batelière : « Danton se baigne dans le bourgogne, il mange du gibier dans des plats d'argent... » Dernier spasme de ce régime insatiable, l'épicurien créateur du Tribunal révolutionnaire gravit les marches de l'échafaud le 5 avril 1794. Encore quatre mois et la mort de Robespierre libère les assiettes et déchaîne les appétits.

C'est l'été. Aux barrières, les prairies se couvrent d'or, les rivières chantent et les tilleuls embaument. La nature si souvent invoquée par les prophètes des temps nouveaux n'a subi aucun des outrages de la Révolution. Plus glorieuse que jamais, elle appelle les Parisiens qui affluent dans les guinguettes. On danse sous les lampions. Et quand les pieds n'en peuvent plus, on se repose à l'ombre devant une tourte au saumon, un saladier de fraises. On boit plus qu'on ne mange. Mais sous les tonnelles qui ne désemplissent pas, il y a de l'ouvrage. Il faut tirer l'eau du puits pour la vaisselle, laver les gobelets et les écuelles de bois, récurer les casseroles avec la cendre de l'âtre. Et quand la foule se retire, il faut ranger les chaises, essuyer les tables, balayer le sol, mettre au four le pâté du lendemain. Dans les gargotes du Maine comme dans les beaux restaurants du Palais-Royal, le travail est sans fin. On ne dort que quelques heures par nuit.

Antonin va fêter ses douze ans. Autour de lui, Paris respire à nouveau. Place de la Révolution, la guillotine a disparu. Il reste encore le peuplier de la liberté avec son tronc desséché, mais la statue de la République est peinte en rose. Le 11 septembre, on place deux chevaux rescapés de Marly en lisière des Champs-Elysées et on installe le Conseil des Cinq-Cents au palais Bourbon. Comme autrefois, le marmiton s'arrête devant les porches à colonnes qui s'ouvrent sur des parcs féeriques. Sa ville, il ne se lasse pas de l'admirer. « Comme Parisien, je fus de bonne heure curieux de connaître ce que cette grande capitale renfermait de beau, d'utile et d'agréable. Je visitais souvent, et toujours avec un nouveau plaisir, ses grands édifices. »

Traiteurs, glaciers, limonadiers font désormais main basse sur les salons où jadis les aristocrates dansaient le quadrille. Au printemps 1795, un perruquier a gagné l'hôtel de Salm et une autre loterie de bien national attire la foule. Avec un peu de chance, on peut s'installer dans l'hôtel d'Avejean au coin des rues de Verneuil et de Poitiers avec mille quatre cents mètres de terrain, des boiseries, des trumeaux, des dorures pour une poignée d'assignats dont nul ne connaît plus la valeur. La richesse, qui hier ne s'acquérait que par héritage, sourit au premier venu pour peu qu'il ait de l'audace et de l'esprit. Antonin n'a-t-il pas entendu ces paroles dans la bouche de son père ?

Dès les beaux jours, les journaux annoncent les premières bonnes nouvelles arrivées d'Italie et signées de Buonaparte : « Le duc de Parme paiera une contribution militaire, fera remettre mille deux cents chevaux de trait harnachés, quatre cents de dragons, cent de selle pour officiers supérieurs. Il versera aussi dix mille quintaux de bleds, cinq mille d'avoine, deux mille bœufs, vingt tableaux. » Moreau, chef de l'armée du Rhin, et Jourdan, qui commande les régiments de Sambre-et-Meuse, vantent aussi leurs succès dans des lettres au Directoire. Mais la Méditerranée parle plus au cœur. Le 26 juin, il a pris le duché de Modène : « Jusqu'à présent nous n'avons pas de malades et cela va très bien. » Le 2 juillet : « Je continue à être content de la discipline et de la tenue de l'armée ainsi que des généraux. Signé Buonaparte. »

Enfin, le 20 septembre, les Autrichiens sont partout en déroute. Et Paris danse, danse, danse. La capitale compte bientôt six cent quarante bals. On danse dans la prison des Carmes devenue le « bal des Tilleuls ». On danse rue de Varenne dans les jardins à l'anglaise du vieux duc de Biron. On danse dans le parc de l'Elysée-Bourbon, rebaptisé « Hameau de Chantilly » car la duchesse a copié ses chaumières sur celles de ses beaux-parents Condé. Trois cents pionniers s'exercent aussi à la « walse » importée d'Allemagne par nos armées, sous les églantiers de la rue Saint-Lazare, dans l'hôtel Boutin, devenu Tivoli depuis que les frères Ruggieri s'y sont installés. Et pour reprendre haleine, ils savourent des glaces dans les bosquets et les allées sablées bordées d'orangers et de berceaux de roses. Leur concurrent Velloni fait fortune dans le pavillon du maréchal de Richelieu, rue du Hanovre. « Dans ce lieu enchanté, cent déesses parfumées d'essences, couronnées de roses, flottent dans des robes athéniennes, exercent et poursuivent tour à tour les regards de nos Incroyables à cheveux ébouriffés, à souliers à la turque. » C'est dans ce pavillon du Hanovre que la bonne société se retrouve aux sons des airs du violoniste nègre Julien. Et surtout chez Garchi qui a ouvert Frascati au coin du boulevard et de la rue de Richelieu. On y soupe et on y joue dans les galeries de l'hôtel Lecoulteux en admirant les cascades du parc.

Les arts de la bouche se donnent rendez-vous dans ce Palais-Royal qui s'enrichit chaque jour d'un nouveau café sous ses arcades. Et si vive est la concurrence que tous rivalisent d'imagination pour appâter un public affamé de nouvelles jouissances. Le Café Foy sert les meilleures glaces en tasse. Et si l'on boit surtout de la bière à La Grotte flamande, l'entrée de ce caveau décoré de gros rochers s'ouvre sur une statue colossale de Moïse touchant d'une baguette une fontaine d'où jaillit de l'eau.

Les magasins de comestibles présentent aussi un spectacle irrésistible. Chaque mois, le confiseur Berthellemot invente un nouveau bonbon à l'ananas ou au rhum en forme de boulet de canon. Ailleurs, une architecture de gibiers à poil et à plume tient lieu d'enseigne. Chez Corcellet, les anchois de Fréjus font la parade avec les jambons de Bayonne et les roues de roquefort. Chez Gendron, les galantines de volaille en gelée voisinent avec les terrines de Nérac à la bécasse et au foie gras. Mais le plus inouï est Chevet. Un nom qu'on prononce avec respect et émotion ! Dans sa caverne étroite, les gourmands perdent la tête. Les perdrix rouges du Dauphiné enlacent les caisses d'ortolans, les plus belles huîtres de Cancale chatoient au milieu des homards de Bretagne, des turbots d'Honfleur, des soles de Boulogne et des asperges encore couvertes de rosée qui font la gloire de la maison.

En 1780, Hilaire Germain Chevet, horticulteur à Bagnolet, a créé la chevette, une rose au subtil parfum que la princesse de Lamballe piquait dans ses cheveux sans risquer d'être « entêtée ». Le succès fut tel qu'il dut ouvrir une succursale à Trianon. Toutes les jeunes femmes de la cour, Marie-Antoinette la première, ornaient leurs coiffures, leurs corsages, leurs boudoirs des roses de Chevet. Fidèle à sa royale cliente, il lui portait encore des bouquets à la Conciergerie. Arrêté en 1793, il ne doit son salut qu'à ses dix-sept enfants dont sept sont sous les drapeaux. On lui ordonne de guillotiner ses rosiers et de planter des pommes de terre. Mais « elles ne rendent pas ». Attiré comme tant d'autres par les arcades du Palais-Royal, ces ruches d'où s'écoule l'or des plaisirs, il loue, galerie Montpensier, une échoppe pour y vendre des petits pâtés. Avec tant de bénéfices qu'on l'arrête à nouveau. Bientôt relâché, il redouble d'activité et y gagne la célébrité. Grâce à ses relations avec les employés des courriers postaux, cet esthète des saveurs a le monopole des crustacés, des poissons de mer et des primeurs. Désormais, les banquiers Hainguerlot et Perrégaux, le ministre Talleyrand se fournissent chez Chevet. Ainsi que la belle Mme Tallien qui la première, non sans peine, a recréé une table princière dans sa maison des

Champs-Elysées surnommée La Chaumière à cause de son toit de chaume.

« Apprenti chez Chevet, quelle aubaine ! Carême, Gouffé, Bernard, maîtres de la cuisine du XIXe siècle, y font leurs classes », écrit Jean-Paul Aron qui a peut-être hâtivement lu le *Dictionnaire de cuisine* de Joseph Favre, fondateur de l'Académie de cuisine. Le grand thuriféraire de Carême, Favre, se contente d'écrire : « Chevet jeta les bases de cette nouvelle dynastie culinaire et fut le maître des Carême, des Gouffé, des Bernard et de cette émulation... qui fait de la cuisine française la première du monde. »

Derrière le comptoir de Chevet, Fauchon de l'époque, on ne débat plus de lois de pénurie mais de recettes nouvelles. C'est dans cet antre aux mille parfums que l'on décide de cuire les écrevisses au court-bouillon. C'est l'impériale Mme Chevet qui conseillera au Premier consul Bonaparte d'engager Dunan, ancien de la maison Condé, dont il fera son chef de bouche.

Antonin, lui, ne mentionnera jamais les mois qu'il aurait pu passer chez ce riche fournisseur de toutes les « sensualités », alors qu'il couvrira d'hommages tous ceux qui lui ont enseigné son art. Epistémon, chroniqueur de la revue de gastronomie médicale *Grandgousier* créée en 1934 par le docteur Gottschalk, écrit que l'apprenti de la barrière du Maine aurait découvert l'antichambre de la pâtisserie dans une modeste boutique située, derrière la Halle, au coin des rues Mondétour et Mauconseil. Mais l'apprenti passe également sous silence cette étape. Le premier maître qu'il salue, c'est le pâtissier Bailly que Grimod de La Reynière, dans ses *Almanachs*, recommande à ses lecteurs gourmands. Chez Bailly, Carême pénètre dans ce premier cercle d'amateurs et de pâtissiers qui le mèneront à la gloire : « Quoique mon père même, pour me sauver, m'ait littéralement jeté dans la rue, la fortune m'a souri rapidement, et une bonne fée m'a pris souvent la main pour me mener au but. »

4

DES ARCADES du Palais-Royal à la pâtisserie Bailly, rue Vivienne, il n'y a que cent pas que Carême a bien franchis cent fois. Ce « bon M. Bailly », comme il l'appellera toute sa vie, l'engage comme tourier. Avec le retour des clients qui fêtent les victoires militaires, les marmitons ne suffisent plus à honorer les commandes. Antonin est consciencieux, prompt, il a des doigts d'artiste, qualités précieuses pour les pâtes feuilletées. Chez Bailly, il n'y a pas de place pour un débutant. On n'y entre qu'avec déjà un « savoir-faire ».

La maison fait partie de la demi-douzaine de pâtisseries qui comptent dans Paris. La chute de la monarchie n'a pas seulement provoqué une révolution chez les restaurateurs. Les Avice, les Nivet, les Laforge, les Larché, les Bailly, tous chefs pâtissiers de la noblesse, ont aussi ouvert des boutiques resplendissantes avec de savoureux pâtés de gibier ou de poisson, des aspics de pintade d'Amérique, des croquantes en pâte d'amande, des gâteaux de Savoie et ces exquis choux au fromage qui prennent toute leur saveur avec les vins blancs de Bourgogne. Les gourmands s'en réjouissent, car autrefois les vitrines n'avaient rien qui pût tenter le promeneur, comme le déplore Grimod de La Reynière dans son *Almanach* de

63

1807 : « Il y a trente ans, on voyait à la devanture des pâtisseries de gros vases informes d'un étain sale, une devanture tout ouvert et sans carreaux, point de montre sauf des pâtés exposés à toutes les intempéries et, dans la boutique, un four noir et quelques marmitons qui l'étaient tout autant, travaillant sur de longues tables et faisant en présence du public leur travail. »

Antonin est posté derrière l'une de ces massives tables en hêtre qu'il tient à appeler le tour. « Tous nos auteurs cuisiniers ont toujours donné le nom de *table* à notre *tour à pâte*. Et pourtant, c'est plutôt, ce me semble, un tour qu'une table puisque c'est sur cette table que nous donnons la forme et la tournure aux objets qui concernent notre état. » Armé de son rouleau, il s'emploie à étaler la pâte fine des timbales ou des tourtes aux groseilles. Mais attention ! Ce rouleau doit être en buis, en acacia, en poirier ou en cerisier et mesurer cinquante centimètres de longueur. Les grandes victoires s'obtiennent par des détails. Le général Bonaparte est le premier à en donner l'exemple. Pas un fourgon de l'armée qu'il ne vérifie avant de partir en campagne. Les imposants pâtés de perdreau rouge ou de filets de sole qui font la réputation des grandes maisons réclament d'ailleurs plus de soins qu'on ne l'imagine. La pâte idéale ne s'obtient qu'après des mois, voire des années de pratique : « Lorsqu'elle est trop ferme, elle devient très pénible à dresser, puis elle se fend à la cuisson et lorsque cela arrive, le pâté fuit et perd par là une partie de sa qualité et de sa bonne mine. Lorsqu'elle est trop molle, elle fait encore un plus mauvais effet au four. »

Pour réussir un feuilletage aérien, il ne suffit pas non plus de verser la fleur de farine en monticule sur le tour. Il faut, explique-t-il, mélanger avec tact le beurre, les œufs et surtout l'eau qui donne à la pâte son nom de *détrempe* : « Vous placez le bout des doigts au milieu, puis vous l'élargissez en forme de couronne... Les praticiens nomment cette opération faire la fontaine... Mettez au milieu de cette fontaine deux gros* de sel fin, deux jaunes d'œuf, gros comme une noix de beurre, et presque un verre d'eau. Remuez ce mélange avec le bout des doigts (de la main droite seulement, mais tenez vos doigts écartés) et peu à peu vous y mêlez la farine en y ajoutant un peu d'eau, s'il est nécessaire, pour que la pâte se trouve détrempée, qu'elle ait de la consistance et soit un peu ferme... douce au toucher, et lisse comme un satin. »

De mai à septembre, la chaleur exige davantage encore de précautions ! Il faut, vingt minutes à l'avance, plonger les morceaux de beurre dans un seau d'eau de puits rafraîchie avec quelques livres de glace lavée et concassée. Et, une fois la détrempe achevée, refroidir à nouveau la pâte feuilletée rapidement à plusieurs reprises en posant dessus une plaque garnie de glace pilée, « autrement, l'extrême chaleur de cette saison l'amollit tellement qu'on ne sait plus comment s'y prendre pour y toucher ». Enfin le four doit être chaud. Et ce n'est pas le moindre tracas que ces fours à bois dont pas deux ne se ressemblent. Certains gardent leur chaleur et les autres la perdent aussitôt : « J'ai cuit dans cent fours différents, sans qu'il me soit arrivé deux fois de suite de cuire mes grosses pièces de fonds dans le même laps de temps », dira-t-il plus tard.

Le matin, on le bourre de fagots et quand les briques ont été longuement chauffées à blanc, on racle la cendre et les braises de charbon de bois que l'on récolte dans un tonneau en fer. On essuie l'âtre avec un linge humide et on laisse la

---

* Pincées.

porte ouverte une demi-heure pour tempérer son extrême chaleur. C'est toute une science : « un bon fournier est un oiseau rare », proclame Antonin de son ton sentencieux avant de définir les cinq degrés de cuisson.

Dès qu'il est « chaud », le four accueille les gros pâtés en croûte. Une heure plus tard, au four « gai », entrent les tourtes, les pithiviers aux amandes et les solilemmes qui ressemblent à nos quatre-quarts bretons. Les madeleines suivent à chaleur « modérée ». Puis les biscuits de Savoie à chaleur « douce ». En bout de course, « quatre heures après avoir mis au four la première fois », la chaleur « molle » convient aux babas et aux meringues. Mais quel souci de ne pas noircir la tête d'une brioche ! Quelle catastrophe de sortir une génoise en sirop ! Car le four n'attend jamais. Il va son train.

La difficulté ne rebute pas Carême, au contraire elle le stimule. Aucun détail n'échappe à son œil perpétuellement aux aguets. Il rêve d'entremets légers, de tourtes qui ne pèsent pas sur l'estomac. S'il pouvait, il redessinerait tous les moules. Et jamais il ne se contente d'imiter les recettes ou les gestes qui se répètent devant lui chaque matin. Il cherche. Il modifie. Il améliore, ajoutant ici trois jaunes d'œuf, là une noix de beurre.

A Chantilly, chez les princes de Condé, Feuillet tenait sa réputation de son feuilletage qu'il réussissait infailliblement du premier au dernier jour de l'année. En était-il l'inventeur ou était-ce Claude Gellée, apprenti pâtissier à Toul en 1615, qui voulait être peintre et mourut célèbre à Rome à plus de quatre-vingts ans sous le nom de Le Lorrain ? Comme Antonin, le jeune artiste avait des mains faites pour dessiner, mais ses parents, dans la misère, l'avaient placé chez un pâtissier. Pour son père malade, il voulut faire un pain comme un gâteau en emprisonnant le beurre dans la pâte. Dans le four, le pain se mit à gonfler à la vitesse d'un soufflé.

Antonin veut tout apprendre, tout savoir de ces légendes et de ces controverses qui animent les conversations alors que, devant son tour, il tente lui aussi l'impossible pour parvenir à ce feuilletage élégant qu'on ne trouvait guère dans les pâtisseries d'autrefois. « Carême battait longtemps et vivement sa pâte pour que l'air y vînt et allongeât ses tissus et ses fils légèrement beurrés », dit le marquis de Cussy.

Avide de progrès, il questionne sans relâche son nouveau maître sur cette belle époque où les seigneurs se flattaient du talent et des créations de leurs chefs de bouche. Nommé gouverneur militaire de l'Alsace en 1782, le maréchal de Contades, inquiet de ne trouver sur les bords du Rhin que des nourritures indigestes, avait emmené, de Normandie, son pâtissier Close. Prenant un foie d'oie, le chef avait eu l'idée d'y ajouter une farce de veau et de lard avant de le mettre au four emmitouflé dans une fine cuirasse feuilletée gravée aux armes du maréchal. Le premier pâté de foie gras venait de voir le jour.

Dans son hôtel du Marais, le prince de Soubise avait pour chef pâtissier Constantin, maître d'œuvre des petits soupers les plus raffinés de Paris. Les timbales de pigeons innocents, les pâtés de bécassines aux truffes qui surgissaient des doigts d'artiste de Constantin rendaient inoubliables ces charmantes collations d'après-théâtre, récréations des princes libertins et gourmets. « On était alors grand amateur de pâtisserie chaude », dit Carême. Selon la saison ou les invités, le maître d'hôtel « poseur de plats » faisait dresser la table dans l'antichambre ou le salon, disposant, au milieu de l'argenterie, les merveilles de la manufacture de Sèvres protégée par

Mme de Pompadour pour concurrencer la porcelaine de Saxe de Frédéric de Prusse. Chaque couvercle peint de guirlandes de fleurs avait sa poignée en forme de gibier, de poisson ou de crustacé pour indiquer qu'il s'agissait de filets de caneton ou de perche à la sauce aux huîtres.

A la douce lumière des bougies, les femmes ne songeaient qu'à être belles et les hommes à avoir de l'esprit. Chaque convive amenait son valet en livrée qui se tenait derrière sa chaise, choisissait sur la table ses mets favoris, lui versait à boire, favorisait ses intrigues amoureuses, comme le Figaro de Beaumarchais, avant d'aider à desservir. On apportait aussi ses couverts car trop souvent, comme chez les Rohan, on déplorait les vols d'argenterie par des valets indélicats.

Pour éviter les oreilles indiscrètes, le maître d'hôtel organisait parfois la table « en ambigu », mélangeant le salé et le sucré. Les assiettes de macarons multicolores voisinaient avec les gros saumons piqués de hâtelets, ces petites dagues à motif d'argent garnies de truffes, de rognons d'agneau ou de crêtes de coq, brochettes si appréciées que chaque maison avait son propre rôtisseur « hâteur » en charge de cette orfèvrerie gastronomique. Derrière les rideaux de soie qui atténuaient les éclats de voix, on passait en revue la cour, la ville et les ministres, on se racontait la liaison scandaleuse du jour, on se répétait le dernier mot de Voltaire, on troussait un quatrain. « L'exquise cuisine née chez l'illustre Régent, passée ensuite aux Condé, aux Soubise, prêta souvent à Paris une vivacité piquante à la parole de Montesquieu, de Voltaire, de Diderot, d'Helvétius, de D'Alembert, de Duclos, de Vauvenargues, dit le marquis de Cussy. Mais leur génie a payé ces soupers par l'immortalité. Quelles soirées délicieuses on passait alors, toujours trop courtes, bien que prolongées dans la nuit ! Quelle douce et aimable civilisation ! Et que de jolis vers, de vues et d'idées elle a semés ! Oui, c'est au dix-huitième siècle que la société française a effacé toutes les sociétés civilisées ! »

Lorsqu'en 1815 il publiera son *Pâtissier royal parisien*, le bavard Antonin n'oubliera pas ce que la France doit aux raffinements gourmands de ces virtuoses de l'Ancien Régime : « J'ai placé dans les couronnes formées de palmes, les noms des plus fameux pâtissiers qui se sont rendus célèbres sous les règnes de Louis XV et de Louis XVI, et dans nos temps modernes. C'est un hommage bien sincère que je rends à ces grands maîtres. Il est bien doux pour moi de signaler et de rappeler des noms si chers à la gloire de mon état, qui m'ont donné de l'émulation et qui m'ont servi de modèles, et qui doivent inspirer les mêmes sentiments à tous les jeunes gens jaloux de se distinguer dans cette belle partie. »

Il cite Le Coq à Versailles, Dupleissy chez le ministre Vergennes et enfin le plus adroit, Tiroloy, dont les pièces montées étaient autant de joyaux des grands extraordinaires du duc d'Orléans. Hélas, aucun de ces grands hommes n'a pris la peine de confier à la postérité les secrets de son art. Et Antonin ne s'en console pas : « Je regrette bien sincèrement que le fameux Tiroloy ne nous ait passé quelques détails sur sa manière de procéder dans ses travaux, car je l'ai toujours entendu citer par ses contemporains comme l'un des bons pâtissiers de fonds de son temps et comme le plus parfait et le plus adroit pour le pastillage, qui était le plus bel ornement du service de la pâtisserie du siècle dernier... Mais il faut le dire, ces messieurs étaient trop heureux pour s'occuper d'un ouvrage qui eût réclamé leurs loisirs et leur application. Cela ne pouvait leur convenir en aucune manière. Et aussitôt que leurs travaux de table étaient faits, ils ne pensaient plus qu'aux plaisirs de la société, où ils jouaient un grand rôle : partout ils étaient estimés, recherchés même pour leur amabilité, et leur bonne tenue. » Et Carême, qui consacrera tant de nuits à dessiner le premier grand livre de pâtisserie avec deux cent cinquante croquis et près de mille recettes pour guider les débutants, ajoute : « Lorsque toutes ces belles choses me passent par la tête, j'oublie volontiers la pénible tâche que je me suis imposée. »

En ces temps de splendeur, les seigneurs et même le roi s'amusaient parfois à tenir la queue des poêles en argent dans des petites cuisines placées à leur intention à côté de la salle à manger. Louis XV était réputé pour ses œufs aux truffes, le président Hénault pour ses coulis de gibier et le comte de Laplace pour avoir osé arroser les fraises de jus d'orange. A table, ils discutaient avec leurs maîtres d'hôtel de la meilleure manière d'accommoder un nouveau mets. Le duc de Nivernais pouvait se faire servir huit jours de suite le même plat « afin de conduire et de faire aboutir la chose au point de sa perfection ». La pénurie propre aux campagnes militaires favorisait parfois les imaginations. C'est ainsi que le maréchal de Richelieu a vu naître la première « mahonnaise » en 1756, pendant le siège de Port-Mahon dans l'île de Minorque. Antonin en améliorera la recette. Aux deux verres d'huile d'Aix versés peu à peu, il ajoute du vinaigre à l'estragon et, pour la rendre plus blanche, le jus d'un citron. Mais il s'obstinera à l'appeler magnonaise, « venant du verbe manier, c'est le nom propre qui caractérise cette sauce ».

Les victoires de Bonaparte n'ont pas encore donné naissance au veau Marengo. Mais le pont de Lodi passé au pas de charge sous une grêle de balles autrichiennes a ouvert les portes de Milan. En cinquante jours de guerre éclair, toute la

Lombardie et le Piémont sont conquis. Cette première campagne d'Italie ne profite encore qu'à quelques banquiers et fournisseurs qui dévalisent les royaumes pour nourrir et vêtir une armée en sabots. Ils s'appellent Fouché, Joseph Bonaparte, Hamelin, Hainguerlot et le plus audacieux, Ouvrard, qui vient d'acheter le vignoble de la Romanée rebaptisé Romanée-Conti pour en augmenter le prix. Ils commencent discrètement à recevoir après le spectacle pour un « thé » autour d'un verre de punch et de quelques gros gâteaux.

Les citoyens songent bien à s'offrir des babas ! Ils ont une indigestion d'impôts. Chaque jour, le Conseil des Cinq-Cents tente d'imaginer une taxe nouvelle dont les journaux font leurs choux gras : « Dans les diverses réunions de commission, on a proposé un impôt sur le papier mais le Conseil en a déjà rejeté le système, un impôt sur les glaces mais il entraînerait une foule de visiteurs domiciliaires, un impôt sur les chiens de chasse mais il donnerait une ample moisson de ridicules, un impôt sur la poudre à friser mais les riches sont maintenant ceux qui en portent le moins, un impôt sur les chapeaux mais l'intérêt de nos fabriques le repousse, un impôt sur les domestiques mâles : ils sont déjà aussi imposés qu'ils peuvent l'être, un droit de timbre sur les cartes de sûreté mais ces cartes n'existent que dans les grandes communes, une taxe sur les fortunes appelées colossales mais comment l'asseoir sans ouvrir la porte à l'arbitraire ? Enfin les impôts sur les célibataires, les étoffes, les droits de passe des étrangers, etc., n'ont pas paru plus satisfaisants. » Pour en finir, une voix s'écrie : « Avant de se torturer l'esprit pour créer de nouveaux impôts, il en est qui sont très simples et de la plus facile exécution ! C'est l'économie, c'est le retranchement du superflu de la part de ceux qui l'ont en abondance ! C'est de votre part, citoyens

71

représentants, le report de l'arrêté qui vous adjuge trois cent trente francs par mois au-delà des indemnités fixées par la Constitution ! »

En réalité, seuls les Directeurs ont assez d'or pour banqueter. Et le premier d'entre eux, le plus corrompu, le plus gras, le plus jouisseur, le ci-devant vicomte de Barras qui a autant de maisons que de maîtresses et tient chaque jour table ouverte au palais du Luxembourg. Dans une débauche de boiseries dorées et de velours pourpre, coiffé d'un grand chapeau à plumes comme Henri IV, il se délecte de mousserons de l'Isère et des Bouches-du-Rhône qu'il fait venir de son pays natal par la diligence des Postes. Les plus beaux ornements de sa table sont Joséphine de Beauharnais et Mme Tallien dont la robe en mousseline des Indes et les bracelets à têtes de serpent ne cachent rien de son éblouissante nudité. Les soirs de fête, une foule de députés, ministres, actrices, généraux, femmes ou maîtresses de financiers se frôlent sous les torchères du palais. Les valets passent leurs grands plateaux d'argent chargés de glaces aux fruits et de liqueurs des îles. Sous son éternel bandeau de linon, l'inaccessible Juliette Récamier écoute les fleurettes que lui conte Lucien Bonaparte, le président des Cinq-Cents, qui brûle d'être son Roméo. Mme de Staël parle de la France et donne le bras à Talleyrand.

C'est grâce à elle, à ses intrigues inlassables que l'évêque s'est installé le 18 juillet 1797 au ministère des Relations extérieures. Il a pris possession de cet hôtel de Galliffet tout neuf que Carême a vu construire rue du Bac et que le marquis n'a jamais occupé. Un mois plus tard, il y a donné un grand dîner pour fêter les premiers millions envoyés d'Italie par Bonaparte. Talleyrand est le seul à pouvoir mêler banquiers et généraux de la République avec ses belles amies du faubourg Saint-Germain habituées à cette conversation railleuse et légère qui faisait, avant la Révolution, le charme et la force de la France.

C'est à lui, l'homme de l'Ancien Régime, que Barras a confié la mise en scène du banquet et du bal donnés au palais du Luxembourg le 10 décembre pour célébrer le retour du vainqueur d'Italie. Trois semaines plus tard, le ministre diplomate se surpasse et donne, dans la galerie aux quarante colonnes corinthiennes de la rue du Bac, un festin comme on n'en a pas vu depuis Versailles. L'architecte Bellanger, qui a construit Bagatelle en six semaines pour le comte d'Artois, qui a dessiné tous les spectacles de la cour et jusqu'aux carrosses du sacre de Louis XVI, a fait appel à des centaines de menuisiers, peintres, chandeliers, plâtriers, stuqueurs, lustriers, fleuristes, artificiers... et tant d'autres dont les factures et les devis engloutirent une vraie fortune.

Devant les majestueuses colonnes doriques de la cour où les tapissiers ont dressé des tentes en coutil rayé, des soldats en uniforme de l'armée d'Italie brandissent, à la lueur des feux de bivouac, étendards et drapeaux pris à l'ennemi autrichien. Le buste de Brutus « trouvé » au Capitole trône dans un temple au-dessus de l'orchestre militaire qui enchaîne les airs martiaux pour accueillir les voitures. D'autres quintettes et quatuors à cordes interprètent les sonates en vogue de Haydn et de Mozart dans les trois salons. Comme autrefois au Palais-Royal, l'ambre et l'encens brûlent dans les cassolettes d'argent. Dès l'entrée du vestibule, on baigne dans un nuage de senteurs. On pénètre chez l'enchanteur...

Depuis la Révolution, on n'a pas vu un tel feu d'artifice de chandelles consacrées au luxe et au plaisir. Cinq cents personnes ont été invitées. Bien davantage se sentaient prêtes à tout pour recevoir un carton. Joséphine, coiffée d'un diadème de camées antiques, est arrivée en robe de tulle lamé d'argent à rubans roses. Autour d'elle, de Bonaparte et du maître de maison, papillonnent une cohorte de jolies femmes en tuniques blanches décolletées comme des Dianes chasseresses. Elles n'ont pas vingt ans et n'ont connu que l'horreur de voir leurs pères ou leurs frères monter à l'échafaud.

Lorsque la Dugazon interprète *Le Chant du départ* de Chénier, les convives s'élancent vers le premier étage, à l'assaut du festin mirobolant de Boucher. Sur les marches du superbe escalier, des myrtes parfumés encadrent les reproductions des chefs-d'œuvre raflés dans les palais toscans. Dans la grande galerie aux colonnes blanc et or, seules les dames s'assoient autour des petites tables. Les hommes restent debout et vont se servir aux buffets. Le vainqueur d'Italie en profite pour parler de l'Egypte avec le gourmand Esseid Ali, ambassadeur ottoman. Talleyrand se tient derrière la citoyenne Bonaparte qu'il a sacrée reine de la soirée. En son honneur, le ténor Laÿs chante un couplet patriotique :

Du guerrier, du héros vainqueur
O compagne chérie
Vous qui possédez son cœur
Seule avec la patrie
D'un grand peuple à son défenseur
Payez la dette immense
En prenant soin de son bonheur
Vous acquittez la France.

Les invités du faubourg Saint-Germain ne peuvent réprimer un sourire, mais retrouvent dans ce souper l'élégance d'autrefois, cette « douceur de vivre » que l'ancien évêque d'Autun est le premier à regretter. Les autres, les plus nombreux, les fils de la Révolution, découvrent des saveurs inconnues. Ils accèdent aux fastes royaux, aux filets de pigeon à la dauphine, aux poulardes à la Montmorency, aux aspics à la Chambord, aux canetons à la Conti, aux croquignoles à la reine... Le magicien Talleyrand sait, comme personne, faire le lien entre deux mondes.

Les Français, fatigués des désordres, aspirent aux plaisirs, à l'amour, aux bals, aux banquets, à toute cette architecture dorée que Carême réussit désormais à la perfection. Une pâte si aérienne que les clients se disputeraient presque les petits pâtés au jus dont l'odeur embaume toute la rue lorsque le fournier les dépose encore brûlants sur le comptoir. Comme Le Lorrain, il tire parti des surprises que réserve le four et Joseph Favre s'en délecte dans son dictionnaire : « Il eut un jour l'idée en faisant ses tourtes et ses petits pâtés de ne point faire la bande pour ne pas établir le rebord, il fit un couvercle d'une forte rondelle en pâte crue. Tout à coup le fournier s'écria : "Antonin, elle vole au vent !" La tourte d'un nouveau genre avait pris la proportion d'une tour dont le sommet penché d'un côté allait toucher terre. "Tiens, tiens, tiens, dit-il, je sais ce qu'il te faut pour te faire tenir debout." Il en conclut que c'était un défaut de tourage, il y remédia. Le vol-au-vent était créé. »

5

CHAQUE JOUR, Bailly traite de nouveaux clients dont les voitures défilent bruyamment, éclaboussant les élégantes qui s'arrêtent devant les parfumeries ou les boutiques de tissus tout en se méfiant des chevaux. Car la rue Vivienne a beau être le centre de la mode, on n'y voit toujours pas de trottoir. L'eau s'écoule au milieu du pavé dans un ruisseau de boue qui déborde les jours de pluie, salissant même la devanture de la pâtisserie.

La chaussée s'arrête bien avant le boulevard. Au-delà, ce ne sont que maisons et hôtels perdus au milieu de vastes parcs, presque la campagne. A son retour d'Italie, Bonaparte a été accueilli sous les arcs de triomphe dans la rue Chantereine, devenue rue de la Victoire en son honneur. Soucieux comme sa mère d'ordre et d'économie, le petit Corse vient d'y racheter le modeste hôtel que Joséphine louait à Julie, première femme du tragédien Talma. Au fond d'une large allée, ce charmant pavillon à pans coupés ne possède, au rez-de-chaussée, qu'un bureau et un salon avec deux portes-fenêtres. Un étroit escalier tournant mène à la chambre, véritable petit temple de l'amour avec son alcôve décorée d'oiseaux et sa salle de bains tout en miroirs.

Julie, elle, a déménagé à deux pas, rue du Mont-Blanc, dans un hôtel que lui a cédé l'architecte Brongniart. Cette magnifique Chaussée d'Antin, rebaptisée rue du Mont-Blanc par la Convention lors du rattachement à la France du département du Mont-Blanc, attire l'argent. Le banquier Récamier entreprend la restauration de l'hôtel de Necker acheté à sa fille, Germaine de Staël, en 1798. Son confrère Perrégaux s'est installé dans le chef-d'œuvre de la Guimard construit par Ledoux et décoré par Fragonard grâce à la générosité de ses protecteurs, le maréchal de Soubise, l'évêque de Jarente et le financier Laborde. Entre autres merveilles, la célèbre danseuse avait son théâtre de cinq cents places pour accueillir amis et artistes. Perrégaux y a donné un dîner et un grand bal pour le mariage de sa fille unique Hortense avec un général de vingt-quatre ans, Auguste de Marmont. Le consentement des époux a été reçu à deux pas, dans la mairie du IIIe, autrefois hôtel du marquis de Mondragon, dans le même salon pompeux aux boiseries dorées et aux trumeaux allégoriques où Joséphine a dit oui à Bonaparte après l'avoir attendu pendant deux heures.

Le cardinal Fesch, oncle du marié, profitant d'une bonne occasion immobilière, a acquis, dans cette même rue du Mont-Blanc, une demeure devenue bien national. La marquise de Montesson, elle, a pu récupérer son hôtel après quatorze mois d'incarcération. Joséphine l'a rencontrée aux eaux de Plombières. Elles sont devenues inséparables pendant l'expédition d'Egypte. « N'oubliez pas que vous êtes l'épouse d'un grand homme », lui a lancé Jeanne de Montesson quand son amie lui confiait ses aventures hors mariage. Car elle aussi a eu son grand homme, le duc d'Orléans, qu'elle a épousé morganatiquement en 1772, à trente-six ans, après l'avoir fait

rire à une chasse en l'appelant « mon gros père ». Afin de se
rapprocher d'elle, le duc a quitté son Palais-Royal pour la rue
de Provence. Leurs deux hôtels se touchaient par le jardin.
Pour éviter les indiscrétions des valets, le père de Philippe
Egalité, dont la bonhomie n'avait d'égale que l'embonpoint,
possédait dans sa salle à manger une table dont la partie
centrale montait toute servie des sous-sols, puis redescendait
une fois le service terminé pour remonter quelques instants
plus tard avec le service suivant. Innovation dont Louis XV
avait été le premier à profiter dans son château de Choisy.

Le duc est mort en 1785 et le richissime Ouvrard, qui
possède déjà cinq ou six maisons dans le quartier, a racheté
à la marquise l'hôtel de la rue de Provence où il fait les
honneurs de sa luxueuse salle à manger. Au coin de la rue
Chauchat, son confrère Hamelin ne désespère pas d'avoir la
meilleure table de Paris. Dans son hôtel en rotonde, son
épouse, créole comme Joséphine, fait perdre la tête aux hommes : « Des cheveux noirs magnifiques, une taille de nymphe,
un pied d'enfant et une grâce extraordinaire qui la rendait
l'égale des reines de beauté du jour, Mme Récamier,
Mme Tallien et Mme Visconti », écrit la comtesse de Bassainville dans *Les Salons d'autrefois*. Excellente danseuse, elle
contribue comme ses voisines à la renaissance des grandes
nuits parisiennes.

Le retour d'Egypte enfièvre le quartier et multiplie les
réceptions où l'on complote. Talleyrand, qui a démissionné
de son ministère, s'est replié rue Taitbout. Son contrôleur
Boucher se fournit chez Bailly où les vol-au-vent d'Antonin
ne penchent plus comme la tour de Pise. Ils font fureur,
remplis de champignons, de quenelles de volaille, de rognons,
de crêtes de coq. Tous les banquiers en réclament. Au premier

regard, le contrôleur a détecté la virtuosité du jeune tourier dont le nom pénètre ainsi dans le saint des saints de la gastronomie, les cuisines de Talleyrand.

Le 15 brumaire, il y a dîner rue Taitbout pendant que Joséphine donne une grande soirée à laquelle assiste le ministre de la Police Fouché afin d'endormir les méfiances du Directeur Gohier. Le 16, nouvelle soirée chez les Bonaparte, cette fois avec Talleyrand, pour convaincre Bernadotte, Moreau, Jourdan, Roederer. Le 17, Cambacérès accueille, place Vendôme, les conspirateurs avec ses collègues du gouvernement et les présidents des deux assemblées, Lemercier et Lucien Bonaparte. Alors qu'il ne boit que du château-latour, le ministre de la Justice a demandé à son maître d'hôtel de remplir quelques carafes de chambertin, cru favori du héros du jour qui s'est mis au vin de Louis XIV, le plus cher, le nectar des monarques. Le médecin du Roi-Soleil avait établi un classement des vins de Bourgogne dans lequel le chambertin arrivait en tête, juste devant le romanée.

Dans sa maison de la rue Saint-Lazare, Marmont chauffe aussi l'ardeur bonapartiste en recevant somptueusement ses amis. Le matin du 18, il a encore à déjeuner Berthier, Lannes, Murat, trois fameux coups de fourchette, quand surgit Duroc qui leur crie : « Le général vient de monter à cheval ! Il se rend au pont tournant* et vous invite à le rejoindre. » Dans les rues du Palais-Royal, les pavés résonnent de la cavalcade et du cliquetis des sabres.

Le 18 Brumaire enterre la Révolution, ses restrictions et les anathèmes gourmands de la Convention qui avait banni les

---

* Pont réunissant le jardin des Tuileries à la place de la Concorde, alors ceinturée de larges douves.

galettes des Rois comme l'explique Grimod : « On serait devenu suspect en tirant la fève et le Directoire continua à faire aux pâtissiers et à leurs gâteaux la guerre à mort que leur avait déclarée Robespierre. Cet état de choses dura jusqu'après le 18 Brumaire de l'an VIII. Alors, on vit peu à peu renaître les anciens usages. Le gouvernement fort de ses vertus et de sa puissance ne crut point le salut de la République compromis par un gâteau. On tira les Rois comme par le passé, l'usage de porter les santés reparut. » De nouveau, la France peut s'écrier : « Le roi boit ! » Paris avec ses galettes jusqu'à trente lieues à la ronde, Lyon, Reims et Metz avec leurs brioches en couronne, la Bretagne avec ses gâteaux au levain et au sucre Bourbon, Bordeaux avec ses tortillons au cédrat, Toulouse avec ses gâteaux de Limoux et tout le Midi avec la brioche sucrée.

Chez Bailly, Antonin se fait un nouveau titre de gloire avec les gâteaux de plomb dont la préparation, dans leur collerette de papier doré, réclame tant de soins. Sous ses doigts, cette galette qui n'exige qu'un peu de farine de gruau, du lait, du beurre et quelques œufs est méconnaissable. Lacam, dans son *Mémorial de la pâtisserie*, en reconnaît la suprématie : « Le plomb est un de nos plus riches gâteaux de soirée et à thé. Il ne le cède en rien à la brioche mousseline, ni au gâteau de Compiègne, ni à la brioche tête ou couronne. Il a été tiré de la galette et de la brioche. C'est en mélangeant ces deux sortes à la paume de la main que Carême résuma cette recette, et jusqu'à ce jour aucun plomb n'a dépassé le sien. »

Avant l'épreuve du feu, l'artiste ajoute, sur ses chefs-d'œuvre, sa petite note, sa signature de décorateur : « Vous dorez légèrement le dessus puis, avec la pointe du couteau, vous y tracez une palmette, ou bien une rosace, ou simplement une jolie rayure. Et après l'avoir percé au milieu, afin de faciliter l'évaporation des petits globules d'air qui se trouvent comprimés quelquefois entre le plafond et la pâte, vous le mettez à four gai, et lui donnez deux heures et demie de cuisson, et quelquefois même trois heures afin que la chaleur atteigne à fond la masse de la pâte, laquelle, sans cela, serait compacte et fort indigeste. »

Infatigable, le pâtissier n'est pas le dernier à vibrer de cette exaltation qui submerge Paris. Il ne dort que quelques heures par nuit et note dans un carnet toutes les améliorations qu'il apporte chaque jour aux gâteaux d'autrefois. Quand il n'est pas devant son tour, il marche dans le quartier, l'esprit en éveil à la recherche de nouvelles idées. Près de la Halle, la rue des Lombards est devenue celle des confiseurs. De nombreux chefs d'office des anciennes maisons y ont ouvert leur boutique. Ils conservent la haute main sur les sirops d'orgeat et de framboise, les ratafias, les confitures, les pâtes de coing et d'amande, les petits nougats, et sur ce caramel qui fait les jolies rocailles. Mais surtout ces anciens « officiers » exposent dans leurs vitrines les architectures en sucre blanc des jours de fête, ce pastillage apporté en France par Catherine de Médicis dont le cuisinier s'appelait Pastilla. Des corbeilles, des fontaines et des arcs de triomphe qui saluent les dernières victoires des armées. M. Dutfoy, rue de l'Arbre-Sec, installe même des feux d'artifice sous ses portiques. Au dessert, les gerbes multicolores montent jusqu'au plafond et retombent en pluie sur les convives émerveillés sans aucun dommage pour les vêtements.

Des mises en scène dignes de celles qu'on voyait autrefois chez le marquis de La Vaupalière dont parle avec emphase Beauvilliers. A son retour d'Angleterre, le restaurateur n'a jamais pu récupérer de Naudet son établissement du Palais-Royal et vient d'ouvrir, 26, rue de Richelieu, la Taverne de Londres. Pour lui, La Vaupalière demeure à jamais sans rival. Dans ses mémoires, le marquis de Bombelles affirme que, faubourg Saint-Honoré, l'hôtel de son ami, où Beaumarchais a fait la première lecture de *Figaro*, était la demeure « la plus agréable » de Paris. Un an avant la Révolution, le marquis prodigue y avait organisé pour le mariage de Mlle de Matignon avec le duc de Montmorency un souper qui fait rêver Antonin : « Des conduits d'eau artistiquement ménagés ont fait arriver sur la table une cascade tombant d'un rocher et formant une rivière qui contenait deux cents pintes d'eau. Des poissons vivants s'y promenaient, des maisons, des hameaux, tout cela en parfaites proportions se voyaient sur l'une et l'autre rive, des pont jetés de distance en distance et d'une vérité aussi grande que les représentations d'hommes et d'animaux qui semblaient les passer ajoutaient du charme au paysage. A l'extrémité opposée du rocher, s'élevait, en colonnes de cristal, le temple de l'hymen. » Mais les invités n'étaient pas au bout de leurs surprises. Durant le bal, pour se rafraîchir, ils pouvaient cueillir des glaces en forme de fruits accrochées au feuillage d'orangers et de citronniers dont le parfum embaumait les salons et le jardin, immense avec ses deux entrées sur les Champs-Elysées.

Des pavillons à colonnes, des ruines posées sur des rochers, des cascades embellies de passerelles, tout en cheminant, Antonin se voit déjà le créateur de ces constructions d'un soir, de ces chefs-d'œuvre éphémères éternellement inoubliables. Rue Montorgueil, une bonne odeur de baba s'échappe de la pâtisserie ouverte en 1730 par Stohrer sur cette colline que l'on appelait le mont Orgueilleux. Le petit Lorrain a débuté, lui aussi, comme garçon de cuisine. A la cour du gourmand roi de Pologne, Stanislas Leszczynski, en exil à Nancy, il devait tenir le garde-manger propre, éplucher les herbes et les racines pour les entremets et les ragoûts sous les ordres de l'écuyer de cuisine et du grand Gilliers, auteur d'un livre de cuisine réputé, le *Cannamélis*. Au lieu de courir les filles, il préférait feuilleter les milliers de reliures qui tapissaient les murs du beau château de Lunéville. « Je savais lire et écrire mais ma tête était vide. Le roi Stanislas m'autorisa à passer mes heures de loisir dans sa bibliothèque. » Son protecteur raffolait des brioches aux raisins qu'en bon Slave il arrosait copieusement d'alcool de poire ou de vin blanc d'Alsace et appelait ses « babas » parce qu'avec leurs grosses têtes rondes elles ressemblaient aux grands-mères polonaises. Lorsque sa fille, Marie Leszczynska, se maria avec Louis XV en 1725, elle emmena Stohrer à Versailles où il régala la cour de ces fameux babas avant d'ouvrir son établissement.

La fortune sourit toujours aux talentueux... Après avoir perdu ses biens sous la Révolution, Rouget, célèbre pour ses rochers de petits choux, vient, lui, de recoiffer son bonnet de coton blanc au 9 de la rue de Richelieu. Et ses comptoirs débordent de nouveautés. Car les pâtissiers, dont la clientèle gonfle comme une grosse meringue, veulent aussi leur part de cette gloire militaire que la France goûte à nouveau.

Le quartier redevient le phare du monde depuis que le glorieux général, nommé Premier consul le 7 février 1800, a quitté douze jours plus tard le palais du Luxembourg de Barras pour s'installer en grande pompe aux Tuileries. Amateur de théâtre lyrique, il a lui aussi le génie des mises en scène à grand spectacle dont il est l'astre rayonnant. Son plus beau régiment, les guides, musique en tête, précédait son carrosse traîné par six chevaux blancs, cadeau de l'empereur d'Allemagne après le traité de Campo-Formio. Des guichets du Louvre à la grille du château, la garde des consuls formait une haie d'honneur. Les fenêtres des maisons de la place du Carrousel se sont louées à prix d'or pour cette procession royale. Au milieu de la foule, les limonadières de la rue Saint-Nicaise et les marmitons du Palais-Royal applaudissaient avec bonne humeur et criaient : « Vive le Premier consul ! »

Dès le 25 février, le nouveau maître de la France rétablit les bals de l'Opéra où, sous l'Ancien Régime, se déployait tant de verve. Joséphine s'y rend avec sa belle-sœur Caroline. Plus tard, dans la soirée, Bonaparte les accompagne au château de Neuilly où Talleyrand donne une magnifique réception pour les grands noms du nouveau et de l'ancien régime : « Les invitations étaient dirigées par le désir de réunir la bonne société et la société était choisie », dira le lendemain *La Gazette nationale*.

C'est pour rallier le faubourg Saint-Germain, obsession du Premier consul, que le ministre des Relations extérieures loue cette folie construite, sous Louis XV, par le ministre de la Guerre d'Argenson. La façade ornée d'admirables statues est surmontée d'une balustrade à la florentine. Le parc composé de mille bosquets, de salles de verdure, de grands tapis de gazon, descend en terrasses jusqu'à la Seine si riche en poissons que l'on vient encore d'y pêcher un esturgeon de cent kilos sur les berges ombragées de saules et de peupliers. D'Argenson y avait transporté sa bibliothèque où trônaient les ouvrages de gastronomie grecque et romaine, les manuels arabes de plantes médicinales ou encore *Le Viandier*, premier livre de cuisine français attribué à Taillevent, maître queux au XIVᵉ siècle des rois Charles V et Charles VI. Sous les trumeaux à fleurs, Montesquieu, d'Alembert, Voltaire et la Pompadour s'asseyaient à la même table. Diderot y avait conçu un ouvrage immense où les écrivains réuniraient l'ensemble des connaissances. C'est d'ailleurs dans ce château de Neuilly qu'après la mort de son mari, la marquise d'Argenson cacha les volumes déjà publiés de cette *Encyclopédie* qu'un arrêt du Parlement condamnait à être brûlés par la main du bourreau. Une fois la bibliothèque récupérée par son fils, le marquis de Paulmy, gouverneur de l'Arsenal, le château a été racheté en 1785 par l'intendant du comte d'Artois et grand ami de Talleyrand, Radix de Sainte-Foy, obligé, sous la Révolution, de le céder à deux banquiers.

Les belles amies du ministre, la duchesse de Luynes, la princesse de Vaudémont, la vicomtesse de Laval, la marquise de Coigny y viennent déjeuner comme autrefois avec Narbonne, Montrond, Flahaut, La Vaupalière, Sainte-Foy, tous hommes d'esprit. Et, en ce soir de carnaval, avec la bénédiction du ci-devant évêque, les grands noms de l'Ancien Régime et leurs épouses ne dédaignent plus de côtoyer les soudards rutilants dont la France chante les exploits parce qu'ils apportent enfin la paix et le retour des vaches grasses. Le duc de La Rochefoucauld-Liancourt, grand maître de la garde-robe à Versailles, est venu, mais aussi Louis-Philippe de Ségur, fils du ministre de la Guerre de Louis XVI, le duc de Crillon, descendant du valeureux ami d'Henri IV qui ne l'appelait que « mon brave Crillon ». Bonaparte leur annonce l'amnistie des condamnés royalistes de Fructidor déportés dans les marécages pestilentiels de Guyane et, parmi eux, le marquis de Barbé-Marbois, ancien ambassadeur du roi, qui bientôt débarquera à Brest. « Le Premier consul voulait rallier à lui tous les nobles désireux de rentrer. Il avait besoin d'eux comme de tous les

Français. De son côté Talleyrand, écrit son biographe Jean Orieux, savait que la France souffrait d'une sorte de nostalgie de la royauté... Pour recréer une société hiérarchisée il fallait une noblesse... Talleyrand était là pour assurer le recrutement. Entre autres missions, il eut celle de mettre la nouvelle et l'ancienne France à la même table, dans les mêmes bals en espérant qu'elles finiraient par se rejoindre dans les mêmes lits. »

Pour séduire ces émigrés qui, dans leurs boudoirs, se moquent du parvenu corse et de ses officiers sortis de leurs écuries, le contrôleur Boucher s'est adjoint les services du pâtissier Jean Avice, dont les princes vantaient déjà les exploits sous la monarchie. Antonin voue à ce maître une admiration sans borne : « A cette époque, on ne parlait que du grand Avice et de son élève Héneveu. J'avoue franchement que leur brillante renommée me donna l'émulation et le désir de devenir aussi connu qu'eux s'il était possible. Et, dès lors, j'eus l'enthousiasme de faire, à mon tour, les grands extraordinaires. » Sur le buffet à gradins les pâtés de levraut aux truffes, les sultanes à colonnes, les corbeilles en nougats, les croque-en-bouche à la reine réduisent au silence les duchesses les plus coriaces. Une fois encore, Bonaparte est subjugué. « L'empereur n'était ni mangeur ni connaisseur, mais il savait gré à M. de Talleyrand de son train de vie », dit Carême.

Quelle différence avec le dîner organisé par Joseph Bonaparte dans son château de Mortefontaine près de Senlis en l'honneur des députés des Etats-Unis ! Despréaux, le maître à danser de Marie-Antoinette, a été chargé d'en élaborer la mise en scène : « Le maître d'hôtel de Joseph Bonaparte, écrit-il, était un ancien perruquier qui ne se doutait pas de son métier. Il n'avait pensé à rien et beaucoup d'assiettes était tout ce qu'il avait apporté... Comme il n'y avait rien pour orner les tables et les murailles, je fis prendre tous les animaux empaillés qui étaient dans le cabinet du château... Nouveau malheur ! Le maître d'hôtel perruquier avait oublié d'apporter les couteaux. On fut obligé de demander à chaque postillon ou cocher qui arrivait de prêter le sien. M. de La Fayette faisait les honneurs aux députés d'Amérique qui m'ont semblé n'être qu'à moitié satisfaits. »

Bonaparte ne veut plus de ces fautes de goût. Ni dans ses salons ni dans sa famille. Et encore moins à sa table qu'il désire resplendissante. Il est le premier à soutenir que « le ventre gouverne le monde ». Son aide de camp Duroc a pour mission d'organiser sa maison sur un train déjà impérial. Joséphine conserve ses habitudes de la rue Chantereine. Dans *Napoléon chez lui*, l'historien Masson écrit : « La pâtisserie Bailly fournit les pièces montées lorsqu'il y a réception aux Tuileries. » Mais c'est Lebeau que Duroc recrute pour les cuisines du Premier consul. Chef pâtissier du restaurant Roze, Lebeau a fait un premier triomphe, lors du repas donné à Saint-Sulpice pour le retour d'Egypte, en figeant dans le sucre et le massepain les passages de l'armée victorieuse sur les ponts de Lodi et d'Arcole lors de la première campagne d'Italie.

Antonin a toujours la passion de l'architecture. Mais comme Stohrer, il sent que pour progresser il lui faut d'abord s'instruire. La Bibliothèque nationale dont il aperçoit les murs depuis la pâtisserie ouvre ses portes au public les mardis et vendredis. Bailly qui a tout à y gagner lui donne la permission de s'y rendre aussi souvent que possible.

Au fil des pages, le pâtissier parcourt les océans avec les grands navigateurs. Bougainville qui, en 1769, fut le premier à accomplir un tour du monde en trois ans. L'architecte

Guillaume Chambers passionné par la Chine qui, juste avant sa mort à Londres en 1796, a publié des croquis de pagodes et de jardins asiatiques. « J'eus bientôt voyagé d'un pôle à l'autre, sans cependant trop comprendre la narration. Mais tout ce qui avait rapport au dessin enflamma mon imagination. » Fébrilement, il recopie sur son carnet les esquisses qui l'éblouissent et le remplissent d'ivresse dans les quatre volumes de Palladio, architecte au XVIᵉ siècle de Venise et de Vicence avec ses palais à colonnes grecques copiés dans toute l'Angleterre où Ledoux l'a découvert. Il feuillette les œuvres de Serlio, le génie de Bologne que François Iᵉʳ ramena d'Italie pour construire le château de Fontainebleau. Et surtout la *Règle des cinq ordres*, le traité du grand Vignole, leur contemporain, qui à Rome a fixé les règles de la perspective.

Quand il ressort de ce beau palais du savoir pour retourner chez Bailly, se mélangent dans sa tête les colonnes et le pastillage, les sphinx et les massepains, le marbre et le sucre filé : « Ainsi, après que j'eus examiné les voyages de l'Inde, de la Chine, de l'Egypte, de la Grèce, de la Turquie, de l'Istrie et de la Dalmatie, de l'Italie et de l'Allemagne ainsi que les vues pittoresques de la Suisse, je commençai à composer mes dessins selon l'architecture de ces contrées. »

Ah ! s'il pouvait, il reconstruirait le duomo de Florence, et, à Rome, la fontaine de Trevi ! « Cependant, je fus contraint de me restreindre aux lois bizarres que mon état de pâtissier m'imposait. Je ne pus me servir d'un grand nombre de petits monuments de ces pays parce qu'ils étaient trop compliqués dans leur détail et demandaient trop de temps pour leur exécution... Puis il me fallait imiter des choses isolées et les plus simples possibles, qui pussent être en même temps agréables à la vue. Voilà pourquoi tous mes dessins ne représentent que des chaumières, des ponts, des pavillons, des temples, des rotondes, des ruines, des cascades, des fontaines, des belvé-dères, des forts, des tours, des phares, des pyramides, des rochers, des cassolettes, des coupes, des vases, des corbeilles, des palmiers, des gerbes, des trophées de marine, de guerre et de musique, des casques antiques et modernes, des lyres, des harpes. » Cette généreuse nomenclature semble pourtant suffisante pour récolter les éloges et suscite déjà les jalousies des autres pâtissiers. « Un jour un envieux me disait : "Il n'est pas étonnant que vous ayez tant de variété, vous allez à la Bibliothèque dessiner ! – Eh bien, lui dis-je, que n'en faites-vous autant ? Ce privilège est public : en profite qui veut. Mais pour cela, il ne faut pas être paresseux." J'adressai ces paroles à un fainéant de premier ordre. »

Les heures de travail pour les employés de Paris sont fixées de neuf heures du matin à quatre heures de l'après-midi. Le nouvel arrêté précise que les absents seront privés de dix jours de traitement. Carême, lui, n'économise pas sa peine. Après les journées consacrées aux commandes des clients, il emploie ses nuits à fignoler ses esquisses, ses colonnes et ses pavillons à la lueur des bougies : « Je ne pouvais réellement m'occuper de mes dessins qu'après l'ouvrage terminé, et depuis neuf ou dix heures du soir. Je travaillais pour moi les trois quarts des nuits. Et quand je me vis possesseur de douze dessins diffé-rents, je désirai en avoir vingt-quatre, puis cinquante, et puis cent. Enfin j'en composai deux cents, tous plus singuliers les uns que les autres et cependant tous faciles à être exécutés en pâtisserie. Voilà le fruit et le résultat de trois années d'appli-cation, de recherches laborieuses et assidues. »

Le fameux Tiroloy avait un secret : il savait dessiner. Et ce talent, rare chez les pâtissiers, a contribué à son éclatante renommée. Antonin se le répète tous les jours. Depuis qu'il a triomphé de la pâte feuilletée, il rêve d'égaler le pâtissier du duc d'Orléans et ses architectures en pastillage. A dix-huit ans, il ne manque ni d'ambition ni même d'orgueil. Comme les gourmands Murat, Junot, Lannes et Marmont qui caracolent rue Vivienne dans leurs uniformes aux épaulettes d'or, il est envahi de la gloire du Premier consul.

6

LES VICTOIRES de la seconde campagne d'Italie donnent l'occasion à Antonin de signer de nombreux chefs-d'œuvre. Depuis le départ de Bonaparte et de ses généraux empanachés pour reconquérir la Lombardie perdue par le Directoire, le cœur de Paris est vide. Mais chez Bailly, on suit avec incrédulité les prodiges de l'armée que son chef, tel Hannibal le Carthaginois, mène à l'assaut des Alpes. L'avant-garde, commandée par Lannes, cavalier de trente ans, ouvre l'impossible voie par le Grand-Saint-Bernard : neuf mille soldats, les chevaux, les caissons d'artillerie, les munitions, les boulets, tout doit passer par un sentier de roc et de glace si étroit que seuls s'y aventurent le chamois et le loup. Et les cent canons ! Les Savoyards conseillent d'évider des troncs de sapin, d'y glisser les fûts, puis d'atteler une soixantaine d'artilleurs à chacun de ces traîneaux improvisés. Dix heures d'ascension jusqu'au couvent des Bernardins où les attend une récompense inespérée. On a rempli la cave des moines. De quoi désaltérer toute l'armée. Les bons pères distribuent un seau de vin, un quarteron de fromage de gruyère et une livre de pain pour douze hommes. Dans la descente, pour étancher la soif, on trempe les biscuits dans la neige.

91

Au Palais-Royal, le confiseur Berthellemot imagine déjà un gros rocher en sucre blanc baptisé Grand-Saint-Bernard tandis que les colporteurs crient les nouvelles pour tous ceux qui, comme Antonin, savent à peine lire : le général Murat est entré dans Milan, le général Lannes « couvert de sang » a investi Montebello. Le 14 juin, c'est la consternation. L'armée autrichienne a pris le dessus à Marengo. Le général von Melas célèbre déjà sa victoire. Mais Desaix, ci-devant Louis Charles Antoine Des Aix, fond comme l'aigle avec sa forêt de baïonnettes avant de tomber à trente-deux ans frappé d'une balle au cœur. Le Premier consul est le seul vainqueur.

Marengo ! Les trésors de l'Italie. Tous les banquiers de la Chaussée d'Antin fêtent les nouvelles pièces d'or puisées dans les caisses des percepteurs de Milan, de Gênes, de Turin. La rente flambe. Talleyrand, Fouché et autres Ouvrard sont les premiers à en profiter. Car entre les deux communiqués du ministre de la Guerre Berthier annonçant l'un la défaite, l'autre la victoire, les ordres d'achat et de vente des initiés ont fait de juteux va-et-vient.

Dès qu'elle apprend la nouvelle, Joséphine préside un grand dîner, sous des tentes blanches, dans le parc de la Malmaison en pleine restauration. La pâtisserie Bailly croule sous les commandes extraordinaires. Enfin l'occasion pour Antonin de mettre la main à la pâte des rocailles en sucre dont son maître lui confie la responsabilité : « Car à quoi bon tous mes dessins, si je n'avais pu les faire en pâtisserie, pour en voir l'effet et la tournure ? Toutes ces premières pièces étaient trouvées gentilles, et cela m'encourageait beaucoup. Aussi étais-je attaché à cet homme respectable qui me donna le premier tous les moyens de devenir ouvrier. »

Les festivités redoublent avec le retour des vainqueurs. Tandis que tonnent les canons des Invalides, toutes les maisons sont éclairées de lampions. Et l'on y fait bombance. Le 14 Juillet, nouveau festival de lumières. Après la revue au Champ-de-Mars, la procession s'avance vers les Invalides où les généraux font l'offrande aux dieux de la guerre des soixante-douze drapeaux arrachés à l'ennemi autrichien. Sous la voûte, s'envole la voix de la Grassini, cantatrice de la Scala, la plus séduisante prise de guerre du Premier consul. La liturgie est signée Fontaine et Percier qui partagent avec le peintre David les grandes célébrations inspirées de l'Empire romain dont s'abreuve la France depuis la Révolution.

Les deux complices se sont connus à dix-sept ans à l'école d'architecture de Peyre, inspecteur des Bâtiments du roi. Fontaine est parti pour Rome en 1785 avec une pension de Louis XVI. Lauréat du prix de Rome, Percier l'a suivi un an plus tard, pour étudier la colonne Trajane, lui aussi grâce à une pension du roi. Son père était concierge au pont tournant des Tuileries et sa mère lingère de la reine. Bientôt les chefs-d'œuvre de l'antiquité n'ont plus eu de secret pour eux.

Fontaine est rentré le premier à Paris, réclamé par son père, entrepreneur de bâtiments, ruiné par la Révolution. Il est arrivé à pied fin 1789. Un an plus tard, Percier l'a rejoint, également à pied, en s'arrêtant pour étudier les monuments. C'est l'ébéniste Jacob qui leur a confié leurs premières commandes. Des dessins de meubles dans ce style antique vénéré par les maîtres de la République. Aussitôt c'est le succès ! Les bijoutiers, les orfèvres, les couturiers les supplient de leur dessiner des modèles. Ils ne travaillent plus qu'ensemble. La Convention leur confie la transformation du théâtre des Tuileries en salle des séances. Plus tard, ils plaqueront sur le palais Bourbon une façade de temple grec.

Bonaparte ne jure que par ces deux homosexuels, fous de César et des consuls romains. Il a rencontré Fontaine au palais du Luxembourg, dans l'antichambre de Joséphine qui le consultait sur la rénovation de la Malmaison. Le vainqueur de l'Italie, lui, n'avait que ses drapeaux en tête. Il voulait les exposer au Louvre. Fontaine lui a suggéré le dôme en or de Louis XIV aux Invalides. Le Premier consul l'a d'abord fixé sans un mot. Ce Fontaine qui l'a si bien pénétré, pourquoi ne pas en faire l'architecte de ses ambitions ? En 1801, il le charge avec Percier de la restauration du palais de Saint-Cloud, premier d'une longue série de grands chantiers qui feront des châteaux abandonnés par les Bourbons un décor digne de ses victoires.

Ce même 14 juillet, Talleyrand donne une nouvelle fête dans les jardins de l'hôtel de Galliffet retrouvé dès le 18 Brumaire et qui sera pendant huit ans à la mesure de sa fringale de fastes. Les journaux égrènent les réjouissances qui font rêver dans les cuisines : « Le 16 juillet chez Ruggieri, un repas a été donné par les officiers de la garde des consuls à leurs camarades revenus de Marengo. Le Premier consul y a assisté. » « Le 17 juillet, autre banquet chez le citoyen Duroc, son aide de camp, auquel ont été invités tous les officiers supérieurs. »

Duroc a vingt-sept ans. Installé au pavillon de Flore, le futur grand maréchal de la cour impériale règle le protocole des premières réceptions. Chaque quintidi*, après la parade du Carrousel, le maître des Tuileries donne, dans la galerie de Diane, des dîners qui ne doivent pas dépasser une demi-heure. A table, Bonaparte garde ses habitudes de général en

---

* Cinquième jour d'une décade.

campagne. A Marengo, juste avant la bataille, il s'est écrié :
« J'ai grand faim ! » Son cuisinier a couru les poulaillers et a
déniché quelques méchants volatiles, deux ou trois œufs et
des tomates. Il a pris plus de plaisir dans ce poulet frit à la
poêle qu'aux longs dîners de cinq heures prônés par Grimod
de La Reynière. Le poulet, il peut en dévorer trois fois par
jour. A la Malmaison, tous les quarts d'heure, un valet de
pied en apporte un tout rôti à un page qui le dépose sur un
guéridon du salon au cas où le Premier consul sortirait de
son bureau, pris d'une nouvelle « petite » faim. Convoqué un
jour à quatre heures, le pantagruélique général Bisson qui
n'était toujours pas reçu six heures plus tard en a englouti
trois.

Les entrées de pâte feuilletée retiennent aussi l'attention du
maître des Tuileries. Carême tient ce renseignement de son
dernier cuisinier, Chandelier, que Pauline enverra à son frère
à Sainte-Hélène : « Voici les mets que l'Empereur aimait par
goût : la volaille rôtie, les sautés de volaille, les poulets sautés
à la Marengo, à l'italienne, à la provençale sans ail, les fricassées de poulet quelquefois au vin de Champagne et des poulets
à la tartare, puis des boudins à la Richelieu et des quenelles
de volaille au consommé. Cependant, à tous ces mets, Napoléon préférait les entrées de friture et de pâtisserie, telles que
vol-au-vent, petites bouchées à la reine, petites timbales de
macaroni à la milanaise et généralement le macaroni de quelque manière que ce fût. »

Trop pressé pour perdre son temps à table, le Premier
consul ordonne à ses ministres de se répartir les jours de la
décade par une note écrite dans un français tarabiscoté : « Je
désirerais que vous fissiez sentir l'importance dont il est pour
le gouvernement que les ambassadeurs et les étrangers puissent

trouver cet hiver chez les ministres un moment de société et détruire les bruits de toute espèce que répandent les sociétés malveillantes qu'ils ont fréquentées jusqu'à cette heure... » Pour séduire les émigrés, bâillonner les pamphlétaires, étouffer les complots royalistes qui risquent d'influencer les ambassadeurs au moment où ils retrouvent le chemin de Paris, cité interdite depuis 1793, le Consulat doit faire revivre les splendeurs de l'Ancien Régime.

Le second consul Cambacérès n'a pas besoin des consignes de Bonaparte pour se lancer avec gravité dans son rôle d'amphitryon. Son père était maire de Montpellier et il passait ses vacances dans le château de son oncle, la meilleure table de la région. Il possède son hôtel rue du Faubourg-Saint-Honoré avec des coiffeuses de courtisane, sa cave pleine de barriques de château-latour et une baignoire en bois que son menuisier a dessinée en forme de cœur. Meilleur juriste de son temps, il a traversé intact tous les orages de la Révolution, fidèle à sa perruque poudrée, à ses manchettes de dentelles, à ses bas de soie, et promène, d'un pas cérémonieux, une silhouette plus qu'imposante.

Il se fait attribuer, en face des Tuileries, le grand et sévère hôtel d'Elbeuf dont la cour d'honneur s'ouvre sur la rue Saint-Nicaise. Après l'antichambre décorée de fontaines en faux marbre rouge, on entre dans le saint des saints, une immense salle à manger à laquelle Cambacérès réserve ses plus belles inspirations. Comme Louis XV à Versailles, il en possède même deux, une à chaque étage, pour lesquelles il commande au décorateur Biennais les premières tables à rallonges. C'est là une des innovations et non des moindres de cet épicurien solennel. L'illustre juriste n'est pas seulement l'auteur du Code civil. Ami de Grimod de La Reynière, il tente aussi de remettre en vigueur le code de l'amphitryon.

Ses premiers dîners en 1800 sont des événements dont tout Paris se raconte les deux services élaborés par le chef Grand-Mange que Carême appelle sans façon Grand'Manche : « Un praticien instruit, un homme honorable que nous estimions tous. Ayant été appelé par lui dans les fêtes de la maison... j'ai pu souvent apprécier son travail... » Mme Grand-Mange mère est, elle, préposée aux ourlets et au blanchissage des serviettes et des nappes damassées qui voient défiler, aux côtés des ambassadeurs, les nouveaux grands commis de l'Etat. Napoléon dira à Caulaincourt, en rentrant de Moscou, évoquant les débuts du Consulat : « La porte était ouverte à toutes les ambitions. Le Vendéen, le chouan, le révolutionnaire, l'émigré, tous étaient admis, tous mangeaient chez Cambacérès à la même table, tous me servaient. »

Le second consul choisit de recevoir les jeudis et les samedis à dix-sept heures trente. Sa pesante courtoisie s'efface lorsqu'un convive est en retard. Les dîners durent une heure et demie et le maître de maison invite rarement plus de deux dames à la fois pour les placer à ses côtés et éviter les jalousies des autres. Sous un plafond bleu ciel, descend une grande lanterne dorée dont les guirlandes de perles sont reliées par des flambeaux en forme de petits amours.

Cet homosexuel raffole des couleurs tendres. Le grand salon sur la cour a des bergères en soie bleu et rose égayée de dessins turcs. L'autre, sur le jardin, des fauteuils recouverts de soie blanche avec des guirlandes vertes entre lesquelles folâtrent des oiseaux. Lorsque sont ouvertes les portes-fenêtres, il s'enivre du parfum capiteux des giroflées dont son valet Garrot fait venir spécialement les plants du Languedoc. Il en réclame partout des bouquets sauf dans la salle à manger pour ne pas altérer la saveur d'un turbot ou d'un gros pâté de foie gras. Sur la table à écrire en bois de rose de son cabinet de travail trône un Cupidon en bronze avec un arc et sa flèche sur un socle doré gravé d'une citation latine : « *Namque erit iste mihi semper deus* », que certains traduisent ainsi : « Il m'a fait trop de bien pour en dire du mal, il m'a fait trop de mal pour en dire du bien », ce qu'il pense déjà de Napoléon.

A l'hôtel d'Elbeuf, Cambacérès a sa petite cour, des juristes, des gastronomes, le plus souvent montpelliérains comme lui. Ses deux acolytes sont le marquis de Villevieille, si maigre qu'on le croit toujours au bord de l'évanouissement, et le marquis d'Aigrefeuille dont il a fait son chambellan. Cet ancien procureur général à la cour des aides de Montpellier est d'une corpulence et d'une laideur que la duchesse d'Abrantès qualifie d'incroyables : « Une grosse tête placée sur un cou très court, des yeux très gros, très saillants, parfaitement ronds, d'un bleu pâle et terne. Un nez formé d'une boule de chair surmontant une bouche dont il lèche incessamment les deux grosses lèvres comme s'il venait de manger une bisque. Avec cela, deux grosses joues fleuries et tremblantes. » Le compère idéal pour un gourmand. Comme Cambacérès, il est l'ami de Grimod dont ils partagent les agapes avec le docteur Gastaldy, premier président du Jury dégustateur. Médecin-chef de l'hôpital pour aliénés de Charenton fondé en 1741, Gastaldy a sauvé de la guillotine une cohorte de ci-devants qu'il déclarait fous.

Avec le même accent ensoleillé, ces Languedociens parlent des anchois de Collioure et des champignons de la garrigue qu'ils se font livrer du bout de la France ainsi que des tonneaux d'olives, des pains de poutargue, des confitures de figues, des cailles et des liqueurs d'herbes, toutes ces merveilles poivrées qui émeuvent leurs palais et que les Parisiens ignorent.

Dès qu'un Montpelliérain arrive à Paris, il se rend à l'hôtel d'Elbeuf, certain d'y trouver le meilleur accueil du grand homme de loi. Ses protégés le remercient avec des comestibles de prix. Car le second consul dresse la liste des sénateurs, des conseillers d'Etat, des membres du Tribunat, des préfets et dans chaque département, il nomme sous-préfets, maires, juges... Souvent le gibier est l'hommage d'un de ces fonction naires dont il fait la carrière. Le maréchal de Castellane note dans son journal : «A mon arrivée à Paris, je dînai chez Cambacérès qui me traita à merveille. Je lui avais apporté des ortolans et des grives de Jurançon de la part de mon père. C'était bien prendre le chemin de son cœur. »

Une des spécialités préférées de ce cénacle gourmand est le perdreau rôti d'un côté et de l'autre piqué de lardons pour éprouver une double sensation de plaisir. Dans ces moments d'extase, on mange en silence, on parle à voix basse comme dans les temples maçonniques dont Cambacérès est l'un des grands maîtres avec Joseph Bonaparte. Avec sa verve méridionale, le gros d'Aigrefeuille se fait rappeler à l'ordre par le second consul : « Parlez donc plus bas, mon ami ! En vérité, on ne sait plus ce qu'on mange. »

De son observatoire privilégié, Carême, horrifié, voit le curieux manège des pots-de-vin arriver de tous les terroirs, transformant l'hôtel d'Evreux en misérable pays de Cocagne. Car l'avare maître de maison enferme à double tour terrines et gibiers : « Il recevait de tous les départements de la bonne France des cadeaux en comestibles plus rares les uns que les autres : eh bien, tous ces trésors de la science alimentaire étaient enfouis dans un grand garde-manger et le prince* en tenait par écrit la nomenclature et la date d'arrivage. » C'est lui seul qui donne par écrit à son cuisinier l'ordre de les employer. « Fréquemment, quand il le donnait, les provisions étaient gâtées. Les aliments ne paraissaient jamais sur sa table qu'après avoir perdu leur fraîcheur. »

Crime encore moins pardonnable, il arrive que Grand-Mange soit obligé de servir aux invités des restes de la veille. « Le prince s'occupait le matin avec un soin minutieux de sa table. Mais seulement pour en discuter et en resserrer les dépenses. On remarquait chez lui, au plus haut degré, ce souci et cette inquiétude des détails qui signalent les avares. A chaque service, il notait les entrées qui n'avaient pas été touchées et qui l'étaient peu, et le lendemain, il composait son menu avec cette vile desserte. Quel dîner, juste ciel !.. La desserte ne doit être employée qu'avec précaution, habileté et surtout en silence. » Carême, toujours si révérencieux et reconnaissant envers les magnifiques dignitaires chez lesquels il sert en extra, est pour le second consul d'une sévérité qui frise l'insolence. Mais la ladrerie du Pourceaugnac méditerranéen fait caqueter joyeusement le petit peuple de Paris. Dans ses *Souvenirs*, le capitaine Coignet partage l'indignation d'Antonin. Souvent, il a été sentinelle devant les hôtels des grands personnages : « Ordinairement, ils nous donnaient trois francs par garde. Quelques-uns étaient moins généreux. Cambacérès, entre autres, ne donnait qu'une demi-bouteille de vin au factionnaire placé à l'entrée de ses appartements et pas autre chose, aussi nous faisions la grimace quand notre tour venait d'aller chez lui. »

---

* Cambacérès sera fait prince de Parme sous l'Empire. Carême écrit ses souvenirs après cette date.

Dans son grand livre de compte, l'intendant Belin, de sa somptueuse écriture, ne peut que détailler les menues dépenses pour la cuisine : pose d'un robinet d'étain sur l'évier de grès et de deux fontaines épuratoires de chacune six voies d'eau, livraison par les garçons de chantier d'une voie de bois de chauffage et de fagots pour le four, étamage des quatre-vingt-dix-neuf casseroles et poêlons par le chaudronnier du quartier Guillaumot. Achat de lampes à huile, d'une autre pour le four, de vingt-quatre terrines, d'un mortier de marbre et de trente balais de bouleau. Gageons qu'à ce rythme-là aucune plume de faisan ne volette dans les sous-sols. Chaque mois, le second consul signe les comptes après les avoir vus et approuvés. Dans les *Mémoires d'une dame de qualité*, l'auteur, qui a fréquenté les salons du Carrousel, écrit : « M. de Cambacérès était parcimonieux dans les détails de son luxe. Il querellait volontiers son majordome sur les centimes additionnels de la dépense. C'était un ancien conseiller à la Cour des comptes qui avait quelques manières de procureur. »

Souvent, il mobilise les courriers d'Etat pour ses comestibles favoris. Bonaparte l'ayant appris ordonne que la valise officielle soit strictement réservée au transport des dépêches. Le soir même, son secrétaire Bourrienne voit arriver dans son cabinet le second consul consterné : « Je viens vous demander une exception. Comment voulez-vous que l'on se fasse des amis si l'on ne peut plus donner des mets recherchés ? Vous savez vous-même que c'est en grande partie par la table que l'on gouverne. » Bonaparte ne demande qu'à le croire : « Consolez-vous, mon pauvre ami, et ne vous fâchez pas. Les courriers continueront à transporter vos dindes aux truffes, vos pâtés de Mayence et vos bartavelles. »

Dans la salle à manger aux chaises de Jacob laquées de

jaune, d'Aigrefeuille s'assied à l'extrémité de la table en face du maître de maison. Devant les assiettes bleu et or, étincellent les verres en cristal gravés au chiffre de Cambacérès. Pour un grand dîner, on prévoit à l'époque cinq vins différents : après le potage, un verre de madère ou de xérès, avec les huîtres et les poissons, un vin blanc de Sauternes, de Pouilly ou de Chablis. Pour les entrées du second service, un grand cru. Mais, sur la viande rôtie, les valets servent du champagne qu'on appelle du nom de son village. Le plus cher, le sillery, vaut deux fois celui d'Aÿ. Pour les entremets et jusqu'au dessert, des vins rouges de Bourgogne ou de Bordeaux.

Selon les préceptes de Grimod, le maître de maison assume à l'ancienne son rôle accaparant d'amphitryon obligé de découper lui-même chaque grosse pièce de bœuf ou de poisson. Car, sous la monarchie, les fils de famille ne se contentaient pas d'un maître à danser. L'« écuyer tranchant » leur apprenait l'art de disséquer un brochet et de réserver aux dames certains morceaux tels que le sot-l'y-laisse des volailles, le cœur des perdrix ou la queue du lièvre. Souvent le second consul partage cette haute fonction avec son chambellan dont les doigts boudinés sont d'une incroyable dextérité. Un jour Joseph Bonaparte lui envoie des merles de Corse. Assise à côté de Cambacérès, la duchesse d'Abrantès raconte la scène :

« D'Aigrefeuille, dit-il en savourant du nez et des yeux le parfum beaucoup trop parfumé du merle et sa blanche et délicate graisse, je vous envoie un merle. Un merle, entendez-vous bien ?

— Je vous remercie, citoyen consul, tout à l'heure.

Il était aux prises dans le même moment avec une dinde aux truffes presque de sa taille dont il plaçait en sûreté les sot-l'y-laisse.

A ce mot de "tout à l'heure", Cambacérès laissa presque tomber la fourchette à découper qui tenait le merle, et regardant d'Aigrefeuille d'un air courroucé :

– Qu'est-ce à dire ? Tout à l'heure ? Tout à l'heure !...

Tout le monde crut d'abord que Cambacérès, très pointilleux sur l'étiquette à observer à sa table, s'était formalisé d'un mot un peu familier de son vieil ami. Mais vraiment, il pensait bien à cela.

– Tout à l'heure ! reprit-il encore.

Et remettant le merle sur l'assiette que présentait le valet :

– Il n'est pas question ici de dinde ni de truffes : il faut manger cette bête-là à l'instant même...

Rien ne vaudra jamais, s'amuse la duchesse d'Abrantès, l'expression de D'Aigrefeuille en train de manger le merle.

Quant à Cambacérès, il prenait l'affaire au plus grand sérieux et regardait opérer d'Aigrefeuille, son lorgnon braqué sur la face rubiconde du vieux gourmand.

– Eh bien, lui dit-il enfin lorsque la dernière patte fut remise sur l'assiette.

– Parfait, succulent, délicieux !

– Alors, allez me chercher celui qui est à la broche, dit Cambacérès avec un accent de résignation vraiment comique. Je vais essayer d'en manger une aile ou deux. Mais je suis si malade que je ne sais en vérité si je pourrai avaler une seule bouchée. »

Dès qu'il s'assied à table, il se plaint de toutes sortes de misères qu'il combat avec des litres d'eau de Vichy. Il n'épargne à ses voisines aucun détail de ses coliques du matin qui, assure-t-il, vont l'empêcher de goûter à la moindre terrine de Nérac. Passé cet inévitable préambule, il dîne comme quatre : « Il était né fort gros mangeur et même vorace », explique

Carême qui pour tout l'or du monde ne voudrait être son cuisinier. « Pourrait-on croire qu'il préférait à tous les mets le pâté chaud aux boulettes, plat lourd, fade et bête ! Un jour que le bon Grand'Manche voulut remplacer les boulettes par des quenelles de volaille, de crêtes et de rognons, le croiriez-vous ! le prince se fâcha tout rouge et exigea ses boulettes de godiveau à l'ancienne, qui étaient dures à casser les dents : lui les trouvait délicieuses. »

La tourte aux boulettes de godiveau, genre de *pie* au veau haché, est une de ces modestes entrées décrite dans tous les livres de cuisine de l'Ancien Régime. « En moins de dix minutes, écrit Carême, on peut aisément faire cette entrée, tandis que le pâté chaud réclame au moins une demi-heure pour recevoir la tournure qui le distingue. » Le pâtissier en donne la recette, mais bien sûr en la modifiant. Sans pitié, il condamne le hachoir au bénéfice du pilon pour conserver à la noix de veau « tout le jus onctueux qui lui donne ce moelleux qui le caractérise ». Mélangée à la graisse de bœuf et à la ciboulette, la viande est divisée en quarante boulettes de la grosseur d'un œuf de pigeon. Signature coûteuse, entre deux couches de boulettes, Antonin ajoute des escalopes de ris de veau ou d'agneau, des champignons et des fonds d'artichaut : « Puis vous placez dessus quatre belles écrevisses avec encore des champignons et des fonds d'artichaut, mais ayez soin que le tout forme un dôme parfait. »

Le second consul reste trop attaché à sa cuisine de terroir pour le Parisien Carême : « Ni M. Cambacérès ni M. Brillat-Savarin n'ont jamais su manger. Ils aimaient tous deux les choses fortes et vulgaires, et remplissaient tout simplement leur estomac, c'est à la lettre. M. de Savarin était gros mangeur et causait fort peu et sans facilité, ce me semble. Il avait l'air lourd et ressemblait à un curé. A la fin du repas sa digestion l'absorbait. Je l'ai vu dormir. »

Avec un petit rire satisfait qui déplace à peine ses lèvres, le second consul en profite pour lancer quelques plaisanteries égrillardes qui laissent de marbre ses voisines. Ces dîners de gourmands uniquement occupés à se garnir la panse sont d'un ennui de plomb. Sauf quand un événement imprévu vient déranger le ballet des laquais. Laure Junot ne peut s'empêcher de décrire la mésaventure arrivée à l'ambassadeur du Portugal : « Au moment où le maître d'hôtel enlevait les plats du premier service, nous entendons un cri perçant et comme en ce moment je fixais M. de Souza, je jugeai que c'était lui que regardait la chose, car tout à coup, je le vis en enfant de chœur. D'où lui venait cette tonsure immédiate voilà ce qu'on ne pouvait comprendre, et encore moins la perte de la perruque qu'on ne pouvait retrouver. "Monseigneur, je voudrais bien ma perruque, répétait M. de Souza avec le même sérieux qu'il aurait pris à demander le Brésil. — Mais, monsieur le comte, disait le deuxième consul en lorgnant plus attentivement cette étrange figure, que voulez-vous que l'on ait fait de votre perruque ?" Cependant, en découvrant au bout de son lorgnon cette tête toute ronde entièrement nue, l'archichancelier* se mit à rire. Tous suivirent son exemple. Mortier dut même se lever et quitter la salle prétextant un saignement de nez. "Mais ma perruque", disait M. de Souza en se tournant toujours aussi gravement de tous les côtés. Soudain, avisant le maître d'hôtel : "Eh ! monsieur, la voilà !" s'écria-t-il d'un air furieux en lui prenant le bras droit auquel la perruque pendait par un des malheureux

---

* Grand maître de la Justice, fonction que Cambacérès occupera sous l'Empire.

boutons guillochés qui l'avait accrochée. Ce soir-là la maison de Cambacérès fut très gaie et l'on rit beaucoup. »

Deux fois par mois, il y a cercle et les salons se remplissent vite d'autres invités. Lorsqu'à sept heures les portes de la salle à manger s'ouvrent et laissent passer les privilégiés du dîner, la foule se précipite pour saluer le deuxième personnage de l'Etat. « Civils et militaires en grand costume, diplomates, femmes en toilette, c'était une procession sans fin », dit le compositeur prussien Reichardt, ancien maître de chapelle de Frédéric II. L'abbé Baston, chanoine de Rouen où le frère de Cambacérès va être nommé évêque, est lui aussi un habitué de l'hôtel d'Elbeuf. Il décrit la grande cohue du Carrousel : « Il fallait que les voitures se missent en route des heures auparavant pour que les personnes qu'elles portaient fussent à peu près sûres d'arriver et de paraître avant que la séance se terminât. Toutes les rues adjacentes étaient remplies de carrosses *en file* qui s'avançaient avec tant de lenteur, tant d'intermittence dans leurs mouvements que souvent ils ne faisaient pas dix tours de roue dans vingt minutes. Cependant la police de cette allure était exactement faite. Des gardes à cheval, placés à toutes les issues et observant rigoureusement la consigne donnée, ne permettaient à quiconque de rompre l'ordre et de dépasser les autres. »

Le second consul a donné sa première réception le 9 octobre 1800 pour l'anniversaire du retour d'Egypte. A l'occasion de ce grand extraordinaire, l'hôtel d'Elbeuf s'est doté de plusieurs centaines d'assiettes, de tasses à café, de verres et de flambeaux en cuivre doré. Le mois suivant, l'intendant Belin a commandé trois cents moules à fruits pour les glaces, spécialité de Grand-Mange. Les domestiques se font presque arracher leurs plateaux, car les invités n'ont pas tous appris les rudiments de l'étiquette, imitée de Versailles, que le maître de maison s'efforce d'imposer. Dans ces soirées compassées, les hommes restent debout. Si vous êtes une dame, le second consul dans son habit officiel de velours rouge, la poitrine barrée d'un grand ruban, s'avance de trois pas, vous adresse quelques compliments puis vous installe dans un des fauteuils du grand salon qui sont parfois disposés sur deux rangs. « Le brillant coup d'œil ne compense pas l'ennui d'une telle réunion et je doute qu'à Vienne ou à Berlin on trouvât autant de raideur », déplore Mme Reinhardt, épouse de l'ambassadeur de France en Saxe.

Si Cambacérès a puisé sans retenue dans le mobilier national pour décorer son palais, c'est que le Premier consul lui a confié, comme à Talleyrand, la charge de grand amphitryon de la France lavée de son sang. L'aristocratie gourmande est désormais divisée en deux branches. Ah ! Carême n'a pas hésité longtemps à choisir son parti.

7

DEVANT le comptoir en marbre de la rue Vivienne, les clientes qui attendent d'être servies ne parlent que du scandale du jour. Le domestique du banquier Contentin, locataire au premier étage du numéro 10, a coupé son maître en morceaux qu'il a placés dans un panier. Mais il n'a pas eu le temps de se débarrasser de son sanglant fardeau. La police l'a arrêté. *Le Journal de Paris* a, pour la première fois, mis ce crime à la une. Marmitons et touriers qui se bousculent sous les ordres d'Antonin ont à peine le temps de s'indigner de ce hachis d'un financier en pâté.

La bataille des banquets a commencé. Le Premier consul le veut. Talleyrand et Cambacérès ont sonné les premières charges. Le troisième consul, Lebrun, imite le second. Il quitte les Tuileries pour l'immense hôtel de Noailles, rue Saint-Honoré, où il donne quelques jours après son collègue une grande fête pour le premier anniversaire du 18 Brumaire. Mais il est triste et pingre. Placé par Robert, son cuisinier Savard, orfèvre en entremets de légumes, est aussi malheureux que le pauvre Grand-Mange à l'hôtel d'Elbeuf. Et Bonaparte qui ne s'embarrasse pas de mondanités ne décerne aucune médaille à son troisième couteau : « Quand on veut manger bien, on dîne chez Cambacérès. Quand on veut mal manger, on dîne chez Lebrun. Quand on veut manger vite, on dîne chez moi. »

Pour gagner les faveurs de cet ogre impatient, ministres et généraux font assaut de trophées en sucre. Leurs épouses passent commande chez les pâtissiers et traiteurs du Palais-Royal où se décrètent les dernières élégances gastronomiques. « Enfin vint le Consulat et l'on nous ordonna de nous divertir. Oh, pour ce commandement-là, nous sommes toujours très obéissantes. Et tout aussitôt que l'on ne craignit plus d'être condamnée à mort pour avoir dansé le jour anniversaire de la perte d'une bataille et que le gouvernement donna l'exemple ainsi que tous les ministres et les autorités, Paris redevint encore une fois le séjour enchanteur des plaisirs et de la joie », s'enthousiasme la duchesse d'Abrantès. A quinze ans, la jeune fille a été mariée en huit jours au gouverneur de Paris, le général Junot, qui est, selon Carême, un vrai connaisseur.

Junot louait un appartement chez Méot qui a abandonné son bonnet de cuisinier et a transformé son restaurant de la Chancellerie en hôtel garni. Le couple traverse la Seine et s'installe rue de Verneuil dans l'hôtel de Montesquiou en face de l'atelier de l'armurier Renette. La jeune épousée lance aussitôt ses premières invitations. Bonaparte, qui était reçu chez sa mère avant la Révolution, lui en a intimé l'ordre : « Faites cela, lui dit-il, et vous serez une aimable petite femme. Vous obtiendrez du succès, si vous le tentez, car vous savez ce que c'est que de tenir un salon. Faites voir au citoyen Cambacérès qu'il ne suffit pas seulement pour cela de donner à dîner. »

Les sœurs du Premier consul aspirent, elles aussi, à devenir les reines de Paris. Pour son mariage avec Murat, Caroline a reçu de son frère quarante mille francs en espèces, des dia-

mants et un trousseau à faire damner toutes les actrices. Bonaparte a ajouté un collier de perles de Joséphine, qui s'est
aussitôt vengée en jetant son dévolu sur une parure ayant
appartenu à Marie-Antoinette dont le bijoutier Foncin lui a
ouvert l'écrin. Le ministre de la Guerre Berthier a dû régler
la facture avec un reliquat des crédits de la campagne d'Italie.

Les nouveaux époux Murat s'adorent. Il a trente-trois ans,
elle en a dix-huit. « Plutôt petite que grande, un peu grasse,
d'une blancheur éblouissante à faire croire, en toilette le soir,
que ses épaules nues étaient couvertes d'un satin blanc »,
comme écrira plus tard sa dernière fille Louise, Caroline n'a
pas le profil grec de sa sœur Paulette. Mais elle possède,
comme les belles de l'époque, des pieds d'une rare perfection.
Des petits pieds faits pour danser. Avec sa verve habituelle,
Laure Junot raconte que dans les salons, on regardait avec
étonnement « ce grand Murat, brun de visage et les cheveux
noirs, tenant les gants et l'éventail de cette petite personne
mince et blanche qui dansait devant lui ».

Fils d'un aubergiste gascon, Joachim aime la table. Depuis
que son beau-frère l'a nommé commandant de la garde des
consuls, le couple habite en face des Tuileries dans l'hôtel de
Brionne où il mène grand train. Mais, folle de luxe, Caroline
exige aussi sa résidence d'été. Pour concurrencer la Malmaison
où Joséphine organise tant de fêtes, elle a obtenu de Bonaparte
l'argent nécessaire à l'achat, près de Neuilly, du château de
Villiers. Les deux belles-sœurs se haïssent. Mais elles ne se
quittent pas. Pas même du regard dans les dîners qu'elles
président. Cette perpétuelle rivalité donne de l'ouvrage à une
armée de couturières, de brodeuses, de modistes. Et bien sûr
de pâtissiers.

En cette veille de Noël, le 24 décembre 1800, elles sont

dans le même carrosse qui les conduit à l'Opéra pour la première de *La Création*, le plus grand oratorio de Joseph Haydn. Bonaparte les précède, lorsque, rue Saint-Nicaise, une voiture piégée explose à leur passage. Une limonadière, qui tente d'apercevoir le nouveau souverain des Tuileries, a les deux seins emportés par la poudre. Elle meurt quelques jours plus tard. La liste des victimes, nombreuses chez les restaurateurs et les commerçants, occupe des pages entières dans les journaux du lendemain. Le Palais-Royal est en larmes.

Mais le Premier consul est sauf ainsi que sa famille. Caroline, enceinte de huit mois, n'en a pas perdu son bel appétit. Quelques jours plus tard, dans sa campagne de Villiers, elle dévore douze grappes de raisin de Fontainebleau, des poires et deux petits pains à la duchesse sous l'œil réprobateur de Mme Frangeau, sage-femme au service du célèbre Baudelocque. Car ces entremets n'ont de petit pain que le nom. Ce sont de gros choux que Carême garnit de marmelade d'abricot ou de pêche et dont il surveille, avec soin, la cuisson : « Vous les glacez avec du sucre fin passé au tamis de soie, puis vous faites un feu clair à la bouche du four, et les glacez de couleur vive à la chaleur de cette flamme, qui ne doit pas être trop âpre. Car autrement votre glacé ne serait plus égal de couleur. »

Le premier tourier de Bailly est toujours méticuleux. Perfectionniste. Nuit après nuit, il embellit ses fontaines parisiennes et ses cascades égyptiennes avec leurs palmiers et leurs flots de sucre argenté pour qu'elles deviennent l'ornement suprême de ces premières fêtes consulaires qui rivalisent d'imagination gourmande.

Il a ses petits secrets pour le pastillage, mélange de gomme et de sucre qu'il broie au pilon dans un mortier avant d'y ajouter de l'amidon de maïs. Et la pâte d'office : « Quatre livres et demie de farine, trois livres de beau sucre passé au tamis de soie, huit à dix blancs d'œuf seulement et une demi-once de gomme adragante dissoute dans un verre d'eau. » Pour chaque modèle, il crée des maquettes en carton. Il étale ses pâtes, les découpe et les sèche à l'étuve avant de les coller. Mais, attention ! « On doit observer en montant ces jolis colifichets de ménager la colle pâtissière, afin de la rendre par ce soin invisible. Si elle était aperçue, cela décèlerait un manque de soin dans le travail. » Il note aussi dans son carnet les couleurs qui rendront plus élégantes ses fantaisies architecturales : « Pour la grande fontaine chinoise, le pont jaune citron, le soubassement de la fontaine jaune pâle, les colonnes et le vase formant la cascade rouge cramoisi, les toits, vert très tendre. »

Son esprit n'est jamais en repos. A peine a-t-il achevé les draperies de sa tente à la française qu'il attaque les tourelles de son pavillon gothique. Il court les épiciers-droguistes pour trouver ses teintures : infusion de cochenille pour la couleur rose, infusion de safran pour le jaune, essence d'épinard pour le vert. Il invente un procédé pour bien dorer le pastillage de ses constructions et fixe ses feuilles d'or avec un « pinceau putois court et bien sec ». Pour le sucre filé, il plonge une cuiller dans la casserole bouillante et étire le fil entre deux manches à balai posés sur une table en face de lui. Quel labeur de jour comme de nuit !

Car Cambacérès, Talleyrand, Junot, Murat ne sont plus les seuls à remplir leurs salons. Les carrosses font aussi la queue à la porte des banquiers de la rue du Mont-Blanc. Dans son palais féerique, Juliette Récamier reçoit le lundi. Fontaine et Percier ont abattu les murs et dessiné, avec l'aide des ébénistes Jacob, un décor d'avant-garde en acajou et bronzes dorés inspiré de l'Egypte et de la Rome antiques que l'Europe entière va copier. La cour est un jardin d'arbustes. Le vestibule dallé de marbre blanc s'ouvre sur les deux salons et la salle à manger. Un tambourin à la main, la « belle des belles » adore capter les regards des hommes lorsqu'elle virevolte dans sa robe blanche fluide qui laisse tout deviner de son corps de jeune vierge. Elle relance la mode des quadrilles, passe-temps favori de Marie-Antoinette, dont elle dirige les figures après les avoir répétées plus d'une fois avec le maître Despréaux qui portait à Versailles le titre de « professeur de grâces ». Pour se changer entre deux ballets, son groupe de danseurs amateurs dispose d'un assortiment de déguisements, d'éventails, de bouquets et d'escarpins de toutes tailles et de toutes couleurs préparés par la maîtresse de maison. Quand Juliette est un peu lasse, elle va s'étendre dans sa chambre à coucher lambrissée d'acajou et contiguë aux salons. Ses invités se bousculent pour l'admirer assoupie dans son lit drapé de soie chamois et décoré de bronzes dorés. Parfois la foule est si dense que des spectateurs grimpent sur les fauteuils et en profitent pour jeter un coup d'œil sur l'incroyable salle de bains avec sa baignoire et son sofa recouverts de maroquin rouge, ses amphores et ses brûle-parfums garnis de chimères ailées.

La marquise de Montesson a aussi son jour. Dans son hôtel, elle est la première à organiser des réunions comme autrefois. Ses buffets sont de véritables constellations pâtissières et les tenues de ses domestiques rappellent les livrées toujours officiellement proscrites. Ses salons n'accueillent que les hommes en bas de soie. Son embonpoint l'oblige à recevoir leurs hommages allongée sur sa méridienne. Elle ne se lève que pour accueillir son amie Joséphine. Alors que Versailles l'accusait d'embourgeoiser son mari, ces soirées où se presse tout le faubourg Saint-Germain sont considérées par Bonaparte comme autant de modèles à copier. Duroc a ordre de s'inspirer du salon de Mme de Montesson pour établir le protocole intérieur des Tuileries.

Le Premier consul, lui, part en tournée à Saint-Quentin visiter les ateliers de filature, les fabriques de linon et de batiste dont on fait le beau linge de table pendant qu'à Lunéville, en Lorraine, son frère Joseph signe la paix avec l'Autriche dans le château magnifique où Stanislas Leszczynski s'empiffrait de babas. Le comte von Cobenzl, qui représente l'empereur François II, est au moins aussi gourmand que le roi polonais exilé. La pâtisserie viennoise lui doit la recette d'un entremets.

Quatre heures sonnent, en ce 9 février 1801, lorsque le Rhin devient la nouvelle frontière de la France. Dans les salons, les valets remplissent de sillery et de vin blanc les verres en cristal, taillés dans la manufacture voisine de Baccarat. Paris pétille. Paris chante. Paris fête cette paix promise depuis le retour d'Egypte. Paris crie : « Vive Bonaparte ! » et lui offre une sérénade sous son balcon lorsqu'à dix heures du soir il rentre aux Tuileries.

Talleyrand ne laisse pas passer une si belle occasion d'allumer tous les lustres de l'hôtel de Galliffet. Les salons sont décorés des armoiries de la France, d'Autriche, des principautés allemandes et italiennes entrelacées de rameaux d'olivier et des initiales de Joseph Bonaparte en lettres d'or. Mais fragile comme une femme, le héros de Lunéville est au lit dans son hôtel de Marbeuf, faubourg Saint-Honoré. Il n'assiste ni au concert de l'inépuisable Grassini, ni à la comédie des acteurs du Vaudeville dans la galerie du premier étage, ni au dîner servi dans les salons où, selon *Le Journal de Paris*, les trois

cents invitées de l'ancien et du nouveau régime étaient toutes
« jeunes et belles ».

Le flamboyant Berthier, son voisin, reçoit, rue de Varenne,
mille cinq cents danseurs dans l'hôtel de Castries. Le ministre
de la Guerre est rompu aux splendeurs royales. Il est né à
Versailles, où son père, anobli sous Louis XV, dessinait les
cartes de chasse de l'Ile-de-France avec Louis XVI. Comme
lui, Berthier décèle au premier coup d'œil les rivières, les
collines et les promontoires qui seront les socles des grandes
batailles. Il s'est illustré comme ingénieur-géographe de
Rochambeau en Amérique avant d'être nommé commandant
de la garde nationale de Versailles. Il aime les boiseries vert
d'eau, les glaces et les paysages enchanteurs qui décorent les
trumeaux de ses salons. Pour ce grand bal, les uniformes sont
de rigueur. Le Premier consul porte son habit écarlate, sans
revers avec une large broderie de feuilles d'or et un col noir,
l'épée au côté, la poitrine barrée d'un grand ruban rouge et
or. Mais la palme de l'élégance revient à ses six aides de camp,
Eugène de Beauharnais en tête, qu'on surnomme les « beaux
d'entre les beaux », tant leur jeunesse, leur prestance sont
mises en valeur par l'uniforme dessiné par le baron Lejeune :
pelisse à la hongroise, dolman avec tresse d'or et fourrure,
large pantalon de drap bordé d'argent, shako surmonté d'une
aigrette blanche en plumes de héron. Aide de camp de Berthier, Lejeune s'exerçait autrefois au crayon dans les jardins
de Trianon où la reine allait et venait en robe blanche. Grand
couturier de l'armée, il conçoit les habits bleus passepoilés de
rouge, les bottes à l'écuyère, les riches ceintures de soie accor-
dées au gris-blanc des chevaux de parade dont les crins longs,
soyeux, flottent sur des selles en cuir de Russie couvertes d'une
peau de panthère.

Plus que jamais le gouverneur de Paris, Junot et sa malicieuse épouse rivalisent de somptuosité pour offrir les riches buffets réclamés par Bonaparte : « On se réunissait pour fêter la paix avec l'Allemagne, celle qu'on allait conclure avec la Russie. Les préliminaires entre la France et la Grande-Bretagne. » A peine arrivés dans la capitale, les ambassadeurs commandent des croustades et des gâteaux de Savoie, s'adressent au restaurant Robert pour trouver un cuisinier et une brigade capables d'organiser un grand dîner.

Il y a bal chez l'envoyé spécial du tsar Paul Ier, M. de Sprengorten, venu à Paris négocier un nouveau traité de commerce concernant les soieries lyonnaises qui étaient, sous l'Ancien Régime, la première exportation française vers la Russie. Et peu importe que le 11 mars 1801, le souverain, à moitié fou, soit assassiné dans son palais de Saint-Pétersbourg et achevé à coups de tisonnier ! *Le Journal de Paris*, qui a le don de voir la vie en rose, annonce que : « Paul Ier a été trouvé mort dans son lit à l'heure ordinaire de son réveil à quatre heures du matin. »

A vingt-trois ans, son fils Alexandre est nourri des idées libérales inculquées par son précepteur Laharpe, un avocat républicain vaudois. Les princesses polonaises et russes reprennent le chemin de la France dont elles connaissent par cœur les menus. Elles ont vu débarquer chez elles tant d'émigrés avec leurs hommes de bouche... Entre deux petits pâtés d'écrevisses, elles décrivent le jeune tsar comme l'archange de la paix. Dans leurs salons trône son portrait encadré, comme une icône, de lumières et de pierreries.

A cette foule d'étrangers, de royalistes qu'il faut cajoler par une rente de sénateur, s'ajoutent préfets et magistrats, toujours plus nombreux, recrutés par le second consul. La salle à manger de l'hôtel d'Elbeuf devenant très insuffisante, il annexe l'hôtel de Crussol voisin et inhabité. Des Tuileries, on lui dépêche Fontaine. Cambacérès le trouve « très cher », mais cède, tous les frais étant payés par Bonaparte, désireux de voir les soyeux lyonnais retrouver leurs cadences d'Ancien Régime. Dans la foulée, l'architecte fait retapisser les salons et recouvre canapés et fauteuils de vert, future couleur de l'Empire.

Au printemps, les Parisiens sont gratifiés d'un divertissement imprévu : la visite du prince héritier des Bourbons de Parme qui, dans le grand redécoupage de la péninsule italienne, a reçu le duché de Toscane. Son épouse est la fille d'un autre Bourbon, le roi d'Espagne. Bonaparte qui a déjà la couronne d'Italie dans sa longue-vue a trouvé pour eux le titre de roi et reine d'Etrurie, puisé dans l'histoire de l'Empire romain.

Le couple passe par Paris remercier ce Premier consul à qui ils doivent leur nouveau royaume. Ils voyagent incognito sous les noms de comte et comtesse de Livourne mais leur arrivée ne passe pas inaperçue. Le cortège emprunte le boulevard et tourne, au coin de Frascati où les clients restent sans voix devant le carrosse précédé de mules tintinnabulantes de clochettes.

Le jeune roi salue avec de grands gestes désordonnés. La reine, mal habillée, sourit béatement. Le petit prince porte une épée plus grosse que lui, serrée par un gros nœud. Bonaparte a refusé de les loger aux Tuileries et s'en est déchargé sur l'ambassadeur d'Espagne. Mécène universel, Ouvrard a aussitôt proposé l'hôtel de la rue de Provence. Quoi de mieux que l'ancienne demeure du duc d'Orléans ! A l'ébéniste Jacob, il a commandé pour l'héritier des Bourbons un petit lit en acajou, si joli que la reine demandera de l'emporter. En attendant, Joséphine l'a confiée aux mains de ses couturières. Mais la malheureuse n'a point la nonchalance gracieuse de la belle créole. Dès le matin, elle rend visite à sa voisine et cousine, la marquise de Montesson, et promène sa robe à traîne dans les allées sablées du jardin, son fils dans les bras, si bien qu'elle arrive aux réceptions dans une toilette déjà toute « gâtée ».

En leur honneur, la marquise organise une comédie jouée dans son théâtre par ses amis du faubourg Saint-Germain. Le Premier consul en est fâché. Il veut ôter aux royalistes l'envie de se prosterner devant des Bourbons et montrer à tous les Français que ces héritiers d'une dynastie, jadis glorieuse, n'ont plus la majesté indispensable pour conserver un trône. Il ordonne à ses ministres de nouvelles fêtes pour que les invités puissent apprécier par eux-mêmes la décadence des cousins de Louis XVI.

Talleyrand, le premier, s'exécute au château de Neuilly, avec son génie fastueux. Dans le parc, il fait reconstituer la place du palais Pitti à Florence. Lorsque Leurs Majestés arrivent, des rondes de jolies paysannes les entourent en chantant des refrains toscans. Mais elles n'arrachent pas un sourire au souverain lorsqu'elles lui offrent leurs bouquets. Il ne réagit pas davantage quand la célèbre diva, la Grassini et son partenaire habituel, le ténor Crescentini, entonnent des airs à faire s'envoler les cœurs. Pire, lorsque le roi d'Etrurie entend Bonaparte les remercier en italien, il s'écrie : « Mais alors, vous aussi, vous êtes de chez moi ! » Son hôte se détourne, furieux : « Moi ! Je suis français. » Un buffet royal couronne le bal. Après le feu d'artifice, le souper est servi par petites tables dans l'enfilade des cinq salons. L'orchestre joue toute la nuit et ne cesse qu'au lever du soleil sur la Seine que les danseurs admirent avant de reprendre la route du Roule.

Chaptal, ministre de l'Intérieur, prend la suite, rue de Grenelle, dans la grande galerie de l'hôtel de Villars. Le parc est si bien illuminé que le Premier consul lui-même se croit transporté en Touraine. Sur les pelouses de l'hôtel de Castries, Berthier organise un souper servi sous des tentes militaires illuminées de feux de bivouac. Le jeune roi ouvre le bal avec la belle Paulette en faisant tant de sauts et d'acrobaties qu'une boucle en diamant de ses escarpins vernis va se ficher dans les cheveux de Laure Junot. Le ministre de la Guerre a lancé un si grand nombre d'invitations que les équipages font la queue depuis le Palais-Royal. Certains n'atteindront le porche de la rue de Varenne qu'à l'aube après avoir eu tout le loisir d'admirer le ballon qui s'élève dans la nuit en traçant le nom lumineux de Marengo dont c'est l'anniversaire.

Dans sa lettre de château à Joséphine, la reine évoque surtout les coliques dont a souffert le petit prince en buvant l'eau de la Seine. Même ses augustes parents ont été dérangés. La duchesse d'Abrantès n'est pas la seule à se délecter de l'étalage de ces maux ordinaires qui frappent tout étranger à son premier séjour dans la capitale : « La lettre ne traitait que de ce sujet. Mme Bonaparte nous la lut et comme il n'en fallait pas tant pour provoquer de bons rires : Tu devrais communiquer cette lettre au citoyen Cambacérès, Joséphine, dit le Premier consul, il s'entendrait mieux que toi à y répondre. »

Alors que s'éloigne la royauté d'Etrurie, escortée par le général de Grouchy, autrefois garde du corps de Louis XVI, on se permet d'invoquer le ci-devant calendrier pour célébrer le 14 Juillet et non plus le 25 Messidor. Le ministre Chaptal annonce que les réjouissances se dérouleront de la place de la Concorde à l'Etoile jusqu'à Chaillot : « Les places et ponts seront balayés dès le matin et la circulation des voitures interdite. » Le soir, deux cent quarante invités dînent aux Tuileries dans la grande galerie de Diane. Des fenêtres, les convives admirent le feu d'artifice tiré sur les jardins des Champs-Elysées noirs de monde : « La route, illuminée depuis la barrière de Chaillot jusqu'à la place de la Concorde, présentait le spectacle de deux murailles de feu », diront les gazettes. Bonaparte leur fait aussi admirer, scintillant dans la garde de son épée, le Régent, le plus gros diamant du monde que Louis XVI a épinglé à son chapeau le jour de l'ouverture des états généraux et que le Premier Consul a rapporté d'Anvers où il avait été mis en gage pendant les années terribles. C'est le banquier Law et son ami Saint-Simon qui avaient convaincu le Régent de racheter au ministre anglais Pitt ce « diamant de la grosseur d'une prune de la reine Claude, d'une forme presque ronde, d'une épaisseur qui répond à son volume, parfaitement blanc, exempt de toute tache, nuage ou paillette et d'une eau admirable » qu'un employé des mines du Grand Moghol avait amené à Londres au début du XVIIIe siècle caché dans ses « parties intestines ». Le roi d'Angleterre y avait renoncé à cause de son prix exorbitant.

Paris ne bourdonne plus que des pourparlers de paix avec ces Anglais qui, depuis la Révolution, drainent tout l'or du monde. Les préliminaires du traité sont signés à Londres. La nouvelle, arrivée aux Tuileries le surlendemain à quatre heures de l'après-midi, est sur-le-champ transmise par télégraphe aux préfets. Lord Cornwallis, ministre plénipotentiaire de Grande-Bretagne, s'installe rue de la Grange-Batelière où il donne un grand dîner en l'honneur de Talleyrand et de Joseph Bonaparte. Le premier est l'auteur du traité que le second signera à Amiens dans quelques semaines.

Les financiers de la rue du Mont-Blanc sont euphoriques. Surtout Perrégaux qui, depuis un an, préside la toute jeune

Banque de France établie dans l'ancien hôtel du marquis de la Vrillière. Quels profits en perspective ! Avec cinquante-trois mille francs d'impôts fonciers, le banquier Hainguerlot est déjà le contribuable le plus imposé de Paris.

Le Premier consul nomme un ministre du Trésor. L'heureux élu, le marquis de Barbé-Marbois, a des allures trompeuses de quaker austère. Car cet ancien ambassadeur à Vienne et à Ratisbonne sous Louis XVI conserve la nostalgie des fastes monarchiques. Pour sa table, il fait appel à l'incontournable Robert qui accepte de se séparer des frères Richaud, célèbres sauciers de la maison Condé. Pour la pâtisserie, Bailly délègue Antonin en extra : « Plusieurs années, je fus occupé dans les grands dîners qui se donnaient aux Finances pendant le ministère de M. de Barbé-Marbois. »

Le Trésor s'installe rue Neuve-des-Petits-Champs, au coin de la rue Vivienne. Et Barbé-Marbois près de la Madeleine, rue Basse-du-Rempart, devant l'ancien couvent des Capucines. De congrégations religieuses, il n'y en a plus. Les bâtiments sont occupés par les régiments consulaires. Mais les traités de paix font passer le goût des complots et des exécutions. Le culte du Premier consul tient lieu d'idéologie. Un arrêté crée les futures rues de Rivoli, de Castiglione et des Pyramides, trois victoires que Bonaparte entend graver pour l'éternité dans la pierre.

Carême, plus que jamais passionné d'architecture, suit le percement du cœur de Paris. Le projet est confié, bien sûr, à Fontaine et Percier. Les duettistes du dessin lancent un nouveau style d'immeubles aux façades uniformes avec des arcades à l'italienne comme dans ces esquisses de Palladio qui font tant rêver Antonin. La première tranche va de la Concorde à la rue de l'Echelle. Les hommes de peine attaquent à la pioche, en bordure du jardin des Tuileries, les couvents de l'Assomption, des Feuillants ainsi que la salle du Manège où la Convention a tenu tant de séances historiques. Rue Saint-Nicaise, depuis l'attentat, une quarantaine de maisons et d'hôtels menacent de s'écrouler. On les abat pour faire de la place du Carrousel un cadre à la mesure des parades de l'armée. Chaque quintidi, les tambours de la garde des consuls exaltent les Parisiens qui acclament surtout les mamelouks en turbans blancs, pantalons bouffants écarlates et sabres recourbés.

Carême est au tour, au four et à l'office où il peaufine ses forteresses turques et ses forts chinois. Plus que jamais, Bailly se félicite d'avoir laissé son premier tourier étudier la belle architecture des empires glorieux d'autrefois. « Lors de la paix avec l'Angleterre en 1801, je crois lui avoir prouvé ma reconnaissance par mes travaux assidus : combien de nuits j'ai passé pour mieux finir mes pièces montées ! M. Bailly me dédommageait de ces fatigues par de bons appointements, et surtout des procédés que je n'oublierai jamais de ma vie. C'est là où je me formai un genre tout différent de celui de mes confrères en réputation. »

En cet hiver 1801-1802, la pluie semble ne jamais s'arrêter. Arles et Bordeaux sont sous les eaux. La Seine charrie des glaçons et la marée n'arrive plus. Les rues basses, inondées, rendent périlleuses les livraisons de pièces montées. Mais les intempéries n'empêchent pas de festoyer. Le journal annonce, le 3 janvier 1802, la signature du contrat de mariage aux Tuileries entre « le citoyen Louis Bonaparte et mademoiselle de Beauharnais, fille de madame Bonaparte ». La marquise de Montesson donne, en leur honneur, un grand bal pour lequel Cambacérès étrenne un habit tout en or qui illumine les salons.

Hortense et le jaloux Louis ne s'aiment pas. L'union sert les intérêts de Joséphine qui, malgré ses cures répétées à Plombières, reste impuissante à donner un enfant à la France. Avant même d'être conçu, le futur héritier des mariés est déjà doté d'un destin. Il sera adopté par le Premier consul au grand dépit des sœurs Bonaparte et de Madame Mère. Le jeune couple reçoit en cadeau, rue de la Victoire, l'hôtel de la Dervieux. Pour la chanteuse d'Opéra dont il est l'époux, Bellanger a dessiné, avant la Révolution, le plus beau parc de la rive droite avec une rivière, des petits ponts et un kiosque chinois au sommet d'une grotte. Le lendemain, à onze heures du soir, le vieux cardinal Caprara célèbre le mariage religieux dans le salon transformé en chapelle. A leur suite, Murat et Caroline qui n'étaient mariés que civilement sont bénis par le légat du pape.

Le prélat romain est arrivé en juillet pour parapher le Concordat. Et ces noces religieuses presque officielles marquent un préambule au retour des cloches que Bonaparte affectionne et qu'Antonin, comme tous les Parisiens, n'entend plus depuis quinze ans. Une pétition réclame la remise en service du gros bourdon de Notre-Dame qui rythmait autrefois les plaisirs gourmands de la capitale. Le 18 avril, chez Bailly, le jour de Pâques est triomphal. Dès le point du jour, l'odeur des brioches dorées et des pains bénits envahit la rue. Les salves d'artillerie font frémir les vitres. Et ce bruit de bataille mêlé aux cloches qui sonnent à toute volée parle à l'âme de tous les pâtissiers.

Aux Tuileries, le valet de chambre Constant aide le « Pacificateur » à enfiler son habit écarlate et à coiffer son chapeau au panache tricolore. Dans la cour, cochers et laquais portent, pour la première fois, des livrées vertes à galons d'or. « Le Premier consul n'avait donné aucun ordre, mais on fit savoir aux principaux fonctionnaires publics qu'il serait bien aise qu'ils fissent faire une livrée à leurs gens pour le jour de cette cérémonie », écrit Laure d'Abrantès qui, comme Carême, remplit chaque soir ses petits carnets.

La foule acclame le carrosse de Louis XVI remis à neuf. Les six chevaux blancs s'avancent entre deux haies d'uniformes bleu et rouge à épaulettes d'or. Sans trop sourire pour cacher ses dents gâtées, Joséphine agite la main à côté de son mari. Caroline, elle, ne craint pas de rire sous son chapeau de satin rose surmonté d'une touffe de plumes de même couleur. Elle porte une robe de mousseline des Indes doublée de satin rose assorti au chapeau et, sur ses épaules, une grande mantille en dentelle de Bruxelles. Seuls, les généraux se refusent aux génuflexions. Moreau reste ostensiblement dans le jardin des Tuileries à fumer son cigare. Et Rapp lance à Bonaparte : « Au reste, je m'en fiche, pourvu que tu ne fasses prêtres ni nos aides de camp ni nos cuisiniers. »

Ces grandes heures de « réconciliation de la France avec l'Europe et de la France avec elle-même » marquent un tournant dans la vie de Carême. Inspiré par cette jeune gloire et cette paix orgueilleuse, le jeune extra a déjà réalisé cent cinquante pièces montées. Pour se consacrer davantage à ses « grands travaux », il décide de quitter la pâtisserie de la rue Vivienne, pour devenir « chef » chez le célèbre Gendron, situé à deux pas, 11, rue Neuve-des-Petits-Champs, en face du Trésor. « Là, je fis mes arrangements que lorsque je serais mandé pour un extraordinaire, je pourrais quitter sans difficulté : cela me fut accordé. Alors je travaillais dans différentes grandes maisons où j'avais déjà été occupé lorsque j'étais chez M. Bailly. »

Gendron a commencé dans la galerie de pierre du Palais-Royal. En 1799, l'almanach du commerce le répertorie comme marchand de comestibles aux côtés des Chevet et Corcellet. En 1800 aussi. Il a déménagé, sans doute pour s'agrandir. C'est que le maître traiteur a révolutionné la pâtisserie en ayant, avant tout le monde, l'idée d'utiliser cette fécule de pomme de terre dont Parmentier préconise, depuis longtemps, l'emploi. « C'est, dit Carême, dans cette boutique que M. Gendron fit le premier des biscuits de farine de pomme de terre, qui lui procurèrent une grande renommée. » Le résultat, selon Grimod de La Reynière, tient du miracle : « Que l'on compare, par exemple, les biscuits de Savoie d'autrefois avec ceux que l'on fait aujourd'hui. Les premiers étaient lourds, massifs, et la source d'un grand nombre d'indigestions. Enfin, au bout de trois jours, ils étaient desséchés et immangeables. Ceux d'aujourd'hui sont légers, mousseux, et en quelque sorte aériens. On peut en manger beaucoup sans risques et ils sont encore frais au bout de trois mois. C'est à la fécule de pomme de terre, substituée à la farine dans leur confection, que l'on doit tous ces avantages. »

Le succès de Gendron est tel que tous les pâtissiers cherchent à l'imiter. Devant la demande, une fabrique de fécule vient même d'être inaugurée à Bezons. Ce patron inventif et fournisseur des grandes tables a tout pour plaire à Carême. Ils partagent la même passion du beau travail. Antonin n'a pas vingt ans. Il brûle d'étonner les riches maisons consulaires, celles où l'on se fait un nom parce que l'argent y coule à flots comme d'une source miraculeuse.

8

PARIS est de nouveau un théâtre que les ambassadeurs traversent en carrosses à huit chevaux harnachés de pierreries comme les princes d'autrefois. Devant les yeux écarquillés des badauds, les équipages des excellences précédés de coureurs à pied en livrée rivalisent de panache. Le comte von Cobenzl représente Sa Majesté impériale d'Autriche, le comte de Marcoff, le tsar de Russie, le marquis de Lucchesini, le roi de Prusse, le marquis de Gallo, le roi des Deux-Siciles, le chevalier d'Azzara, le roi d'Espagne. A Vienne, son confrère s'est rendu à son audience de réception avec une voiture garnie d'une si grande quantité d'argent massif qu'on ne se rappelle pas en avoir vu de pareille.

A l'automne 1802, Bonaparte ne délègue pas à Londres un grand nom de la noblesse, mais un militaire, le général Andréossi, et, toujours sensible aux mises en scène, lui ordonne d'attendre l'anniversaire du 18 Brumaire pour gagner son poste. A une heure du matin, le carrosse à huit chevaux de l'ambassadeur de France s'arrête devant son hôtel de Portland Place, suivi de deux autres carrosses à six chevaux et d'une voiture pour les bagages. Une semaine plus tard, sous les applaudissements de la foule, il se rend au palais Saint-

James pour le lever du roi George III, accompagné de vingt et un valets en livrée de drap vert galonné d'or. Pour ne pas être en reste, les journaux anglais précisent que « toute la famille royale est présente et que les princesses se sont fait faire pour cette cérémonie des habillements de la plus grande richesse ». Sur la consigne du Premier consul, ces détails frivoles sont rapportés avec gravité par les quotidiens français.

A Paris, lord Cornwallis laisse sa place à lord Whitworth arrivé avec son chapelain, son médecin et une suite de trente-huit nobles lords et militaires dont le jeune colonel d'infanterie Charles Stewart, heureux de découvrir à Paris les splendeurs légendaires de la gastronomie. L'ambassadeur loue, rue du Faubourg-Saint-Honoré, l'hôtel de Charost construit en 1722 pour le gouverneur de Louis XV par Antoine Mazin qui venait de terminer le travail de Courtonne à l'hôtel de Matignon. La cour des écuries possède son puits, comme celle des cuisines reliées aux salons de réception par un corridor en bois pour que les services s'accomplissent à l'abri des intempéries. Dans un de ces salons, le plus grand orateur de la Révolution, le comte de Mirabeau, entré discrètement par le jardin, avait rencontré en 1790 l'ambassadeur d'Autriche pour organiser l'exil de la famille royale.

La paix d'Amiens engloutit tous les mauvais souvenirs. Les provinces renaissent avec les trésors de leurs terroirs. Les huîtres du Cotentin et les langues fourrées de Troyes, les foies gras d'Auch et les coqs vierges du pays de Caux, les homards de Bretagne, les poulardes de Bresse et la crème de Normandie célèbrent le renouveau de cette France dont Talleyrand joue avec hauteur le rôle de grand majordome. Le ministre n'aime rien tant que l'argent, les plaisirs, les intrigues, les cours européennes et l'art de les diviser pour régner. C'est le seul domaine dans lequel Bonaparte se reconnaît un maître. Il lui accorde un crédit illimité sans rien ignorer de sa prodigieuse vénalité.

Sa table et son service de bouche, organisés comme à Versailles, profitent de cette rapacité financière. Elle favorise l'épanouissement du génie naissant de Carême qui lui en gardera une éternelle gratitude surtout quand il la compare au manque de grâce de la maison du second consul Cambacérès : « Qu'elle était différente, la digne et grande demeure du prince de Bénévent !... Là tout était habileté, ordre, splendeur, là le talent était heureux et haut placé... Des dîners de quarante-huit entrées étaient donnés dans les galeries de la rue de Varenne. Je les ai vu servir et je les ai dessinés... Quels tableaux n'offraient pas ces réunions ! Tout y décelait la plus grande des nations. Qui n'a pas vu cela n'a rien vu ! » Les parquets cirés par une armée de frotteurs, les miroirs qui multiplient à l'infini les illuminations des candélabres et les grands vases de fleurs, tout cet or, ce marbre, ce ballet des valets, c'est une France qui le console de celle de la Terreur.

Sous les ordres de l'infatigable Boucher dit Bouche-sèche sans doute parce qu'il aime l'arroser, Antonin fait ses premiers grands extraordinaires à l'hôtel de Galliffet en 1803. Il le précisera lors de la parution de son *Pâtissier royal*. Toujours reconnaissant envers les maîtres qui l'ont guidé vers son prodigieux destin, il dédiera en 1815 ce premier livre au contrôleur de Talleyrand : « A M. Boucher. Monsieur, c'est en coopérant depuis douze années, sous vos auspices, aux dîners splendides donnés par Son Excellence aux ambassadeurs, que j'ai fait de rapides progrès dans mon art... »

A la fois intendant et chef des cuisines, Boucher tient les cordons de la bourse, décide des fournisseurs, choisit les plats d'argent avec les orfèvres, commande les carafes en cristal et même les bouquets. « Le vrai contrôleur, l'homme digne de cette place, doit être non seulement homme de goût, mais d'un goût exquis », dit Antonin. Le cérémonieux Boucher se rend lui-même à la Halle et au marché aux volailles de la Vallée où on lui réserve le plus beau et le plus cher. C'est pour les contrôleurs qu'a été inventée l'expression « faire danser l'anse du panier ». Peut-être aussi celle de « pot-de-vin », gracieuseté sans doute fort bien accueillie par le dénommé Bouche-sèche.

C'est avant tout au cours des dîners qu'il révèle son grand talent de maître d'hôtel, réglant magnifiquement les trois services dans la longue galerie aux colonnes du premier étage et annonçant d'une voix suave, à la centaine d'invités, le nom et la saveur des entrées ou des entremets dont les valets soulèvent les cloches d'argent. Le contrôleur idéal ? Carême en brosse le portrait sans doute toujours inspiré par Boucher : « Un bon ton, un tact qui tient du génie, un commandement juste, jamais d'équivoque dans ce qu'il dit, un geste, un regard doit exprimer ce qu'il demande. Affable avec tout le monde, ne jamais précipiter le service, la mémoire toujours présente, un jugement sain. »

Pour composer un menu selon la saison et la nationalité des convives, répondre aux questions des gourmands et satisfaire leurs faiblesses, un bon contrôleur doit avoir été lui-même aux fourneaux. « Les contrôleurs d'autrefois étaient cuisiniers de renom. Leur grand savoir donnait de la splendeur aux festins. » Et Boucher n'a-t-il pas été, chez la princesse de Lamballe, l'un des plus illustres praticiens ? Il porte l'habit et l'épée, cette fameuse épée dont Wattel*, contrôleur du grand

---

* Orthographe dont le malheureux contrôleur usait lui-même quand il signait de sa main. C'est Mme de Sévigné qui a immortalisé l'erreur en écrivant « Vatel » dans une lettre à sa fille.

Condé, s'est transpercé le corps parce qu'il croyait avoir failli à la réputation de Chantilly considéré comme la première table du royaume : « Vatel avait perdu la tête », dit Carême. Mais la pression est telle quand on recherche la perfection ! « Le moment du service est au-delà de toute expression de peine et de fatigue. Nous sommes à l'heure et à la minute, et nous ne pouvons différer le moment du service. L'honneur commande. »

Deux jours durant, c'est un va-et-vient incessant de fournisseurs et de commis livrant saumons, volailles et gigots. De maraîchères avec leurs fleurs, leurs petits pois, mais aussi leurs paniers d'œufs, de beurre, de crème, de pêches destinés à la pâtisserie. Carême remplace le célèbre Avice. Il n'en dort plus. Ou presque.

Pour chaque extra, Boucher lui commande quatre entrées, huit entremets de pâtisserie, huit entremets de douceur et huit grosses pièces dont quatre de fond et quatre de colifichets. Que signifient ces termes ? Il répond : « Nous avons deux genres bien distincts de grosses pièces de pâtisserie, le premier comprend les pièces de fond et le second les pièces montées ou colifichets. » Les pâtés froids, les biscuits de Savoie, les grosses brioches, les babas sont les pièces de fond les plus courantes. Quant aux colifichets, il en a dans ses cartons cent cinquante dessins. Mais il ne cesse d'inventer un ermitage hollandais, un pavillon espagnol qui, au centre de la table, comblent d'aise le patriotisme et la convoitise des excellences. Il y déplie son talent d'architecte car ses chefs-d'œuvre peuvent mesurer jusqu'à quarante-huit pouces de haut et vingt-deux de largeur, c'est-à-dire un mètre cinquante sur quatre-vingts centimètres. Comme ses contemporains, Antonin continue de compter à la mode de l'Ancien Régime alors que le Consulat a rendu obligatoire en 1799 le système métrique institué quatre ans plus tôt par la Révolution.

Grâce au ciel, depuis le Concordat, les jours sont redevenus chrétiens. Le décadi a fait place au dimanche. Talleyrand donne deux grands dîners de trente-six ou quarante-huit couverts par semaine. Des festins que le marquis de Galliffet n'aurait pas désavoués. Et les uniformes blanc et or bardés de rubans rouges de cette Europe de l'intelligence et du mérite assise à la même table est un spectacle qui suscite l'enthousiasme naïf du jeune pâtissier : « Quel beau tableau, quelle magnificence s'offrait à la vue, en contemplant ces illustres personnages savourant un bon dîner ! Quelle noble assemblée que la réunion de tous ces ambassadeurs étrangers, revêtus de leurs décorations ! Quel silence imposant et majestueux règne dans cette réunion ! Tout y imprime la dignité et la grandeur des nations civilisées et si jamais peintre exécutait un tel tableau, certes ce monument de notre civilisation rehausserait encore la gloire de la nation française. C'est pourquoi il est impossible qu'aucun autre extra puisse être mis en parallèle avec ceux de cette magnifique galerie. »

Mais l'envers du décor rougeoie comme les feux de l'enfer : « Que l'on se figure être dans une grande cuisine comme celle des Relations extérieures lors des grands dîners et y voir une vingtaine de cuisiniers dans leurs occupations pressantes, allant, venant, agissant, et tout aussi pressés les uns que les autres. Eh bien ! Tout cela agit avec célérité dans ce gouffre de chaleur. Regardez une voie de charbon embrasée sur la paillasse pour la cuisson des entrées, puis encore une voie sur les fourneaux, pour les potages, les sautés, les ragoûts, les fritures et le bain-marie. Ajoutez à cela un quart de voie de bois embrasé devant lequel tournent quatre broches, dont une tournant une pièce d'aloyau du poids de quarante-cinq à soixante livres, l'autre un quartier de veau de poids de trente-six à quarante-cinq livres, les deux autres pour la volaille et le gibier... Eh bien le croira-t-on ? Dans ce brasier, tout le monde agit avec promptitude, un souffle n'est pas entendu. Le chef seul a le droit de se faire entendre et, à sa voix, tout obéit. Enfin, pour mettre le comble à nos souffrances, pendant à peu près une demi-heure, les portes, les croisées sont fermées afin que l'air ne refroidisse pas le service. A peine peut-on respirer. »

Alors que dans son hôtel d'Elbeuf, le deuxième consul emploie « peu d'hommes à réputation », Antonin est le benjamin d'une équipe dont chaque membre est un maître : Lasne pour le froid, Riquette aux fourneaux, le fameux Chevalier à la broche et Savard à qui échoient les potages et les entremets. « Nous étions largement payés. Nous employions tout ce que Paris avait de plus beau sur les marchés, et ce qui était bien plus agréable encore pour nous, c'était cette gaieté franche et loyale, cette bonne union qui régnait entre toutes les parties. C'est ainsi que se passaient ces pénibles extras. »

A dix-neuf ans, il est à bonne école, la meilleure, la plus illustre. Il n'a pas encore ouvert un livre de cuisine mais ne laisse pas passer cette occasion prodigieuse de s'instruire. Jamais rassasié, il pose mille et mille questions à tous ces aînés qui ont connu les splendeurs princières : « Lorsque auprès de ces messieurs, je trouvais le moment favorable, je leur demandais comment nos grands pâtissiers anciens travaillaient telle ou telle chose. Par ce moyen, j'ai recueilli un grand nombre d'idées qui m'ont servi dans mes opérations. »

Talleyrand apporte à la composition des menus la même minutie qu'à la rédaction des traités de Lunéville et d'Amiens qui font rêver la France de paix éternelle. L'ancien évêque d'Autun a, des canons de la gastronomie, une science qui émerveille lady Shelley : « Pendant tout le repas, la conversation porta sur la bouche. Chaque plat donna lieu à des commentaires et l'antiquité de chaque bouteille fournit l'occasion d'une dissertation éloquente. Talleyrand analysa le dîner avec autant d'intérêt et de sérieux que s'il s'était agi d'un problème politique important. »

Mais précisément, c'est de politique qu'il s'agit. La table est l'échiquier sur lequel se joue le sort du monde. En dissertant sur l'arôme forestier d'un « château Cheval-Blanc » ou sur la subtilité d'un « filet mignon de mouton à la Joséphine », le maître de maison peut tout à la fois séduire et jauger son partenaire. Mais surtout cacher son jeu : « Il faut, en effet, dit-il, qu'un ministre des Affaires étrangères soit doué d'une sorte d'instinct qui, l'avertissant promptement, l'empêche, avant toute discussion, de jamais se compromettre. Il lui faut la faculté de se montrer ouvert en restant impénétrable. D'être réservé avec les formes de l'abandon, d'être habile jusque dans le choix de ses distractions. Il faut que sa conversation soit simple, variée, inattendue, toujours naturelle et parfois naïve. En un mot, il ne doit pas cesser un moment, dans les vingt-quatre heures, d'être ministre des Affaires étrangères. » Depuis vingt ans, Charles Maurice joue son rôle avec délectation. Il intimide, il subjugue, il glace. Les femmes, perplexes, tentent de déchiffrer les secrets de ce diabolique prélat qui captive et agace toutes les cours.

Dans les *Mémoires d'une dame de qualité*, il est un « homme presque droit, à la taille mince et élancée, au visage doux, spirituel et malicieux tout ensemble, à l'œil bleu, grand et bien fendu, très attentif à surprendre les mouvements involontaires des autres ». Charlotte de Kielmannsegge, comtesse prussienne qui succombera aux charmes de Napoléon mais non à ceux de son ministre, est moins indulgente : « Plus tard quand je le connus mieux, je m'aperçus qu'en société, il était sans-gêne par caprice et par indolence à la fois, fort par intelligence et par éloquence, habile et toujours prêt à enlacer de ses anneaux les êtres faibles, ceux qui pouvaient lui être de quelque utilité et dont l'esprit dénotait une tendance à l'asservissement. »

En 1804, il a cinquante ans. Il en vivra trente-quatre de plus, conservant, jusqu'à la fin, sa brillante intelligence. Son secret ? « Le cuisinier gouvernait l'estomac, qui sait ! il influait peut-être sur la charmante, ou active, ou grande pensée du ministre », dit Carême en rendant hommage à la science de Boucher. Car le contrôleur connaît tous les secrets de la cuisine du sacerdoce, ce « beau maigre » que des générations d'artistes se sont ingéniés à rendre le plus succulent possible.

Pour imposer l'abstinence du carême, l'Eglise s'est inspirée du jeûne observé chaque année par les Arabes. En 653, le concile de Tolède en fixe la durée et les interdits à respecter par les catholiques avec une rigueur qu'on a peine à imaginer. Plus tard, les rois de France adopteront ce régime maigre et l'imposeront à tous leurs sujets autant par piété que pour conserver une armée vaillante à la guerre. Quand ils n'étaient pas cloués au lit par la goutte, trop de maréchaux tombaient victimes d'apoplexie.

Sous l'Ancien Régime, les boucheries fermaient durant quarante jours avant Pâques. Pour obtenir une dispense, il fallait l'autorisation d'un évêque, d'un curé et d'un médecin. Les gardes royaux de Louis XIV perquisitionnaient les cuisines des hôtels princiers et même des abbayes où les chefs de bouche, suppléant à l'absence de lard, rivalisaient de talents pour créer des petites sauces aussi exquises que bonnes pour la santé.

Au XVIᵉ siècle, un bénédictin du couvent de Nursia en Italie a traduit en latin les *Tables de santé*, rédigées en 1100 par des médecins de Bagdad, qui eux-mêmes les tenaient des Romains et des Grecs. Ces *Tacuini sanitatis* arrivées en Espagne avec les Arabes célèbrent les vertus des légumes et des plantes médicinales dont chaque espèce est dessinée et regroupée en planches méticuleuses à l'usage des médecins comme des cuisiniers. Une nourriture rafraîchissante pour l'organisme avec de bons bouillons couleur d'ambre, de légers poissons, des viandes blanches, des entremets de légumes et de fruits, la Faculté ordonnait ce régime à Turenne ou au grand Condé qui, comme tous les gros mangeurs, souffraient de crises de goutte à répétition.

Dans les cuisines de Chantilly, Boucher s'est initié à cette diététique qui ajoute aux plaisirs de la table les secrets de la longévité. Pour supporter les banquets qu'il offre deux fois par semaine aux ambassadeurs, l'ancien évêque d'Autun s'interdit les rôts et les gibiers qui échauffent le sang en rendant toutes leurs fureurs aux humeurs ! A son réveil, il ne boit qu'une tasse de camomille et, pour les dîners ordinaires, se contente d'un potage, un poisson, une entrée de poulet, de noix de veau ou de côtelettes de mouton braisées et, en légumes, des épinards ou des cardes, ce plat de côtes de bettes à la moelle dont Grimod de La Reynière soutient qu'il n'y avait sous l'Ancien Régime que trois cuisiniers, dont le sien, Morillion, capables de le préparer. Enfin, pour entremets de douceur, une compote de pommes ou des poires au gratin, rarement un autre dessert. « Des premiers, M. de Talleyrand a paru penser qu'une cuisine saine et méditée devait fortifier la santé et empêcher de graves maladies. En effet sa santé, pendant les quarante dernières années de sa vie, est un argument puissant pour cette opinion », confirment *Les Classiques de la table*.

Chaque été, le ministre se rend six semaines à Bourbon-l'Archambault prendre les eaux qui lui font « grand bien », puis il termine la saison à Valençay que Bonaparte vient de lui offrir pour qu'il y tienne table ouverte aux envoyés de cours étrangères. Les splendides cuisines occupent tout le sous-sol du château. L'ambassadeur Lucchesini est alors un habitué de Valençay où il passe parfois quinze jours d'affilée. Talleyrand a pour première consigne de circonvenir la Prusse.

Au ministère du Trésor public, face à la boutique de Gendron, Barbé-Marbois use lui aussi généreusement de sa table. Le vieux marquis, qui a besoin d'une Banque de France soutenue par les premières fortunes de Paris, traite somptueusement ses invités. Et, là encore, rien ne plaît davantage à Carême : « Ces splendides dîners se composaient de deux potages, quatre grosses pièces, douze entrées, deux rôts, deux grosses pièces de fond de pâtisserie et douze entremets. »

Autour de la table, ils ne sont qu'une grosse vingtaine à discuter du mouvement des écus et du paiement des rentes. Car dans le service à la française, c'est le nombre des entrées, « partie capitale, nourrissante, splendide du dîner », qui définit le nombre des convives. Disposées dans des plats creux, elles sont placées par les valets entre deux assiettes. Il suffit ainsi de doubler le nombre des entrées pour connaître celui des invités.

La diversité en est la règle. Dans les bonnes maisons, on

ne prépare pas en cuisine plus de deux entrées semblables. C'est à cette variété que l'on reconnaît le génie d'un grand chef. Et quel bonheur pour un gourmand de ne pas être seulement assigné aux côtelettes de chevreuil ou aux noisettes d'agneau à l'oseille mais de pouvoir goûter aussi aux papillotes de ris de veau et au sauté de bécasse au suprême dont se régale son vis-à-vis ! Car chaque entrée est préparée pour quatre ou cinq personnes et au moment de se resservir on peut, grâce à la bienveillance du maître d'hôtel, à la connivence d'une voisine, satisfaire sa curiosité avant d'en abandonner les restes aux valets. « La seule différence qui existe entre la classe bourgeoise et la classe opulente est dans le nombre des convives invités, explique Carême dans son *Maître d'hôtel*. Chez les grands, on sert pour trente couverts seize entrées, et la desserte passe ensuite dans les offices. Au lieu que dans la classe bourgeoise, on ne connaît pas d'office, donc un dîner de seize entrées doit servir pour soixante à soixante-dix couverts, et il restera encore assez pour quelques personnes chargées de changer les assiettes. »

Comme aux Relations extérieures, Antonin est, chez Barbé-Marbois, en charge de la pâtisserie et de l'entremets de sucre. Mais, à son habitude, il ne s'en contente pas : « M. Richaud avait ensuite la bonté de m'occuper avec lui au fourneau pour le travail des petites sauces. » Aux huîtres, aux truffes, aux morilles, au vin de Champagne, aux écrevisses et même aux cerises sèches, ces petites sauces, appelées coulis avant la Révolution, faisaient aussi la réputation des entrées. Les princes tenaient à attacher leur nom aux créations de leurs chefs de bouche. La guillotine n'a fait disparaître ni la Soubise aux oignons, ni la d'Uxelles aux champignons. Pas plus que l'exquise sauce à la Régence qui célèbre, avec des truffes, la rénovation de la table française accomplie au siècle précédent pour les petits soupers libertins du Régent, le duc d'Orléans.

Ces merveilles sont tirées de quatre grandes sauces : l'espagnole, le velouté, l'allemande et la béchamel. Pour donner une idée de la prodigalité régnant dans une grande cuisine, voici la recette de l'espagnole par Antonin : « Placez dans le fond d'une casserole beurrée une livre de noix de jambon émincée sur laquelle vous disposez une noix de veau, une sous-noix et le quasi d'un fort cuisseau, ajoutez deux poules et un faisan, ou deux perdrix, ou les râbles de deux lapereaux. Ensuite vous couvrez la casserole, la posez sur un grand fourneau ardent en écumant jusqu'à la réduction en glace qui doit se colorer. » Le velouté, lui, ne doit pas se colorer. Pour l'allemande, on ajoute des jaunes d'œuf et pour la béchamel de la crème : « Avec ces quatre sauces, nous en composons un très grand nombre de petites dont l'assaisonnement diffère infiniment. »

Un illustre saucier comme Richaud a un aide qui dégraisse et désosse les viandes et un garçon de cuisine qui remplit la marmite d'eau, suspend la crémaillère dans la cheminée et pousse le feu. Ce malheureux ne dort que quelques heures, guère davantage que Carême : « La veille de ces grands dîners, je couchais à l'hôtel, et le lendemain, à trois heures du matin, nous mettions les grandes sauces au feu avec un nommé Chéron, qui en avait le plus grand soin, de manière qu'elles se trouvaient liées et dégraissées lorsque le chef descendait. »

Antonin observe, prend des notes sur la Clermont, une confiture d'oignons « excellente pour les émincés et les entrées de boucherie » dont Richaud l'aîné a la spécialité. Le cadet, féru de médecine et de santé, assure qu'une sauce n'est jamais aussi revigorante que lorsque l'on pique les viandes avec la pointe d'un couteau afin d'en extraire le sang. Dans leurs casseroles de cuivre ou même d'argent, ces petites sauces sont mises au bain-marie. Un garçon surveille l'eau qui jamais ne doit bouillir. « On prétend, dit Antonin, que c'est une sœur de la Charité qui a imaginé le procédé de faire chauffer des liquides dans des vases placés dans d'autres vases contenant de l'eau chaude. »

Chaque manche de casserole porte une étiquette avec le nom de la sauce. Et Carême, de son ton maniaque et professoral, ajoute : « Au moment du service, vous les dénommez en les demandant à celui qui sera chargé du bain-marie. Par le moyen des étiquettes, il les reconnaîtra facilement et devra les placer sur la table, et près des réchauds sur lesquels vous avez dressé le dîner. »

Au Palais-Royal, ces petites sauces font la fortune du restaurant Robert où officiaient les frères Richaud depuis l'émigration des Condé. Et ils y ont appris quelques notions d'économie, car sur les fourneaux de Chantilly on multipliait par deux les quantités pour tirer une double espagnole au goût incomparable. « Dans les maisons des anciens nobles, le fond de la cuisine était excellent, mais en même temps les dépenses et la consommation étaient excessives. Cet ordre de choses ne pouvait avoir lieu chez un particulier ayant quarante à cinquante personnes à ses gages. C'est alors qu'on a su ce qu'il fallait employer, c'est-à-dire assez mais juste ce qui était nécessaire pour faire les sauces suaves et veloutées. » En un mot, parfaites. Carême voit dans ces sauces « allégées » un progrès considérable accompli par la cuisine « moderne ».

Dans son premier *Almanach des gourmands*, Grimod de La Reynière décerne au restaurant un légitime hommage : « M. Robert, l'un des plus anciens et ci-devant cuisinier de

M. l'archevêque d'Aix... passe encore pour le meilleur et le plus savant. Nous n'en dirons pas autant de son frère qu'il s'est adjoint et dont les manières d'ailleurs ne sont nullement engageantes. » L'ancêtre de nos critiques gastronomiques est beaucoup plus prolixe pour Le Rocher de Cancale, 61 rue Montorgueil : « C'est là qu'on mange à toute heure les meilleures huîtres de Paris. Il s'y en fait une consommation si prodigieuse que bientôt leurs seules écailles, s'élevant au niveau des plus hautes maisons de cette rue, pourront devenir elles-mêmes de véritables Rochers... Ce n'est point par des plats fins et minutieusement recherchés que Le Rocher de Cancale a rendu son restaurant si recommandable, quoique à en juger par certains pâtés chauds aux cailles et au vin de Malaga, dignes de la table des dieux, M. Balaine soit très en état de lutter avec les Robert et les Véry. Mais on est sûr d'y manger le meilleur poisson de mer et la meilleure volaille de Paris. »

On s'étonne moins de l'émotion épicurienne de l'auteur en apprenant que l'idée de ce premier guide gourmand est née le 14 novembre 1802 au Rocher de Cancale, dans l'ivresse d'un dîner bien arrosé de la Société des Mercredis. D'ordinaire, Grimod et ses amis se réunissent chez Le Gacque. Mais la cour du Manège des Tuileries est en pleine démolition. Et cinq semaines plus tôt Balaine, bien connu sous la Révolution pour ses coquillages et ses poissons, a fait passer dans le journal un avis informant sa clientèle que la rénovation de son Rocher est achevée : « On y trouve des cabinets de toute grandeur et une salle à manger pour 30 personnes. »

En trinquant à la bonne fortune de l'heureux restaurateur, le libraire Maradan se plaint du marasme de sa profession. Autrefois, il éditait des auteurs comme Restif de La Bretonne et Beaumarchais, mais la chute de la Bastille a entraîné sa faillite. Les parvenus du Consulat délaissent les belles-lettres et ne songent qu'à ripailler. Pour éduquer cette nouvelle clientèle de Jacobins sans manières et sans goûts, Grimod et ses amis décident de se transformer en Jury dégustateur. Les membres de cette société hétéroclite, qui compte le pâtissier Rouget, le docteur Gastaldy, quelques actrices, l'énorme Camérani, régisseur de l'Opéra-Comique, le glouton d'Aigrefeuille et même parfois Cambacérès, s'assignent pour mission de dénoncer les fournisseurs qui empoisonnent et les restaurateurs indignes de leur bonnet de coton. Sur dix boutiques ouvertes à Paris, trois se consacrent à la mode et quatre aux gourmands. Rien que dans la rue Neuve-des-Petits-Champs, où travaille Antonin, on ne compte pas moins de cinq restaurants et Grimod n'a aucun mal à remplir les deux cent soixante-huit pages de son premier *Itinéraire nutritif* qu'il boucle en vingt-cinq jours.

On s'arrache à Paris, et même en Allemagne, la première édition parue début 1804 et que l'auteur dédie à d'Aigrefeuille, faute d'être autorisé à compromettre le nom du deuxième consul dans un ouvrage si éloigné du Code civil. Le glacier Mazurier à qui est louée l'orangerie de son hôtel des Champs-Elysées est abondamment cité, et Rouget, membre du jury, promu premier pâtissier de Paris dans un éloge de trois pages. Bailly et Gendron sont également recommandés mais en quelques lignes. L'auteur ne se pique pas d'objectivité. *Le Journal de Paris* salue l'audace du provocateur. Dans ses numéros des 18 et 19 mai, les articles, dithyrambiques, occupent deux pages sur les six que compte le quotidien. L'auteur, Le Gastricole, regrette seulement que ne figure pas dans l'*Almanach* une notice nécrologique du cuisinier Courtois, créateur, à Périgueux, des fameux pâtés truffés de cochons culs-noirs et décédé récemment : « J'ai gémi de l'oubli ou de l'ingratitude. »

Cette année-là, on réimprime à deux reprises. Mais au fil du temps, les rabâchages lassent les lecteurs et les parutions de l'*Almanach* s'espaceront jusqu'à la huitième et dernière en 1812 lors de la débâcle de Russie. L'ancien avocat Grimod y récoltera quelques procès moins rudes cependant que ceux qui l'opposent à sa mère. Dans la foulée, il publiera en 1808 un *Manuel des amphitryons* à l'usage de tous les parvenus désireux de fêter les victoires et la paix de Tilsit. « Le nombre des vrais gourmands comme celui des indigestions s'est accru dans une proportion effrayante. La science gastronomique est devenue à la mode... elle a passé des cuisines et des boutiques dans les salons, dans les bibliothèques, jusque sur les théâtres et nous ne désespérons pas de voir bientôt une chaire de gastronomie s'établir dans nos lycées. »

Carême rêve lui aussi d'élever la cuisine au premier rang des beaux-arts. Mais s'il apprécie la prose du professeur, il n'hésite pas à le remettre à sa place : « M. Grimod de la Reynière était né gourmand et littérateur. Il avait connu l'Ancien Régime et vu les désastres de notre Révolution. Et après le règne de la Terreur, il pensa qu'il était sage et nécessaire de composer son *Manuel des amphitryons* afin de remettre en honneur les convenances que les nouveaux riches devaient observer. Son *Almanach des gourmands* a rappelé une infinité de traits gastronomiques et spirituels. Il a sans doute opéré quelque bien pour la science culinaire mais il ne fut en rien dans les rapides progrès que la cuisine moderne a faits depuis la renaissance de l'art... C'est aux grands dîners donnés par le prince de Talleyrand et au célèbre Robert qu'est dû l'accroissement de la cuisine moderne. »

Ces controverses de gourmands sont pourtant loin d'atteindre le degré de violence qui règne alors au Théâtre-Français où Mlle George et Mlle Duchesnois interprètent les mêmes rôles de grandes reines tragiques. La première aurait le souffle trop court pour les longues tirades. Mais sa rivale manquerait de majesté. Quand l'une paraît en scène, les supporters de l'autre manifestent bruyamment. Un dimanche où Mlle George est affichée dans *Phèdre*, il y a un tel chahut qu'on baisse précipitamment le rideau. Parfois, les deux actrices, qui n'ont pas vingt ans, jouent avec l'illustre Talma, *Andromaque* ou *Horace*, dont les deux rôles féminins comptent le même nombre de vers. Ces soirs-là, Bonaparte est dans la salle, non seulement parce que Mlle George est sa maîtresse secrète. Il aime prendre avec Talma des leçons de majesté.

Le tragédien, devenu son conseiller en communication, passe souvent aux Tuileries à l'heure du déjeuner pour indiquer au vainqueur d'Italie les gestes de César. Mais, le 13 mars, à l'occasion de la réception hebdomadaire des ambassadeurs aux Tuileries, le caporal Bonaparte perce sous le masque de l'empereur romain. Jetant sur lord Whitworth son regard de feu, il accuse la perfide Albion de préparer la guerre. A Londres, dans son discours du trône au Parlement, le roi George III ne vient-il pas de demander des crédits « de précaution » pour armer ? Deux mois plus tard, les Anglais, qui font la fortune des restaurants et des traiteurs du Palais-Royal, ont ordre de se présenter au gouverneur de Paris. Le général Junot les expédie en résidence surveillée à Fontainebleau.

Fontaine et Percier dessinent les luxueuses baraques du camp de Boulogne. Les bouchers, cités en exemple par les journaux, offrent dix mille francs pour la construction de chaloupes canonnières. Les Parisiens vont admirer le travail des charpentiers quai de Bercy et à la Rapée où ils en profitent pour s'arrêter chez la veuve Guichard, réputée pour sa matelote d'anguille et de carpe aux écrevisses. A l'automne, pour la première fois, on ne danse plus sous les arbres des Champs-Elysées pour l'anniversaire de la République.

Le 1er octobre, trente bataillons d'infanterie et vingt escadrons de cavalerie défilent pendant huit heures dans la plaine de Grenelle. Dans les églises, les évêques font des prières publiques pour le « succès de la guerre ». Le 24 décembre, Londres donne l'ordre de détruire tous les moulins et les fours établis sur la côte dès que l'ennemi s'y montrera. Au Palais-Royal, les confiseurs fêtent le nouvel an avec des flottilles de bateaux à la conquête de l'Angleterre. Chez Berthellemot, la clientèle est si dense qu'il faut payer un ticket d'entrée à valoir sur le premier achat.

Le curieux Carême n'a guère le temps de s'y attarder. Car la veillée d'armes n'interrompt pas, loin de là, les soirées chez Talleyrand, Barbé-Marbois, les ministres, les généraux et les ambassadeurs. L'Autriche et la Russie rivalisent de splendeurs. Rien ne surpasse la réception du comte von Cobenzl, sauf le bal de l'ambassadeur Demidoff dont le père est l'un des deux hommes les plus riches de Saint-Pétersbourg. Le diplomate slave a élu domicile dans l'hôtel de Praslin. Les journaux déplorent quand même que, dans la cohue élégante de sa réception, l'ambassadrice Demidoff se soit fait voler une parure de diamants par une « riche étrangère ». Les jolies resquilleuses françaises, elles, ont naturellement été abolies par la Révolution.

Le Premier consul a nommé l'amant de sa sœur Elisa président du corps législatif. Fontanes est un poète qui, la veille encore, n'était pas même député. Pire, Madame Mère, Letizia Bonaparte, le qualifie d'« auteur assez médiocre », mais Carême reconnaît que cet homme charmant compte parmi les quatre ou cinq gastronomes de l'époque : « Il sait manger. » Et quand on sait manger, on se doit de vivre dans un décor digne de sa table. Pour le nouveau président de l'Assemblée, Bonaparte fait restaurer le ravissant hôtel de Lassay qu'on appelle encore Petit Bourbon.

L'autre beau-frère, officiel celui-là, fait aussi partie de la petite cohorte des « Lucullus modernes » distingués par le jeune pâtissier. Murat remplace Junot comme gouverneur de Paris. Et comme un bonheur n'arrive jamais seul, il est aussi commandant de la première division militaire avec le rang de général en chef et soixante mille hommes sous ses ordres. Mais l'orgueilleux cavalier n'aime pas seulement parader dans les rues sur sa selle drapée d'une peau de tigre, il adore les vol-au-vent aux rognons de coq et les pâtés de Nérac. Cet enfant du Lot ne renie ni ses origines ni sa région. A la fin d'un repas, il n'hésite pas à faire passer à la ronde un pot en grès contenant de la compote de fruits macérés dans du jus de raisin et annonce avec son terrible accent : « C'est dou résigné, oun rrrégal de mon pays, c'est ma mèrrre qui l'a fait et qui me l'â envoyé. »

D'Italie, il est revenu cousu d'or. Les mauvaises langues assurent que le grand sabreur n'a signé l'armistice avec les Napolitains que moyennant « quinze cent mille livres de *bonne main* ». Plus tard, dans une lettre, Caroline confirmera le fait mais en ramenant la somme à cinq cent mille livres. Dans l'art de la corruption, le couple n'a plus rien à apprendre du maître Talleyrand.

Bonaparte a demandé à sa sœur de tenir « un grand état ». Elle est aux anges. A Florence, elle a pris des goûts de sultane. Eblouie d'habiter le palais Corsini, avec ses deux hussards à cheval sabre au clair à la porte, elle a reçu toute la noblesse toscane dans ses salons constellés de toiles Renaissance. Au palais Maffei de Milan où elle donnait chaque semaine un grand bal suivi d'un souper de cent couverts, elle a exigé que deux hussards montent aussi la garde à chaque extrémité de la rue pour que, le matin, les voitures ne la réveillent pas. Elle a la même fringale de gloire que son frère. La même énergie qu'elle dépense surtout en dansant jusqu'à l'aube.

Prévoyant, le couple a acheté deux ans plus tôt l'hôtel de Thélusson, un palais presque royal en pierre blanche avec six salons au rez-de-chaussée, seize chambres au premier étage et vingt-deux au second. Bâti par Ledoux en 1789, pour un associé de Necker, le porche monumental, rue de la Victoire, s'ouvre sur un vaste parc à grottes et cascades. Caroline en est si fière qu'elle passera des journées entières à peindre son nouveau domaine.

Une semaine après la nomination de Murat, elle y donne son premier bal. Pour les invités, l'arrivée est inoubliable. Les voitures avancent en procession dans la grande allée avant de s'arrêter devant la terrasse décorée de statues, d'orangers et de corbeilles de fleurs. Un suisse frappe de sa hallebarde devant les tapis d'Aubusson de la rotonde et vous introduit dans le grand salon à six croisées où un lustre à trente-six chandelles illumine consoles dorées et fauteuils en velours bleu. Puis il y a le salon vert, le salon de stuc, le salon amarante, la chambre de Caroline tout en velours vert, la salle de bains en forme de tente, le boudoir de taffetas violet, l'appartement de Joachim gris à franges rouges. De quoi faire crever d'envie Juliette Récamier et les Beauharnais, mère et fille !

D'autant que les Murat ont rapporté d'Italie des vases étrusques, une jolie collection de tableaux florentins et même un Raphaël, soi-disant offert par le pape. Mais l'insatiable Caroline obtient toujours plus de son frère. Elle veut des verres en cristal gravé comme Cambacérès et des desserts aussi coûteux que Talleyrand. Le couple a adopté pour ses valets une livrée rouge et or, ses couleurs préférées.

Dans le quartier, le gouverneur de Paris, qui ne regarde pas à la dépense, est l'idole des traiteurs et des pâtissiers. Comme Lebrun et Barbé-Marbois, c'est à Robert, grand pourvoyeur de talents culinaires, qu'il s'adresse pour monter sa maison. Pour les grands extraordinaires, l'hôtel de Thélusson fait appel à Carême dont les créations provoquent toujours quelques exclamations admiratives des invités étrangers. Comme cette exquise pyramide de centaines de nougats qu'avec une fierté que ne renierait pas Bonaparte le jeune extra baptise « nougats à la française ». Au sucre et aux blancs d'œuf, il a mélangé des grosses avelines* et des pistaches qui font un « entremets plus distingué » que les noisettes ordinaires : « La première fois que je fis cette sorte de nougats, ce fut dans mes grands extraordinaires des Relations extérieures en 1804... cette façon fut trouvée aimable, et bientôt je servis ce nougat dans tous mes extraordinaires. »

De la rive gauche à la rive droite, Antonin devient ainsi, soir après soir, le prodige de ces palais dont, enfant, il rêvait de se glisser sous les porches à colonnes. Mais, avant de s'endormir, il remplit son carnet de chaque détail, de chaque

---

* Amandes.

innovation : « La plume à la main, je consignais les raisons qui avaient déterminé mon esprit. Ce compte rendu intime sera toujours une cause de progrès. J'ai pu apprécier ainsi combien, dans le même état, les manières sont différentes. Cependant, il y en a toujours une en chaque chose qui est, dans le moment, la plus complète ou la plus convenable. La sagacité d'un bon esprit la reconnaît facilement. Ce qui m'occupait particulièrement alors, c'étaient les belles parties du four, du froid et de l'entremets de sucre. Ce travail est le plus délicat de l'art du pâtissier. J'imaginais beaucoup dans cette branche. Le fond, l'exécution, la forme par le dessin, toutes ces parties me devinrent faciles et je m'en emparai comme de mon champ. »

Le célèbre Gendron est près de la retraite. A-t-il proposé à Carême de prendre sa succession ? Sans doute. Mais l'enfant de la rue du Bac ne songe pas à s'établir. Ce tourbillon de fêtes l'enivre, lui qui ne boit guère qu'un bol de « gloria », un punch dont l'alcool « chasse les vapeurs de la nuit » quand il descend de son grenier pour rejoindre la fournaise. Il a tant à apprendre des grands maîtres d'autrefois !

Avec son vieux patron, il conserve des relations attendries, comme celles qu'il a nouées avec Bailly. Il ne s'est séparé du premier que pour progresser encore, progresser toujours. Rien ne peut l'arrêter dans sa trajectoire : « Un an après, je quittai tout à fait les maisons pâtissières pour suivre mes travaux d'extraordinaires. » Il a vingt ans. L'âge où l'on se forge un destin.

9

ORGUEILLEUX Carême... Les contrôleurs des grandes maisons le réclament et, comme Bailly et Gendron, les chefs saluent son habileté, sa précision, son sérieux. Dans les cuisines, il est encore leur disciple, mais il ne doute pas qu'un jour on prononcera son nom autour de ces tables splendides où s'écrit l'histoire de la France. Dans ce Paris de 1804, « qui le veut le peut », répète Bonaparte à ses soldats, encore étourdis par l'ascension inouïe de leur « petit tondu ».

Le 18 mai, dans une mise en scène digne d'une tragédie antique, Cambacérès se présente à Saint-Cloud, suivi du comte de Lacépède tenant à la main un grand parchemin informant le Premier consul que ses collègues du Sénat le supplient de devenir empereur des Français. L'héritier intellectuel de Buffon au Jardin des Plantes y gagnera le titre de grand chancelier de la Légion d'honneur. Et comme la grande histoire se mêle souvent à la petite, le doux Lacépède habite, rue du Faubourg-Saint-Honoré, le même immeuble que la resplendissante Mlle George.

Deux jours plus tard, dans le quartier en effervescence, des petites affiches fleurissent pour annoncer la nouvelle : « Personne ne doutait que les traiteurs, limonadiers, marchands de vins et directeurs de spectacle ne spéculassent d'avance et très avantageusement sur les profits qu'ils doivent recueillir sur les fêtes du couronnement... Un glacier célèbre a calculé qu'il y aurait soixante mille étrangers à Paris et qu'il se ferait six mille francs par jour », commentent les journaux. Dans son atelier de la rue de Vaugirard, le peintre David ouvre déjà une souscription pour les premiers tirages de son tableau du couronnement.

Qu'il est loin le temps où Antonin, le ventre creux, suivait son père jusqu'à la barrière du Maine ! En septembre, une marchande du Palais-Royal vend vingt-quatre francs un melon pesant quarante-six livres. Et le chef pâtissier avoue toucher des appointements à la mesure de ses grands extraordinaires : « Je gagnai beaucoup d'argent et cela seul me prouva mieux que toutes les flatteries des hommes que j'avais dans mon genre de travail quelque chose d'original qu'on aimait et qui fit ma réputation. » Dans son *Almanach* de 1804, Grimod reconnaît que, des trois services, le dessert est le plus dispendieux, mais il en justifie le prix : « Un dessert bien ordonné fait la réputation d'une table. On en parle pendant six mois. »

Le futur empereur a déjà nommé dix-huit maréchaux richement rétribués. Tous doivent avoir une maison et recevoir selon une étiquette qui rappelle l'ancienne monarchie. Ils sont les « cousins » de l'Empereur comme ils étaient autrefois ceux du roi et on leur donne du « monseigneur ». Leur tenue pour le sacre est digne de Versailles : habit de velours bleu foncé brodé de lauriers et de feuilles de chêne en or, manteau doublé de satin blanc, cravate de dentelle, épée attachée à une ceinture de drap d'or. Sur la tête une toque de velours noir surmontée d'une plume blanche.

Certains comme Ney renâclent à porter ce déguisement,

mais ceux qui n'ont pas encore leur hôtel se précipitent faubourg Saint-Germain et visitent les demeures encore libres. Lannes se porte acquéreur, rue Saint-Dominique, de l'hôtel de Kinsky bâti pour un prince autrichien par Ledoux avec son parc, son petit lac et ses kiosques de verdure. Le premier souci du jeune maréchal est de recruter un service de bouche à la hauteur de ses voisins.

Dans sa hâte de jouir des nouvelles grandeurs de son frère, Caroline donne dès le 24 mai dans sa propriété de Villiers un somptueux bal pour tous les dignitaires de la nouvelle cour. Dans son grand livre vert, le sieur Belin rédige désormais avec des volutes fleuries les comptes de Son Excellence l'archichancelier Cambacérès qui demande à d'Aigrefeuille de l'appeler Altesse Sérénissime en présence de ses invités. Des pâtissiers aux traiteurs, la table devient la première industrie de la nation. Et c'est elle qui en forge l'opulence.

Les frontières de la France englobent Anvers et Gênes d'où arrive le parmesan. La France, c'est aussi l'Italie dont Napoléon va ceindre la couronne. Déjà, la garde impériale est composée pour moitié d'hommes venus d'au-delà des Alpes. Tortoni, dont le restaurant fait le coin de la rue Taitbout et du boulevard, annonce qu'il ajoute, à ses déjeuners à la fourchette, des dîners à l'italienne « composés de potages de toutes espèces, de pâtes d'Italie, de salades de volaille ou de poisson et de compotes chaudes ».

Deux spectacles attirent les étrangers à Paris : les grandes parades au Carrousel et les filles du Palais-Royal. Avec l'arrivée du pape, elles sont priées de circuler dans les galeries décemment vêtues. Le couronnement est prévu pour l'anniversaire du 18 Brumaire. Mais la voiture de Pie VII, retardée par les bourrasques de l'automne, n'atteint Fontainebleau que le 25 novembre.

Deux jours plus tard, la foule campe devant le pavillon de Flore malgré le ciel chargé de neige. Il y a dix ans, dans ce même jardin des Tuileries, cabaretiers, harengères, cuisiniers acclamaient l'Etre suprême de Robespierre, mais aujourd'hui le peuple scande : « Le Saint Père ! Le Saint Père ! » Lorsque la frêle silhouette blanche apparaît au balcon, que la main se lève pour faire le signe de croix, tous, hommes, femmes et enfants, s'agenouillent, se frappent la poitrine, se cachent le visage. Certains sont en pleurs. A plusieurs reprises, les prélats doivent rouvrir la fenêtre.

Napoléon s'agace de ce délire populaire qui risque, le jour du sacre, de faire paraître plus maigres les applaudissements des Parisiens toujours aussi méfiants à l'égard des couronnes. On conseille au Saint Père de se reposer dans ses appartements richement décorés par Fontaine en profitant de la vue admirable sur la Seine et sur le nouveau quai Bonaparte dont on assure qu'il sera ouvert le 1er décembre.

Aux grilles du jardin, l'uniforme tout neuf de la garde impériale fait sensation avec ses collets verts et ses bonnets à plumet blanc. Et que dire du luxe qui règne à l'intérieur du château ! Le dimanche 28 octobre pour la réception des ambassadeurs, le comte de Ségur, bombardé grand maître des cérémonies, a, lui aussi, étrenné son nouveau costume, violet avec une large broderie d'argent et à la main un bâton d'ébène parsemé d'aigles.

Pour les hommes, l'étiquette recommande l'habit. Brodé et de couleur vive, il ne diffère guère de celui de Louis XVI que par la largeur du col et les parements. Les robes des femmes, à taille haute et décolletées, ne sont plus en mous-

152

seline transparente mais en lourde soie brochée. Joséphine en change au minimum trois fois par jour. En un an, elle commandera six cents toilettes différentes. Le bon ton pour les « petites maîtresses » qui vont aux emplettes est de faire arrêter leur voiture rue de Richelieu devant les boutiques de Mme Germon et Mlle Despeaux, couturières attitrées de l'impératrice, ou du célèbre Leroy qui vend aussi des corsets.

A l'hôtel de Galliffet, la cadence des grands extraordinaires s'accélère avec l'arrivée des princes étrangers pour les fêtes du couronnement. Les estrades construites dans Notre-Dame accueilleront près de trente mille personnes. Déjà, propriétaires et locataires louent jusqu'à huit cents francs leurs deux croisées sur le parcours du cortège. Mais les fêtes ne s'arrêtent pas à la cérémonie religieuse. Le 5 décembre, après la remise des aigles au Champ-de-Mars, leurs majestés donnent aux Tuileries un grand dîner en l'honneur du souverain pontife. Et, une semaine plus tard, un nouveau banquet dans la galerie de Diane.

A l'hôtel d'Elbeuf, Cambacérès a commandé une nouvelle table de soixante couverts. Le jour de la livraison, soupçonnant l'ébéniste de ne pas avoir vu assez grand, il exige qu'on fasse venir soixante tailleurs de pierre qui travaillent sur un chantier voisin. Ces figurants s'imaginaient déjà qu'on allait leur servir à boire. Mais ils ont dû faire semblant de couper leur dinde truffée devant un verre vide. Rassuré, l'archichancelier les a renvoyés à leur marteau sans même les gratifier du quart d'une demi-bouteille de vin.

Son gros chambellan s'est fait couper un habit en velours bleu ciel dans une vieille robe. Les soirs de grand cercle, il dirige une brigade de soixante laquais en livrée bleue à galons d'or. Car tous les magistrats sont montés des départements pour le sacre. Les nominations remplissent des pages entières de journaux ! Plus que jamais, son garde-manger se remplit de jambons de Bayonne, de pâtés d'anguille d'Abbeville, de foies gras d'Alsace. Et ses salons, de princes étrangers, sénateurs, hauts fonctionnaires, banquiers et militaires fraîchement promus comme en témoigne l'abbé Baston : « Un valet de chambre en habit noir et en épée, placé à la porte, mais du dehors, prononçait d'une voix sonore le nom et la qualité de la personne qui arrivait. Arrive donc un gros et grand homme décoré de plusieurs larges croix, couvert d'un habit bleu brodé depuis le collet montant jusqu'en bas. Deux riches épaulettes marquaient son rang dans nos armées. Il arrive, mais que voit-il dans le valet de chambre qui va le préconiser ? Un de ses anciens camarades de domesticité chez le comte de C***. Il ne se déconcerte point, va droit à sa vieille connaissance, et lui frappant sur l'épaule : "Gar***, lui dit-il, il faut oublier le passé, annonce le général, comte H***", ce qui fut fait. »

Il y a banquet au Petit Bourbon de Fontanes. Et à l'Hôtel de Ville où le gouverneur Murat, le préfet de la Seine et tout le corps municipal ont envoyé plus de mille cartons pour un grand bal le dimanche 16 décembre. Dans les cuisines, règne la même effervescence qu'à l'hôtel de Galliffet. Et la même équipe avec Riquette aux fourneaux et Chevalier à la broche sous la direction du grand Lasne que Carême écorche à sa manière : « C'est dans les grandes fêtes données par l'Hôtel de Ville de Paris, et sous les ordres de M. L'Asne, que j'appris la belle partie du froid. » Cette fois, il s'initie aux grosses pièces d'esturgeons bordés de gelée, aux salades de filets de sole, aux salmis de perdreaux rouges, aux chauds-froids de poularde truffée qui font les grands buffets. Le dîner est servi sur une symphonie de Haydn entre le feu d'artifice et les contredanses.

Antonin ne connaît rien d'aussi glorieux que ces magnifiques soirées orchestrées en l'honneur de Napoléon : « Il me semble le voir encore au milieu de ces fêtes extraordinaires que la bonne ville de Paris lui donnait avec tant de pompe et de solennité. » Ce soir-là, le célèbre Garnerin lance un ballon en forme de couronne impériale grand comme une maison et décoré de lampions et de verres de couleurs. Le fou volant, qui a fait ses premières expériences en 1797, s'est déjà élevé dans les airs au milieu de la cour de Prusse et à Saint-Pétersbourg, devant toute la famille impériale.

Deux jours plus tard, le Saint Père, qui bénit mille deux cents personnes dans la grande galerie du Louvre, annonce que le ballon de Garnerin vient de tomber près de Rome sur le lac de Bracciano. Il a parcouru trois cents lieues* en vingt-deux heures. Un prodige. On en parle dans tous les dîners. Comme du magnifique gala qui doit saluer l'Epiphanie.

Le 6 janvier, jour des Rois, c'est à l'Opéra la fête des maréchaux qui offrent un concert et un grand bal en l'honneur de l'impératrice. La consigne pour les valets est de n'y laisser entrer les hommes qu'en habit français et portant l'épée. Les journaux détaillent la marche à suivre pour les voitures officielles qui doivent arriver par la rue Neuve-des-Petits-Champs et suivre le cortège jusqu'à la rue de Richelieu. D'abord, le carrosse de l'archichancelier Cambacérès, puis l'architrésorier Lebrun, le gouverneur de Paris Murat, les ministres, les maréchaux, les sénateurs et conseillers d'Etat, les ambassadeurs et les personnalités étrangères... On attend pas moins de six mille personnes !

---

* Environ deux mille kilomètres.

Décorateurs et traiteurs du quartier travaillent sans relâche. Un immense parquet a mis de plain-pied la scène et le parterre. Puis on a rabaissé le plafond par un ciel de mousseline blanche parsemé d'étoiles d'or et garni de festons de verdure ne laissant à découvert que trois rangs de loges drapées, les premières en taffetas bleu et guirlandes de fleurs, les deuxièmes en mousseline blanche avec les chiffres N et J au bas de torsades d'or. Sur les troisièmes, on place les trophées militaires tandis que le vestibule disparaît sous les tapis et les murs sous la verdure.

Dans l'escalier, des glaces entourées d'arbustes et de fleurs multiplient l'éclat des girandoles, des parures en diamant, des épées et des longues capes brodées. Les invités ne peuvent retenir des exclamations émerveillées en pénétrant sous le dôme de mousseline éclairé par dix mille bougies. Dans un tel décor comment se passer des nouveautés d'Antonin ! « M. Richaud cadet en dirigea les travaux. M. Bécart, le chef de l'entremets de sucre m'avait appelé pour le seconder. Il me confia les suédoises, je lui en fis trente-six. »

M. Bécart, traiteur-pâtissier rue de Provence, connaît sans doute l'opiniâtreté de Carême pour venir à bout des tâches les plus ardues. Des kilos d'amandes à piler et à travailler avec le sucre et les jaunes d'œufs, trois cent soixante blancs à monter en neige. Car ces suédoises sont de volumineuses architectures représentant des portiques ou des fontaines sur un socle de pommes glacées à la gelée : « Les formes qu'on leur donnait avant moi étaient sans grâce et sans élégance. Mon essai eut un plein succès... »

La soirée débute dans les applaudissements et les acclamations lorsque Napoléon et Joséphine s'avancent vers leurs trônes. Pendant tout le concert, les maréchaux forment une haie d'honneur, debout sur l'estrade, autour de l'Empereur et de l'impératrice. Puis c'est la ruée vers les buffets jusqu'à l'aube, car le bal, ouvert par le prince Louis et Caroline, Murat et Hortense, le maréchal Berthier et Mme Bernadotte, le maréchal Ney et Mme Duroc, dure jusqu'à six heures du matin et recueille les louanges de la presse : « Cette fête où l'élégance et la grandeur par une alliance assez rare se sont trouvées réunies a été digne de l'auguste personne qui a daigné en accepter l'hommage et des illustres guerriers qui le lui ont offert. » Ce style Empire, du plus pompeux effet, on le retrouvera chez Carême dans la description de tous les bals dont il sera l'irremplaçable artiste. Ce soir-là, le pâtissier est pour ainsi dire porté en triomphe : « On ne parla que de ces suédoises pendant plusieurs jours depuis les cuisines jusqu'aux salons de Paris. »

Les plus fastueux sont désormais, au faubourg Saint-Honoré, ceux de la famille impériale. Joseph vient de racheter en adjudication, et pour deux cent quarante-cinq mille francs, le splendide hôtel de Marbeuf construit en 1718 par Gabriel, premier architecte de Louis XV et dessinateur des colonnades de la place de la Concorde. La très belle mais assez sotte Paulette, devenue princesse Borghèse, est, depuis novembre 1803, sa voisine dans l'hôtel précipitamment abandonné en mai par l'ambassadeur d'Angleterre lord Whitworth pour cause de rupture de la paix d'Amiens. La duchesse de Béthune-Charost dont le fils est monté sur l'échafaud s'est résolue à le vendre pour trois cent mille francs. Sur ordre de son frère, Paulette fait les beaux jours des manufactures de Lyon. Ses traînes en soie brochée glissent de son salon de satin jaune à son boudoir violet brodé d'argent. Son grand salon vert est décoré d'une profusion de palmettes et sa chambre tendue de soie blanche. Son lit orné de quatre Egyptiennes en cariatides et de lionnes couchées est surmonté de l'aigle impérial et de vingt-quatre plumes blanches en panache.

Michelot, son intendant, a fait aménager le couloir entre le pavillon des cuisines et le bâtiment principal afin qu'entrées et entremets arrivent chauds sur la table en acajou. Là encore la princesse voit grand. Alors que sa mère et ses belles-sœurs se contentent de quarante-huit couverts, elle peut, à l'égal de Cambacérès, accueillir soixante invités dans sa salle à manger d'apparat qui occupe une aile entière sur le jardin. La verrière du plafond est tamisée de percale blanche. Le soir, les valets allument deux lustres à seize têtes de zéphir et huit somptueuses girandoles à figures d'Egyptiennes. Fauteuils et chaises sont recouverts de maroquin rouge, mais on pose sur les sièges des dames une galette tigrée.

L'orfèvre Biennais, fournisseur de l'Empereur, a réalisé le service en vermeil. Mais aussi un bidet de voyage et un fauteuil à fumigations. Car Paulette, toujours languissante, ne s'inquiète que de sa santé. Le parc possède son étable et la princesse ne se contente pas de boire du lait d'ânesse dans une grande jatte en or, elle en fait remplir sa baignoire. Michelot a même crevé le plafond de sa salle de bains pour que son domestique noir puisse ensuite rincer sa sculpturale anatomie en l'aspergeant d'eau douce.

Bernadotte qui, par son mariage avec Désirée Clary, est devenu le beau-frère de Joseph, s'est installé à deux pas, rue d'Anjou, dans la splendide demeure de la famille de Nicolaÿ. C'est un cadeau de l'Empereur qui désire que tous ses proches déploient la plus grande magnificence. Louis et Hortense restent fidèles à leur joli parc de la rue de la Victoire. Leur chef Massimo est, selon *Les Classiques de la table*, « l'ouvrier habile, inépuisable d'une maison charmante ».

Mais une des tables les plus courues de la capitale est celle de l'archevêque de Paris. Né en 1709, le cardinal de Belloy a connu la fin du règne de Louis XIV lorsque la cour mangeait encore armée de son seul couteau. Il a vécu l'apparition de la fourchette lors des petits soupers du Régent, les fêtes éblouissantes de Louis XV et les quadrilles de Marie-Antoinette. Dans ses deux évêchés de Marseille et de Paris, ce prince de l'Eglise a toujours mené grand train en respectant le « beau maigre » du carême. Deux fois par semaine, le mercredi et le samedi, on sert à l'ombre de Notre-Dame des filets de saumon aux truffes dont raffole le docteur Gastaldy. Le médecin choisit l'heure du dîner ces jours-là pour venir s'informer de la santé de Son Eminence. Visite de routine car l'archevêque, presque centenaire, se contente, comme Talleyrand, des prescriptions de son cuisinier.

Et comme bon sang ne saurait mentir, son neveu a mis au point la « Dubelloy », une cafetière très en vogue grâce à laquelle on se procure instantanément « avec le café le plus médiocre une boisson fort au-dessus de celle qu'on obtenait auparavant du meilleur », assure Grimod. Les prélats de la suite du pape sont les premiers à s'en réjouir. Aux Tuileries, leurs dîners, plus gras que maigres, occupent une grande partie de leur journée. L'historien G. Lenotre en est horrifié : « Les comptes de la Maison impériale renseignent sur le régime de la cour papale des Tuileries. C'est un gaspillage de haut luxe. Au pontife qui déjeune d'une laitue et d'un verre de fleur d'oranger et soupe de quelques cuillerées de macaroni cuits à l'eau, les cuisines fournissent quotidiennement 160 kilogrammes de viande, 24 poulets gras ou 24 pigeons de volière, 48 mauviettes ou 12 pluviers dorés. Un mercredi de quatre-temps, le chef de bouche Dunan se procure 48 ris de veau,

4 cervelles, 6 anguilles, 8 carpes, 4 gros merlans, 4 perches, un kilogramme de truffes, une truite, 4 soles, un lot d'anchois, 24 huîtres, des éperlans et des saumons. Le fruitier Bourdon apporte pour la table pontificale 50 poires de choix, 2 pintes de lait, 6 pains au beurre, 200 marrons et 25 pommes de Calvi. Une note du boulanger de la cour énumère, pour Sa Sainteté : 1 000 pains de table, 300 pains de 4 livres, 55 pains de 3 livres, 200 pains de 2 livres, 80 pains à café et 7 pains de mie. »

Pendant que ses cardinaux s'adonnent au péché de gourmandise, le Saint Père visite l'Hôtel-Dieu, la manufacture de Sèvres, l'Imprimerie nationale, le conservatoire des Arts et Métiers, le parc Mousseaux* avec ses pagodes chinoises, à deux reprises le Jardin des Plantes et le Muséum d'histoire naturelle où Cuvier expose les animaux fossiles qu'il a découverts dans les carrières de Montmartre. La foule immense qui suit à la trace ses souliers blancs est toujours aussi avide de bénédictions. Il n'y a plus une médaille, un livre de prières à acheter dans les boutiques de la place des Petits-Pères. Et le dernier cri dans les bals est de porter en sautoir, à la naissance des seins, un chapelet en or et diamants.

Le dimanche 23 mars, entouré de neuf cardinaux, six prélats, quinze évêques et archevêques, Sa Sainteté baptise en grande pompe à Saint-Cloud, Napoléon-Charles, le fils aîné d'Hortense, en présence de toute la cour. L'Empereur porte lui-même sur les fonts baptismaux l'enfant qu'il adore et a adopté comme son héritier.

Caroline qui accouche le même jour d'une fille en a été malade de dépit. Ce qui ne l'empêche pas, pour fêter ses

---

* Futur parc Monceau.

relevailles, de donner un bal et un souper magnifiques dans le château de Neuilly que le couple insatiable a racheté un an plus tôt. Réception dont Carême se souviendra longtemps. Les conditions de travail sont si difficiles qu'en dix ans de maisons impériales il ne connaîtra qu'un seul autre extraordinaire aussi épuisant.

La charmante folie où Talleyrand donnait de si belles réceptions est méconnaissable. Deux ailes ont été construites pour abriter, à gauche, une salle à manger et un billard, et à droite, une grande salle de fêtes tendue de taffetas ponceau, la couleur à la mode qui rappelle le coquelicot. La salle de bal s'ouvre sur un autre salon ponceau, puis défilent le salon des aides de camp orange et lilas, le salon de Joachim, jaune rayé de violet, sa chambre à coucher tendue de taffetas bleu et son cabinet de travail aux draperies amarante.

Pour s'accorder à ces ajouts, la façade a été remaniée et, si ce n'était l'inévitable style gréco-romain avec ses pilastres plats et ses portiques ioniens, on se croirait, devant cette démesure, à Versailles. Les communs y sont, comme chez Louis XIV, logés dans une aile éloignée des salons. Après avoir passé le pavillon du portier, en prenant à gauche dans la cour d'honneur, on arrive dans la cour des écuries, puis dans une troisième cour où se trouvent les cuisines.

Jointe à leur domaine de Villiers, l'immense propriété occupe désormais tout l'ouest de Paris. Et Caroline veut une réception digne de la sœur de l'Empereur. Son chef, Carruette, qui a connu les splendeurs royales, a commandé à Carême huit pièces montées monumentales, soixante-douze rocailles en petits choux, huit grosses pièces de fond, sans compter quelques entrées de pâtés chauds, de vol-au-vent et casseroles au riz : « Comme la cuisine s'y trouvait trop petite pour mes

161

travaux, le chef, M. Carvette*, me fit faire la pâtisserie à Villiers, qui se trouve à un petit quart de lieue de Neuilly. » Pour une fois, Antonin raconte les fatigues et le rythme d'enfer des trois jours précédant un grand extra. Quand il atteint le château avec ses trois aides, il découvre, consterné, un petit four de quatre pieds et demi de diamètre qui, pour comble de malheur, n'a pas servi depuis deux ans.

Quelle perte de temps ! Ce four à bois, il faut commencer par le chauffer pendant six heures et ses deux gros pâtés n'y entrent qu'à une heure. « Je fermai les bouchoirs afin de leur donner une couleur mâle, et à deux heures moins un quart mes pâtés furent couverts, l'un fut placé à droite et l'autre à gauche de l'entrée du four... Après la pâte d'office, je commençai à cuire ma petite pâtisserie blanche qui devait servir pour l'ornement des pièces montées... A cinq heures, mes biscuits furent mis au four. »

Quelques minutes pour se restaurer car il reste à préparer neuf kilos de pâte à brioche, les raisins de Corinthe à éplucher et le muscat à épépiner grain à grain : « A sept heures et demie je fus voir mes biscuits et les retirai. Peu de temps après je fis emplir de bois le four pour qu'il fût sec le lendemain. » Ah dormir ! Mais pas avant d'avoir haché « très-fines » les amandes de couleur, terminé la pâte d'office et les soixante-douze socles en pâte d'amande, sans oublier de beurrer et de garnir les moules à baba : « Cela fait, nous nettoyâmes et rangeâmes. Tous les ustensiles furent placés en ordre. A onze heures nous soupâmes et nous fûmes prendre quelques heures de repos. »

Le lendemain debout à quatre heures pour allumer le feu. C'est au tour du feuilletage, des brioches, des babas, de la pâte

---

* Une fois encore, Carême prend des libertés avec l'orthographe.

à choux pour les rocailles d'entrer au four. A deux heures les grosses pièces et les entremets sont placés en ordre sur des tables comme les régiments avant Marengo. « Nous déjeunâmes et ensuite, je commençai à grouper mes pièces montées. Je fis placer par mes aides les petits objets d'ornements. A neuf heures nous soupâmes et une demi-heure après, on se mit à l'ouvrage : à trois heures après minuit mes huit grosses pièces montées furent entièrement collées. » Un potage, un verre de vin, et au lit. « Après deux heures de repos, je fus frapper à la porte de mes aides, et aussitôt descendus, le feu fut dans le four. » A une heure de l'après-midi tout est cuit. « Alors nous déjeunâmes et à quatre heures du soir mes entremets furent glacés et garnis de confiture. Mes grosses pièces montées furent garnies de tous leurs gâteaux, tout cela fut placé et rangé dans de grandes mannes qui furent disposées et assujetties sur quatre brancards pour les transporter à Neuilly... A sept heures mes seize grosses pièces et les entremets furent dressés et placés en ligne, tout cela faisait un bel effet. » En deux jours, comme un hussard avant l'assaut, il n'a dormi que six heures.

Mais l'Empereur ordonne ces grandes fêtes qui se succèdent à un rythme d'enfer. Et il en veut toujours plus. Persuadé, comme le Roi-Soleil, que sa gloire se mesure au faste déployé par sa cour, il nomme les nouveaux gouverneurs des châteaux qu'il entend occuper en dehors des Tuileries : Saint-Cloud, Fontainebleau, Versailles, Laeken et Stupinigi à quelques kilomètres de Turin. On restaure aussi Rambouillet et on chasse les locataires du Grand Trianon pour y installer Madame Mère. Le Petit Trianon est dévolu à Paulette. Un pont est jeté par-dessus l'allée qui les sépare. Après Joseph à Mortefontaine, Louis s'est installé à Saint-Leu, autre château des Condé. Et les maréchaux sont priés de suivre l'allegro impérial : « Soyez grands seigneurs », répète le souverain. C'est, autour de Paris, la même constellation de fêtes qu'autrefois. Bessières a pris possession du château de Grignon, Mortier de la colline d'Issy, Davout d'un magnifique domaine à Savigny-sur-Orge, Augereau de la terre de Coudray près de Corbeil, Junot de la Folie Saint-James, où sa femme donne des réceptions qui dépassent les souhaits de l'empereur. Le 18 octobre, Lannes signe l'acte d'achat du château de Maisons à l'abandon depuis le départ du comte d'Artois. Mansart a construit ce joyau avec de si belles écuries qu'on les appelait alors « les sœurs en beauté de celles de Versailles ». Une armée d'ébénistes et de doreurs s'empare des salons qui retrouvent leur lustre, et les cuisines leur vie d'autrefois. « La maison du maréchal Lannes était excellente, le maître généreux », indiquent *Les Classiques de la table*. Dans le parc, les essences rares sont envahies par les ronces. Fatigué de raconter sa bataille, le vainqueur de Montebello fait planter par son intendant des jeunes peupliers. Les uns sur une colline figurent les positions tenues par les Autrichiens et les autres en contrebas, près de la Seine, celles des Français.

Berthier, grand veneur, donne à Grosbois des chasses éblouissantes comme Louis XVI en raffolait. Le Nôtre avait dessiné, pour Bossuet, les buis de l'évêché de Meaux en forme de tiare. Son jardinier a conçu le potager en croix de la Légion d'honneur. Mais les glorieux soldats ont parfois du mal à donner le change. Masséna a grandi comme porteur de pains à Nice où son père était marchand de vin. Et le duc de Rivoli est à l'évidence plus à l'aise pour manier le sabre que le couteau présenté par son maître d'hôtel lors d'un dîner dans son château de Rueil. Les valets viennent de déposer devant lui un canard appétissant. La volaille est rôtie à point mais coriace : « Le maréchal n'en vient pas à bout, s'emporte, appelle son cuisinier, et prenant à pleine main l'objet de sa colère le jette à la figure du coupable. Celui-ci esquive le coup, le projectile crève un tableau et rebondit sur un laquais qui s'effondre avec un plateau chargé de verres. L'assistance stupéfaite voit alors le châtelain retrouver son sourire et reprendre avec une humeur charmante le cours de la conversation. » Est-ce lui dont parle Carême quand il écrit : « Çà et là, j'ai bien quelques souvenirs de désagréments dus à de vilains riches. Mais je dois en revanche me rappeler les bons, les excellents procédés des gentilshommes et des véritables seigneurs que j'ai servis. Je n'ai jamais eu à me plaindre que d'un parvenu, suivant une expression dont il se décorait avec tact. » Antonin toujours respectueux des bienséances n'en dit pas plus. Mais Masséna a, comme Cambacérès, la réputation d'être radin. Et une seule chose est sûre : ni le séduisant Lannes dont le père était métayer dans le Gers, ni l'élégant Ney issu d'une famille de tonneliers ne se seraient permis une telle inconvenance.

Et encore moins Eugène de Beauharnais que le pâtissier sacre « le plus grand capitaine de nos temps modernes ». Le fils de Joséphine, lui aussi adopté par Napoléon, a, en 1803, acheté rue de Lille pour cent quatre-vingt-quinze mille francs l'hôtel de Torcy complètement délabré depuis que la Révolution l'a déclaré bien national. Il le fait restaurer à grands frais. Il a dépensé un million et Napoléon lui en a fait le reproche : « On ne doit rien faire sans devis. » Mais il a pour le jeune homme de vingt-quatre ans toutes les tendresses : « J'aime Eugène et Hortense parce qu'ils sont toujours empressés à me plaire. S'il se tire un coup de canon, c'est Eugène qui va voir ce que c'est. Si j'ai un fossé à traverser, c'est lui qui me donne la main... Si je ne trouvais pas un peu de douceur dans ma vie domestique, je serais trop malheureux. » Carême dédie à son prince préféré un succulent « esturgeon à la Beauharnais ». Il brode ce gros poisson d'une cinquantaine de truffes avant de le barder de lard et de le placer à la broche. Et, comme toujours, il met en garde : « Ce n'est point une grande quantité de bois enflammé qui fait de belles et bonnes cuissons à la broche, mais bien une flamme douce et suivie... Il faut donc faire son feu trois quarts d'heure ou une heure avant de le mettre à la broche. »

Le pape, qui ne touche guère aux truffes, s'intéresse davantage aux nouvelles lampes à huile de M. Carcel dont le réservoir, placé en bas, ne se recharge que toutes les huit heures. L'huile s'élève au lieu de descendre et leur lumière blanche, dix fois plus forte que celle des quinquets habituels, fait le bonheur des convives. Talleyrand en a commandé pour sa salle à manger. Mais la France n'offre pas à Pie VII l'invention de cet ingénieux Parisien. Sa Sainteté emporte dans ses bagages, outre un buste de Napoléon en porcelaine de Sèvres, la tiare du couronnement, des tapis de la Savonnerie et des tapisseries des Gobelins représentant des scènes religieuses.

Le 29 mars, les cardinaux tiennent un dernier conclave gastronomique dans l'hôtel de Joseph. Et le 5 avril, ils escortent le pape qui franchit la grille des Tuileries. Avant de prendre la route de Rome, Pie VII dort ce premier soir à Fontainebleau. Hélas, il doit y abandonner, frappé d'une attaque de goutte, le cardinal Braschi, vaincu par ces quatre mois de festivités ininterrompues.

L'Empereur, bon pied, bon œil, traverse triomphalement Troyes, Chalon-sur-Saône et Lyon vers cette Italie dont il va, le jour de l'Ascension, se poser la couronne sur la tête. Ses ministres Talleyrand, Berthier, Fouché, tous ses maréchaux l'attendent déjà à Milan en compagnie des ambassadeurs étrangers. Pas question cette fois de Grand-Saint-Bernard. Le cortège passe par le Mont-Cenis où le préfet fait enlever toute la neige des chemins. De Turin sont arrivées deux chaises à porteurs, l'une tapissée de satin bleu à galons et franges argent pour l'impératrice, l'autre cramoisi et or pour l'Empereur. Mais Napoléon préfère son pur-sang et entre dans Milan sous des arcs de triomphe semblables à ceux érigés autrefois pour Jules César.

A Paris, il n'y a plus que l'archichancelier Cambacérès et le gouverneur Murat à tenir une grande table. Même le ministre du Trésor Barbé-Marbois s'en va à Gênes, car déjà le nouveau royaume est divisé en quatorze départements, avec, comme en France, des préfets, des évêques et bien sûr des percepteurs. Les Génois jettent l'or sans compter pour fêter cet empereur des Français qui s'adresse à eux en italien. A Paris, les journaux font rêver leurs lecteurs : « Sa Majesté, en descendant de la terrasse de son palais baignée par la mer, est entrée dans un vaste temple en rotonde magnifiquement orné qui a été aussitôt mis en mouvement et conduit à rames au milieu du port au bruit des acclamations universelles. Les joutes ont aussitôt commencé. Elles ont fini avec le jour : le temple s'est alors trouvé éclairé de mille bougies et quatre îles flottantes sont venues se réunir à lui. Ainsi il a été environné tout à coup d'un jardin orné d'arbres, de fleurs, de statues et de fontaines jaillissantes. Pendant que Leurs Majestés se promenaient dans cette île enchantée l'obscurité de la nuit devenue plus profonde avait donné le signal des feux d'artifice. »

De temps en temps, Carême se rend chez son ancien maître Gendron, afin de réaliser « quelques grosses pièces montées pour la maison et quelquefois pour [son] compte ». Alors qu'un ami vient de lui passer commande d'un gros gâteau de Savoie, il casse cinquante œufs et fait peser trois livres de sucre : « J'y ajoutai deux œufs parce qu'ils étaient très-petits. Je fis prendre les jaunes par les jeunes gens, et je fus prendre mes blancs dans une cave voisine, qui était plus fraîche et plus propice par conséquent à ce travail. » Un apprenti persuadé qu'il manque deux livres de sucre les rajoute sans prévenir. « Je demandai l'avis de M. Gendron... Il me répondit très positivement que mon biscuit était perdu sans retour. » Antonin ne veut pas s'y résoudre. Pour resserrer la pâte il ajoute à son tour cinq onces de fécule de pomme de terre et le hasard, archange des cuisiniers, vole à son secours : « Après quatre heures de cuisson, notre biscuit nous étonna tous tant il était beau : il avait une belle couleur vive et rougeâtre. Son glacé était d'un lisse, d'un poli parfait. Enfin je n'en fis jamais de plus beau. M. Gendron ne pouvait se lasser de l'admirer. » Et l'artiste conclut en philosophe : « Voilà une expérience qui prouve clairement comment l'habitude et le préjugé peuvent être nuisibles à la découverte des nouvelles choses en n'osant pas enfreindre la routine. »

Hélas ! Ce n'est pas Carême qui prend la succession de l'inventif Gendron. Dans son *Almanach* de 1805, Grimod note : « M. Taigny, rue Neuve-des-Petits-Champs, avait un grand fardeau à soutenir en prenant le fonds de M. Gendron auquel l'art du four a de grandes obligations et qui, le premier, a fait une application si heureuse de la fécule de pomme de terre aux produits de la pâtisserie. » C'est l'échec et même le fiasco que le chroniqueur dénonce avec jubilation de sa plume chargée de fiel : « Cette boutique, entre ses mains, n'a fait que décroître et est à peine remarquée des amateurs. Mme Taigny qui passe les journées entières à sa toilette ou dans son salon, qui fait tenir son comptoir par une fille de boutique et qui n'y paraît, quand elle daigne s'y montrer, que comme une étrangère et dans une parure très recherchée, ne nous semble point propre à relever cette maison. »

Et pourtant, les nouveaux clients ne manquent pas ! Quelques mois auparavant, en mars 1805, l'Anglais Malthus a, comme Carême, bousculé les idées reçues en prouvant dans son *Essai sur le principe de population* que celle-ci doublait tous les vingt-cinq ans alors que la nourriture était loin de suivre la même progression. Voilà, affirme-t-il, la cause principale de la pauvreté ! Et encore, le pessimiste économiste d'outre-Manche n'a-t-il pas assisté, à Paris, à la débauche alimentaire des dernières semaines. Le dimanche suivant le sacre, on a distribué des montagnes de pains et de cervelas. Dans les trois mille cafés de la capitale, les militaires n'ont eu de cesse de se goberger à la santé de leur « petit caporal ». En cette année 1805, Paris a bu pour 3 millions de francs d'eau-de-vie et gobé pour plus de 400 000 francs d'huîtres. Les abattoirs ont vu passer 15 000 vaches, 103 000 veaux, 558 000 cochons. Il s'est vendu 100 000 quintaux de poissons de mer sur les étals et 106 millions de livres de pain.

Et tout cela alors qu'au cœur de l'Europe la Bohême connaît la disette. Le 3 mars, l'empereur d'Autriche a ordonné que, suivant l'exemple de Parmentier, on essaie de faire du pain avec des pommes de terre. Expérience concluante selon un journal viennois : « On en a obtenu d'excellent goût, en y ajoutant, il est vrai, une moitié de farine de froment. » En Russie, l'empereur Alexandre a récompensé un habitant d'Astrakan qui a eu l'idée de réaliser de la farine et du pain en se servant de « la racine desséchée du lys des étangs, plante très commune dans cette province et qui renfermerait presque autant de parties nutritives que le seigle ».

La France, elle, continue de danser au rythme des appétits impériaux. Sous les Bourbons, elle fêtait la Saint-Louis le 25 août. Napoléon est né un 16 août. Qu'à cela ne tienne, il fait du 15 août, jour de Marie, la Saint-Napoléon qu'il décrète fête nationale à la place du 14 Juillet. En l'honneur de « Sa Majesté Empereur et roi », comme il exige qu'on l'appelle désormais, on fait donner les grandes eaux de Versailles et tirer un feu d'artifice. Comme à Gênes, il y a jeux et joutes sur la Seine et, aux Champs-Elysées, courses de bagues. Le soir, au cœur de Paris illuminé, l'Hôtel de Ville offre un nouveau bal auquel assistent l'archichancelier, les ministres et tous les ambassadeurs.

Un mois plus tard, le 19 septembre, un gros orage transforme les rues du Palais-Royal en canaux vénitiens. Nouveau coup de tonnerre le surlendemain dans *Le Moniteur* : rompant la paix de Lunéville, l'Autriche envahit la Bavière alliée de la France sans déclaration de guerre.

L'Empereur et roi quitte Saint-Cloud et se rend au Sénat pour demander la mobilisation générale. Le comte de Ségur, grand maître des cérémonies, fixe la liturgie de cette grandiose procession. Une salve d'artillerie annoncera l'arrivée de Sa Majesté à l'Ecole militaire. Le préfet de la Seine accompagné des douze maires et des membres du conseil municipal de Paris lui offrira la capitale sur un coussin de velours : « Sire, voici les clefs de cette ville que vous avez rendue la première du monde. » A douze heures trente, nouvelle salve d'artillerie pour le départ de l'Empereur et de son cortège. On passera par l'hôtel des Invalides et par les rues de l'Université, Jacob, du Colombier, de Seine, de Bussy, des Fossés-Saint-Germain, des Quatre-Vents, du Brave et de Tournon.

Le cortège marchera dans l'ordre suivant : « les hérauts d'armes à cheval, une voiture pour deux chambellans, un maître et un aide des cérémonies, trois voitures pour les orateurs du conseil d'Etat et les ministres. Une voiture pour le grand chambellan, le grand écuyer, le grand veneur et le grand maître des cérémonies. Une voiture pour Son Altesse le prince archichancelier. La voiture de l'Empereur dans laquelle sera Sa Majesté avec Leurs Altesses les princes Joseph et Louis. Les colonels généraux de la garde seront à cheval aux portières, les aides de camp et les écuyers aux roues de devant et de derrière. Les pages devant et derrière. »

La grande épopée commence.

10

QUE D'ATTROUPEMENTS devant le ministère des Finances et au coin du Trésor public ! Les chevaux piaffent rue Neuve-des-Petits-Champs. Mais cette fois, ce n'est pas la faillite de la banque Récamier, ni la flambée des prix depuis septembre qui arrêtent les voitures. C'est la foule !

Une foule qui déborde d'allégresse devant le premier bulletin de victoire affiché à tous les carrefours. Les pâtissiers quittent leurs boutiques et les cuisiniers leurs restaurants, les cochers oublient leurs clientes et les femmes le froid pour tenter de lire les pages interminables dictées, jusque dans leurs virgules, par Napoléon à sa seule gloire.

On s'extasie. On s'interpelle. On verse des larmes de joie. L'Autriche imaginait nos soldats prêts à s'embarquer à Boulogne sur leurs chaloupes pour faire boire aux Anglais un sacré bouillon. Un mois plus tard, les voilà sur le Danube. Mais à quel prix ! « Nous étions jour et nuit sur pied, dit le capitaine Coignet. Il fallait, dans les rangs, se tenir les uns les autres pour ne pas tomber de fatigue et de sommeil. Quelques-uns se jetaient dans les fossés, et il était impossible de les en tirer. Les coups de plat de sabre n'y réussissaient pas. »

Le 23 octobre, l'armée autrichienne est prisonnière dans Ulm.

Le lendemain, l'Empereur, installé sur un tertre tel César, contemple les généraux ennemis et vingt-sept mille soldats déposer leurs armes à ses pieds. Avec à leur tête le ventripotent général Mack.

Le 2 décembre, cette fois c'est l'armée du tsar qui est écrasée avec les derniers régiments autrichiens. Le jour anniversaire du sacre ! Le soleil d'Austerlitz couronne Napoléon d'une auréole quasi divine. Il est infaillible. Il est invincible. Il est César et Alexandre.

L'annonce de la victoire déclenche le roulement des tambours, les salves de canons et de feux d'artifice sur la Seine. Comme la paix signée à Presbourg, capitale de la Slovaquie, le lendemain de Noël à quatre heures du matin par Talleyrand et le prince de Liechtenstein. Austerlitz remplit les réserves de la Banque de France. Les prix baissent. La Halle regorge à nouveau de saumons, de dindes et de ces grosses truffes du Périgord qui embaument tant la semaine de Noël.

Les fêtes durent plus longtemps que la guerre. « En 1805, je fis cinquante-trois extras sans m'arrêter un seul jour. Ce fut à l'occasion du traité de Presbourg », dit Carême qui ne dort guère davantage que les grenadiers de la garde. « J'avais l'habitude de finir mes grosses pièces montées la veille du service : cela me faisait passer une partie des nuits, mais j'avais assez de deux heures de repos. » En cas d'extra simple, quand on ne lui commande que deux entrées, quatre entremets et deux gros gâteaux, il travaille seul et c'est encore plus épuisant : « Très-souvent, il me fallait tout faire, tout préparer par moi-même et cela me fut très pénible. » Mais comme l'Empereur à Austerlitz, c'est en stratège inspiré qu'il dresse ses plans de bataille. A trois heures de l'après-midi, sa pâtisserie est en ordre de marche sur la nappe blanche. Il ne lui suffit pas d'être le roi du vol-au-vent et le maréchal du gâteau de Savoie, il tient à être d'une ponctualité militaire : « Je me rappelle que M. Avice qui a joui longtemps d'une réputation fort distinguée comme excellent pâtissier de fonds et parfait décorateur avait la manie de toujours faire attendre son service au moment où il devait paraître sur la table. J'ai plusieurs fois entendu dire à ces messieurs qui l'ont employé dans leurs grands travaux que, sans ce défaut, Avice aurait été le premier pâtissier du monde. »

Une des premières victimes de cette canonnade gourmande est le docteur Gastaldy, président du Jury dégustateur de Grimod. Il meurt d'apoplexie chez le cardinal de Belloy, alors qu'après avoir pris trois fois de ce saumon aux truffes dont il raffole il attaque une épaisse tranche de foie gras. Une grande peine pour son ami Cambacérès et une injustice pour le marquis d'Aigrefeuille qui, lorsqu'il découpe un succulent coq vierge, proclame en se léchant les lèvres : « Le paradis est un lieu où l'on peut dîner pendant l'éternité sans risque d'indigestion. »

Avec l'archichancelier, c'est Joseph qui règne sur Paris. C'est au frère de l'Empereur que le Sénat, le Corps législatif, les ministres offrent leurs banquets. Et aussi les francs-maçons dont il est le grand maître. Jamais il n'y a eu dans Paris autant de toasts répétés mille fois au son d'une musique guerrière : Vive l'Empereur ! Vive l'impératrice ! Vive notre grand maître le prince Joseph ! Vive le brave prince Murat ! Vive le prince Cambacérès ! Vive la grande bataille des trois empereurs !

Les maréchaux, ruisselants de gloire, rentrent un à un en grand équipage dans leurs hôtels parisiens. Et c'est une nouvelle cavalcade dans les cuisines. Napoléon se repose sur ses lauriers à Schönbrunn, où son armée parade devant les Viennois. Le Sénat le prie d'accepter le titre de Napoléon le Grand. Il y consent... Il sacre rois ses alliés de Wurtemberg et de Bavière. A Munich, il marie le bel Eugène, vice-roi d'Italie, avec l'angélique princesse Augusta. Le couple, qui une semaine auparavant ne se connaissait pas, s'adore déjà.

Convoqués par ordre impérial, Caroline et Joachim assistent à ces noces politico-féeriques. La sœur de l'Empereur arrive toute fière d'exhiber ses diamants et ses robes brodées de perles dans cette petite cour bavaroise. Mais son sang de Bonaparte ne fait qu'un tour lorsque le protocole royal la place après la jeune épouse d'Eugène. La princesse Murat derrière une Beauharnais ! Rageuse, elle se déclare souffrante et se met au lit. Son frère force sa porte et l'oblige, après des imprécations cornéliennes, à enfiler sa robe à traîne.

Déjà, lors du dîner donné aux Tuileries pour la proclamation de l'Empire, elle lapait de grands verres d'eau en reniflant bruyamment chaque fois qu'elle entendait appeler princesse sa belle-sœur Hortense. Après une scène orageuse, elle a arraché à Napoléon le même titre pour elle et ses sœurs. De passage à Paris, la princesse russe Golovine se délectait des commentaires de la Halle : « Bonaparte s'occupait de l'élévation de ses parents et leur donna des titres. Ses sœurs et ses belles-sœurs devinrent tout à coup princesses du sang. Des crieurs les proclamaient dans la rue. Quelques poissardes, les ayant entendus, se donnèrent les titres : princesse Asperge... princesse Epinard... »

Lors de son sacre à Milan, l'Empereur a fait cadeau à sa sœur aînée de la principauté de Lucques et Caroline a alors lancé un de ses fameux ricanements assassins : « Eh bien !

Voilà Elisa princesse souveraine ! Elle aura pour armée quatre hommes et un caporal. Voilà une belle chose ! » Le 15 février 1806, c'est sur la tête de Joseph que Napoléon pose la couronne de Naples. Le 5 juin, Louis est roi de Hollande.

Au milieu de ces promotions familiales, Murat, en guise de lot de consolation, reçoit le duché de Berg destiné, sur le Rhin, à protéger les frontières de la France. Son royaume a pour capitale Düsseldorf, ville commerçante avec ses riches manufactures de draps, de velours et ses fonderies de canons. Napoléon l'a échangé à la Bavière contre le marquisat d'Ausbach enlevé à la Prusse. Il y ajoute, pour faire bonne mesure, le duché de Clèves : « Oune orrrange à prrresser ! » s'écrie le Gascon en apprenant la nouvelle. Caroline fait la fine bouche devant ce « principicule » peuplé seulement de trois cent mille habitants. Une misère ! Elle qui rêve d'être reine de Paris à la place de Joséphine.

Après le château de Neuilly qu'il ne cesse de submerger de bronzes et de tapis d'Aubusson, le couple a acheté le 6 août 1805 le palais de l'Elysée ci-devant Bourbon grâce aux largesses de l'Empereur : neuf cent cinquante mille francs en mars à la naissance de leur fille et un million à venir pour le rachat de l'hôtel de Thélusson payé cinq cent mille francs trois ans plus tôt.

Mais quel chantier pour rendre au Hameau de Chantilly sa splendeur du temps de la Pompadour et du financier Beaujon ! Velloni a donné dans les chaumières du parc une dernière fête champêtre le 15 août pour la Saint-Napoléon. Mais la clientèle n'était pas au rendez-vous et le bal public a définitivement fermé ses portes fin septembre. Il a fallu alors indemniser les locataires des étages comme le maréchal de Richelieu et les Vigny dont le petit Alfred exaltera avec nostalgie ses adieux à l'Elysée.

Fontaine et Percier qui viennent d'achever la rénovation du château de Saint-Cloud mettront plus d'un an à le réaménager. C'est le plus gros chantier de Paris. Et *La Gazette de France* du 8 mai 1806 en annonce l'ouverture : « On répare et on décore l'ancien hôtel Beaujon, connu dans ces derniers temps sous le nom d'Elysée-Bourbon, appartenant aujourd'hui au prince Joachim, duc de Berg et de Clèves. Le jardin est aussi rétabli dans son premier état. On l'agrandit, en lui rendant des portions de terrain qui en avaient été distraites. »

Réparations ! Les architectes songent plutôt à contenter la folie des grandeurs de leur impériale clientèle. Dans les jardins, clos et archi-clos par un fossé circulaire et une barrière, renaissent les rochers avec le lac alimenté par une conduite des eaux de la ville qui permet de disposer de réservoirs et de puits. Un escalier monumental avec une rampe à palmettes dorées s'élance du vestibule vers le premier étage. La chapelle détruite est réunie à la salle à manger pour une salle de bal qui occupe toute la longueur du palais. Il faut alors une nouvelle salle de festins. On installe les cuisines, à proximité, à droite de la cour d'honneur.

Pour sa table, le couple mégalomaniaque veut les meilleurs praticiens de Paris. Le beau-frère de l'Empereur réussit à débaucher le grand Robert. Le restaurateur du Palais-Royal devient son contrôleur. Le chef de cuisine est le célèbre La Guipière* qui a connu les fastes de Versailles. A vingt-trois ans, Carême est choisi pour compléter ce duo magistral : « Je fus donc assez heureux pour être pendant deux ans le premier aide de Laguipierre. » Le jeune pâtissier sait qu'il peut tout

---

* Pour son maître, Carême emploie plusieurs orthographes. Nous avons retenu celle du grand historien de l'Empire, Frédéric Masson.

apprendre de ce cuisinier d'exception. Le salaire proposé par Murat aussi est spectaculaire.

Première mission de prestige : accompagner l'« illustre guerrier » dans ses nouveaux Etats d'outre-Rhin. Le 15 mars 1806, Napoléon signe le statut d'investiture transférant les duchés de Berg et de Clèves au prince Joachim Ier et lui dicte son ordre de marche : « Vers le 20 ou le 21, vous vous rendrez à Düsseldorf, vous y serez reçu avec tous les honneurs dus à votre rang, et vous notifierez, tant dans le duché de Berg que dans le duché de Clèves, mon décret impérial qui vous nomme prince de Berg et de Clèves. »

Au jour dit, Murat prend la route et, le 24 mars, escorté des gendarmes du département de la Roër*, le grand-duc en uniforme blanc et or, toque à plumes blanches et pompons dorés, entre solennellement dans sa capitale avec une mise en scène qui lui fait oublier l'exiguïté de son royaume d'opéra. Les cloches sonnent à toute volée. Le canon gronde. Les notables lui remettent les clefs d'or de la ville sur un coussin de soie blanche. Le lendemain, sous un dais, il reçoit le serment de la noblesse et des bourgeois. A Clèves, ses nouveaux sujets lui chantent un hymne :

> *Héros jeune et vaillant, enfant de la victoire,*
> *Des rayons de ta gloire*
> *Tu viens couvrir nos cités et nos champs...*

Il demeure six semaines dans ses Etats et y revient en juillet. Pour s'imposer, il faut recevoir. Surtout dans une terre étrangère. Robert et Carême sont là pour organiser une table comme on n'en a jamais vu en Allemagne.

---

* Aujourd'hui la Ruhr.

Antonin tombe des nues. Ce pays si proche de l'Alsace et de ses foies gras, de la Lorraine et de ses babas semble ignorer l'existence de la belle pâtisserie : « Lorsque je fis mon petit voyage à Dusseldorff comme chef pâtissier du prince J***, je m'étais imaginé d'y faire comme à Paris des brioches, des babas et diverses grosses pièces de fonds, je m'étais trompé. Il en fut bien autrement : point de levure, et impossible de s'en procurer dans le pays. M. Lange, fameux traiteur de Bruxelles, nous en envoya deux bouteilles seulement vers la fin du voyage qui dura trois mois et demi. »

Pire ! Ces indigènes se contentent d'un pain dont les cochons n'auraient pas voulu même sous la Terreur. « M. Robert fut contraint de faire venir un boulanger de Paris, attendu que le pain du pays était du plus mauvais goût, manquant d'apprêt et de cuisson, par conséquent d'une mauvaise digestion. Mais notre boulanger arriva, bientôt la table du prince fut servie avec du pain à la française, et tout le monde fut content. »

Les Allemands eux-mêmes reconnaissent que les malheurs des guerres et de la Révolution leur ont au moins permis de découvrir des plaisirs subtils et insoupçonnés. Le 4 février 1805, M. Leckermaan, originaire de Lipstadt, en faisait l'aveu dans une lettre à Grimod de La Reynière : « Sans les émigrés, sans les armées françaises, sans votre *Almanach* enfin, on en serait encore aux *tampf-nufdels** dans bien des endroits de l'Allemagne... Nous sommes si bornés en ce pays... que nous ignorions encore il y a dix ans l'art précieux d'engraisser la volaille. Nous ignorions, le croiriez-vous monsieur, la mécanique des tourne-broches en sorte qu'aucun de nos rôtis ne méritait ce nom. Ils ne nous offraient que des viandes calcinées. »

---

* Nouilles de farine de pommes de terre à la vapeur.

Pourtant la nature offre aux Allemands des produits que Carême reconnaît tout à fait estimables. Ainsi la carpe du Rhin, avec son petit goût de noisette, est digne des meilleures tables. « A Offembourg, raconte-t-il, on servit au prince de Conti une carpe qui pesait quarante-cinq livres. Elle avait quatre pieds de long. Mais la plus extraordinaire fut pêchée à Bischofshouse près de Francfort sur l'Oder. Elle pesait soixante-dix livres. On la porta d'abord en Angleterre, en 1514. Puis en 1560, elle fut en Danemarck et, quelques années après, elle passa en Suède, et de là en Hollande. Quand on pense que ce poisson vit plus d'un siècle (on en cite qui avaient près de deux cents ans) on n'est point étonné d'en voir d'une grosseur aussi extraordinaire. » Et pour accompagner ces monstres d'eau douce, il y a bien sûr le vin du Rhin dont il use déjà généreusement pour mouiller les sauces des grosses pièces de brochet : deux bouteilles auxquelles il en ajoute une autre de madère sec.

Le maréchal a sa résidence d'été au château de Benrath dans une boucle du Rhin. Cette folie bucolique construite un demi-siècle plus tôt, aux portes de Düsseldorf, par l'architecte français Nicolas de Pigage, n'a curieusement jamais été habitée. Le prince palatin n'y a donné qu'une fête pour sa femme et cousine de dix ans son aînée dont il avait reçu le duché de Berg en dot. C'est un vrai péché ! Car on se croirait transporté à Sans-Souci, dans le palais de Potsdam du grand Frédéric. En plus gracieux, en plus humain, en plus latin. Avec sa façade en pierre blanche constellée de trophées, c'est un temple dédié aux plaisirs de la chasse. Dans la salle à manger en rotonde, à triple coupole, les sangliers, les lièvres, les faisans, les perdrix débordent des cors de chasse et courent sur les murs de marbre gris et rose au milieu des colonnes et des amours chargés de grappes de raisin. Carême s'inspirera de ce décor enchanteur quand il dessinera les frontispices de ses livres.

Les fenêtres s'ouvrent sur le parc et la grande pièce d'eau. Tout autour, d'immenses forêts où les juments vivent en liberté. Le grand capitaine de la cavalerie en voit aussitôt les avantages. Il fait venir des étalons arabes. Le croisement donne des pur-sang magnifiques pour les parades, des chevaux increvables et qui ne se cabrent pas au feu du canon.

Berthier réclame une vingtaine de biches pour les chasses de Rambouillet et de Chambord. Le grand veneur a signé sa lettre : Alexandre, prince de Neufchâtel. Et comme lui, Murat paraphe sa réponse : « Maréchal prince Joachim, grand amiral de France, duc de Clèves et de Berg ». Cette signature figure aussi le 12 juillet 1806 sur l'acte de naissance de la Confédération du Rhin composée des Etats du sud et de l'ouest de l'Allemagne favorables à la France. Napoléon le récompense en lui donnant comme à l'électeur de Bade et au landgrave de Hesse-Darmstadt le titre de « grand-duc avec droits, honneurs et prérogatives attachés à la dignité royale »

Le Gascon apprend à rédiger une lettre à l'empereur d'Autriche qui vient par la même occasion de perdre son titre d'empereur d'Allemagne : « De Votre Majesté le très affectionné serviteur et cousin... » Talleyrand, orfèvre en matière d'héraldique, transmet un projet d'armoiries approuvé par Napoléon : « Armes des duchés de Berg et de Clèves surmontées de l'aigle impérial de France, le grand cordon de la Légion d'honneur entoure l'écusson et les deux ancres sont l'attribut de la charge de grand amiral héréditaire. »

A Paris, Caroline, ravie, se fait appeler grande-duchesse de Berg, mais refuse toujours de poser son petit pied outre-Rhin. En mai, elle écrit à l'homme de confiance de son mari, Jean-

Antoine Agar, avocat et gascon lui aussi, qui a été nommé ministre des Finances du duché : « Je vous prie, monsieur, de me donner des détails sur le pays, sur les familles les plus riches et les plus distinguées, sur les châteaux qui nous appartiennent, sur les revenus et de me dire quels sont les hommes qui peuvent être nommés écuyers ou chambellans dans la maison. »

Elle y délègue son peintre personnel, Dunouy, pour qu'il fasse une grande toile du château vu des bords du Rhin. Devant ce décor champêtre, elle se fait peindre avec ses quatre enfants dans une jolie calèche par Carle Vernet qui a immortalisé le passage du Grand-Saint-Bernard, la bataille de Marengo et termine celle d'Austerlitz. Membre de l'Académie de peinture depuis 1787, ce fils du grand Vernet excelle à peindre les chevaux et les chiens. Il attelle la voiture de pur-sang montés par des valets en livrée amarante.

Le tableau va rejoindre, dans la salle à manger blanc et or de l'Elysée, trois autres toiles encastrées entre les pilastres des boiseries. Le château de Neuilly et la Seine au clair de lune avec Caroline rêveuse peinte par Gérard au pied d'un arbre. Une vue pastorale du Tibre à Rome où courent, au premier plan, quelques hussards de Murat. Mais la scène préférée du grand-duc est un épisode de la campagne d'Egypte sur les bords du Nil. Entre les deux fenêtres, on peut aussi admirer la colonne Trajane, chère à Percier, surmontée d'un buste de l'Empereur en César. Un cadre digne des pièces montées héroïques de Carême surtout quant les valets enflamment les quatre lustres, décorés de chars en bronze qui éclairent de leurs feux la vaisselle en vermeil : « Aucune des grandes maisons de l'époque n'avait plus d'élégance et de recherche dans tout ce qui avait rapport au service de la table », affirme-t-il, enthousiaste.

Les architectes achèvent la décoration pompeuse qui a coûté cinq millions. Cinq fois le prix du palais ! Fontaine s'y rend tous les jours tandis que Percier, la pipe au bec, dessine meubles, tissus et appliques en forme de couronnes dans son modeste appartement de l'entresol du Louvre. Les têtes d'aigle, les trophées, les consoles à palmettes de Jacob, tout respire la glorieuse épopée. Comme à Florence, Caroline possède sa grande galerie de peintures italiennes signées Raphaël, Léonard de Vinci, Corrège, Véronèse, Andrea del Sarto, Ghirlandaio... Les rideaux de taffetas gris de son salon du matin se retroussent sur une lance. Sa chambre, plus napoléonienne que féminine, est une tente soutenue par des faisceaux d'armes. Les neuf muses du salon de musique de la Pompadour sont remplacées par des portraits de la famille Bonaparte sur ses divers trônes, auxquels on ajoute celui de l'oncle, le cardinal Fesch, comte, sénateur et grand aumônier de l'Empire. Un fameux gourmand, déjà alléché par les exploits du trio de l'Elysée.

Carême n'a pas assez de superlatifs pour parler de ses nouveaux maîtres : « Cette glorieuse maison, qui avait la grandeur des chefs de races royales, fut tendrement aimée par les vrais gastronomes. On en sortait que plus fier d'être de notre pays... Les causes de son éclat étaient : la grandeur du prince, les beaux talents amis et associés de M. Robert, son contrôleur, et du fameux Laguipierre son chef de cuisine. Moi qui parle, mes élèves, j'ai eu le bonheur d'être pendant deux ans le premier aide de Laguipierre et son ami. »

A l'instar de Robert, La Guipière a commencé comme pâtissier. Et, comme lui, c'est une « forte tête ». Mais quel roman que sa vie ! Il a débuté dans les cuisines du roi avant de s'embarquer avec le vice-amiral d'Estaing, ex-corsaire aux Indes, pour voler au secours des Américains. Le 13 avril 1778, douze vaisseaux de ligne et cinq frégates quittaient la rade de Toulon avec plus de mille canons et autant de soldats acclamés par la foule. Le quart de la marine du roi voguait vers le Nouveau Monde avec, fermant la marche, *Le Fantasque*, commandé par Suffren de Saint-Tropez. Après avoir échoué devant Rhode Island, l'escadre s'emparait de l'île anglaise de Grenade, de deux cents canons et de trente goélettes marchandes ennemies. Une victoire payée par des centaines de morts. Rentré en France, le cuisinier n'en avait pas fini avec les horreurs et le sang. Il a vu le comte d'Estaing, nommé amiral en 1792, monter sur l'échafaud deux ans plus tard. Le richissime financier Destillières, ami de Talleyrand, l'a aussitôt engagé : « Le service de table était observé dans cet hôtel avec une dignité toute particulière : M. Dutillière* ne pouvait souffrir le médiocre. Tout ce qu'il y avait de beau en linge, en vermeil, en argenterie, en cristaux semblait s'être donné rendez-vous dans cette maison », écrit Duchemin, le jeune pâtissier qui travaillait alors sous la houlette de La Guipière à qui il décerne le titre de « cuisinier parfait ».

Dès le Consulat, Duroc a débauché, pour le service du maître de la France, ce talent « extraordinaire ». Mais pas un chef de bouche ne peut tenir longtemps aux fourneaux des Tuileries. On étouffe dans les sous-sols. A l'Elysée, les nouvelles cuisines s'étalent sur cinq pièces voûtées, l'une pour la broche avec son âtre gigantesque, une autre pour les fourneaux. Les murs sont illuminés de poêles, de casseroles en cuivre et d'une batterie de

---

* Comme Carême, le pâtissier Duchemin écorche allégrement les noms propres.

bassines avec leurs petits robinets en laiton doré autour desquelles s'affaire la brigade des vingt cuisiniers et marmitons sous les ordres du vieux maître à cheveux blancs. « C'était l'homme vraiment universel. Il connaissait toutes les parties et faisait tout d'un parfait fini. Il m'a montré une infinité de bonnes choses que je n'ai vu faire que par lui. »

Dès qu'il a une minute, Carême note dans son carnet le moindre de ses gestes. La Guipière fait tremper son filet de bœuf dans une marinade d'huile d'Aix, d'oignons, de persil, de thym et de laurier avant de le barder pour le cuire à la broche. Il veut que le lard opère une fusion rapide avec le gibier pour que la chair en soit plus succulente. Il ajoute trois bouteilles de bon vin rouge de Bourgogne ou de Bordeaux dans le court-bouillon de la poissonnière : « Aussi dans les grandes maisons a-t-on bien soin de le conserver chaque fois qu'il sert, car il devient de plus en plus excellent à mesure que de nouveaux poissons y sont cuits. »

Pour la première fois, le jeune pâtissier assiste à la confection d'une oille, grosse potée composée d'une multitude de légumes et de viandes, tranches de bœuf, veau, mouton, perdrix, poule, dindon, dont les Bourbons aimaient boire le bouillon avant d'en manger les meilleurs morceaux. La Guipière ne la sert plus en potage mais en entrée à Murat qui se « rrrégale » de ce plat de roi.

Antonin travaille dans une pièce fraîche qui donne sur le puits. Par les fenêtres, il entend l'arrivée des carrosses dans la cour de l'Elysée. Et l'émulation lui donne des ailes. Dans une croustade, il fait alterner les couches de pâte feuilletée et de fromage bavarois à la fraise qu'il baptise aussitôt « gros gâteau de mille feuilles à la parisienne ». On ne l'applaudit pas seulement dans les cuisines. « Voici une grosse pièce qui doit à

185

l'avenir faire un grand honneur à notre pâtisserie du jour. Je la fis pour la première fois à l'Elysée-Bourbon. Elle produisit bon effet, car on n'a desservi de cette grosse pièce que quelques petits fragments de la croustade. »

Chaque matin, le pâtissier se réjouit d'appartenir à une maison uniquement préoccupée de luxe et de plaisirs. Non seulement, le grand-duc ne regarde jamais à la dépense, mais il apprécie à leur juste valeur l'imagination et la vaillance de ses hommes de bouche. Personne n'y subit des sautes d'humeur comme le pauvre Dunan, premier maître d'hôtel du volcanique Napoléon. « Quelques jours avant de déclarer la guerre à la Prusse, raconte Carême, l'Empereur parut à son déjeuner, la figure rembrunie et paraissant occupé d'un vaste projet. A peu près un mois avant cette époque remarquable, il avait demandé à M. Dunan pourquoi il ne lui servait jamais de crépinettes de cochon. Ce goût n'était point gastronomique et était peu fait pour encourager la cuisine impériale. Aussi son maître d'hôtel lui observa que ce mets ne convenait point à Sa Majesté et que ces crépinettes étaient par trop indigestes pour qu'on lui en servît. Le maître d'hôtel fit faire le lendemain des crépinettes de perdreaux et les servit au déjeuner. L'Empereur en fit compliment, en mangea beaucoup et les trouva excellentes. Encouragé par cette douce réception, M. Dunan en marqua sur son menu un mois après (le déjeuner se composait de six assiettes sur lesquelles se trouvaient des côtelettes de veau, du poisson, de la volaille, du gibier, un entremets de légumes et des œufs à la coque). Mais grands dieux ! quel accueil elles reçurent ! L'Empereur, après avoir pris son potage, déclocha avec vivacité la première assiette et l'aspect de ces pauvres crépinettes le fit tout à coup sortir de son caractère : il poussa brusquement la table et la renversa, avec tout ce qui la couvrait sur un magnifique tapis. Il se retira ensuite tout en colère dans son cabinet. Le maître d'hôtel me raconta qu'à ce moment il lui avait semblé être frappé par la foudre. Il resta immobile et stupéfait de la scène extraordinaire qui venait de se passer. Les écuyers tranchants et les valets de pied se hâtèrent de tout ramasser, tandis que le premier maître d'hôtel, tout étourdi de sa disgrâce, résolut d'aller chez le maréchal du palais demander sa démission en lui racontant l'affaire. Celui-ci lui fit observer qu'il avait le plus grand tort de vouloir quitter le service de l'Empereur, et qu'il devait sans perdre de temps faire préparer un second déjeuner, que l'Empereur avait eu un moment de vivacité, mais qu'il ne manquerait pas de faire demander bientôt un second service. Notre maître d'hôtel se décida avec peine, et obéit cependant aux ordres du grand maréchal (Duroc). En effet, à peine le déjeuner fut-il préparé qu'il fallut le servir. Ce fut Roustant qui se présenta à l'Empereur. Sa Majesté demanda pourquoi Dunan n'entrait pas pour le servir. Celui-ci arriva tout mortifié. Il servit un poulet rôti à l'empereur qui lui en fit compliment et lui faisant signe d'approcher, Sa Majesté lui toucha plusieurs fois sur la joue avec bonté, et lui dit : "Ah, mon cher Dunan, vous êtes plus heureux d'être mon maître d'hôtel que moi d'être empereur." Puis il continua son déjeuner avec tristesse. »

Une nouvelle guerre est dans l'air. Le 28 septembre, *Le Journal de Paris* publie une lettre de Napoléon au roi Frédéric-Guillaume : « Monsieur mon frère, il y a plus d'un mois que la Prusse arme et il est connu de tout le monde qu'elle arme contre la France et contre la Confédération du Rhin. » Le prince Joachim n'a plus le loisir de savourer tranquillement les sandres au vin rouge de son cher La Guipière. Une semaine plus tôt, alors qu'il se rendait à l'aube à Saint-Cloud, l'Empereur lui a ordonné d'aller prendre en Allemagne le commandement de sa cavalerie.

A nouveau les petites affiches... Mais, à l'Elysée, Carême n'a plus besoin de les lire. Caroline est la première informée des exploits de son mari. Tous les jours, elle guette l'arrivée de l'estafette qui apporte les dépêches. Le lendemain d'Iéna, Murat, à la tête de la cavalerie, fait quatorze mille prisonniers. A eux seuls, trois de ses hussards ont capturé un escadron ! A la charge, il traverse la Prusse, prend Erfurt, Magdebourg et entre à Berlin avec son impérial beau-frère. Il ne s'y arrête pas et reprend sa folle chevauchée. A Prenslow, nouvelle prouesse : « Le prince de Hohenlohe est en mon pouvoir, ainsi que son corps d'armée... 16 000 hommes d'infanterie, 6 régiments de cavalerie, 60 pièces de canon, 60 drapeaux, les princes Auguste-Ferdinand, Hohenlohe, Tauenzien et plusieurs autres officiers généraux sont le résultat de cette brillante journée. » Le 29, Stettin capitule. Et cette fois, l'Empereur le félicite : « Mon frère, je vous fais mon compliment sur la prise de Stettin. Si notre cavalerie légère prend ainsi des villes fortes, il faudra que je licencie le génie et que je fasse fondre mes pièces. » Mais l'infatigable Murat file déjà à la poursuite de l'orgueilleux Blücher qui s'incline le 7 novembre.

Trois semaines plus tard, il est le premier à Varsovie. A la tête de ses chasseurs et de ses dragons, il parade dans la capitale polonaise sur son pur-sang en bottes jaunes, habit cramoisi et chapeau à plumes à la mode d'Henri IV, son idole gasconne. Sa pelisse verte est doublée de fourrure et son glaive antique suspendu à un cordon de soie à passants d'or.

Après trente-cinq ans de guerres et de dépeçages, la population l'accueille en libérateur et lui ouvre les portes de l'hôtel Raczynski. Mais la cheminée de sa chambre fume et il s'installe chez la comtesse Potocka dont il tente de mettre la belle-fille dans son lit. Hélas ! Avec moins de succès que l'Empereur auprès de Marie Walewska : « Il avait l'air majestueux des comédiens qui jouent les rois, s'indigne la Polonaise outragée. On s'apercevait facilement que ses manières étaient factices et qu'habituellement il devait en avoir d'autres. Il ne s'exprimait pas mal car il se surveillait beaucoup, mais son accent gascon et quelques expressions un peu soldatesques démentaient le prince. Il aimait à raconter ses faits d'armes et nous parla guerre pendant une heure au moins. »

A l'Elysée, la brigade de cuisine vibre au rythme de la marche triomphale. Caroline exulte. Hortense règne en Hollande. Pauline à Milan et Joseph à Naples. Joséphine vient de partir pour Mayence où elle restera tout l'hiver sans pouvoir rejoindre Napoléon, amoureux fou de sa comtesse polonaise. Enfin, elle est reine de Paris.

Pour la première fois, ce n'est pas aux Tuileries, mais chez elle au milieu de ses dames d'honneur que les dignitaires de l'Empire viennent faire leur révérence. Les journaux annoncent : « Le lundi 1er décembre au soir, il y a eu cercle chez la duchesse de Berg dans son nouveau palais ci-devant Elysée-Bourbon. » Dans les antichambres, les valets de pied, rouge et or, sont au garde-à-vous. Une odeur capiteuse de pâte feuilletée, d'écrevisses et de fleur d'oranger enivre les invités. Le lendemain, ce sont de nouvelles fêtes pour l'anniversaire du sacre et d'Austerlitz. De Posen, Napoléon a exigé que les Parisiens illuminent leurs maisons et chantent des *Te Deum* dans toutes les églises.

Et s'il mourait à la guerre ? Caroline deviendrait-elle impératrice ? Elle y songe en s'attirant les bonnes grâces de Junot dont l'hôtel n'est qu'à deux tours de roue, au coin de la rue des Champs-Elysées*. Le jour, elle préside les cérémonies avec lui. Le soir, elle ouvre le bal avec lui. Elle l'accueille même dans son lit. Dans les cuisines, on ne parle que de la voiture du gouverneur de Paris qui stationne toute la nuit dans la cour.

Carême ne s'intéresse guère aux clabaudages. Et pas plus aux disputes qui couvrent le paisible ronronnement des braisières au coin des fourneaux. Il est de tradition dans les grandes maisons de répartir les petits bénéfices. Aux chefs de cuisine, les suifs, à leurs aides, les graisses de porc, de lard et de jambon, aux marmitons les fonds de casserole que tous revendent pour une poignée de francs dont ils reversent une partie à leurs supérieurs : « Moi-même, je fus contraint d'abandonner à mon chef la moitié de mes profits pour avoir la paix, ou plutôt pour ne pas m'exposer à sortir de la maison ou à le faire chasser par des cabales... Je ne considérais qu'une chose : du talent ! du talent ! me disais-je secrètement et plus tard viendra l'argent. »

On le traite de suffisant, d'orgueilleux et même de pédant. On le jalouse comme La Guipière dont il est le protégé. Peu importe ! Son pinceau putois à la main, il ne songe qu'à « captiver les regards » des convives. Pour un grand dîner présidé par Caroline et le sensuel Junot, il a l'idée d'une grosse pièce montée en forme de casque comme en portent les cuirassiers ou les chevau-légers et qu'il appelle « casque français ». Sa crinière est en sucre filé or, son plumet en sucre filé blanc et sa couronne de lauriers en biscuits verts. Il repose sur un socle à trois étages fait de gaufres, de choux pralinés, de madeleines et de petits croissants. L'accueil est délirant :

---

* Actuellement rue Boissy-d'Anglas.

« Dans le courant de la soirée, le casque fut redemandé. Apporté dans le salon, on s'en amusa beaucoup. Il fut détaché des gradins par une dame de la cour qui le posa ensuite sur la tête d'un grand général, qui finit par s'en amuser ainsi que toute la société. »

Au milieu de ces fous rires et de ces bals endiablés, la grande-duchesse de Berg n'a plus une minute à elle. Le 28 février, elle écrit à sa belle-sœur, la reine de Hollande : « N'es-tu pas étonnée, ma chère Hortense, de mon long silence ? Je t'en demande pardon, mais je suis bien excusable. Depuis un mois, ma vie est continuellement agitée. Je danse les nuits, je dors une partie du jour et l'autre est employée à faire mon courrier, à recevoir des visites, ensuite j'attends avec impatience l'estafette, elle n'arrive pas, je suis inquiète, elle arrive et je me demande pourquoi je suis inquiète encore ! »

A Varsovie, Murat a dépensé vingt-sept mille francs de plumes en quatre mois. Le grand-duc se voit roi et ne s'habille plus qu'à la polonaise. Au palais Potocki, il y a défilé de tailleurs livrant les nouvelles redingotes rouges fourrées de loup, les pelisses d'astrakan à brandebourgs et les shakos à pompons en or. La Pologne ! Un vrai royaume ! Avec une histoire et des millions d'âmes ! Caroline ne ricane plus de cette couronne-là. Grâce à sa table, elle se constitue un réseau d'influence et gagne la bienveillance de ministres, de sénateurs, de conseillers d'Etat aussi complaisants que gourmands.

La bonne chère est leur religion et Cambacérès est leur prophète. En l'absence de l'Empereur, l'archichancelier est à la tête de l'Etat. Chaque soir, il se rend au Théâtre des Variétés en traversant le Palais-Royal où, comme Murat à Varsovie, il est la risée de la foule. « Il portait l'habit brodé, la culotte courte, les bas de soie et une perruque à queue et un chapeau à trois cornes, raconte son biographe Pierre Vialles. A sa gauche, marchait d'Aigrefeuille avec son fameux habit bleu de ciel en velours ras à boutons de strass... A sa droite était Villevieille, puis venaient les secrétaires, les valets... On conçoit l'effet que produisait Cambacérès surtout sous l'empire avec son jabot et son habit à la mode de 1783 quand il barrait sa poitrine de quatre ou cinq cordons multicolores. On venait en foule le voir passer, les étrangers et les provinciaux ne manquaient point ce spectacle. On faisait la haie à l'avance, on montait sur des chaises... La police dut organiser un service spécial. »

Mais si grotesques soient-ils, Cambacérès et son petit cortège de juristes prennent au sérieux un bon dîner à l'Elysée, comme une affaire d'Etat. Surtout à l'approche de Pâques.

Car le vainqueur d'Austerlitz ne veut plus voir de Français alourdis par les excès de nourriture et de boissons. Soucieux de disposer de maréchaux et de grands commis fringants, l'Empereur et roi a décrété qu'il fallait revenir à l'abstinence gastronomique pratiquée scrupuleusement autrefois dans les monastères comme à Versailles : « Il fit rechercher les habiles praticiens de l'Ancien Régime, et leur prescrivit pour les estomacs de ses officiers et de ses hommes du civil la cuisine du *sacerdoce*, de la *monarchie*... Il ordonna, et nous marchâmes comme ses soldats. Nous cédâmes comme céda l'Europe entière ! » s'écrie Antonin.

Au camp de Boulogne, le général Bisson, réputé pour être le plus grand gastronome de l'armée, avait un ventre si énorme qu'il le gênait pour marcher : « Il ne lui fallait pas moins de six à huit bouteilles de vin pour son dîner », dit Constant, le valet de chambre de Napoléon. Et peut-être le corpulent général Mack a-t-il perdu à Ulm, handicapé par une digestion difficile !

Plus de lard pour barder les poissons ! Plus de veau pour les bouillons dont on tire les sauces ! Une fois de plus, la grande-duchesse de Berg donne le ton dans son palais : « Lorsque la cour impériale, pour se donner plus de dignité, voulut imiter de tout point l'ancienne noblesse française, on entendit parler alors dans les cuisines de potages et d'entrées en maigre, et chaque année l'abstinence du carême fut plus sévèrement observée, particulièrement à l'Elysée-Bourbon, dont la princesse Caroline, sœur de Napoléon, avait fait le sanctuaire de la bonne chère. »

Chaque soir, La Guipière fait mettre au feu une grande marmite avec douze litres d'eau, des pois secs, des carottes, des navets, des oignons, une botte de céleri, une autre de blancs de poireaux, sel, poivre, muscade, girofle et un peu de beurre fin. « Dès que la marmite était partie, on la plaçait dans un coin de l'âtre... en légère ébullition durant toute la nuit. Le matin, il faisait foncer une grande casserole avec cinq ou six gros oignons coupés en ruelles, il plaçait dessus deux carpes, deux tanches et deux brochets de Seine coupés par tronçons. Puis il ajoutait deux grandes cuillerées de bouillon... dès que la réduction avait lieu, il couvrait le feu de cendres... et s'en servait pour les potages et les grandes sauces. »

Un jour, son maître lui raconte en riant qu'un de ses amis, cuisinier d'un couvent de chartreux, avait l'habitude de mêler à ses sauces maigres un peu de blond de veau pour leur donner plus de succulence et d'onctuosité : « Ces pieux pères... vivaient d'accommodements délicieux, mais effacés, silencieux... Le supérieur affectait aussi traîtreusement une aveugle confiance en son chef, celui-ci était donc légalement le seul coupable. »

Jour après jour, Carême, penché à ses côtés sur les petites casseroles de cuivre, enrichit cette science des sauces commencée avec Richaud dans les cuisines de la rue Neuve-des-Petits-Champs. Comparant les différents tours de main, il s'aperçoit ainsi que les « principes » sont les mêmes. La Guipière, ancien de la maison du roi, utilise les mêmes proportions que Richaud qui a connu les cuisines des Condé ou Lasne celles des ducs d'Orléans au Palais-Royal.

Plus tard, dans le troisième tome de son *Art de la cuisine*, il en donnera, après les avoir encore améliorées, plus de deux cents recettes. Le grand Vincent La Chapelle n'en a décrit qu'une quarantaine dans les quatre volumes de son *Cuisinier moderne*, paru en 1735 quand il était au service du prince d'Orange et de Nassau. Carême sera le premier à les codifier avec précision, tours de main et version maigre. Au coin de l'âtre, il moralise : « Les cuisiniers qui restent stationnaires sont tout étonnés que les hommes habiles ne fassent pas comme eux, et qu'ils osent perfectionner les arts et métiers par de savantes méditations. » Et son maître en a eu des occasions d'observer et d'inventer au cours de ses périples aux Amériques ! Dans l'île de Grenade, où le beurre est inconnu, il a fait toute sa pâtisserie chaude à la graisse de bœuf.

Dans les boues glacées de Pologne, les grognards jeûnent au pain noir et à l'eau trouble des rivières. La boucherie d'Eylau, le 8 février, a fait près de dix mille morts sur une seule lieue carrée. Triste spectacle comme Dunan le racontera plus tard à Carême : « Au milieu de la canonnade et de la mitraille, il observait douloureusement le carnage effroyable des champs de bataille. Et cet homme de bouche faisait de bien tristes réflexions sur la destruction des hommes qui périssent à l'armée, lui dont la mission était d'alimenter et ranimer l'homme par sa science gastronomique... La paix seulement pouvait le rendre à lui-même : alors, il jouissait de la victoire avec délices, dans les banquets solennels que l'Empereur donnait à ses généraux après les batailles. Il entendait raconter les faits glorieux de nos armes, et il disait en lui-même : "J'étais au milieu de vous et si je n'étais point armé pour la patrie, je la servais cependant avec dévoûment en contribuant de tous mes moyens à la conservation de la santé du grand homme sur lequel reposaient les destinées de la France." »

Le 14 juin, Friedland est l'occasion d'une de ces agapes. A l'Elysée comme en Pologne où Murat recommence sa course. Le 16 juin, à la tête de ses dragons et de ses cuirassiers, il poursuit l'armée russe jusqu'au Niémen. Trois jours plus tard, il est devant Tilsit. Pour la rencontre des deux empereurs, il enfile un de ses rutilants uniformes polonais. Napoléon le rabroue durement en le comparant à l'écuyer de cirque, coqueluche de tout Paris depuis vingt-cinq ans : « Allez-vous-en mettre votre uniforme de général français, vous avez l'air de Franconi. »

A Dantzig, Ney, Soult, Mortier, Oudinot, Davout se reçoivent chaque soir dans des palais somptueux. Ils s'empiffrent, boivent, rient comme des fous, se délassent en cassant de la porcelaine et, pour finir, éteignent les bougies à coups de pistolet au grand dommage des glaces et des lambris dorés.

Après tant de mois de combats et de privations dans cette Pologne de misère, Joachim estime avoir aussi le droit de jeter par les fenêtres un argent gagné au péril de sa vie.

11

« PLUS VITE, méchants drôles, plus vite ! Caulaincourt, vos bougres de chevaux n'avancent pas. » Crèvent les montures ! Cassent les essieux ! « Plus vite ! Mes Parisiens m'attendent ! »

Ils rentrent, l'Empereur et son cavalier aussi chamarré d'or que la livrée de ses valets. Dans cette ville qu'ils aiment au moins autant que Carême. Cent heures de berline sans en sortir jusqu'à Dresde où Napoléon présente aux délégués polonais le roi de Saxe, nouveau souverain du grand-duché de Varsovie. Murat ne sera pas roi de Pologne. Sacrediou ! Son beau-frère veut ménager le tsar. Il s'en méfie.

A Tilsit, le Corse a déployé pour l'empereur de Russie ses talents de « commediante ». Il l'a couvert d'embrassades et d'effusions. Mais il n'a jamais accepté de dîner chez lui, de peur d'être empoisonné. Une fois pourtant, il demanda une tasse de thé : « Vous êtes voisin de la Chine, vous devez en avoir d'excellent. » Mais il fit semblant de porter la tasse à ses lèvres sans en boire une gorgée. « Lorsque l'empereur Alexandre dînait au camp français, ajoute dans ses mémoires la comtesse de Choiseul-Gouffier, ancienne dame d'honneur à la cour de Russie, les maîtres d'hôtel apportaient les plats d'or qu'ils posaient sur la table de Napoléon, entre deux haies de grenadiers, qui ne laissaient approcher personne, dans la crainte qu'on ne jetât du poison dans les mets. » Le tsar, lui, est moins soupçonneux. Il raffole trop de la grande cuisine de Paris, comme Joachim.

C'est Jérôme qui sera roi. L'Empereur pose sur la tête de son dernier frère la couronne du nouveau royaume de Westphalie pris sur la Prusse dépecée et humiliée. Le maréchal enrage. Ce freluquet n'a jamais vu le feu ! Il n'a rien de plus important que de faire la noce dans les restaurants du Palais-Royal ! Et Napoléon a déjà organisé son mariage avec la fille du roi de Wurtemberg. Il faudra en outre le fêter royalement. Ordre du beau-frère.

A l'Elysée, le grand-duc de Berg et son épouse peuvent aisément organiser la plus fastueuse des réceptions. N'ont-ils pas réussi à recruter les cuisiniers les plus talentueux de l'Empire ? Depuis dix mois, Caroline n'est-elle pas devenue la reine de Paris ? Et son palais, le premier de la capitale ! comme le répète Antonin avec fierté.

C'est le cœur des Murat qui n'est pas à la fête. En arrivant, le 29 juillet, Joachim constate que le cardinal Fesch a vu juste lorsqu'il l'a prévenu des inconvénients de sa trop bonne table. Sortant d'un dîner inoubliable à l'Elysée, le prélat lui a écrit quinze jours plus tôt, presque comme un compliment : « Caroline engraisse toujours. » En effet... La mode Empire, avec sa taille sous la poitrine et ses manches ballons, souligne ses rondeurs de matrone. Elle a beau se faire immortaliser en robe à traîne par les peintres Gérard, Gros et Mme Vigée-Lebrun, Junot a pu constater que le déshabillé lui convient mieux. Lorsqu'il a appris que la voiture du gouverneur de Paris demeurait toute la nuit dans la cour de l'Elysée en face des cuisines, que c'était la fable de toute la capitale, Napoléon a éclaté. Il vient de passer six mois dans les bras de Marie Walewska. Il vient d'avoir un fils avec Laure Denuelle que Caroline a poussée dans son lit. Mais il a soustrait sa maîtresse aux commérages en l'installant le temps de sa grossesse à l'hôtel de Thélusson. Et maintenant qu'elle est mère, il l'a éloignée et il ne partagera plus jamais son lit. Il ne veut pas de scandale. Il n'admet pas qu'on touche à la sœur de l'Empereur et que Paris s'en divertisse alors que pour la première fois les Bonaparte vont s'allier à une famille régnante. Junot est envoyé à Lisbonne pour éviter un duel avec Murat qui ajouterait aux ragots à l'heure où les princes allemands sont en route pour assister au mariage de Jérôme.

Sans perdre une minute, Napoléon réquisitionne ses architectes. Il veut donner l'hôtel de Thélusson à la Russie. L'Autriche, elle, s'installera dans la grande demeure de la marquise de Montesson, décédée l'année précédente. Déjà en mars 1806, lorsque Fontaine et Percier se consacraient au grand chantier de la restauration de l'Elysée, il leur a dit avec son habituel sens de la démesure : « Paris manque d'édifices, il faut lui en donner... Il y a telle circonstance où douze rois peuvent s'y trouver ensemble, il leur faut donc des habitations, des palais et tout ce qui en dépend. »

Pour les loger, mais surtout les impressionner. Dès le printemps, un premier convoi de cent cinquante fourgons est arrivé des villes conquises. Puis un second, presque aussi imposant. On a déballé les trésors de Potsdam et de Berlin, le quadrige de la porte de Brandebourg et les peintures de Dürer qui s'ajoutent aux chefs-d'œuvre ramenés d'Italie, de Flandres, de Hollande. L'épée du grand Frédéric de Prusse est exposée aux Invalides. Le musée Napoléon se couvre du chiffre de Sa Majesté. Sa capitale doit être le phare de l'univers.

En ce mois d'août, le thermomètre de M. Chevallier, qui fait la pluie et le beau temps dans les journaux, frôle les 30°. Mais Paris n'est qu'un grand chantier. Ordre a été donné de détruire les vétustes maisons qui écrasent le pont Saint-Michel et les dernières demeures de la place du Carrousel, sauf l'hôtel de Longueville qui servira d'écuries impériales. Bientôt, une nouvelle aile reliera le Louvre aux Tuileries. Encore quelques années, et le nouveau palais surpassera en grandeur toutes les merveilles d'Egypte et de Perse. Déjà lors des parades, quinze mille hommes peuvent y défiler en ordre de bataille.

Le nouveau marché des Jacobins doit ouvrir le 28 août à cinq heures du matin sur les ruines du couvent où Robespierre lançait ses imprécations. La Révolution est définitivement enterrée. Partout, on creuse, on pave, on taille, on sculpte à la gloire de l'Empereur. On perce des rues, on construit des ponts, des portes, des halles, des quais, des places qui portent les noms d'Austerlitz, d'Iéna, de Marengo, de Rivoli, de Napoléon le Grand. Et sur ces places jaillissent des fontaines à tête de sphinx rappelant la campagne d'Egypte.

A la barrière de l'Etoile, les architectes imaginent un immense arc de triomphe pour célébrer les victoires de ses armées. Du château des Tuileries, la vue sur la place de la Concorde et les Champs-Elysées sera unique au monde. Côté cour, on ferme la grille du Carrousel par un autre arc de triomphe à trois portes copié sur celui de Septime Sévère à Rome et couronné des chevaux de Venise. Pour la place Vendôme, Percier dessine une réplique de la colonne Trajane qui sera revêtue du bronze des canons autrichiens et russes pris à

Austerlitz. Aux quatre angles du socle, des aigles soutiennent les couronnes de lauriers.

Sur la Seine, Bellanger a terminé les nouveaux bains Vigier, mais la chaleur est telle que les Parisiens plongent dans la Seine avec une impudeur que dénoncent les journaux : « Malgré les ordres de la police, on voit tous les jours des jeunes étourdis qui se baignent sans ceinture et sans voiles dans la rivière. Aucune femme honnête n'ose plus se promener sur les trottoirs ni se mettre à la fenêtre sur le quai des Augustins. » Impensable au moment où les fêtes de la Saint-Napoléon sont méticuleusement organisées pour attirer la foule. Les gazettes consacrent quatre pages à la liste des réjouissances, des joutes sur l'eau, des bals, des courses de bagues et autres feux d'artifice du 15 août. Toutes les arcades du Palais-Royal sont illuminées. Jamais on n'y a vu autant de restaurants, de traiteurs, de glaciers et « de ces cafés où l'on rit de tout ».

Paris s'amuse. La France est victorieuse. L'Europe princière accourt. Une semaine plus tard, dans la soirée du 22 août, le mariage civil de Jérôme avec Catherine de Wurtemberg est célébré dans la galerie de Diane au milieu de huit cents dignitaires en costume de cour devant Napoléon et Joséphine sur leurs trônes à dais cramoisi. Un fauteuil à droite pour Madame Mère, un à gauche pour la femme de Joseph, reine de Naples. Deux chaises pour les Murat et des pliants pour les princes. Le lendemain dimanche, la cérémonie religieuse se déroule dans la chapelle des Tuileries avec un luxe encore plus éblouissant. Dans le grand escalier, les grenadiers rendent les honneurs et les pages font la haie, flambeau au poing. « La quantité de perles, de diamants, de pierres précieuses de toutes sortes qui ajoutent leur éclat à la parure des femmes était réellement prodigieuse », écrit dans ses mémoires l'arrogant chancelier Pasquier, baron d'Empire et conseiller d'Etat. L'héroïne n'est pas vraiment jolie avec ses yeux bleus globuleux et son embonpoint précoce, mais elle est douce et gentille. Napoléon lui a offert tout son trousseau et l'a, lui-même, de ses mains fines, parée d'un diadème, d'un peigne, d'un collier et de boucles d'oreilles en diamants.

Un orage détruit toutes les illuminations, repousse à quinze jours le bal populaire mais apporte un peu de fraîcheur. Sauf dans les sous-sols où la fournaise est intense. Les cuisiniers échappent à la conscription, mais pas à l'asphyxie. « Le charbon nous tue », répète Carême, approuvant pour une fois une sentence de Grimod sur le combat obscur et héroïque qu'il faut mener face aux fourneaux. « Un cuisinier voit plus souvent la mort en face qu'un soldat. Les jours de bataille sont les seuls où celui-ci risque sa vie, celle du cuisinier est à chaque instant exposée. Le charbon est plus meurtrier que les fusils, les canons et les bombes. »

Le journal du 27 août déplore un premier accident : « Quatre personnes sont mortes à l'hospice de la Charité, pour être restées sans précaution dans la même cuisine, exposées à la vapeur du charbon. » Les jours suivants, la police publie une mise en garde devant la multiplication de ces décès. Car, malgré la chaleur, la cour s'élance dans un tourbillon de fêtes. De Rambouillet à Saint-Cloud, du château de Mortefontaine chez Joseph à l'Opéra, on chasse à courre, on danse jusqu'à l'aube au rythme des violons imposés par l'Empereur.

Le 17 septembre, *Le Journal de Paris* annonce : « Le grand-duc de Berg donne dans trois jours, dimanche, une grande fête dans son palais de la rue du Faubourg-Saint-Honoré. » Cette fois, Napoléon le Grand veut dépasser le Roi-Soleil. Depuis Tilsit, aucun bal n'est trop beau ni trop cher pour le maître de l'Europe : « Ce fut lui qui le voulut et qui indiqua ses dispositions principales », dit le marquis de Cussy.

Fontaine et Percier sont chargés de la mise en scène. Elle est grandiose : « Les salons et les jardins, tout fut comme enchanté, dit Carême. L'illumination était des plus brillantes et du meilleur goût. Des ponts, des chaumières, des pavillons et des grottes avaient été improvisés en quelques jours. »

A l'intérieur du palais, des armées d'ouvriers déposent les tapis des salons, installent les estrades pour les orchestres, disposent une centaine de banquettes prises au garde-meuble de la couronne pour que les dames puissent s'asseoir entre deux quadrilles. On loue des lustres en bronze, des candélabres à branches, on apporte des palmiers et des orangers. Sans oublier les trente pots de chambre en faïence de Rouen pour les garde-robes, les douze pots à eau et cuvettes pour se laver les mains et les six châssis en noyer avec seaux en faïence pour évacuer discrètement les eaux sales. Dans la grande salle à manger, sur la terrasse, les tapissiers couvrent les buffets de toile blanche et de draperies vertes, de galons et de franges d'or. Partout des fleurs et des fruits mêlent leurs parfums.

Voilà l'Empereur, l'impératrice et les mariés ! Ils s'avancent entre deux rangées de laquais porteurs de torches. Grâce aux magiciens Fontaine et Percier, la princesse de Wurtemberg découvre dans le parc son château de Louisbourg, surgi d'un bosquet au milieu des chaumières avec leurs vaches et même une biche. Sur la façade, elle lit les larmes aux yeux : « *Allmächtig ist die Liebe zu dir, o Vaterland* », « Tout-puissant est l'amour pour toi, ô ma patrie ». Des paysans et des paysannes de son pays lui redonnent le sourire en lui offrant des fleurs.

Carême, lui, est étourdi par cette apothéose dont il est un des interprètes. « Le fameux Forioso vint faire ensuite une ascension au milieu du feu d'artifice. Mais ce n'est pas tout. Ce grand bal fut un des mieux servis et des mieux commandés que j'aie vus pendant ma vie. » Par cette chaleur, Robert et La Guipière ont décidé de faire la part belle au froid. Ils l'ont confié au pâtissier qui en a appris les principes avec Lasne lors des banquets de l'Hôtel de Ville. Devant l'ampleur de l'entreprise, Riquette est là aussi. Fièrement, Antonin précise l'incroyable menu élaboré pour ravir l'Empereur : « Voici à peu près ce que nous fîmes porter sur les tables. Vingt-quatre grosses pièces : quatorze socles portant six jambons, six galantines et deux hures de sanglier, six longes de veau à la gelée. Plus soixante-seize diverses entrées dont six de côtes et de filets de bœuf à la gelée, six de noix de veau, six de cervelles de veau dressées dans des bordures de gelée moulée, six de pain de foie gras, six de poulet à la reine en galantine, six d'aspics garnies de crêtes et rognons, six de salmis de perdreaux rouges chaud-froid, six de fricassée de poulets à la reine chaud-froid, six de magnonaises de volaille, six de darnes de saumon au beurre de Montpellier, six de salades de filets de sole, six de galantines d'anguille au beurre de Montpellier. »

La symphonie des couleurs s'accorde avec le faste de cet impérial mariage : « Pour les darnes de saumon, des bordures de beurre rose très tendre, pour les tronçons d'anguille, des bordures de beurre à la ravigote vert tendre, pour les salades de filets de sole, des bordures d'œufs... et pour les chauds-froids de poulet et de gibier, des bordures de racines et de truffes... De mâles croûtons de gelée en formaient les bordures, et notre froid fut d'un beau fini, d'un beau idéal ! »

Le beau idéal... C'est le débat du jour dans les ateliers de

Fontaine et Percier comme dans ceux de David, de Gérard et de Gros. Sur les buffets à gradins, les pièces montées en ruines romaines, les socles de saindoux dessinés et peints par Carême avec leurs têtes de sangliers et leurs couronnes de lauriers sont autant de pièces de musée. Sur leurs grands plats d'argent, les poissons nacrés reposent comme dans un tableau flamand.

Dans son livre *Carême et son temps* publié un siècle plus tard, Robin-Ducellier rapporte une scène dont malheureusement il ne reste pas d'autre trace : « A l'un des grands bals de l'Elysée, Napoléon demanda, me racontait naguère un vieux praticien, à visiter les cuisines où travaillait le jeune cuisinier de vingt-trois ans qui allait devenir le célèbre Carême. Sans se faire annoncer, accompagné de l'impératrice Joséphine et des majordomes étonnés, il se fit silencieusement ouvrir la porte du sanctuaire. Au milieu du travail magnifique auquel les aides sous ses ordres mettaient le point final, Carême, assis à une table, écrivait. »

Cette visite de l'Empereur est plausible et même probable. Au lendemain des victoires, Napoléon ne manque jamais de complimenter ses grenadiers. Comment n'aurait-il pas félicité la magnifique brigade de Robert et La Guipière dont, ce soir, les exploits gastronomiques éclipsent les buffets des Condé, des Bourbons et contribuent à sa gloire ! Antonin, lui, n'aura pas attendu les derniers accords des orchestres pour noter dans son cahier les grands et petits secrets de cet impérial buffet.

Le lendemain, branle-bas de combat dans les cuisines et les antichambres. Toute la cour se rend, pour deux mois, à Fontainebleau. Le grand-duc et la grande-duchesse de Berg sortent de l'Elysée dans leur magnifique équipage. Les Parisiens s'extasient sur les pur-sang, les cochers, les valets en livrée. Le service de bouche est du voyage. Les réceptions se dérouleront à une cadence militaire. L'Empereur en a fixé le programme. Ses deux sœurs, Caroline et Paulette, devenue officiellement Pauline depuis quelques mois, doivent chacune monter au feu en donnant un bal par semaine. Et la première entend bien renouveler son triomphe de la veille qui a tant flatté l'orgueil de son frère.

Fontainebleau ! François Ier y a reçu Charles Quint ! Mais la Révolution a jeté au feu tous les portraits des rois, dont celui de Louis XIII par Philippe de Champaigne. Au milieu de la cour, on a planté, en 1793, un arbre de la liberté et inauguré une statue de Marat. On a porté à la Convention tous les trésors de la chapelle et du couvent des Mathurins : huit cents kilos d'or. On a vidé l'étang de ses carpes, vendu le poisson, mis aux enchères la vaisselle et les batteries de casseroles en cuivre.

Avant même le sacre, Napoléon a demandé à Fontaine et Percier de faire renaître le château dans sa splendeur. Il a dit à Duroc : « Il faut rétablir les cuisines comme elles l'étaient à la cour. Il paraît que cette restauration coûterait quatre cent mille francs. Mon intention est de la faire en deux ans. »

Mais avant de dîner, chaque jour, on chasse à courre dans la plus belle forêt de France. Les femmes de la famille impériale portent toutes la même tenue. Un conseil chez Joséphine, autour du couturier Leroy, a arrêté la coupe de la redingote en velours sur une robe de satin blanc brodée, avec bottines, toque assortie et une écharpe blanche. La distribution des couleurs a été moins facile. L'impératrice a choisi le rouge et or, Hortense bleu et argent, Pauline lilas et argent. Caroline a pris argent et rose, sa couleur fétiche. « La magnificence, le luxe magique de tout ce qui entourait l'empereur, ces fêtes avec cette profusion de diamants, de joyaux et de fleurs, ces joies, ces amours, ces intrigues qu'on croyait bien cachées et qui se voyaient davantage sans doute que si l'on eût été aux Tuileries, tout cela réuni faisait de Fontainebleau un séjour fantastique et enivrant », note la duchesse d'Abrantès.

Car, sous les frondaisons roussies par ce chaud soleil d'automne, la grande-duchesse de Berg ne s'apitoie pas sur le pauvre cerf dont les cors sonnent l'hallali. Plus que jamais, c'est une couronne qu'elle chasse. Sa table est la plus belle, la plus recherchée par les ministres et les ambassadeurs. Carême est à court de superlatifs quand il évoque ces dîners et ces grands bals de Fontainebleau : « Ces fêtes brillantes où vous n'aviez autour de vous que des orateurs et des généraux célèbres, et des femmes gracieuses qui suivaient notre bonne et belle impératrice Joséphine. » Parfois les visages s'allongent et accusent la fatigue. Napoléon s'étonne : « C'est que le plaisir ne se mène point au tambour, insinue Talleyrand, et qu'ici comme à l'armée, vous avez toujours l'air de dire à chacun de nous : "Allons en avant marche !" »

Devant ses assiettes en vermeil, au milieu de ses pièces montées en cascades et en casques romains, Caroline rit pourtant à gorge déployée pour enjôler ce cynique grand chambellan qui doute de l'intelligence politique de son sabreur de mari. « Moussiou de Talleyrand, il ne veut pas qué jé sois roué », se lamente Murat. Qu'à cela ne tienne ! Son épouse charme Metternich qui vient de prendre possession de l'ambassade de Paris. A trente-cinq ans, le diplomate autrichien a la lèvre sensuelle et l'œil ravageur sous sa chevelure blonde ondulée.

Elle minaude auprès de Cambacérès et lui passe commande d'un gros pâté de thon. Car l'archichancelier part présider le conseil électoral des notables de Bordeaux et a cédé à ses amis du Languedoc qui, depuis des années, le supplient de faire un détour par Montpellier, sa ville natale où il n'a pas mis les pieds depuis 1792.

Toute la population accueille l'enfant du pays avec des drapeaux, des banquets, des hymnes à sa gloire :

> *En nous quittant, il nous laissa son cœur.*
> *Il vient et notre amour pour lui s'élance et vole.*
> *Il nous avait promis des lois et le bonheur,*
> *Il a tenu parole.*

Au milieu de ces manifestations de ferveur qui lui font venir les larmes aux yeux, le grand homme, à peine arrivé, s'empresse d'écrire le 12 novembre à Murat que les commandes de Caroline sont en bonne voie : « En arrivant ici, je me suis occupé des commissions qu'elle a bien voulu me donner et elle recevra incessamment des dragées que l'on fabrique exprès et qui seront bonnes puisqu'on sait qu'elles sont destinées à Son Altesse. La pêche au thon n'a point rendu ces jours-ci. Aussitôt qu'il arrivera de ce poisson, le meilleur cuisinier de la ville a reçu l'ordre de faire un pâté... Tous ces envois seront remis au courrier de la malle à l'adresse de M. de Lavalette. »

Le courrier, ce jour-là, sera parfumé à la marée méditerranéenne. Parfois les lettres voyagent avec une terrine aux truffes qui les embaument pour longtemps. Et ce n'est pas Lavalette qui s'en plaindrait. L'intrépide directeur des Postes fait partie des éminents gastronomes parisiens.

Carême aura fait la fine bouche devant ce gros pâté. Il n'aime guère ce thon dont Cambacérès fait des gorges chaudes : « Ce poisson est fort peu estimé frais. La chair ressemble volontiers à celle du veau, mais comme elle est très grasse, elle est aussi de fort difficile digestion. » Il n'en donne aucune recette. Pas plus pour les sardines que Son Altesse sérénissime se réjouit de déguster à Cette*. Hélas ! « Pendant le banquet, écrit Pierre Vialles, le prince s'étonna de ne point voir servir des sardines fraîches. Le maire de Cette fit aussitôt partir des pêcheurs. Il put se procurer environ deux livres de sardines qu'il expédia à Montpellier par un piéton. Le prince décida de les manger le jeudi, mais pendant qu'on opérait leur cuisson, le feu prit à la cheminée de la cuisine et occasionna même des dégâts assez considérables à l'immeuble. »

Ce nouvel accident n'est pas évoqué dans les journaux parisiens qui annoncent, le 19 novembre, que Napoléon s'en va dans son royaume d'Italie avec Murat et Berthier. Talleyrand doit les rejoindre. L'Empereur et roi ne reviendra que pour le dernier jour de cette année qui aurait comblé Alexandre le Grand.

Mais, en son absence, ses soldats ne doivent pas manquer de fêtes. A commencer par la garde impériale. Dans la soirée du 25 novembre, l'élite de la Grande Armée fait une entrée triomphale dans Paris par la porte Saint-Martin. Le lendemain, sous des tentes installées au Champ-de-Mars, on sert dix mille couverts. Après avoir fait bombance, les braves vont au théâtre et, sur les places de Paris, on distribue à la foule des pâtés, des jambonneaux, des dindons et du vin.

Le vendredi, c'est au tour du Sénat d'abreuver les héros. A trois heures, il y a banquet dans la galerie des Tableaux puis fête jusqu'à la nuit au Luxembourg. Une neige épaisse est tombée et les illuminations sont féeriques.

Le 2 décembre, jour anniversaire du sacre et d'Austerlitz,

---

* Aujourd'hui Sète.

Bessières, le vainqueur d'Eylau, organise dans l'Ecole militaire un repas de six cents couverts « servis avec ordre et élégance » pour la cavalerie de la garde. Quinze jours plus tard, nouvelle fête. Ballet, feu d'artifice, bal et souper sont présidés par Joséphine. Mais l'Empereur et roi est là aussi par le biais d'une statue colossale installée dans le manège de l'Ecole militaire pour impressionner les foules.

Depuis le 8 décembre, c'est pourtant au Palais-Royal que se rendent tous les badauds pour admirer un phoque dans la vitrine du traiteur Chevet. Comment l'accommoder ? Les avis divergent. Un habitué du Rocher de Cancale, le fameux restaurant de poisson, rallie toutes les opinions en faveur d'une cuisson au court-bouillon avec feuilles de laurier et noix de muscade.

Depuis le départ de Murat, l'ambiance à l'Elysée est à nouveau à la romance. C'est Metternich qui profite des entremets de Carême. Pour séduire le voluptueux ambassadeur, Caroline fait joncher son boudoir de pétales de rose. Le Viennois est aussi avide de plaisirs que Junot. Il est surtout l'oreille de l'empereur d'Autriche. Et cette fois Napoléon ne daigne rien y redire.

Mieux, le grand marieur de l'empire décide d'unir Antoinette, nièce de Joachim, au prince de Hohenzollern-Sigmaringen, branche cadette de la famille régnante de Prusse. La principauté, enclavée dans le royaume de Wurtemberg, ne compte que trois cent cinquante-six soldats, un peloton qui ne renforcera guère les effectifs de la Grande Armée. Mais cette union à la hussarde est l'occasion d'une nouvelle fête pour épater ces altesses allemandes répertoriées depuis 1764 dans l'*Almanach de Gotha*.

Cette fois, Robert et La Guipière font dresser vingt-quatre petites tables de six couverts dans les six salons et, dans la salle à manger blanc et or, une grande table de trente couverts où trôneront l'Empereur et les mariés entourés de leur famille. Comble de raffinement, le contrôleur et le chef de bouche composent sept menus différents.

Pour Carême, la grande cuisine française du XIXᵉ siècle naît ce soir-là, dans son élégante diversité, au milieu de cette débauche de candélabres et de cristaux gravés aux armes impériales : « M. Laguipierre se conserva les entrées et les entremets des trois derniers menus qu'il devait servir, et chargea le fameux Riquette du soin d'en servir deux autres. Il me confia le service des deux derniers, de manière que nous avons réuni tout le matériel de nos menus dans trois cuisines différentes. Dès que le contrôleur demanda le service, nous fûmes prêts tous trois en un moment, sans confusion, et dans un ensemble réellement admirable. Enfin, chaque salon avait son maître d'hôtel séparément, qui demandait le service en nommant le salon où il se trouvait. Toutes ces tables furent servies à la suite du bal. Les dames seules s'assirent, les cavaliers allaient visiter un splendide buffet où le service de cuisine était très brillant et en très grande abondance. »

Pour en donner une idée, il ne peut s'empêcher d'énumérer les chefs-d'œuvre d'or et d'argent, de sucre filé et de gelée éclatante que même les Romains, les invités de Lucullus et d'Apicius, n'ont pu entrevoir et qu'il confectionne depuis des jours avec passion : « Ces palmiers, ces trophées militaires, ces draperies, ces casques, ces lyres, ces cassolettes, ces pièces montées, l'élégance de notre pâtisserie moderne, ces suédoises de pommes, ces gelées de fruits savoureux et limpides, ces entremets de gâteaux brillants de confiture. Ces socles décorés supportant des dindes en daube, des jambons glacés et historiés, ces grands poissons, ces plats de rôts, de faisans et de poulardes. Ces entrées froides, de salmis, de perdreaux rouges à la gelée, de salades de volaille à la magnonaise, d'entremets, de légumes à l'italienne et à la provençale, tout annonce la munificence d'un grand personnage. »

Dans la grande galerie du buffet, dix petites tables chargées de couverts ont été dressées pour que les cavaliers puissent se restaurer sans s'asseoir. « On commença par servir les potages, les poissons, le rôt, les entrées froides et entremets de toute espèce qui étaient en réserve. Ensuite, on attaqua le buffet. Des maîtres d'hôtel avaient soin de garnir les petites tables sitôt que le service l'exigeait, et des valets de pied changeaient les assiettes avec célérité. Des officiers avaient soin de servir un riche dessert, et d'autres avaient la surveillance des vins de France et étrangers. Le contrôleur se répandait partout à la fois, voyant tout, ordonnant tout, remédiant à tout. Cette fête fut sans contredit l'une des plus extraordinaires du règne de Napoléon. »

Au milieu de ses douze cents invités, le grand-duc de Berg rayonne. Depuis l'auberge de la Bastide-Fortunière quel chemin parcouru ! L'Empereur est satisfait. Et, comble de joie, les deux mariés semblent faits l'un pour l'autre. « La mère du prince aurait préféré une jeune personne de la famille Beauharnais à une parente de Murat dont l'illustration lui paraissait bien nouvelle, écrira plus tard la reine Hortense. Cependant le mariage a réussi et les deux époux sont encore très heureux. »

Cette belle harmonie donne-t-elle à Antonin le goût de la famille ? Un mois plus tard, chacune des douze mairies de Paris a doté et marié une jeune fille avec un militaire. Mais comment le chef pâtissier aurait-il le temps de penser à fonder un foyer ? Dans les cuisines de l'Elysée, il est sans cesse au rez-de-chaussée de l'histoire. Secret d'Etat, Murat est parti à l'assaut de l'Espagne. Chaque jour, une voiture emmène les quatre enfants assister au déjeuner de l'Empereur. « Il causait, riait avec nous et nous distribuait à chacun un morceau de sucre trempé dans son café », raconte Louise, la petite dernière. Caroline espère que l'aîné, Achille, remplacera dans le cœur de son oncle le petit prodige d'Hortense, Napoléon-Charles, mort à sept ans, l'hiver dernier, étouffé par le croup. « Il ira plus loin que moi », disait son oncle, amusé par ses reparties qui faisaient rire toutes les Tuileries.

Un héritier, Napoléon le Grand en rêve toujours. Le maréchal du palais, Duroc, a installé Marie Walewska rue de la Victoire. Elle a dix-neuf ans et elle est si douce... Mais l'Empereur et roi ne peut se remarier avec une comtesse polonaise.

C'est le carnaval et, pour le distraire, sa sœur Caroline organise le 1er mars un bal masqué, « Songe de fée », dont une fois encore tout Paris s'émerveille. L'un des orchestres est mené par le nègre Julien et la grande-duchesse de Berg a demandé à Bessières, qui commande la cavalerie de la garde impériale, de lui envoyer ses meilleurs danseurs.

L'inévitable Despréaux a réglé les figures des quadrilles. Un ballet espagnol, pour rappeler discrètement que Murat est candidat au trône des Bourbons de Madrid. Il y a aussi le quadrille des « Enchanteurs », vêtus de satin puce parsemé d'étoiles d'or. Et puisque le Tyrol autrichien, conquis par les Français, vient d'être rattaché à la Bavière, Caroline et la duchesse d'Abrantès portent un costume folklorique, jupe et larges bretelles de laine rouge gansée d'or posées sur un corsage à manches longues, gaufré à petits plis dans toute sa hauteur et bas rouges à coins d'or. « La grande-duchesse avait mis dans son plan de mascarade, je ne sais pourquoi, qu'il n'y aurait pas d'hommes dans les quadrilles de cette fête. Nous étions seize Tyroliennes conduites par leur bailli, et ce vénérable personnage était représenté par Mlle Adélaïde de Lagrange. »

Hortense a aussi son quadrille. Enceinte de son troisième fils, futur Napoléon III, dont elle accouchera le 20 avril, la reine de Hollande a voulu un déguisement qui dissimule sa grossesse. Et Despréaux a créé un ballet de vierges en longue et fluide robe blanche comme dans l'opéra de Spontini, *La Vestale*, qui vient d'obtenir un immense succès. Devant la troupe, s'avance la ravissante Virginie Guillebeau que sa mère irlandaise rêve de voir dans le lit de l'Empereur. Caroline l'a déjà surprise en train d'embrasser passionnément Murat. Folle de rage, la grande-duchesse de Berg pique une crise de nerfs et interpelle vertement son chambellan pour qu'il fasse sortir l'intrigante. Le vénérable M. d'Aligre, qui a été un des premiers du faubourg Saint-Germain à se rallier à l'Empereur, s'exécute. La musique peut reprendre.

Dans les appartements, les invités ont à leur disposition cinq cents déguisements afin de pouvoir se travestir à plusieurs reprises. L'Empereur porte un domino bleu, plaisante avec les dames. Mais on le reconnaît. Il en change. Se cogne dans la duchesse d'Abrantès qui le reconnaît encore. « Il voulait se divertir... et, pour y parvenir, il se déguisait jusqu'aux dents et puis il donnait sa ressemblance à quelqu'un qui s'en allait courant le bal pour lui. Par exemple, ce jour-là, ce fut Isabey qui fut chargé de remplir son rôle. L'esprit de l'aimable artiste était fait et plus fait, s'il faut le dire, pour un bal masqué, que ne l'était celui de l'Empereur, mais Napoléon, quoi qu'il fût reconnu à l'instant, n'en aimait pas moins le bal masqué et s'en amusait bien comme un enfant, et même comme un homme tout jeune de sensations. »

Jamais l'Empereur n'a été aussi grand. Et Paris aussi beau.

Dans les rues, tout est splendeur. Une ère nouvelle commence pour la gastronomie française. Ces talents de l'ancien et du nouveau régime, ces Robert et ces La Guipière, ces Riquette et lui, Carême, réunis dans les mêmes cuisines de l'Elysée sont symboliques de ces quelques mois fugaces de l'apogée de l'empire après Tilsit. Ensemble, ils jettent les bases d'une cuisine nouvelle, « moderne », élégante et succulente, qui fera la gloire du XIXe siècle. Jamais le chef pâtissier n'a côtoyé tant de célébrités, jamais il n'a autant appris. « C'est à l'Elysée-Bourbon... que je reçus, en quelque sorte, les dernières instructions. »

12

Après les fanfares militaires, les parades nuptiales : « Gai, gai, marions-nous », chante l'Empire. Chaque jour ou presque, les journaux annoncent que l'Empereur ou Madame Mère signe le contrat de mariage d'un général avec une dame du palais, d'un colonel avec l'héritière d'un conseiller d'Etat. L'Empire a besoin d'enfants. Des générations entières ont été moissonnées dans les champs d'Iéna, d'Eylau, de Friedland. Avec la guerre d'Espagne, on rappelle les célibataires. Tous les hommes doivent être mariés sous peine de partir sous les drapeaux.

Le 18 octobre 1808, Antonin saute le pas. Devant Me Hua, notaire, il signe son contrat de mariage avec Henriette Sophie Mahy de Chitenay, presque une voisine puisqu'elle habite 96, rue Saint-Honoré. Le père d'Henriette, enseigne de vaisseau, est mort. Sa mère n'assiste pas non plus à cette réunion.

Ce jour-là, à l'Odéon, restauré et rebaptisé quelques semaines plus tôt Théâtre de l'Impératrice, on affiche *L'Epouseur de vieilles femmes*. Un mois plus tard, à Notre-Dame, c'est plutôt l'inverse. Pierre Dufournel, âgé de cent dix-neuf ans, épouse Anne Boulon qui en a trente-cinq. Mariés civilement depuis quinze ans, ils ont déjà plusieurs enfants ensemble.

Carême, lui, n'a qu'un an de plus qu'Henriette. A vingt-cinq ans, il est grand, mince, élégant. Il a des mains fines qui sculptent des chefs-d'œuvre. Il parle avec vivacité, éloquence et passion. Il aime les livres de voyage, mais il a une prédilection pour l'*Iliade* et l'*Odyssée*. « Carême était plein de la lecture d'Homère, dit le marquis de Cussy, et son imagination en rêvait fréquemment les merveilleuses fictions. » Avec les aventures d'Ulysse et de Nausicaa, il ne pouvait qu'ensorceler la fille d'un marin.

Toutes ces qualités sont peu communes chez les pâtissiers et les hommes de bouche de son temps. Les cuisiniers ont du mal à rédiger leur menu et ne s'intéressent guère à l'histoire, pas même à celle de leur profession. Il est envié. A l'Elysée, il s'est fait un nom. « Cette position exceptionnelle n'a jamais diminué pour moi le chagrin de vivre souvent au milieu d'hommes dénués de toute éducation... car cette éducation qu'on se donne au milieu d'une vie rude est celle qui s'acquiert peut-être le plus difficilement, il faut l'exemple d'une famille pour élever notre âme ! »

Chez Me Hua, Carême est accompagné de son père, de son oncle, Antoine Guillet, tonnelier rue Saint-Paul, et de son cousin Antoine, ciseleur. Il y a aussi un couple d'amis : Antoine Crouslé et sa femme. La mariée a, elle, quatre témoins domiciliés rue Mazarine et rue du Temple. Beaucoup de monde pour parapher une communauté de biens très modeste. La mariée apporte en dot habits, bijoux et deniers comptants, une somme de quatorze mille francs fort utiles pour l'acquisition d'un bail. Le futur dépose dans la corbeille « son état et les meubles et ustensiles servant à son exploitation, le tout d'une valeur de huit mille francs ».

Eh oui ! Sur les traces de Bailly et de Gendron, Carême

vient d'ouvrir sa pâtisserie. Car le palais du faubourg Saint-Honoré est vide. Le 6 septembre, Joachim et Caroline sont entrés dans Naples sous les arcs de triomphe en carton-pâte et les acclamations de leurs nouveaux sujets penchés aux balcons des beaux hôtels de la rue Toledo. Enfin une couronne. Hélas ! Ce n'est pas celle d'Espagne que l'Empereur a réservée à son frère Joseph. A Madrid où il occupait déjà le palais des souverains, Murat en a fait une jaunisse. Pour se remettre, il a dû suivre une cure dans les Pyrénées, aux eaux miraculeuses de Barèges puis partir en convalescence à Cauterets. Mais la baie napolitaine enchanteresse avec ses palmiers, ses mélodies, sa mer d'un bleu si profond à l'ombre du Vésuve et les somptueux palais des Bourbons flattent son cœur et son orgueil de méridional.

La Guipière l'a suivi avec des appointements vraiment royaux et une imposante brigade de cuisine française. Riquette s'en est allé à Saint-Pétersbourg au service du tsar. Robert, dont le restaurant a périclité sous la direction de son frère, a repris l'hôtel d'Augny rue de la Grange-Batelière avec des salles de jeux pour les étrangers.

Antonin, lui aussi, a fait sa pelote depuis dix ans. Et il en a croisé des Parisiens qui comptent ! Notamment Fontaine et Percier qui viennent d'ouvrir une nouvelle artère entre la place Vendôme et le boulevard au milieu des ruines du couvent des Capucines. Le 19 février 1806, un décret impérial créait la rue Napoléon, future rue de la Paix, et précisait : « Cette rue sera la plus belle de Paris. »

Rien ne pouvait inciter davantage le pâtissier à s'y installer. Et sans doute grâce à ses relations privilégiées a-t-il pu bénéficier d'un bel emplacement à louer. L'*Almanach du commerce* situe sa boutique au 21. Il habite à côté. Dans son contrat de mariage, il est domicilié au 23, rue Napoléon. Cette nouvelle numérotation paire d'un côté, impaire de l'autre date de l'été 1805. Elle fait gagner beaucoup de temps. Auparavant, on changeait de centaine à chaque bloc. Les vrais points de repère venaient des hôtels, de leurs grands porches à colonne et de leurs suisses qui renseignaient les piétons.

Pour l'instant, cette rue Napoléon est encore un chantier, avec des piles de pavés et des blocs de pierre qui rappellent à Antonin le décor de son enfance. La poussière vole comme autrefois dans le faubourg Saint-Germain. En 1805, un lecteur a écrit au *Journal de Paris* : « Messieurs, j'habite la rue du Mont-Blanc, voisine du boulevard... Les trottoirs sont mal faits... trop hauts ou mal pavés ou n'ont point de pente pour l'écoulement des eaux et en vérité autant vaut marcher au milieu de la rue que sur ces trottoirs. Les boulevards dont on vante dans toute l'Europe la beauté et la magnificence sont un océan de boue pendant l'hiver et ceux qui, comme moi, sont obligés de passer du faubourg à la ville se crottent jusqu'à mi-jambe. Pendant l'été, ce sont des tourbillons de poussière qui étouffent, aveuglent, pénètrent partout et abîment les meubles des maisons. Voilà les belles jouissances des habitants voisins du boulevard pendant six mois de l'année. »

Depuis février, on a pavé la rue de Castiglione et la rue du Mont-Thabor comme la rue de Rivoli, avec la chaussée du milieu en dos d'âne et les bas-côtés en pente douce. On pave aussi la nouvelle rue Impériale qui relie le Louvre aux Tuileries. On rehausse le quai pour éviter les inondations annuelles. On installe des réverbères paraboliques rue de Richelieu, sur les places de la Concorde et du Carrousel. Et place Vendôme, on achève la colonne destinée à consacrer la prospérité de l'Empire. Le 23 août, des chevaux harassés ont apporté d'un pas solennel la statue qui doit la couronner. En empereur romain, Napoléon le Grand, une main appuyée sur un glaive, tient de l'autre le globe terrestre.

Les badauds des boulevards qui viennent l'admirer ne peuvent manquer de s'arrêter devant le bel établissement d'Antonin surmonté d'une couronne et de deux aigles. Dans *Les Classiques de la table*, on voit une gravure de la pâtisserie avec au loin la colonne Vendôme. CARÊME est écrit en grosses lettres sur la devanture. Un client distingué ajuste son lorgnon vers la vitrine à travers laquelle on distingue un chaud-froid de poularde, d'élégants entremets, des pièces montées, des corbeilles débordantes de petits choux...

Quelle révolution ! Cette maison Carême séduit d'abord les regards avec ses trois comptoirs de marbre gris et noir, ses grandes glaces, ses boiseries en chêne et ses élégants quinquets. Deux banquettes et deux tabourets ronds en velours vert à raies accueillent les clientes qui peuvent, en attendant qu'on emballe leur commande, s'enivrer d'une riche odeur de pâte feuilletée, mêlée de vanille, d'amande, d'abricot et de truffe. Les petits pâtés sont pesés sur deux balances portées par une statuette de bronze. Et les murs garnis de bocaux, de pâtes de fruits, de confitures. Pour ce décor, Antonin a été son propre architecte. Ces deux dernières années, il a tellement baigné dans le « beau idéal » des fêtes élyséennes que son regard a enregistré tous les détails dont il s'inspire pour éblouir sa clientèle. Plus tard, d'ailleurs, il dessinera d'autres boutiques pour ses confrères.

L'innovation est plus spectaculaire encore dans les doubles vol-au-vent, les hauts millefeuilles aux fruits, les coupes en nougat garnies de crème aux fraises, les gigantesques meringues aussi rondes que les ballons de Garnerin qui s'envolent les soirs de fête. « Carême est le premier praticien qui ait porté la précision de l'architecture dans la pâtisserie : les formes légères imprimées à sa pâtisserie, ses découpures, son feuilletage ont charmé les yeux. Et sa suavité fondante a augmenté la quantité des mangeuses de gâteaux », proclame le marquis de Cussy.

Sans parler des premiers petits fours dont il vient d'avoir l'idée pour améliorer le service des thés plus que jamais à la mode. Entre deux contredanses, les serveurs passent les plateaux d'argent chargés de diadèmes aux pistaches, de bouchées aux anis roses de Verdun, de feuilles de chênes perlées, de trèfles pralinés, douceurs exquises qui fondent sous le palais et arrachent des exclamations aux invités. « Les petits fours sont une riche partie du commerce de nos établissements du jour, explique-t-il, tandis que nos pâtissiers anciens ne savaient guère faire que le macaron et le biscuit. Encore n'en avaient-ils point de débit, attendu que les confiseurs d'alors avaient la prééminence. Mais, aujourd'hui, c'est tout le contraire, ce sont nos boutiques pâtissières qui l'emportent sur celles des confiseurs. » L'immortel historien des friandises, Lacam, rend hommage à celui qu'il appelle notre chef : « Si je parle de Carême, c'est que ce fut le grand innovateur du siècle, il créa bien des choses qui n'étaient pas connues. Les petits fours et les meringues lui doivent leur création, c'était inconnu avant, et peu à peu il avait perfectionné la pâtisserie. Il avait fait rue de la Paix une bonne maison qui eut sa vogue. » A croire qu'il ne s'aventure jamais dans cette rue Napoléon, Grimod, curieusement, ne cite pas une fois le nom de Carême dans ses huit *Almanachs* et se contente de préciser l'étymologie de ces friandises élégantes : « On donne en pâtisserie le nom de petit four aux différentes pièces dont le sucre fait partie et qui, étant d'une nature très délicate, n'exigent pour leur cuisson qu'un four extrêmement doux. Ainsi petit four est synonyme de four doux ou très modérément chauffé. »

Les quatre « garçons » apprentis travaillent au premier étage ou, pour plus de fraîcheur, à la cave qui possède son puits. Ils dorment sur place dans des lits de sangle. Les casseroles sont en cuivre, comme la plaque à meringue, les tourtières, les moules à tartelettes ou à gros biscuits qu'Antonin a lui-même dessinés pour éviter les accidents au démoulage. Et aussi ceux en forme de lyres ou de cassolettes dans lequel il verse le caramel de ses pièces montées. D'innombrables armoires ferment toutes à clef. Car le maître pâtissier entend n'employer que les meilleures matières premières : « Dans mon établissement, j'ai payé jusqu'à cent vingt-cinq francs un sac de farine tandis qu'à la Halle la première qualité ne se vendait que cinquante-cinq à soixante francs. Quelle différence dans cette farine tant pour la blancheur et la finesse que pour la qualité et la saveur ! » C'est elle qui fait les seuls véritables vol-au-vent. En cas de commande impromptue, il réalise son feuilletage en moins de quatorze minutes ! Pourtant, sa dextérité suffit à peine à satisfaire une clientèle toujours plus nombreuse. Car les grandes maisons de l'Empire n'imaginent pas de se fournir ailleurs. On trouve chez lui les gâteaux de plomb les plus légers, les brioches les plus mousseuses, les biscuits de Savoie les plus élégants. Et les pièces montées les plus pittoresques.

Le carnaval déclenche une farandole de bals masqués. Les carrefours se peuplent d'arlequins, de fées Mélusine et de faux maréchaux qui dansent rue Napoléon devant la vitrine où chaque jour une nouveauté remplace celle de la veille. Gondole vénitienne, tour des vents, gerbe de blé, trophée de la marine, navire chinois, arbuste en nougat portant des petits paniers, lyre enlacée des emblèmes de l'amour... les clients peuvent choisir entre une bonne centaine de modèles exclusifs dont le pâtissier montre orgueilleusement les dessins et qu'il adapte suivant l'événement à célébrer. Pour un mariage, il met en scène avec tendresse son casque romain. « Je l'avais renversé sur un coussin, j'avais placé sous sa visière un petit Amour dans une belle rose en pastillage. » Et à nouveau tout Paris parle de son génie. « Je compare sous ce rapport un bon pâtissier de colifichets à une modiste distinguée, douée d'un goût parfait et d'une imagination inventive, dont les doigts industrieux font avec peu d'étoffe des choses charmantes qui séduisent et captivent la vue. De même, nous devons, avec des fragments de pâtisserie qui ne signifient d'abord presque rien, faire des choses aimables et gracieuses, qui, en même temps, excitent la gourmandise. »

Comment a-t-il pu avoir l'idée d'une « Maison d'arrêt militaire » ? Est-ce une commande du ministre de la Guerre ? Plutôt celle d'un officier fêtant la fin d'une punition pour dette de jeu. Car, pour le raffiné Berthier, Antonin s'enorgueillit d'avoir élevé un dôme de petits choux baptisé sur-le-champ « croque-en-bouche à la parisienne » : « J'ai composé cette grosse pièce de croquignoles à la reine (ou de patience), et cela n'est pas sans raison, parce que je me suis aperçu combien elle était en faveur auprès des personnes qui se piquent de connaître les bonnes friandises en pâtisserie. » Et il commet son péché d'autosatisfaction : « Je me sais bon gré d'avoir donné cinquante francs à un confiseur, qui voulut bien me rendre le service de venir dans mon établissement me montrer à les faire. Je l'en remercie bien sincèrement, puisque ces croquignoles à la reine me procurent l'avantage d'en avoir su composer une grosse pièce charmante, et plus croquante que toutes les croquantes de nos anciens, et surtout d'un glacé extraordinaire. »

Les biscuits à la cuiller lui donnent l'idée d'une charlotte qu'il remplit de fromage bavarois à la vanille et décore de losanges verts à la pistache, couleur de l'Empire. Plus patriote que Napoléon et tous ses maréchaux, il l'appelle sans l'ombre d'une hésitation « charlotte à la parisienne » : « Quelques personnes nomment cette charlotte *à la russe*, tandis que je l'ai dénommée *à la parisienne*, attendu que j'en eus l'idée pendant mon établissement : car les premières qui aient paru, ce fut chez les ministres de la Police et des Relations extérieures. Je les ai envoyées toutes moulées au moment du service, avec les commandes de pâtisseries qui m'étaient faites pour ces grandes maisons. »

Son enseigne rejette dans l'oubli celles de Bailly et du successeur de Gendron dont l'épouse ne prétend pas trôner derrière la caisse. L'aimable Henriette Carême tient-elle le livre de comptes d'Antonin ? La tête pleine de ses sultanes et de ses belles suédoises, l'artiste de la rue Napoléon ne dit pas un mot de sa femme. Dans son *Pâtissier royal,* il évoquera la première maison de Paris, celle de son ami Alhain qui a pris, rue Gaillon, la succession de Lozet, après avoir épousé sa fille. Et n'est-ce pas son propre établissement qu'il décrit ? « C'est là que l'on trouve l'élégance et le bon goût. Toutes les pâtisseries des excellences, des ambassadeurs et des grandes maisons se tirent de la rue Gaillon, toutes les élégantes de la capitale viennent en équipage y commander les pâtisseries de leurs bals, de leurs soirées musicales et de leurs thés. Pour les grandes fêtes données par l'Hôtel de Ville de Paris, des centaines de grosses pièces montées et de fonds, des milliers d'entremets de pâtisserie se commandent là. »

Comme les clientes, les élèves affluent rue Napoléon, pour s'initier à ses secrets : « J'avais l'habitude de faire dresser mes apprentis dès les premiers mois qu'ils étaient avec moi. Ils faisaient leur pâte eux-mêmes et à leurs frais : lorsqu'ils avaient un moment à eux, c'était pour dresser un petit pâté froid. Ils le garnissaient de farine, le finissaient, le pinçaient et le décoraient comme s'il eût été pour servir. Ensuite, ils ôtaient la farine de l'intérieur, mouillaient légèrement la surface du pâté, le déformaient, et moulaient la pâte pour resservir le lendemain. » Jeune patron, il ne songe déjà qu'aux générations futures. C'est pour elles que germe dans son esprit l'idée d'un grand traité retraçant les progrès de cette pâtisserie « moderne » qu'il ne cesse d'inventer.

Effaré, il constate qu'après plusieurs mois chez des confrères, certains apprentis ne savent même pas faire une détrempe. « J'en eus un autre qui m'a assuré n'avoir jamais mis la main à la pâte, et pourtant il avait payé une somme de 200 francs et donné trois années de sa jeunesse. » Un jeune Allemand s'attaque à son feuilletage avec tant de vigueur que la boule de farine en devient « extrêmement coriace ». Antonin prend le temps de lui montrer comment la sauver avec quelques « noix de muscade » de beurre. Aux maladroits, il enseigne à tenir les doigts étendus et les mains près l'une de l'autre en montant la pâte afin de ne pas la plisser. « Avec ces soins, de l'adresse et du goût, ils pourront, après des années de pratique, arriver à dresser un gros pâté de cette forme, tout à la fois mâle et élégant. »

Ces deux adjectifs, Carême en use et en abuse, et pas seulement pour la pâtisserie. Ils font partie du vocabulaire de cette époque héroïque fanatisée par les parades militaires et les exploits guerriers de la Grande Armée. L'Empereur ouvre le chantier de la Madeleine sur le modèle des temples antiques. Comme la Bourse dont la première pierre a été posée en grande cérémonie le 24 mars 1808 et qui sera, annonce-t-il, la plus grande d'Europe, pour écraser Londres et attirer les capitaux de cette Russie dont les mines d'or et de diamants semblent inépuisables.

Le banquier Récamier a dû vendre son bel hôtel de la rue du Mont-Blanc. Juliette vit, rue Basse-des-Remparts, dans une ancienne maison de plaisir avec un escalier tout en miroirs. Son voisin, le marquis de Barbé-Marbois, préside désormais aux Tuileries la nouvelle Cour des comptes. Mais, dans le quartier, le nouvel astre du jour est le prince Kourakine arrivé en équipage mirobolant, fin novembre, à l'hôtel de Thélusson pour succéder au comte Tolstoï.

Dès qu'il sort, les Parisiennes se précipitent à leurs fenêtres pour l'apercevoir. Ce n'est pas que le nouvel ambassadeur de toutes les Russies soit séduisant. Il est à demi chauve, avec un gros ventre de polichinelle, mais, du harnais de ses chevaux aux boucles de ses souliers, il brille de mille feux. On l'appelle le « Prince Diamant ». Il en porte sur lui pour soixante-dix mille francs. Son carrosse attelé de six chevaux est flanqué d'une escouade de valets que précèdent plusieurs coureurs à pied en livrée. Sa chapelle ne compte pas moins de quarante clercs et chantres avec leurs barbes noires. Son arrière-grand-père, Boris Kourakine, était beau-frère de Pierre le Grand. Alexandre possède quarante mille serfs dans ses terres de Madeljidna sans compter ses pêcheries d'Astrakan.

Ce gargantua slave a goûté aux fastes de l'Ancien Régime. En 1782, il a accompagné son ami d'enfance, le futur Paul Ier, lors de son voyage en France. En leur honneur, Marie-Antoinette avait organisé un bal et les Condé des fêtes si raffinées que le tsarévitch s'était écrié qu'il donnerait son empire pour Chantilly. Quand Paul est devenu fou, Kourakine s'est éloigné de lui mais en restant fidèle à la couronne impériale. A son avènement, Alexandre a nommé conseiller puis ministre des Affaires étrangères ce colosse de cinquante-sept ans qu'il appelle « mon petit pigeon ». Il lui a offert un de ses plus beaux palais de Saint-Pétersbourg et l'a chargé de conclure les négociations entamées avec Napoléon à Tilsit, avant de l'envoyer à Vienne puis à Paris, impériale faveur pour un gastronome.

Au lendemain de son retour d'Espagne, l'Empereur s'empresse de le recevoir aux Tuileries, le 24 janvier 1809, pour la remise des lettres de créance. Comme l'exige le protocole, le grand maître des cérémonies, Louis de Ségur, se déplace rue de la Victoire, à la tête de trois carrosses, de valets et de pages en livrée impériale verte, pour emmener l'ambassadeur et la cour pétersbourgeoise qui papillonne autour de son protecteur.

L'excentrique prince slave laisse à ses fonctionnaires le soin de lire les dossiers. Et c'est préférable ! Véritable bouffon de Paris, ce gourmand ne songe qu'à sa table pour laquelle il jette les diamants par poignées. A l'hôtel de Thélusson, sa vaisselle d'or et ses buffets pantagruéliques font presque oublier les grandes fêtes qu'y donnait Caroline il y a à peine dix ans.

Kourakine pourrait bien être le héros dont la comtesse de Ségur s'inspirera pour son général Dourakine qui, lors de ses réceptions, recommande à son maître d'hôtel de voir grand : « Nous serons cinquante-deux, comptez sur cent quatre gros mangeurs. » Sophie est la fille du comte Fédor Rostopchine, le gouverneur hargneux de Moscou qui ordonnera de mettre le feu à la ville. Elle a épousé le petit-fils de Louis de Ségur, et a sûrement eu son enfance divertie par les appétits légendaires du diplomate.

Dans les cuisines qu'il connaît bien, Carême, l'esprit toujours en alerte, s'initie au « coulibiak », un pâté chaud de saumon auquel le chef de Son Excellence n'hésite pas à incorporer des escalopes de foie gras dont Paul Ier était grand amateur. Antonin fait la moue devant ce mélange indigeste de viande et de poisson. « Le cuisinier russe ne met point de sauce. Mais il me semble qu'une bonne demi-espagnole à glace donnerait plus de goût et plus de moelleux à ce ragoût étranger. »

En cet été 1809, une fois encore l'Empire est victorieux à Wagram. Succès qui console la nation de ses deuils trop nombreux. Le maréchal Lannes, l'intrépide héros de Montebello et de toutes les missions impossibles, qui a encore gagné en février la terrible bataille de Saragosse en Espagne, a les deux genoux écrasés par un boulet de canon à Essling. Un mois plus tôt, il fêtait ses quarante ans. Son corps embaumé est déposé dans la cathédrale de Strasbourg en attendant son enterrement solennel pour célébrer le premier anniversaire de sa mort.

Venu négocier le mariage de Marie-Louise, le prince von Schwarzenberg prend possession de l'hôtel de Montesson. La France a conquis l'Autriche. Mais la pâtisserie viennoise envahit Paris. Carême connaît aussi le chef de cuisine de la rue du Mont-Blanc. Et comme, après la guerre, l'heure est aux épousailles, M. Eugène lui « fait l'amitié » de venir dans son établissement lui révéler les secrets du « couglauffle à l'allemande ». Le pâtissier en écorche allègrement l'orthographe avant d'en noter précieusement la recette : « Service important, puisque aujourd'hui je puis en enrichir notre grande pâtisserie nationale. » Quelle aubaine ! « M. Eugène m'a assuré que les cuisinières viennoises avaient un tact tout particulier pour bien faire ce gâteau. Elles ont la précaution de se mettre dans un lieu chaud pour travailler. Puis elles font tiédir les œufs, le beurre, la farine et même la terrine. »

Mais déjà, Antonin s'étonne de voir l'Autrichien tapisser son moule de mie de pain après l'avoir beurré. Cette méthode ne peut que nuire à une belle cuisson. « Je voulus en faire l'expérience à l'instant. Alors je beurrai et passai de la mie de pain dans un moule. Puis j'en beurrai un seulement, de la même grandeur. Je mis autant de pâte dans l'un que dans l'autre... Ils furent cuits ensemble et à ma satisfaction. Car ce que j'avais présumé arriva, c'est-à-dire que le moule pané nous donna un couglauffle d'une couleur rouge terne et grisâtre. Tandis que l'autre moule avait donné un couglauffle d'une couleur rougeâtre, claire et vive, semblable à la couleur mâle d'un beau baba. Mon maître fut témoin de ce résultat et approuva ma méthode. »

Une fois de plus, l'Autriche rend les armes !

13

DANS LE CŒUR d'Antonin, une Autrichienne, fût-elle archiduchesse, ne peut remplacer la gracieuse et bien-aimée Joséphine. Le ministère de la Police signale d'ailleurs que dans les commerces de la capitale, notamment les charcutiers, les traiteurs, les pâtissiers, des propos malveillants circulent sur le compte de cette impératrice étrangère d'à peine dix-huit ans. « Elle n'est pas jolie, mais elle fera un bon moule à empereur », rigolent les apprentis devant leur four. Marie-Louise est ronde, rose et gourmande. Comme tous ses compatriotes, elle aime les gâteaux, surtout quand ils débordent de cette belle crème blanche et normande que Carême fait fouetter par sa brigade.

Le 2 avril 1810, jour des noces, semble tiré d'un conte de fées. Le carrosse impérial entre dans Paris par l'Etoile et passe sous l'arc de triomphe ou plutôt son gigantesque trompe-l'œil qui donne une idée de sa future grandeur. Précédés de la garde impériale, le carrosse doré et ses cochers poudrés dévalent les Champs-Elysées, traversent la place de la Concorde et le jardin des Tuileries, au milieu des mâts de cocagne. Les Parisiens applaudissent surtout aux gigantesques buffets dressés sur le Cours-la-Reine qui offrent aux appétits 4 800 pâtés,

1 200 langues de bœuf, 1 000 gigots et autant d'épaules
d'agneau, près de 250 dindons, 360 chapons, autant de
poulets et des milliers de saucissons. Hélas ! Les fontaines de
vin n'incitent guère à chanter pour la nièce de Marie-Antoinette. Ce mariage fera date comme une formidable indigestion.

Napoléon ne voit qu'un moyen de calmer la grogne des boutiquiers : donner des fêtes pour retenir les souverains étrangers
et faire marcher le tiroir-caisse. Après une lune de miel à Compiègne, un voyage de noces en Belgique accompagné des six cents
cavaliers de la garde, ce n'est, durant cent jours, qu'un tourbillon
de dîners, de bals et de commandes dans la pâtisserie Carême.

Du faubourg Saint-Honoré au Palais-Royal, les piétons assistent à un perpétuel « embarras de rois ». Les carrosses défilent
pour apporter aux Tuileries hommages et révérences. Caroline
et Joachim sont de retour. Mais le roi de Saxe est là aussi avec
le roi de Wurtemberg. Et le roi de Bavière. Eugène de Beauharnais, son gendre, vice-roi d'Italie. Et naturellement Louis, roi
de Hollande, Joseph, roi d'Espagne. Et Jérôme, roi de Westphalie, avec une suite qui ne compte pas moins de cinq grands
officiers, trois aides de camp, douze chambellans, dix dames
d'honneur, deux préfets du palais, des écuyers et une armée de
valets. Metternich qui a joué les marieuses est entouré d'une
poignée de princes autrichiens. L'heureux époux lui a offert un
magnifique service de Sèvres pour le remercier de sa bénédiction. « Service pour service », s'amuse le prince de Ligne.

La manufacture a l'exclusivité de ces cadeaux d'Etat qui
illustrent le renouveau de la gastronomie française. Cambacérès, Pauline, Bernadotte, Jérôme, tous ont reçu de Napoléon
le Grand ces assiettes bordées d'or, assorties aux œuvres
d'Antonin. L'Empereur et roi tient à éblouir l'Europe à table
comme sa jeune épousée au lit.

Hélas ! Quelle différence avec le « parfait fini » des bals de l'Elysée ! Où sont les dignes successeurs du grand Robert ? Et comme La Guipière manque à la France ! Au lieu de cette belle équipe, ce ne sont que rivalités et mesquineries entre les maîtres d'hôtel, les fourneaux, le froid et la pâtisserie. Sur ses carnets où il a noté tant de progrès accomplis par la cuisine moderne, Antonin, désabusé, ne peut que faire une « revue critique » des grands extraordinaires de ce printemps 1810.

S'il ne cite aucun nom, méthodique, il ne laisse rien passer. Premier bal : « Je ne vis jamais de buffet aussi mal conçu que le fut celui-ci sous les rapports de l'art. Il n'était ni commode ni élégant... quelques assiettes montées et garnies de bonbons, quelques entrées froides et un peu de pâtisserie. Telle était la richesse de ce petit buffet qui ressemblait beaucoup aux festins des noces de campagne. »

Deuxième grand bal donné par un ministre : « Je ne vis jamais d'extra plus mal conduit, plus mal organisé, ni plus mal rendu... l'homme chargé de cette belle opération était de ces cuisiniers à prétentions, qui croient tout savoir lors même qu'ils n'ont jamais rien vu. » Comble de vantardise, il s'est entendu avec un pâtissier de ses amis, ne laissant à Carême que les pièces montées. « Quel terrible contretemps ! Le bon pâtissier sut si bien se tirer d'affaire qu'il manqua toute sa commande, qui fut cachée dans les buffets de l'office pour n'être pas vue des malins visiteurs... Notre chef est dans une position bien difficile à peindre, et donne son ami le pâtissier à tous les diables. Il ne sait que faire, que résoudre. Faire recommencer, la dépense est trop forte (cinq cent quarante-cinq francs)*. Cependant il se décide à envoyer chez moi à

_____

* Environ six mille euros.

dix heures du soir de la veille, pour me commander un gros baba et une grosse brioche pour le service de la table du ministre. » Mais le buffet reste à couper l'appétit. « Des aspics trop chargés en couleur... Des poulardes en galantine qui étaient glacées d'une glace noire. Et pour orner ces galantines d'Amérique, il avait impitoyablement haché du blanc d'œufs durs, des truffes, de la langue à l'écarlate et des cornichons... un vrai galimatias. »

Le dernier de la série tourne à la catastrophe. Antonin s'en serait douté dès ses premiers pas dans la cuisine. « Quelle confusion ! Quelle malpropreté ! Des tables toutes dégoûtantes de graisse, des fourneaux d'un rouge sale. La batterie placée çà et là, enfin dans un désordre extrême. Des petits tas de boue masquaient le parterre de la cuisine, et formaient des monticules raboteux, ce qui rendait la marche fort inégale. » Cette fois sur le buffet, le mauvais goût passe les bornes. Des socles ridicules en forme de champignons ployant sous d'énormes dindes, des jambons glacés au sucre, des cervelles de veaux entières et tout à l'avenant. « Il fallait voir les entrées de petits canetons ! Comme ces pauvres petits se noyaient dans la gelée ! Je ne puis en dire davantage : la plume me tombe des mains. »

Heureusement, le bal donné par Paris sauve l'honneur de la gastronomie française. Palud, maître d'hôtel de la Ville, en a confié l'exécution à Lasne qui fait appel, selon les journaux, à « l'élite des artistes culinaires de Paris ». Antonin est au premier rang de ces chefs préposés aux délices de Marie-Louise et des trois mille invités. Cette fois, on est aux antipodes de la noce de province. Sur la place de l'Hôtel de Ville à la hauteur du premier étage, les décorateurs ont construit une vaste salle de bal et dressé les tables dans les salons intérieurs.

Entre deux contredanses, les couples entrent et sortent par les fenêtres pour venir se restaurer aux buffets à gradins dont les guirlandes de fleurs et les draperies forment un écrin à la hauteur des « monuments » de la maison Carême.

Antonin est aussi fournisseur attitré de Pauline qui occupe à Neuilly le château abandonné par les Murat. Napoléon désire qu'elle reprenne le flambeau de Caroline et qu'elle joue les grandes sœurs auprès de Marie-Louise. La princesse Borghèse traîne de ses jolis escarpins. Elle préfère les plaisirs de l'amour à son rôle d'hôtesse de l'Empire. Très soucieuse de radier ses rivales, elle discute chaque nom de la liste que lui soumet Duroc, grand maréchal du palais :

— Je ne veux pas de Mme Regnault de Saint-Jean-d'Angély chez moi !

— Sa conduite est en effet assez légère, mais à cause de son mari...

— Eh ! je me moque bien de sa conduite et de son mari ! Pardi, elle est trop jolie, vous dis-je, et cela fait du tort aux autres femmes...

— Mais, madame, y a-t-il jamais trop de jolies femmes ?

— J'y serai moi, pardi ! Est-ce que cela ne suffit pas ? »

Pour ses plumes, elle dépense encore plus que son beau-frère Joachim et exhibe, selon Laure d'Abrantès, des toilettes de reine de Saba, comme cette robe de tulle rose, doublée de satin rose et garnie de plumes de marabout, attachée par des agrafes de diamants. « Son corsage était garni ou plutôt cousu de diamants d'une eau et d'une taille admirables. Les manches étaient en tulle bouillonné, et chaque bouillon formé par des rangs de diamants qui le serraient. Sur sa tête, il y avait deux ou trois des mêmes marabouts rattachés avec des diamants et,

pour contenir le paquet de plumes, était un bouquet de diamants posé sur la tige des trois marabouts. »

Pour Pâques, la sœur de l'Empereur doit offrir un pain
bénit à la paroisse de Neuilly. Et Carême imagine une pièce
montée rose et blanche d'un mètre cinquante de haut presque
assortie à la robe de cette ravissante Pauline dont les caprices
appartiennent déjà à la légende. Son socle se compose de
vingt-quatre pains bénits en forme de coussins pesant chacun
deux livres. Les guirlandes sont de sucre filé argenté. Une
couronne de rubans blancs avec des bouffettes de faveurs
blanches lui donne sa sainteté pascale. Antonin place dans
des cassolettes en fer-blanc et dorées au pinceau les bâtonnets
d'encens. « Lorsque j'eus terminé ce pain bénit et qu'il fut au
milieu de l'église, je trouvai qu'il avait quelque chose de grand
et de religieux, sous le rapport de l'encens qui brûlait dans
les petites cassolettes et dans la coupe et qui parfuma en un
moment la voûte du temple sacré. »

Dans son « Versailles » de Neuilly, la princesse impériale
donne, pour l'alliance de son frère avec la dynastie des Habsbourg, une fête digne de Marie-Antoinette. La soirée débute
dans le théâtre construit par Caroline avec une comédie, *La
Danse interrompue*, interprétée par les meilleurs chanteurs et
danseurs de l'Opéra. Les invités sont si nombreux que beaucoup restent à la porte. Dans le parc illuminé de lampions de
couleurs, ils se contentent aussi de suivre à distance l'Empereur et Marie-Louise qui, à chaque pas, découvrent de nouvelles surprises. « La première qui s'offrit fut de voir des groupes et des statues s'animer, quitter leurs piédestaux, former
des danses, jeter des fleurs sur les pas de Leurs Majestés, les
conduire au temple de l'hymen, à une fête villageoise et à un
palais qui était une exacte copie de Schönbrunn. Des orches-

tres placés de distance en distance faisaient entendre une musique céleste et des chants délicieux. Cette promenade magique où les regards avaient été frappés de tous les prodiges de la féerie dura près d'une demi-heure. L'Empereur, de retour dans les appartements qui étaient décorés avec un luxe extraordinaire, mit le feu à un *dragon*. Ce fut le signal d'un superbe feu d'artifice, au milieu duquel la signora Saqui s'éleva sur une corde à une hauteur prodigieuse. Au bouquet on découvrit le temple de la gloire », raconte Stanislas Girardin, un des soupirants de Pauline. A onze heures, le bal commence. A minuit, un souper et des buffets grandioses sont servis. A une heure, alors que Napoléon et Marie-Louise montent en voiture, des valets mettent le feu, près de la Seine, à un gigantesque bûcher dont la lueur illumine toute la route de Neuilly.

Parisiens et fermiers des environs ont accouru sur les berges pour contempler cette débauche de carrosses, de satin broché et d'argent gaspillé. « L'Empereur sentit, conclut Girardin, que le public pourrait bien désapprouver les dépenses fabuleuses de cette fête mythologique. Il a donc ordonné à la princesse Pauline de donner, deux jours après, une nouvelle fête où cinq mille personnes de tout rang seraient invitées. Ces billets ont été distribués par municipalités, et les bourgeois ont dit : la cour nous envoie ses restes. Ce Tivoli où l'on entrait gratis a eu peu de succès et cela devait être. Les appartements du palais étaient fermés et tout semblait dire comme avant la Révolution : c'est bon pour la canaille ! »

Le prince von Schwarzenberg, ambassadeur d'Autriche, se devait de clore cette incroyable saison par le plus beau des bals en l'honneur de son archiduchesse. Pour prolonger les salons dans le jardin, le décorateur Pierre-Nicolas Bénard a dessiné une salle de bal dont les murs, en bois comme le plancher, disparaissent sous de grandes toiles représentant des scènes de l'enfance de l'impératrice. Et pour imiter la célèbre galerie de Versailles, il faut ajouter des glaces de Saint-Gobain qui reflètent à l'infini les appliques et les soixante-treize lustres de bronze chargés chacun de quarante bougies.

L'ambassade a envoyé mille cinq cents cartons, mais à dix heures du soir, quand arrive le couple impérial, deux mille personnes se pressent déjà sous les plafonds décorés de guirlandes en mousseline. En cuisine, le service de son ami Eugène inspire à Carême de sombres pressentiments : « Le chef n'était pas assez maître de son opération, il manquait d'énergie. Il avait la bonhomie de laisser conduire ses travaux par son aide... Le rôt était très bien apprêté, mais le froid ne fut pas si heureux et cependant c'était notre aide présomptueux qui dirigeait et dressait les entrées. Bon Dieu, quel pitoyable talent. » Des socles à colonnes décorées avec du papier découpé, des filets de bœuf en forme de chien, de canard et d'oie, des galantines et des noix de veau couvertes de saindoux et chamarrées par trente-six couleurs ! Bien sûr, par cette canicule, il faut attaquer la gelée à la dernière minute mais quand même ! « Ces messieurs avaient attendu à neuf heures du soir pour commencer à décorer et à border les entrées de gelée. Enfin il en résulta que la moitié du froid n'avait pas encore été touchée à onze heures et demie, au moment même que l'on devait servir. Sans un événement fatal, l'affaire était manquée. »

Fatal, en effet ! Aucun danseur n'aura le temps de s'approcher des buffets. Alors que l'un des orchestres joue les dernières mesures d'une écossaise, un courant d'air fait voler un pan de mousseline sur la flamme d'une bougie. Un invité essaie immédiatement d'éteindre ce début d'incendie avec sa veste. Mais dans cette galerie de bois en forme de boîte d'allumettes, le feu se propage à une vitesse inouïe.

Napoléon, déjà, entraîne Marie-Louise, suivie par toute la famille impériale. Bientôt ce n'est qu'une monstrueuse cohue. Au milieu des exclamations d'épouvante, les invités se piétinent pour échapper au brasier. Les bougies brûlantes tombent sur les cheveux, enflamment les robes et transforment les danseuses en torches vivantes tandis que le plancher ploie et s'effondre. La reine de Westphalie s'enfuit en escaladant le mur du jardin par une échelle. Dans les rues du Mont-Blanc et de Provence, duchesses et marquises se retrouvent noires de cendre, le visage brûlé, les vêtements déchirés. A demi nues, elles sanglotent. Les hommes, étendus la chair à vif, poussent d'atroces plaintes. Du quartier, monte un cri de souffrance que l'on entend dans toute la capitale.

Il y a bien six pompiers. Mais cinq sont ivres. Et, en ce début d'été, l'eau manque. On ne peut qu'acheminer des seaux de l'hôtel d'en face.

La princesse von Schwarzenberg, belle-sœur de l'ambassadeur, ne voit pas sa fille. Elle est enceinte mais n'écoutant que son cœur de mère, elle s'élance dans la salle en flammes. D'un coup le plafond s'écroule et se referme sur sa robe de bal comme le couvercle d'un cercueil. Aussi belle que bonne, elle avait la réputation d'être un ange. On ne l'identifiera parmi les corps calcinés que grâce à son bracelet gravé du nom de ses huit enfants, tous vivants car la petite princesse avait quitté la salle de bal.

Deux ans plus tôt, à Vienne, à la fin d'un dîner, Pauline von Schwarzenberg s'était fait tirer les cartes par Louis de Rohan, neveu du fameux cardinal de l'affaire du collier de la reine. Devenu, depuis son émigration, général autrichien, le prince avait jeté le jeu sur la table en s'écriant : « Je n'y vois que du feu. » Et ce feu, ce soir, est un des plus meurtriers que Paris ait connus. Pour une fois, il n'a pas pris dans la cuisine. Carême ne parle pas de la frayeur qui l'aura frappé comme Eugène et sa brigade.

Napoléon, après avoir déposé Marie-Louise à Saint-Cloud, revient ventre à terre avec le maréchal Bessières pour tenter de coordonner les secours. Aussi superstitieux que sa mère Letizia et que le Romain César, il voit déjà, dans cette catastrophe, un funeste présage. N'a-t-on pas compté près de deux cents morts, tombés dans les fossés et les échafaudages de l'architecte Gabriel, parmi les Parisiens venus danser place Louis XV lors des fêtes nuptiales de Marie-Antoinette et du Dauphin ?

Enragé, l'Empereur fait licencier sur-le-champ les cinq pompiers hors d'état de servir à l'heure de l'incendie. Accusé d'avoir construit un plancher trop léger, l'architecte Bénard est écroué à Sainte-Pélagie, mais il est relâché après dix jours de cachot, l'expertise n'ayant pas prouvé sa culpabilité. Le drame conduit au moins à la réorganisation des casernes de la ville de Paris avec des pompes dans tous les quartiers.

Pendant onze jours, on fouille les décombres fumants de la rue du Mont-Blanc. Les rescapés affluent à la préfecture de police pour réclamer bijoux et même vêtements abandonnés dans le désastre. Le général de Préval demande que lui soient restitués ses chaussures neuves « en cuir noir à boucles d'or arrondies et guillochées et son chapeau officiel à plumes noires ». Mille deux cent cinquante-quatre diamants sont récupérés dans les cendres. Et on ignore le nombre exact des pierres volées par des sauveteurs empressés. Les autorités ont ordre de taire le nombre exact des décès. Un siècle plus tard, l'historien Léonce Grasilier l'évaluera à plus de quatre-vingt-dix.

La seule victime impossible à cacher aux Parisiens, c'est l'ambassadeur de Russie dont les gémissements déchirent le cœur de son cuisinier. Le soir funeste, Kourakine, cloué au lit par une crise de goutte, s'est levé avec peine et a enfilé son habit d'or pour honorer le bal de son voisin autrichien. Il se trouvait dans la galerie des glaces quand une chandelle incandescente s'est écrasée sur sa calvitie. En essayant de s'en débarrasser, il a eu la main gauche et le crâne brûlés au dernier degré. S'il n'avait eu tout l'or de son costume et les plaques de ses décorations pour le protéger comme une cuirasse, il aurait été à son tour transformé en torche. Un officier l'a ramené inanimé chez lui, où il est resté quatre jours dans le coma. L'Empereur a dépêché à son chevet ses deux médecins personnels, les illustres Corvisart et Dubois, à qui il demande, matin et soir, de ses nouvelles.

Dans la pénombre de la chambre, son frère Alexis ne sait plus à quelle icône se vouer car le resplendissant diplomate éclate en sanglots dès qu'un ami lui rend visite et parle de son bel hôtel de Thélusson comme de la « maison du malheur ».

Le peuple de Paris pleure une autre victime des Autrichiens, Lannes, son maréchal chéri tombé un an plus tôt à Essling. Il y a six semaines, toutes les cloches de Strasbourg ont annoncé le départ du char funèbre pour Paris. Le voyage a duré onze jours. Dans chaque bourgade, les volontaires se bousculaient pour avoir l'honneur de passer leur nuit à veiller le héros de Montebello et de Saragosse. Partout, les femmes en larmes jetaient des fleurs et jusqu'aux Invalides où la dépouille est exposée à la foule pour quatre jours, depuis le 2 juillet, lendemain du bal tragique. Derrière le catafalque, deux aides de camp du maréchal brandissent leurs étendards aux aigles voilées de crêpe. Aux angles, quatre invalides, choisis parmi les compagnons de combat, montent la garde.

Après la messe solennelle, le glas scande le recueillement de la capitale tandis que le cortège longe, le 6 juillet, les quais en direction du Panthéon. En tête, la cavalerie légère suivie des chevau-légers polonais et des hussards en pantalon écarlate. Puis la cavalerie de ligne, ces cuirassiers et ces grenadiers qui ont enfoncé les carrés d'ennemis russes à Eylau. Tambours et trompettes drapés de noir, l'infanterie avançant d'un pas lent le fusil renversé, le clergé de Paris, les orphelins, les pauvres encadrés de deux haies d'uniformes précèdent le char mortuaire attelé de quatre chevaux aux harnais d'argent bordés de crêpe. Les aides de camp suivent avec les aigles voilées, le pur-sang du maréchal mené par deux valets en livrée, la berline armoriée et vide, puis les voitures de sa ravissante veuve, de ses cinq enfants, de Cambacérès, de Talleyrand et de tous les dignitaires.

Cent mille Français si habitués à voir l'Empire invincible qu'ils croyaient ses maréchaux éternels écoutent les roulements sourds des tambours relayés par les accents déchirants des trompettes de cavalerie.

Napoléon est à Rambouillet.

Un mois plus tard, les Parisiens assistent à une autre procession autrement divertissante. Ne voyant aucune amélioration dans l'état dépressif de l'ambassadeur de Russie, Alexis Kourakine a décidé de lui faire traverser la Seine et de louer, rue de Varenne, l'hôtel de Biron avec son admirable parc à l'anglaise dont toute l'Europe s'émerveillait avant la Révolution. En attendant que les décorateurs aménagent cette magnifique demeure, l'Empereur propose de prêter, à Villiers, l'ancien domaine des Murat. Mais l'infatigable frère a déjà réservé le vaste château de Clichy où Juliette Récamier organisait autrefois des dîners littéraires avec son amie Germaine de Staël.

Le 12 août, le porche monumental de l'hôtel de Thélusson laisse passer d'abord les domestiques en livrée et deux par deux, les plus petits devant, puis les quarante clercs et chantres de la chapelle, annonçant, tel le saint sacrement, la chaise à porteurs dorée où gémit le grand brûlé, en robe de chambre de velours et chapeau de paille sur son crâne à vif. Derrière le gourmand prince slave, fermant la marche d'un pas religieux, les maîtres d'hôtel et les cuisiniers.

Trois jours plus tard, c'est la Saint-Napoléon et la maison Carême est à nouveau aux premières loges pour l'inauguration de la colonne Vendôme.

L'Empereur n'y assiste pas non plus. Le maître du monde a installé Marie-Louise à Trianon et semble avoir oublié ses mauvais pressentiments de la tragédie Schwarzenberg. Depuis six semaines, la jeune impératrice est enceinte.

Sept mois plus tard, le canon des Invalides tonne. Les Parisiens s'arrêtent, se taisent, se penchent aux fenêtres, comptent anxieusement. Vingt et un. Une fille ? Les facétieux canonniers attendent avant de lancer le suivant. C'est un petit roi. Dans la rue Napoléon, on applaudit comme à l'apparition du beau Talma pour qui Carême a encore créé un nouveau casque romain lors d'un grand extraordinaire. « J'imaginai d'exécuter mon casque tel que celui que le grand acteur portait dans le rôle d'Achille d'*Iphigénie en Tauride*. Alors la crinière du casque fut de sucre rose et, dans chacune des feuilles de laurier qui composaient la couronne, une ligne d'écriture rappelait les grands rôles que l'immortel Talma avait créés. Et mon casque ainsi présenté produisit tout l'effet que j'en attendais. »

Hélas, le rideau tombe sur ces dernières belles folies de l'Empire !

Dès le mois de mai, Fontaine s'inquiète des bruits de guerre qui stoppent les chantiers : « Le commerce languit, les ouvriers sont sans ouvrage. » L'horizon s'obscurcit de noirs nuages... Et pas seulement dans les chancelleries. Chargé par Napoléon d'organiser les fêtes de Saint-Cloud pour le baptême du roi de Rome, l'architecte fait dresser plusieurs gigantesques buffets dans le parc où quelques heures plus tard des trombes d'eau engloutissent galantines, sultanes et petits fours.

Jusqu'au milieu de l'été, les moissons se sont annoncées fort belles. Hélas, fin juillet, des orages dévastent la Beauce et la Brie. Dans le Midi, des chaleurs torrides grillent les épis sur place. Où trouver les mille trois cents sacs de farine que boulangers et pâtissiers de la capitale consomment par jour ? L'Empereur et roi prend l'affaire au sérieux. Quand Paris manque de pain, la révolution n'est pas loin. Une commission décide d'acheter six mille quintaux de blé des Flandres. Résultat, les cours flambent de plus belle.

Comme sous la Terreur, Napoléon fixe un « maximum », mais pour éviter les faillites, la commission accorde une prime de cinq francs pour tout achat d'un sac de farine. La situation se dégrade encore. Ce sont maintenant les campagnes avoisinantes, Arpajon, Poissy, Mantes, qui déferlent chaque jour pour remplir leurs paniers de trois ou quatre de ces grosses miches parisiennes si bonnes et moins chères.

Les autorités ordonnent aux boulangers de fabriquer un pain bis nourrissant et plus économique. Mais les pauvres tiennent à leur belle mie blanche sous sa croûte dorée et le préfet de police Pasquier s'arrache les cheveux. « C'est une chose fâcheuse dans les moments un peu difficiles que ce goût excessif que le peuple de Paris a pour le beau pain. On en a vu un exemple bien frappant puisque plus de la moitié des indigents donnent quatre sols aux boulangers pour leur changer, contre le plus beau pain, le pain de quatre livres qui leur est donné par les comités de bienfaisance. »

La récolte de 1812 s'annonce suffisante, mais les rumeurs attisent la panique. Le bruit court que le rationnement est dans l'air. Dès le matin, les queues tumultueuses s'allongent à la porte des boulangeries. A la Halle aux blés ou plutôt la Halle sans blé, il y a longtemps que Carême ne trouve plus la belle farine dont il ne peut se passer pour ses vol-au-vent. Ou alors les prix sont vertigineux.

Et d'ailleurs à quoi bon ? Il n'y a plus d'occasions de donner des fêtes. Un petit matin de mai 1812, Napoléon le Grand s'en va pour Dresde emmenant Marie-Louise dans sa berline verte couverte d'abeilles d'or. Telles les légions de César, de toutes les régions du Grand Empire ses soldats se rassemblent aux portes de la Pologne pour former la plus impressionnante armée que l'histoire ait jamais vue. D'ailleurs ce n'est pas une armée, mais dix, cent armées, un océan de régiments composés de six cent soixante-dix-huit mille guerriers auxquels il ne manque pas un bouton de guêtre.

Paris se vide chaque jour davantage. Il n'y a plus un homme en âge de porter un fusil. Dès le 22 août 1812, Carême met en vente son établissement. Une annonce des *Petites Affiches* propose : « Un fonds de pâtisserie dans le quartier de la place Vendôme. L'acquéreur jouira du bail actuel pendant les cinq années qui restent à courir. »

Quatre mois plus tard, l'affaire est signée. C'est le propriétaire des murs, un certain Chéronnet, gros rentier domicilié place de la Madeleine, qui en profite. Le lendemain de Noël, devant Me Potron, notaire rue Vivienne, Antonin cède sa belle boutique avec ses banquettes de velours, ses élégantes balances et ses moules en cuivre. Le pâtissier abandonne aussi six douzaines de tabliers et toutes ses provisions : deux cents livres de sucre pilé et même un grand sac de cette fleur de farine qu'il aime tant.

Cette vente pour deux mille francs est une vraie Berezina. Mais la véritable cause de cette débâcle ne vient pas seulement des flots noirs et glacés de ce fleuve de Russie où s'engloutissent harnais, attelages, canons. C'est le couple Carême qui est en faillite. Après quatre ans de mariage, Henriette n'a toujours pas d'enfant. Les fêtes célébrant la naissance du roi de Rome, les larmes de Napoléon présentant son fils au balcon des Tuileries, les fanfares qui ont retenti au Carrousel ont-elles percé le cœur du romantique Antonin ?

A vingt-neuf ans, le « Palladio » de la maison Carême est célèbre et élégant. Comment les femmes ne le regarderaient-elles pas ? Est-ce dans sa pâtisserie ou celle de son ami Alhain, rue Gaillon, est-ce dans les cuisines d'un grand extraordinaire ou chez un de ses fournisseurs en pinceaux qu'il a rencontré son nouvel amour ?

La belle Agathe a vingt ans. Comme lui, elle est enfant des misères de la Révolution. Elle est née le 26 décembre 1792 des amours furtives d'un caporal des hussards et d'une « fille libre » de Philippeville près de Namur, dans cette terre des Ardennes où se déroulent les grandes batailles de la République. La nuit de sa naissance, son père, Claude Guichardet, est reparti sous les drapeaux et ce sont les sages-femmes qui ont assuré que le bébé était bien de lui.

Comme Carême et beaucoup de veuves d'officiers, Agathe n'est pas allée à l'école. Toute sa vie, elle signera son nom d'une plume maladroite. Ces précisions viennent des archives de Namur qui ont miraculeusement traversé les convulsions de l'histoire. Antonin, lui, ne dit pas un mot de celle qui, en ce terrible hiver 1812-1813, donne naissance à Marie Agathe qu'il appellera plus tard tendrement « ma chère Maria ».

Au cours de toutes les destructions de cette époque, les registres parisiens d'état civil ont brûlé et n'ont pu être reconstitués avec précision. Ce qui est sûr c'est que Carême n'a pas légalement reconnu sa fille. En décembre 1838, elle s'appelle toujours Guichardet sur l'acte de naissance de son premier enfant, une fille nommée en hommage à son grand-père Antonin, Marie Antoinette. A la naissance du second, Henri, son mari, la déclarera également à la mairie sous le nom de Marie Agathe Guichardet-Carême. La grand-mère Guichardet vient de mourir et c'est Henriette qui est la marraine de ce fils prénommé Henri, en son honneur. Il semble que l'épouse de Carême n'ait eu aucune animosité envers la petite fille. Dans l'acte de décès d'Antonin, elle sera citée comme « tutrice naturelle et légale de Marie Agathe ».

L'existence de ces deux femmes, Henriette et Agathe, qui l'une comme l'autre tiennent à porter le nom de Carême, soulève aujourd'hui encore des interrogations et a donné lieu à des hypothèses farfelues.

Sur l'acte de décès d'Antonin, c'est Henriette seule qui est sa veuve. Mais à la mort d'Agathe, on trouve quand même la mention « Guichardet, dite Carême ». Le roi de la pâtisserie a-t-il vécu avec son épouse « morganatique » ? Pourquoi n'a-t-il pas, comme Napoléon, répudié sa première femme stérile pour épouser celle qui allait lui donner un enfant ? Mais la jeune femme l'a-t-elle seulement prévenu de sa grossesse hors mariage ? Il ne semble pas que le bébé soit né à Paris. Aucune paroisse ne mentionne son baptême.

Antonin a-t-il souffert de sa situation embrouillée ? Lui a-t-elle causé du tort ? Est-ce à cause d'Agathe qu'il a décidé de brader son établissement dont la dot d'Henriette lui a permis d'acheter le fonds ? C'est à cette époque qu'il commence à se plaindre de ses détracteurs qui le jalousent, comme La Guipière en avait souffert autrefois.

Comble d'infortune, son maître vient de trouver la mort dans les neiges de Pologne où il a suivi le roi Murat. Antonin en a le cœur déchiré. En 1828, il lui dédiera son *Cuisinier parisien*, assorti d'une épitaphe dont chaque virgule est un sanglot : « Lève-toi, ombre de Laguipierre ! Entends la voix d'un élève, d'un ami et d'un admirateur ! Tes talents furent extraordinaires... Tu fus forcé de quitter la France pour aller servir, au fond de l'Italie, un guerrier illustre dont tu avais fait les délices à l'Elysée-Napoléon. Tu le suivis en Russie, dans ces terribles batailles où éclata son grand courage. Mais dans la retraite, tes pieds et tes mains furent gelés. Il fallut alors t'attacher sans mouvement derrière la voiture de ton roi et, arrivé à Vilna, la mort te frappa quoique le magnanime prince prodiguât l'or pour te sauver. Illustre et noble ami, c'est à Paris que tu aurais dû mourir, au milieu de l'impression de respect que nous causaient le souvenir de tes grands services et tes cheveux blancs ! Tu aurais dû mourir là, au milieu des hommes de talent dont tu étais le maître ! »

La Guipière n'a laissé aucune trace de son talent « parfait ». C'est à pleurer ! Pour la première fois de sa vie, Antonin a du temps devant lui. Ses cahiers de notes sont pleins des menus qu'il a vu servir, des recettes de ses maîtres et de celles qu'il a inventées depuis ses débuts chez Bailly. Que de nuits sans sommeil il a passées à découvrir les secrets du beau idéal. « Dans les derniers temps de mon établissement, un jour un gourmand, qui me faisait une commande pour un thé, me demandait pourquoi le nombre des bons pâtissiers de Paris se trouvait si petit. Monsieur, lui dis-je, je vais vous satisfaire en vous donnant une idée, et tâcher, s'il m'est possible, de résoudre ce problème, qui assurément est de la plus haute importance, tant pour l'honneur du métier que pour l'intérêt des maîtres pâtissiers eux-mêmes et des amateurs qui aiment à savourer les bonnes choses. Nous avons dans Paris deux cent cinquante-huit établissements pâtissiers et cependant, comme vous dites fort bien, un très petit nombre sont réputés bons. Par conséquent, ceux-là peuvent prétendre à l'estime des gourmands et à un sort brillant, mais cela n'est pas satisfaisant pour la gloire de l'Etat. Il est donc à désirer que toutes nos maisons de commerce se ressentent réellement qu'elles habitent la capitale, plutôt que de ressembler aux petits pâtissiers de province. »

C'est pour les mener aux sommets qu'il décide de s'atteler à son grand *Traité de la pâtisserie ancienne et moderne*. Son ouvrage fera gagner aux débutants quinze années d'erreurs et de tâtonnements : « L'apprenti pâtissier deviendra plus laborieux, plus adroit, plus entreprenant. Il pourra au moins se former une haute idée des beautés de son état qui, sans contredit, est la partie la plus longue, la plus brillante et la plus difficile à bien faire de toutes celles qui composent la grande cuisine nationale. »

Mais d'abord, il veut consulter tous les livres écrits depuis l'antiquité. Il retourne à la bibliothèque de la rue de Richelieu et se plonge dans les descriptions des banquets servis chez les Grecs et les Romains. Il écoute le marquis de Cussy, préfet du palais, lui distiller sa science inépuisable sur Lucullus, Apicius et autres Fabius. Sur les quais, il traîne devant les boîtes des bouquinistes et s'attarde chez les libraires pour dénicher les ouvrages de cuisine. Des livres de pâtisserie, il n'y en a pas ou presque. Dans *La Cuisinière bourgeoise*, le grand succès du XVIIIᵉ siècle, publié en 1746 par le prolifique Menon, on ne trouve qu'une douzaine d'entremets sucrés, comme le classique gâteau de Savoie, un gâteau aux amandes, des tourtes aux fruits et à la confiture, des darioles, des cannelons et des petites meringues. Et rien, jamais rien sur les pièces montées.

Quelle déception ! « Bon Dieu ! Quels livres ! Pauvres de recettes et de détails ! » Que de progrès réalisés depuis quinze ans ! Et quel immense projet est le sien ! Non seulement, il va expliquer avec précision les dosages et décrire les tours de main, mais il dessinera, comme autant de monuments d'architecture, ses croustades et ses charlottes. « Cet ouvrage est absolument neuf. Il jettera un nouvel éclat sur la cuisine nationale, si justement estimée des étrangers. » Percier a ouvert une école gratuite pour enseigner les beaux-arts aux futures générations de décorateurs. Carême prend des leçons et son coup de crayon se révèle aussi précis et élégant que celui de son maître.

Mais, pour vivre en ces mois de deuil national, il faut aussi continuer à travailler. En 1812, il est à Mortefontaine, dans le château de Joseph près de Chantilly, où plus que jamais la ronde impératrice se console d'être régente d'un pays étranger et hostile, en plongeant sa petite cuiller en or dans de gros gâteaux à la confiture. Carême lui dédie une « génoise à la

248

Carême dans sa splendeur d'artiste avec, à son index, la bague en diamants, offerte par le tsar Alexandre Ier.

« Carême de Paris ». Ses amis disaient que ce titre lui avait été conféré par Louis XVIII. Il n'en était rien. Fier de sa ville qu'il regardait comme le centre du monde, il s'est anobli lui-même.

Casque romain, conçu en hommage au grand acteur Talma, qui en portait un chaque soir en scène.

Trophée de la marine, qui a émerveillé Metternich. Et pourtant Carême n'avait pas le pied marin.

Tour gothique avec un palmier, directement inspirée par les estampes de la Bibliothèque nationale.

Saumon à la Régence, réalisé en Angleterre. Sur le dessus, des palmettes de filets de sole, en garniture des quenelles d'éperlan et des écrevisses. Les hâtelets sont piqués de deux grosses truffes cuites au champagne et d'un filet de sole.

Exemple de buffet dessiné et réalisé par Carême pour ses grandes fêtes de l'Élysée qui lui ont valu les félicitations de Napoléon Ier. Aux extrémités des gradins, les pièces montées qui ont fait la gloire du pâtissier.

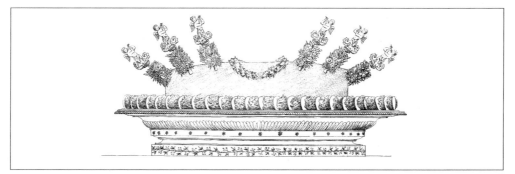

Esturgeon à la romaine, réalisé pour les Rothschild. Carême, grand connaisseur de la gastronomie antique savait que les Romains couronnaient de fleurs leur poisson favori. Il est farci au beurre d'écrevisse, garni de grosses truffes et d'éperlans et servi avec une « magnonaise » à la gelée.

Talleyrand et le tsar Alexandre Ier, les deux hommes qui ont permis à
Carême de réaliser ses rêves de fêtes.
© Collection Roger-Viollet. © Bridgeman-Giraudon.

Le château de Neuilly où Carême a réalisé en 1804 pour Caroline Murat, durant trois
jours et trois nuits, le plus pénible de ses « grands extraordinaires ».
© Collection Roger-Viollet.

Les Murat ont engagé à l'Élysée les trois chefs les plus prestigieux de l'époque. La splendeur de leurs réceptions leur a valu en récompense la couronne de Naples.
© Collection Roger-Viollet.

Le château de Benrath où le Parisien Carême découvre que les Allemands ne connaissent même pas le « bon » pain. Caroline n'y a jamais mis les pieds mais s'est fait représenter sur ce tableau avec ses enfants et ses valets en livrée amarante et or.
© Etienne Revault / C.N.M.H.S. Paris.

Lord Stewart, le « Golden Peacock », ambassadeur d'Angleterre à Vienne, et sa richissime épouse que Carême s'essouffla à suivre à travers toute l'Europe.
© The National Portrait Gallery.

La princesse Catherine Bagration, la Vénus aux mille conquêtes.
© Collection J. Ferrand.

Le régent d'Angleterre dont la goutte chronique a été vaincue par la cuisine de Carême. Devenu le roi George IV, il supplia le magicien français de revenir à n'importe quel prix.
© Bridgeman-Giraudon.

La grande cuisine du pavillon de Brighton et sa table à vapeur. George IV la faisait visiter à tous ses invités comme le plus beau de ses joyaux.

La salle à manger gothique de Carlton House dont les plats d'or ont arraché des larmes au patriote Carême, tout juste débarqué à Londres en 1816.

C'est chez James et Betty de Rothschild que Carême a été sacré par les génies de
l'époque : Rossini, Balzac et Alexandre Dumas.
Collection particulière, France.

Le château de Boulogne où Carême, par un beau jour de juillet 1829, fit un dîner qui est
entré dans l'Histoire.
Collection particulière, France.

reine » parfumée au citron, glacée à la marmelade d'abricots, saupoudrée de pistaches et de gros sucre. « Comme j'étais jaloux de servir quelque bonne chose qui plût à l'impératrice Marie-Louise, je demandai l'avis de M. Laborde, maître d'hôtel qui eut la complaisance de me détailler ce délicieux entremets qui est véritablement allemand, ce qui enrichira désormais notre pâtisserie parisienne. » Incorrigiblement chauvin, veut-il conjurer le sort en prouvant que Paris et non Vienne est « le vrai séjour de l'aimable gourmandise » ?

L'ambassade du roi de Saxe, dernier fidèle de Napoléon, donne encore quelques fêtes pour tromper l'ennemi. Antonin en compose les buffets. Mais c'est chez le directeur des Postes, Lavalette, « un homme distingué, un esprit élevé », qu'il aime consacrer les quelques loisirs que lui laisse la rédaction de ses recettes. Antoine Marie Chamans de Lavalette, fils de commerçant, s'est illustré en Italie et en Egypte. Napoléon l'a fait comte et l'a marié à une Beauharnais, nièce de Joséphine. Ce gourmet reçoit en petit comité quelques amis sénateurs, savants et officiers célèbres, « tous connaisseurs ».

Pour ces dîners de huit couverts, Antonin a carte blanche. « J'avais toute liberté chez M. de Lavalette. » Pour la première fois chef de cuisine, il ordonne ses menus autour de la mer et met en scène turbots, saumons, homards de Cherbourg, crevettes d'Honfleur, éperlans des embouchures de la Seine suivant les préceptes du beau maigre enseigné par La Guipière. « Je me rappelle les services exquis d'alors, composés seulement de quatre entrées. Mais que de soins, et comme tous les rudiments de tout cela étaient parfaits... C'est là que je fis le plus pour... l'union de la délicatesse, de l'ordre et de l'économie. Les convives étaient très assidus à ces dîners. C'est dans ces travaux extrêmement variés, en dehors d'un service fixe, que je me trouvai à l'époque de la Restauration. »

Talleyrand, lui, complote. Et Boucher fait aussi appel à Antonin. En 1811, le grand chambellan s'est installé au coin de la place de la Concorde et de la rue Saint-Florentin où l'a suivi sa petite cour de femmes plus riches que belles. La princesse polonaise Tyszkiewicz, amoureuse de lui, le couvre de cadeaux. Mais il lui préfère encore sa compatriote, la duchesse de Courlande, dont les terres s'étendent à perte de vue au sud de Riga. Le tsar, qui ne voulait pas s'encombrer d'un Bourbon, a consigné le futur Louis XVIII dans le grand château de Charlotte-Dorothée, à Mitau, capitale de la Courlande. Sa fille aînée, mariée au prince Louis de Rohan, le tireur de cartes de la pauvre Pauline von Schwarzenberg, a été la maîtresse de Metternich avant de passer dans le lit du tsar pendant le congrès de Vienne. Talleyrand a donné la seconde, Dorothée, à son neveu. Mais il aime déjà plus qu'une nièce cette héritière de la plus grosse fortune d'Europe qui préside avec lui ses dîners.

En face des Tuileries où ne règne plus que le vide, son hôtel attire tous les regards de la capitale. Alors que les armées ennemies franchissent le Rhin, le prince diplomate conserve, à soixante ans, ses habitudes immuables. Aucune indigestion ne doit altérer la tranquillité de son sommeil. « On lui faisait son lit avec un creux profond au milieu, se relevant ensuite aux pieds et à la tête, et sa façon d'être couché était presque encore de se tenir sur son séant. Il croyait ainsi se prémunir contre l'apoplexie, et les nombreux bonnets de nuit pouvaient aussi lui servir de bourrelets en cas de chute nocturne », raconte son ami, Mgr de Pradt.

Dans son appartement de la rue Caumartin, Antonin

consacre ses nuits à dessiner ses derniers croque-en-bouche. « La première grande chose que j'ai su faire pour la science, c'est de m'être enfermé pendant près de deux ans pour écrire et composer mon premier ouvrage. » Et quelle plus noble entreprise à l'heure où les canons de ces étrangers s'approchent des barrières de Paris ! Incorrigible bavard, il termine par quelques « considérations » sur le riz, les pommes de terre, les truffes, un procédé pour clarifier le miel inventé par un certain Fouques, chimiste dans le midi de la France. Point final. Non, il parle encore d'un palais de glace construit en 1740 à Saint-Pétersbourg lors de l'hiver le plus rigoureux que la Russie ait connu. Devant l'éphémère édifice, six canons de glace identiques à ceux de bronze tiraient de vrais boulets. « L'épreuve d'un de ces canons fut faite un jour en présence de toute la cour. Le boulet perça une planche de deux pouces d'épaisseur à soixante pas d'éloignement. » Il parle encore de la Baltique et de la mer Blanche qui gèlent chaque année, de l'explorateur Waffer qui, au pôle Nord, a découvert les premiers icebergs. « Ces remarques, me dira-t-on, n'ont aucun rapport avec la pâtisserie. Cela est vrai, mais c'est par curiosité que je les rapporte : cependant elles s'y rattachent, si l'on veut, sous le rapport que nous faisons de la glace durant l'été, et même l'hiver, pour la congélation de nos entremets de crème, de fruits, de liqueurs spiritueuses, et pour faciliter le travail de la pâtisserie en été. » Cette fois, il en a fini.

En ce début de l'année 1814, il gèle aussi à pierre fendre. Les bruits les plus effrayants circulent chez tous les pâtissiers-traiteurs. On raconte qu'en Alsace et en Champagne, les cosaques pillent les caves. Qu'ils n'ont pas besoin d'être ivres pour violer les femmes et égorger les enfants sur leur passage. Que les généraux russes veulent brûler la capitale pour venger Moscou. Que la seule façon d'échapper au pire, c'est de se barricader, de cacher son argent. Les boulangers mettent à l'abri leurs sacs de farine. En toute hâte, ministres et préfets abandonnent leurs palais, chargent leurs berlines de tableaux et vaisselles en vermeil. Une phrase court de rue en rue : « Tout est perdu. »

14

WATERLOO, morne plaine ! Pour la seconde fois en quinze mois, l'ennemi s'approche de Paris. L'Empereur, brisé, hagard, arrive à l'Elysée à six heures du matin, trois jours après la défaite. Eclatant d'un « rire épileptique effrayant », il ne peut qu'articuler devant Lavalette : « Ah, mon Dieu ! » Dans le salon argent, il signe sa seconde abdication avant de se replier à la Malmaison où dans la roseraie en pleine floraison flotte le souvenir de Joséphine. Au banquier Laffitte, il demande « un vaisseau pour me sauver en Amérique » !

Wellington réquisitionne l'hôtel de Grimod de La Reynière qui se replie, maussade, dans son château de Villiers-sur-Orge. Mais il y a pire que l'Anglais. A soixante-douze ans, le maréchal Blücher ne songe qu'à venger la prise de Berlin, l'affront de la Grande Armée défilant sous la porte de Brandebourg. Avec ses yeux de Mongol et ses énormes moustaches en croc, ce colosse prussien mérite bien plus que Napoléon le surnom d'ogre. Ses bottes noires et luisantes claquent sur le pavé. Mais chacun de ses pas lui jette aux yeux la lueur insupportable d'une de ses défaites. Blücher a la haine du Français. Il voudrait poursuivre l'Empereur déchu et le fusiller pour « rendre service à l'humanité ».

En premières représailles, l'insatiable Prussien fait truffer de bombes le pont d'Iéna tout neuf destiné à relier le Champ-de-Mars à l'immense palais que Napoléon projetait de construire sur la colline de Chaillot pour son roi de Rome. Mais les maçons ont agencé ses arches avec tant d'ingéniosité que seules quelques pierres volent en éclats. Louis XVIII annonce que si le maréchal met sa menace à exécution, il se fera porter sur le pont, dans son fauteuil, juste avant l'explosion et sautera avec lui. Wellington, alarmé, court chez le tsar.

Paris brûlera-t-il ? Alexandre s'y refuse. Le 10 juillet au soir, il est à l'Elysée, comme s'il ne l'avait pas quitté depuis un an. Derrière un coussin de canapé, il retrouve même un recueil de douze romances, cadeau d'Hortense oublié lors de son précédent séjour. L'une d'entre elles, *En partant pour la Syrie*, deviendra le chant de ralliement des bonapartistes. Par miracle, elle a échappé à la tourmente de ces derniers mois ! Aux tourbillons des invités du duc de Berry dont Carême a dirigé les cuisines durant les Cent-Jours.

Avec assurance, il reprend pour le tsar le commandement de sa brigade. Ce jour-là, seize plats défilent devant Sa Majesté et ses généraux : les huîtres, la soupe froide à la russe, les quenelles au consommé à l'allemande, le potage à la Condé, les croquettes de volailles en poires, les darnes de saumon au beurre de Montpellier, la pièce de bœuf à la flamande, les poulardes à l'ivoire sauce ravigote, les filets de perdreaux à la maréchale ragoût financier, les ris de veau glacés à la macédoine, les poulets gras, les longes de veau, les petits pois à la française, les artichauts à la lyonnaise, les soufflés à la vanille, les meringues à l'orange, les gelées de café moka. Et ce n'est là qu'un menu ordinaire !

Alexandre dîne toujours en début d'après-midi comme sous

l'Ancien Régime. Et à la russe comme son état-major. « A deux heures, nous servions ensemble les deux tables. Ce service était très pénible pour nous. » Comble de tracas, il faut aussi nourrir une multitude slave de valets, d'ordonnances et surtout de popes, car le tsar de toutes les Russies touché par la grâce se voit désormais l'élu du Tout-Puissant sur la terre. Chaque soir, il traverse le jardin pour retrouver son égérie mystique, la « très mince, très pâle, très blonde » baronne Julie de Krüdener, qui a loué l'hôtel voisin et l'encourage à entraîner les autres trônes dans une Sainte-Alliance. Aux grilles de l'Elysée, les sentinelles anglaises dévorent aussi cette bonne cuisine française dont on leur a tant parlé dans leur pays de viande bouillie. Elles exigeraient presque double ration. « A la suite des deux grandes tables, on servait un commun très considérable », s'agace Carême.

Hélas, d'autres travaux herculéens l'attendent. L'armée russe n'était pas à Waterloo. Elle n'a pas livré bataille. Elle n'a pas défilé le 27 juillet sur les Champs-Elysées. Elle bivouaque toujours dans les plaines de Champagne où la veuve Clicquot s'est barricadée pour échapper aux pillages. Le tsar entend étaler sa puissance en faisant défiler ses cinq cent quarante canons, ses trente mille cavaliers et ses cent soixante-dix mille hommes dont les uniformes n'ont pas été souillés par les combats. Histoire de prouver aux souverains alliés que la Grande Armée, désormais, c'est la sienne.

Cette incroyable revue, annoncée pour la fin août, est reculée au 10 septembre, veille de la Saint-Alexandre. Car les récoltes ne sont pas achevées. Dans cette ultime campagne de Napoléon, c'est la jeunesse française qui a été « moissonnée », écrivent les journaux. On en est réduit à quémander à Wellington et Blücher fourgons et soldats pour ramasser les blés.

255

Carême a la charge des banquets qui se tiendront à Vertus, petit village proche d'Epernay où les régiments russes sont cantonnés. Trois cents couverts pendant trois jours, dans un pays sans « aucune ressource » ! Et pour cause, depuis trois mois, les cosaques volent jusqu'à la dernière prune des vergers. Antonin entend ne rien laisser au hasard, cet ennemi mortel des cuisines. Un long cortège de voitures achemine les cuisiniers, deux cents pièces de batterie, tout le linge de table, l'argenterie, les verres de cristal, la vaisselle. Mais aussi les vins, les fruits, la farine, le beurre, la volaille, le gibier, les poissons, les viandes. « Nous fîmes partir de Paris un garçon boucher, emmenant un troupeau de bœufs, de veaux et de moutons. Il arriva quelques jours d'avance à Vertus et y établit notre boucherie. Je partis de Paris quelques jours avant Sa Majesté, ayant avec moi quarante cuisiniers et une grande partie de nos comestibles. Ce qui demandait de nous une surveillance continuelle contre les troupes de cosaques dont les routes de ces environs se trouvaient toutes remplies. Arrivés à Vertus nous nous trouvâmes logés dans la propriété de M. le maire... Le célèbre M. Fontaine, architecte du roi, dirigeait les travaux pour disposer les logements des trois souverains et les embellissements du jardin. »

Architecte du roi ! Carême se trompe. Mais en ces jours de chaos où, pour la seconde fois, aux Tuileries les courtisans remplacent fébrilement les abeilles impériales par des fleurs de lys, on ne sait plus qui est le maître et qui est le traître. Chacun s'active à se tourner dans le sens du vent. On s'arrache un *Dictionnaire des girouettes* publié par des chansonniers avec les discours écrits depuis vingt-cinq ans et surtout les rentes, faveurs et titres obtenus par les sénateurs, évêques, préfets, artistes, sans oublier les journalistes. Les boutiquiers du Palais-

Royal qui, le 20 mars, ont fait disparaître de leurs enseignes couronnes et armoiries royales, s'empressent de les repeindre à l'huile sur les aigles de l'Empire. La rue Napoléon redevient rue de la Paix comme avant les Cent-Jours. Un matin de juillet, faisant trembler les bourgeois, les crieurs de journaux ont annoncé à tue-tête « le retour de l'Empereur et le départ de Louis XVIII ». Certains intrépides ayant acheté le journal ont pu rassurer les autres. Il ne s'agissait que d'un récit du retour de l'île d'Elbe.

Fontaine est dénoncé par les ultras comme Ney, Lavalette et tous les présumés fidèles de Napoléon dont la liste effrayante s'allonge chaque jour dans les journaux. Le tsar apprécie l'artiste qui a embelli Paris. L'architecte a toujours envoyé à Saint-Pétersbourg plans et dessins des chantiers impériaux. Pas plus que lui, Carême n'a de scrupules à se mettre au service d'un souverain dont les troupes occupent la France. Certains disciples d'Antonin affirmeront plus tard qu'il a été « réquisitionné », pensant le disculper du crime de trahison dont l'accusent les jaloux.

Pas un Français n'est plus patriote. Mais l'art de la bouche est son royaume. Avec le même zèle, il sert princes et maréchaux, quels que soient leurs drapeaux, pourvu qu'ils ne lésinent pas à la dépense. A l'Elysée, il a pu établir des comparaisons loin d'être à l'avantage des Bourbons : « La Restauration n'était pas toujours grande et gracieuse. J'en savais bien quelque chose depuis mon premier service comme chef des cuisines chez M. le duc de Berry. » En revanche, il peut compter sur le contrôleur Muller pour régler rubis sur l'ongle les frais des grandes cérémonies gastronomiques et militaires de Vertus.

Dans le parc du maire, Fontaine fait abattre tous les arbres pour dresser trois immenses salles à manger de campagne dont on se demande par quelle magie elles tiennent debout puisqu'on ne voit ni piquet, ni poteau, ni cordage. Carême ne trouve rien à redire : « Des tentes élégantes enfermaient le pourtour extérieur. » Lustres et girandoles viennent du garde-meuble de la couronne.

Alexandre a demandé d'édifier sept chapelles en toile immaculée pour y célébrer un *Te Deum*. Les officiers du génie russe veulent les disposer sur un versant du mont Aimé. Mais on est à la veille des vendanges. Fontaine redoute les dégâts dans ce domaine prestigieux nommé le Coteau des Vignes : « Vous avez raison, répond le tsar. Si les soldats se laissaient aller jusqu'à voler des raisins, ils seraient punis. Mais dans tous les cas, il ne faut tenter personne. »

Les dix-huit divisions aux uniformes rutilants répètent une dernière fois les pas du défilé. Le spectacle est si exaltant sous le chaud soleil d'automne que l'architecte ne résiste pas au plaisir de le peindre à l'aquarelle. Alors qu'il achève un de ses petits tableaux, Alexandre survient, lui pose la main sur l'épaule et lui dit : « Je serais très heureux d'en avoir une copie. »

Carême a établi cuisines et fourneaux dans les granges et la basse-cour. Les garçons couchent sur la paille. Mais le prince héritier de Prusse est à peine mieux logé dans la mansarde d'un savetier. « M'ayant aperçu dans la rue, raconte Fontaine, il me fait venir dans le très petit logement qu'il occupait. Il voulait voir les plans du palais du roi de Rome. Il était occupé à dessiner le plan d'une habitation de souverain qu'il me montra... Je reconnus que ce jeune fils d'un souverain puissant avait un ardent amour de l'architecture : elle était, me dit-il, son principal et même son seul amusement. »

Par courtoisie Alexandre cède la maison du maire à l'empereur d'Autriche. Le lendemain à l'aube, sur sa jument grise Eclipse, il mène la parade devant les souverains à cheval. Médusés et songeurs, ses alliés contemplent ses milliers de cavaliers, les onze divisions d'infanterie et leurs cent généraux dont les éperons, les sabres, les épaulettes étincellent sous le soleil. En tête les cosaques de Platov dans leurs tuniques écarlates, puis les Kalmouks aux yeux bridés en habit noir et gris... Plus de cent cinquante mille uniformes. De son regard de vautour Wellington suit cet océan de bonnets à poil et de plumets rouges et noirs. Le vainqueur de Waterloo se penche vers son protégé, lord Stewart : « Charles, vous et moi n'avons jamais vu et ne verrons jamais plus rien d'aussi beau. »

Et que dire du dîner de trois cents couverts arrosé de champagne Moët ? Entre les tentes coiffées d'étendards et brillamment éclairées, les orchestres militaires donnent la sérénade avec l'ordre de ne jamais s'arrêter. A la tête de ses quarante cuisiniers, Carême lance à son tour le défilé des plats d'or et d'argent.

Après les milliers d'huîtres arrivées à grands frais de Normandie, pas moins de trois potages, suivis des petites croustades à la béchamel, des magnonaises de poulet à la gelée, des pièces de bœuf à la macédoine, des filets de bœuf au beurre d'anchois, des têtes de veau à la tortue et au madère, des fricassées de poulet à la Chevalier, des vol-au-vent à la Toulouse, des cailles, des poulardes, des longes de veau, des artichauts à la lyonnaise, des petits pois à la française, des meringues à la crème à la vanille, des gelées de verjus à la macédoine de fruits et en extra pour la table de Sa Majesté huit assiettes de soufflés.

Quel exploit ! Wattel en aurait eu des occasions de se passer l'épée au travers du corps ! Et Carême ne manque pas de s'en glorifier : « Il a fallu beaucoup d'ensemble et d'intelligence pour avoir fait ces travaux à trente-quatre lieues* de Paris. »

Le lendemain, c'est la Saint-Alexandre. Les voix graves des popes montent sous les tentes blanches où monarques et généraux, lords anglais et archiducs autrichiens se prosternent devant les icônes. « Ce jour, écrit le tsar à Julie de Krüdener, a été le plus beau de ma vie. Jamais je ne l'oublierai. Mon cœur était rempli d'amour pour mes ennemis. J'ai pu prier avec ferveur pour eux tous, et c'est en pleurant au pied de la croix du Christ que j'ai demandé le salut de la France. »

Jusqu'à Nancy, on célèbre dans les deux langues la fête de ce souverain si délicat. A Bar-le-Duc, le commandant et l'intendant russes, suivis de tous les convives, sortent de la salle du festin pour présenter à la foule le buste du tsar. Depuis trois jours, le ciel est de la fête comme si le soleil bénissait la Sainte-Alliance d'Alexandre...

Le 12 septembre, le souverain offre à dîner à son état-major. Après trente-cinq ans de service, le général en chef russe Barclay de Tolly reçoit le titre de prince et le bâton de maréchal. Le tsar distribue des terres à ses généraux et aux officiers des décorations en diamants. Carême se surpasse avec des gigots de sept heures aux petits légumes, des salmis de perdreaux au vin de Bordeaux, des ris de veau piqués de lardons et glacés à la chicorée. Comble de raffinement, il ajoute des truffes aux terrines de hure de sanglier en gelée, spécialités de la ville voisine de Troyes.

Dès le lendemain, il est à pied d'œuvre à l'Elysée. Sans répit, jusqu'à la fin du mois, il sert chaque jour un grand dîner de trente-six couverts. En cette saison de chasse, ses

---

* Environ deux cents kilomètres.

menus regorgent d'escalopes de levraut au sang, de faisans aux truffes, de gâteaux de lièvre, de boudins de gibier à la purée de champignons et même de rouge-gorge à la broche... Festins plus que romains qu'il conclut par des pommes meringuées, des gelées de fraises framboisées, des beignets de pêches glacées et ces magnifiques poires de Montreuil au beurre de Gournay... Il aime ce mois de septembre. Le plus riche de l'année qui permet aux cuisiniers de laisser libre cours à leur imagination : « Celui qui n'aime pas septembre ne mérite pas de bien manger », répète-t-il comme Brillat-Savarin.

Ce n'est plus Robert ou La Guipière qui le guident. C'est son seul génie. Pour accompagner les poissons, il crée une sauce au champagne dont il verse une bouteille dans la casserole où mijotent les filets de deux soles, des champignons, des oignons, des échalotes et une gousse d'ail. Nul doute que le tsar et ses aides de camp soient au septième ciel !

Le contrôleur Muller multiplie les avances. Mais Carême n'a pas encore la tête à le suivre en Russie. « J'avais en réserve de brillantes offres pour Saint-Pétersbourg et je comptais plus tard les utiliser. »

Son livre est sous presse. Le 23 septembre, *Le Journal de Paris* annonce la parution du « *Pâtissier parisien* ou Traité élémentaire et pratique de la pâtisserie ancienne et moderne, de l'entremets de sucre, des entrées froides et des socles. Suivi d'observations utiles aux progrès de cet art. D'une série de plus de soixante menus et d'une revue de grands bals, etc. Composé par M. A. Carême de Paris, chef pâtissier. Ouvrage orné de soixante-dix planches dessinées par l'auteur comprenant plus de deux cent cinquante sujets. Deux volumes in-8° . Prix 15 fr et 20 fr de port. A Paris chez l'auteur, rue de Caumartin n° 20 et chez David, rue des Champs-Elysées n° 5 ».

Avec la Restauration, il lui a donné un titre fleurdelysé : *Le Pâtissier royal parisien*. Mais, prudent, *Le Journal de Paris* a fait sauter le label monarchique. On ne sait jamais... Au sommet de la première page, dominant les fruits, les jambons, les gerbes de blé et les têtes de sanglier, on découvre l'aigle fier et dominateur, emblème du régime impérial sans doute commandé au graveur avant l'abdication, mais que Carême s'est décidé à conserver pour éviter une dépense supplémentaire.

Afin de dissiper tout malentendu, il rebaptise « faucon » l'oiseau de Napoléon et en donne une définition alambiquée pêchée dans un obscur traité d'iconologie publié par MM. Gravelot et Cochin : « Le faucon qui en fait le couronnement est le symbole des deux sortes d'aliments dont l'homme fait usage. Le faucon chez les anciens a été pris pour l'emblème du goût, parce qu'on croit que cet oiseau est très délicat, et qu'il aime mieux souffrir de la faim que de manger aucune viande corrompue. » Voilà pour les ultras du comte d'Artois qui traquent avec morgue les bonapartistes dont ils veulent épurer la France !

Avec neuf cents recettes illustrées de plus de deux cent cinquante dessins dont il a fait graver les planches « par d'habiles artistes », c'est le premier florilège de la pâtisserie. Tellement complet que l'éditeur, pour une question de prix, lui a conseillé de le scinder en deux volumes. « Je me suis vu forcé en considération de ces grandes dépenses d'extraire le traité des entrées froides et de l'entremets du sucre, afin de ne point augmenter de beaucoup cet ouvrage. J'ai donc voulu par ce nouvel arrangement en faciliter l'acquisition par les jeunes praticiens. »

Le succès est immédiat. Ses confrères ne parlent que de cet outil de travail coûteux mais précieux : « *Le Pâtissier royal parisien*, son ouvrage, fit fureur. Tous les pâtissiers voulaient l'avoir, mais le prix en arrêtait beaucoup », dit Lacam. Antonin se pose en maître, en rénovateur et presque en révolutionnaire. On trouve chez lui à la fois la passion de son métier, la volonté d'aider les jeunes et même une humilité consciencieuse dans la description de ses gestes, mais aussi beaucoup de coquetterie vis-à-vis de lui-même. Depuis qu'il a été choisi par le tsar, il ne craint plus de monter au feu, de donner son avis avec une assurance de chef de bouche chevronné.

Les envieux ne ménagent pas leurs critiques. Mais il est le premier de son état à avoir l'ambition de faire œuvre littéraire et d'apporter son moule à l'histoire de la pâtisserie. « En même temps que je m'occupais de ces travaux, j'ai donné à un habile ferblantier plus de cent dessins variés représentant des palmettes, des rosaces, des fleurons, et une infinité de feuilles dessinées d'après nature. Depuis ce temps, ces emporte-pièce se sont répandus dans le commerce, et la décoration est devenue plus facile pour mes confrères. »

Grimod prétend qu'il est meilleur auteur que pâtissier. Mais le père de l'*Almanach*, retiré loin de Paris, cultive le dépit et l'amertume. Il fait partie du clan Cambacérès qui a toujours jalousé la table élégante de Talleyrand dont Carême est un ardent défenseur. Devenu ministre de la Justice pendant les Cent-Jours, l'archichancelier a dû abandonner son hôtel de la rue Saint-Dominique. Il s'est réfugié à Bruxelles où il désespère de pouvoir obtenir la clémence de Louis XVIII. Plus que jamais dans ce Paris de la Restauration, les rivalités sont âpres et les dénonciations meurtrières.

L'année dernière, Beauvilliers a fait paraître *L'Art du cuisinier*. Le restaurateur de la rue de Richelieu, qui accueille une fois par mois les auteurs du *Dictionnaire des girouettes*, n'a pas hésité à invoquer le parrainage de Louis XVIII, mentionnant qu'il était avant la Révolution « ancien officier de Monsieur, comte de Provence, attaché extraordinaire des maisons royales ». Depuis que « Monsieur » est le nouveau roi de France, Beauvilliers a décidé de remplir ses fonctions comme autrefois en habit à la française, l'épée des maîtres d'hôtel au côté. Ce qui provoque les quolibets sans fin des jacobins comme des royalistes. Ses recettes, il les dédie à La Vaupalière qui, sous l'Ancien Régime, organisait les fêtes les plus fastueuses. Pauvre marquis aux si belles manières et dont le nom est presque guillotiné en La Voppalière par le restaurateur auteur.

Ses recettes de tourtes, de poulet sauce aux huîtres ou d'andouille à la béchamel n'ont rien qui puisse inquiéter un concurrent. Jamais Carême n'y fera la moindre allusion. De Londres, Beauvilliers a rapporté bien d'autres spécialités appréciées par les lords de Sa Majesté. « J'indique les mets les plus exquis et les plus vantés de la cuisine anglaise que j'ai eu l'avantage de transplanter le premier en France. » Mais si on lui a enseigné outre-Manche à garnir ses omelettes de rognons, il n'a pas appris l'orthographe anglaise dont il écorche les mots avec cruauté. Sous sa plume, le *welsh rarebit* devient « wouelche rabette ». Il en donne la traduction française « lapin gallois » qui n'a rien à voir avec ce croque-monsieur à la bière et au fromage. Le *plum-pudding* devient le « plum-buttig » ou « pouting à l'anglaise ». Bizarrement, la recette de son « ket-chop », une sauce aux champignons et aux noix, occupe une page entière. Et nul doute que sa purée de pommes de terre baptisée « mache-potetesse » doit divertir ses clients anglais. Car son restaurant, La Grande Taverne de

Londres, ne désemplit pas malgré les libertés qu'il prend avec la langue de Shakespeare et ses additions très salées.

Beauvilliers a l'art de ménager les caprices des dîneurs et même de renvoyer en cuisine un gigot un peu rose, mais il conseille toujours de l'accompagner d'un coûteux vin de Bourgogne. Chez lui comme dans toute la capitale, les Anglais prennent du bon temps et s'empiffrent de foies gras truffés et de grands crus dont Paris leur révèle les sublimes saveurs. Par ce jeu de passe-plats, la belle terre de France maraîchère et giboyeuse, saignée à blanc par les dettes de guerre et le ravitaillement des troupes d'occupation, récupère les pièces d'or que Blücher et Wellington ramassent avec une impitoyable rapacité. « Les rues de Paris, écrit le capitaine Mercer, sont infiniment plus amusantes que celles de Londres car elles grouillent d'animation jusqu'aux toits. » Le Britannique déplore simplement que, rue de Richelieu, les parfums des boutiques de mode disparaissent sous les odeurs de graillon échappées des cuisines des restaurants.

Les badauds ébahis découvrent, eux, les genoux poilus des Highlanders sous leurs kilts. Le couturier Leroy met à la mode un « habit à l'écossaise » avec un spencer rose, une jupe courte en taffetas écossais et des bottines. Le chapeau noir est orné de plumes roses, retenues par un ruban écossais qui se noue sous le menton.

Les salons de Londres se sont transportés à Paris. La romancière irlandaise lady Morgan, lady Melbourne, amoureuse de Byron, lady Conyngham, maîtresse du régent, organisent leurs bals autour du héros de Waterloo. Sa Grâce a les plus belles femmes à ses bottes, qu'elles soient anglaises, françaises ou même italiennes, comme la Grassini qui a tant aimé Napoléon. Dans l'hôtel de Grimod, il mène grand train aux frais des vaincus. La comtesse de Boigne en a gros sur le cœur. « Il donnait assez souvent des fêtes où il était indispensable d'assister. Il tenait à avoir du monde et, notre sort dépendant en grande partie de sa bonne humeur, il fallait supporter ses caprices, souvent bizarres. Je me rappelle qu'une fois il inventa de faire de la Grassini alors en possession de ses bonnes grâces la reine de la soirée. Il la plaça sur un canapé élevé dans la salle de bal, ne quitta pas ses côtés, la fit servir la première, fit ranger tout le monde pour qu'elle vît danser, lui donna la main et la fit passer la première au souper, l'assit près de lui, enfin lui rendit les hommages qui d'ordinaire ne s'accordent guère qu'aux princesses. Heureusement, il y avait quelques grandes dames anglaises à partager ces impertinences. Mais elles n'étaient pas obligées de les subir comme nous. »

Juliette Récamier et l'illustre comédienne Mlle Mars font de la résistance. Car le chef des troupes d'occupation s'est donné pour mission de récupérer les œuvres d'art accaparées par l'Empire. Dix fourgons de trésors sont déjà partis pour Berlin. Les Parisiennes découvrent un jour le duc perché en haut d'une échelle, pour guider la dépose des chevaux de Venise sur l'arc de triomphe du Carrousel. A ses côtés, se trouve Palmerston, futur secrétaire aux Affaires étrangères du royaume qui, durant le règne de Victoria, sera le meilleur ennemi de la France. Le soir même, Wellington assiste à une fête en l'honneur du roi de Prusse : « Nous ne pouvions cacher notre indignation, il s'en moquait et faisait des plaisanteries », écrit Adèle de Boigne. Mais en rentrant chez lui, Sa Grâce trouve sur la porte de sa résidence une pancarte : « Réputation perdue entre les Champs-Elysées et le Carrousel. Récompense honnête à qui la rapportera. »

Au Louvre, il découvre avec jubilation, dans les réserves, une statue de Napoléon haute de plus de trois mètres. Le sexe nu, l'Empereur n'est habillé que d'une draperie tombant à l'antique de son bras gauche. Craignant les plaisanteries, il n'avait pas voulu soumettre aux regards ce marbre de Canova. Trop heureux, le duc lui fait prendre le bateau pour l'exposer à Londres. Plus tard, elle amusera ses invités dans l'escalier de son hôtel d'Aspley House en bordure de Hyde Park, récompense de la couronne britannique pour Waterloo.

Le généralissime profite aussi de sa victoire pour acquérir, à vil prix, les trésors accumulés par la famille Bonaparte. Il est au premier rang à la vente des collections du cardinal Fesch. Mais s'il accumule trophées et porcelaines de Sèvres, Wellington ne regarde jamais ce qu'on lui sert dans son assiette. Même le pingre Cambacérès qui le recevait à dîner l'an passé en était accablé : « Mon Dieu, gémissait-il, et vous venez dîner chez moi, avec moi ! » Après trois ans et demi d'occupation, de bals et de grands dîners sans bourse délier, le duc anglais gratifiera le portier Basile Wattelier « d'un chiche pourboire de cent francs », rapporte Grimod.

Carême perd, un à un, ses meilleurs clients. En novembre, le maréchal Ney est fusillé devant les grilles du Luxembourg à l'indignation du peuple de Paris. L'épicurien Lavalette, condamné à mort, réussit par un incroyable tour de passe-passe à s'échapper de la Conciergerie la veille de son exécution. Sa femme est arrivée dans sa cellule, son mouchoir sur ses yeux en pleurs. Le geôlier les a laissés échanger un baiser d'adieu derrière un paravent. L'ancien directeur des Postes a enfilé la robe et le chapeau à voilette de son épouse et est sorti le visage caché par le même mouchoir. Il a trouvé refuge à l'hôtel de Galliffet que la police dont les voitures sillonnent Paris ne songe pas à perquisitionner. En juin, juillet et août 1814, Antonin exécutait encore pour Talleyrand, redevenu ministre des Relations extérieures de Louis XVIII, ses six plus beaux extras dans la grande galerie de la rue du Bac. Mais le prince a lui aussi été congédié.

Pour un Lasne devenu chef des cuisines du comte d'Artois, futur Charles X, combien de ses confrères n'ont plus de travail. Comme tant d'autres, Dunan, victime du grand charivari des Tuileries, vient, un soir, raconter ses malheurs à Antonin : « Après avoir servi dix ans l'Empereur, il n'était pas riche. Se rappelant les bontés de son premier maître, il se présenta, à la rentrée de Louis XVIII, chez le duc de Bourbon. Mais il y avait dans Paris un grand nombre de vieux serviteurs du prince qui de droit avaient repris leur service auprès de lui. Cependant le chef qui avait suivi le prince dans l'émigration réclama et obtint mille francs de pension, et l'honorable protection de son noble maître qui lui fit obtenir la place de contrôleur de la maison du duc de Berry. Mais, par une fatalité toujours contraire à la fortune du maître d'hôtel de l'Empereur, la réaction du 20 mars arriva, la place de contrôleur lui échappa, et le retour de Napoléon dans la capitale indiqua assez à M. Dunan qu'il devait reprendre son service auprès de l'Empereur, qui le revit avec plaisir. Ce bonheur inespéré devait être de courte durée. La destinée de Bonaparte devint de plus en plus orageuse. La tempête éclata, et engloutit pour toujours celui dont le nom avait rempli l'univers. Quelle terrible leçon pour les rois et pour les conquérants ! Le premier maître d'hôtel de Napoléon ainsi que tous ceux qui étaient dévoués à sa cause furent battus par la tempête. »

Plus que jamais, Carême refuse d'être attaché à une maison. Il aime rencontrer d'autres talents, glaner de nouvelles idées, discuter sans fin de l'épaisseur d'un feuilletage ou du glacé parfait d'une suédoise au cours de ses grands extraordinaires.

« Ils m'étaient offerts de toutes parts. Cela m'ouvrit une bien autre mine d'études qu'une suite de beaux dîners dans une ou plusieurs maisons et pour un cercle limité de connaisseurs. » Le 5 février 1816, il participe au premier banquet militaire donné à Paris par le roi. Dès son arrivée, Louis XVIII a rétabli sa garde royale à l'image de celle de Versailles, les fameux Suisses transpercés par les piques des sans-culottes. Pour effacer jusqu'au souvenir de la Révolution, ces nouveaux gardes du corps offrent un dîner à la garde nationale formée par les bourgeois de la capitale.

Au Louvre, douze tables de cent couverts sont dressées au milieu des gerbes de drapeaux. Chacune porte le nom d'un héros de l'histoire de France : « Jamais je n'ai vu de salle plus belle, une file de tables plus imposante », dit Carême, comme toujours impressionné par la flamboyance des uniformes.

Lasne est en charge du menu. L'entreprise est si lourde qu'il ne faudra pas moins de cent cuisiniers. Antonin hérite des entrées froides et de l'entremets de sucre. Les architectes ont établi les cuisines dans la grande galerie du Louvre où pour une fois le décor est à la mesure de l'artiste. « Un fourneau de cinquante pieds de longueur sur six de largeur avait été élevé au milieu de cette salle et tout autour se trouvaient les tables pour le travail... Je fus placé dans une salle voisine dont le plafond sculpté en bois est un chef-d'œuvre de l'art. Aussi, durant trois jours que j'y fus installé, j'en ai souvent considéré les détails et les beautés. »

Seule catastrophe, on ne lui a pas donné assez de colle de poisson. Ses charlottes à la parisienne fléchissent une fois démoulées ! « Et voilà mes envieux enchantés de cette circonstance pour en causer avec malignité. » Quoi qu'en disent ses

269

détracteurs, il signale avec humour cette petite blessure d'amour-propre.

Quinze jours plus tard, il prend sa revanche. Le 21 février, la garde nationale rend la politesse en donnant un grand bal au Théâtre de l'Impératrice redevenu l'Odéon. Six mille invitations sont lancées. La soirée est confiée au restaurateur Bertrand du boulevard du Temple. Cette fois, Carême en partage la mise en scène et, à l'intention des menuisiers, il trace, sur le parquet du foyer, la forme et l'emplacement d'un magnifique buffet à neuf gradins.

La soirée commence par un divertissement joué par les meilleurs acteurs de la capitale. « Il me semble voir encore cette salle de l'Odéon éclatante de beauté ! Ces lustres aux mille bougies, ces colonnes de l'avant-scène décorées de tissus d'or et d'argent et d'une immense couronne de fleurs. Les rangs des loges enrichies de draperies élégantes et de guirlandes de fleurs. La loge principale magnifiquement décorée alors occupée par la famille royale, les premières loges remplies de dames de la cour, de ducs et pairs, de députés, de ministres, d'ambassadeurs, de maréchaux. » Wellington et son inséparable protégé, lord Stewart, sont arrivés en brillant équipage. *Le Journal de Paris* s'émerveille que les mille cinq cents voitures des invités n'aient provoqué aucun accident.

Les cuisines du Petit Luxembourg ont été réquisitionnées et une chaîne de marmitons transportent jusqu'au théâtre, dans de grandes barquettes, les mille cinq cents potages, les quarante jambons à la portugaise, les vingt galantines de dinde, les trente gros poissons, les cent soixante entrées froides, les deux cent cinquante plats de rôts, autant d'entremets et six cents assiettes de dessert.

Dix ans plus tôt, à l'Opéra, les maréchaux donnaient en

l'honneur de Joséphine un bal identique. Et Carême se souvient encore de la difficulté du service dans les loges. Pour y remédier, il a fait dresser des petites tables avec des couverts dans les embrasures des fenêtres, entre les colonnes, le long des corridors et dans tous les salons de l'Odéon. En pure perte. « Et cela est facile à concevoir. Les loges sont remplies de petites sociétés, les dames par bienséance ne peuvent aller au buffet, leurs cavaliers s'empressent... plus les heures s'écoulent, et plus ce service trouve de difficultés. Les carafes, les verres, les couverts, les serviettes, les plats, les assiettes, tout a disparu, et tout cela se trouve dans les loges... Ces grands bals ne peuvent avoir un ensemble aussi parfait que ceux donnés chez les grands seigneurs, puisqu'il est vrai que dans ces dernières réunions les tables sont toujours assez nombreuses pour y recevoir au moins les dames, alors le service du buffet se fait plus aisément. Mais il n'est point de comparaison à établir car de servir mille à deux mille personnes ou bien six mille, cela est bien différent. » Les journaux du lendemain, qui font la différence, ne tarissent pas d'éloges.

En décembre, le maître a publié un recueil de ses plus folles pièces montées dessinées d'une plume d'architecte inspiré. Il l'a intitulé *Le Pâtissier pittoresque*. Du pavillon italien à la fontaine des Pyramides, les cent trois monuments chantent la gloire de l'Empire. La tente à la française soutenue par des colonnes est couronnée d'une gerbe de drapeaux semblables à ceux qui font la gloire éternelle de la Grande Armée. Ce *Pâtissier pittoresque* connaîtra quatre éditions et consacre son originalité.

Ses succès d'auteur lui donnent de nouvelles ambitions. Il veut maintenant écrire le grand livre qui manque à la cuisine française, en quelque sorte une encyclopédie qui réunira toutes les recettes anciennes et modernes de cet art gastronomique qu'il a vu naître, qu'il interprète en virtuose et n'a de cesse de porter au plus haut degré de son élégante simplicité.

15

QUI SERVIR après l'empereur de toutes les Russies ? Le roi d'Angleterre évidemment. Ou plutôt son fils qui gouverne à sa place depuis 1811. Car George III connaît des crises de démence. On a dû lui passer la camisole de force. Sa folie est, avec le coût de la détention de Napoléon à Sainte-Hélène, l'objet de tous les commérages de l'Angleterre.

Le régent, futur George IV, colosse de cent vingt-cinq kilos, boulimique de toutes les jouissances, ne veut de service de bouche que français. Mais Badois, son cuisinier, prend de l'âge. Et le contrôleur Watier traverse la Manche pour lui chercher un remplaçant.

Ni la Révolution ni le Blocus continental n'ont empêché les talents de l'Ancien Régime d'aller faire fortune chez l'ennemi héréditaire. Déjà au XVIIIe siècle, les nobles lords, les Chesterfield, les Walpole, les Montague, sitôt accompli leur *Grand Tour* sur le continent, assuraient qu'il n'y avait de bons dîners qu'en France. « Ce n'est qu'à l'aide des cuisiniers français qu'à force de guinées quelques lords ont attirés à Londres, qu'ils parviennent à faire une chère un peu distinguée », écrit Grimod dans son *Almanach* de 1806, après avoir servi son habituelle louche de fiel : « La cuisine anglaise est presque nulle en fait de ragoûts. Elle se borne à des poulets bouillis, chose fort insipide, et à ce qu'ils appellent des plump-pudding... Quant aux entrées fines, aux entremets soignés, ils ne s'en doutent pas. »

Le prince régent, lui, n'ignore rien depuis longtemps de l'exception culinaire française. En 1787, il avait déjà, à vingt-cinq ans, un contrôleur français, Guillaume Gaubert. Il l'a même chargé de toute la décoration de Carlton House, impressionnant palais à colonnes donnant sur le parc Saint-James dont il a hérité à sa majorité. En 1809, il était prêt à débourser deux cents livres pour subtiliser au duc de Portland son cuisinier, un Français bien sûr.

Fantasque et non conformiste, il lui est arrivé d'élever les artistes de sa table au rang de compagnons. A dix-huit ans, il partageait ses soirées de jeu et de beuveries avec son contrôleur Weltje qui lui servait de conseiller vestimentaire et même politique. Une privauté que n'aurait pas désavouée son ancêtre Henri VIII, le Barbe-Bleue de Windsor, qui n'a pas hésité à faire *baronet* son cuisinier pour lui avoir servi un marcassin rôti à point.

Dès son arrivée à Paris, Watier s'adresse à Robert et à Lasne. Les deux étoiles de la gastronomie lui recommandent le meilleur de la nouvelle génération : Carême, qui, quelques mois plus tôt, a refusé l'offre de chef de cuisine du tsar à Saint-Pétersbourg pour ne pas compromettre sa carrière d'auteur.

Antonin, respectueux de son devoir de réserve à l'égard de ses maîtres, ne le désigne que par son initiale : « M.W... vint à Paris, en 1816, pour différentes acquisitions, et en même temps faire le choix d'un cuisinier. »

A leur première rencontre, le contrôleur explique que, chez le prince régent, les chefs ne travaillent qu'une semaine sur deux. Un argument qui fait céder l'inflexible Parisien : « Je partis satisfait de l'avenir chez un des plus grands princes de l'Europe. Cette pensée m'éleva au niveau de ma nouvelle destination. J'allais doubler mon existence en n'étant plus de service que tous les huit jours, étant deux chefs de cuisine, et chaque semaine nous devions changer notre service. Je m'estimais très heureux du temps qui allait m'appartenir, et que j'allais consacrer à l'achèvement de mon grand ouvrage, *L'Art de la cuisine française au dix-neuvième siècle*. »

Et sa femme Henriette ? Et Agathe ? Et sa petite Maria ? Pas plus en bouclant ses bagages que dans ses livres, il n'évoque l'une ou l'autre. Il est marié avec son état. Chef de cuisine à la cour de Londres, c'est une offre qui ne se refuse pas. Le salaire est digne du roi d'Angleterre : deux mille livres par an !

Fin octobre, Carême hisse sa malle sur la diligence. Non sans avoir récolté auparavant quelques derniers conseils aux Tuileries : « Avant mon départ pour Londres, je voulus savoir de M. Lasne quelques détails sur la manière de travailler les petites sauces. » Il a aussi de nouveaux hâtelets qu'il a dessinés et payés de sa poche pour donner plus d'élégance à ses grosses pièces. « Je ne pense pas que jamais homme de bouche ait fait autant de sacrifices pécuniaires pour accélérer les progrès de l'art culinaire. »

Et maintenant, fouette cocher !

C'est la première fois qu'il va prendre le bateau. Avant d'embarquer, il découvre, grandeur nature, le port de Calais devenu célèbre depuis que Louis XVIII y a accosté. Sa maquette a attiré, au Panorama du boulevard des Italiens, une foule considérable et jusqu'au roi de Prusse.

La route de Londres est un enchantement. Cinq mois plus tôt Adèle d'Osmond l'a empruntée pour se rendre chez son père, ambassadeur de France. Devenue comtesse de Boigne, elle se souvient : « Je fus très frappée de l'immense prospérité du pays... Ces chemins si bien soignés sur lesquels des chevaux de poste, tenus comme nos plus élégants attelages, vous font rouler si agréablement. Cette multitude de voitures publiques et privées toutes charmantes. Ces innombrables établissements qui ornent la campagne et donnent l'idée de l'aisance dans toutes les classes de la société... ces fenêtres de la plus petite boutique offrant aux rares rayons du soleil des vitres dont l'éclat n'est jamais terni par une légère souillure. Ces populations si propres se transportant d'un village à un autre par des sentiers que nous envierions dans nos jardins. »

Hélas, les voyageurs déchantent à l'approche de la sombre capitale que les cochers nomment Metropolis. « Lorsque les chevaux de poste, suspendant leur course rapide, prirent cette allure fastidieuse qu'ils affectent dans Londres, que l'atmosphère lourde et enfumée de cette grande ville me pesa sur la tête, que je vis ses silencieux habitants se suivant l'un l'autre sur leurs larges trottoirs en un cortège funèbre, que les portes, les fenêtres, les boutiques fermées semblèrent annoncer autant de tristesse dans l'intérieur des maisons que dans les rues, je sentis petit à petit tout mon épanouissement de cœur se resserrer. » Le curieux Carême cède, lui, à l'enthousiasme de la nouveauté : « A Londres... une chose qui m'a surpris ce fut de voir la Tamise et ses innombrables vaisseaux marchands. » Cette forêt de mâts, ce grouillement de marins et de dockers sont la grande attraction des étrangers. A commencer par le grand-duc Nicolas, sosie de son frère Alexandre Ier, qui débarque pour une visite de quatre mois. Le prince régent a envoyé son yacht, le *Royal Sovereign*, l'attendre à Dieppe. Quatorze navires transportent la suite, les chevaux, les voitures et les bagages du prince héritier de Russie.

Ami de Brummell et de lord Byron, le régent se veut le souverain de toutes les élégances. A Carlton House, Antonin découvre le grand escalier avec sa rampe en or, les salons d'apparat aux lustres qui semblent descendre du ciel et la salle du trône avec son dais de velours pourpre. Dans ses appartements, George passe un temps infini à l'arrangement de sa haute cravate de soie blanche et couvre ses costumes de rubans et de décorations. Chaque matin, il choisit entre cent boucles de soulier étalées sur une table. Son coiffeur frise avec panache ses courts cheveux d'acajou. Le prince parle français et italien comme s'il était né à Paris ou à Florence. Dans le salon de musique, il chante à ravir et joue lui-même du pianoforte. Tous les ans, il envoie une bourse d'or à Beethoven, mais, depuis la conquête de l'Inde, cet esthète se passionne pour l'art asiatique dont les vaisseaux de la Compagnie de l'Orient et de la Chine lui rapportent des soieries et des porcelaines qui subjuguent ses convives.

Watier présente à Antonin les cuisines où la brigade compte d'autres compatriotes et de nombreuses femmes. C'est une tradition en Angleterre. Et pas seulement chez le régent. « Bien que dans toutes les maisons des grands seigneurs il y ait un cuisinier français, la fille de cuisine est chargée de confectionner les mets à l'anglaise, ce qu'elle fait ordinairement très bien. Et c'est ce qui nous convient beaucoup, car le cuisinier français, et particulièrement en Angleterre, se trouve seul et n'a pour aides que des femmes. »

L'arrivée de l'invité impérial russe est l'occasion d'une première soirée d'apparat. Le 23 novembre, Carême est au feu. « Quelques jours après mon arrivée au palais du prince régent, je fis mon essai en confectionnant vingt entrées pour le grand dîner que S.A.R. donnait pour la réception à sa cour du grand-duc Nicolas. »

Les laquais à perruque blanche et bas de soie sortent rafraîchissoirs, beurriers, jattes à glace du splendide service de Sèvres décoré de motifs mythologiques commandé par Louis XVI et dont le roi n'a pas eu le temps de se servir. Profitant de la Révolution, le régent s'est empressé d'acquérir ces pièces uniques pour rehausser encore le luxe inouï de sa vaisselle en or. Dans l'après-midi, Carême se rend avec Watier dans la salle à manger gothique aux vitraux colorés. « Le couvert y était placé et je fus étonné par la richesse et l'élégance du service de l'argenterie et du vermeil, qui décorait cette table somptueuse et toute royale... Les lustres en cristaux, les ornements des glaces, les meubles, tout y rappelle le goût et le luxe asiatiques. Le buffet était couvert de viandes froides de toute espèce, posées sur des plats d'or et d'argent. Je fus plus surpris encore en remarquant le nombre infini de vases, de coupes et de grands bassins antiques et modernes, tous en or et en vermeil, adossés sur le buffet ou portés au-dessus par des consoles élégantes... je retournai tristement finir mes travaux. Je regrettais dans le fond de mon cœur que tout ce que je venais de voir fût unique en Europe et n'appartînt point à la France. »

Rien de plus émouvant que ce cri pathétique d'un enfant de la rue qui a vécu le rêve napoléonien, les fastes retrouvés, l'élégance des réceptions de Talleyrand, qu'il croit inégalables. Et qui découvre que, reine des mers, l'Angleterre n'a eu de cesse de s'approprier les trésors de la Grande Armada, du château de Versailles et rapporte désormais dans ses galions ceux de la Chine et l'Inde. « Que je connaissais peu la puissance de l'amour de la patrie ! A trente-trois ans, je venais de quitter Paris pour la première fois. Je me trouvais sur une terre étrangère, sous le climat nébuleux de l'Angleterre. J'éprouvais déjà le douloureux ennui de ne plus voir ma patrie. »

Ses larmes ne s'effacent qu'en vengeant par son talent les malheurs de la France. « Mon dîner eut de la fraîcheur et de l'élégance. S.A.R. en fit compliment et M.W..., contrôleur, soupa à l'office pour la première fois. Cela fit sensation sur l'esprit des anciens officiers de la bouche qui furent, dès ce moment, peu disposés à m'être agréables. Cet honneur fut une peine réelle pour moi, car je n'avais nulle envie de leur causer le moindre désagrément, mais ma manière de faire n'était pas la leur. »

Et Antonin qui ne boit jamais se laisse aller ce soir-là à trinquer pour oublier qu'un océan le sépare de son pays. « Durant le dîner, le contrôleur proposa plusieurs santés à nos amis en France. Elles furent portées avec cette vive émotion si naturelle aux Français, mais plus expressive encore quand nous sommes chez l'étranger. Il faut être témoin de ces scènes touchantes pour en avoir une juste idée. A chaque toast proposé, chaque convive se leva, la figure rayonnante de joie et les yeux humides. Toutes nos pensées se reportèrent en France : chacun de nous se crut un instant dans sa chère patrie, près des objets de ses affections !.. » Des années après, il parle encore de cet accueil comme de son meilleur souvenir anglais : « Cette scène muette est toujours présente à ma mémoire. A la suite de cette aimable soirée, le contrôleur me dit : Vous nous voyez tous réunis, vous êtes maintenant des nôtres. Puis, ajouta-t-il avec émotion, vous avez d'intimes amis dans la maison. Je lui en témoignai ma reconnaissance.

J'arrivais seulement en Angleterre et je croyais peut-être encore à la possibilité de m'y fixer. »

Car dans ce palais, ce George fastueux n'aime rien tant qu'organiser des fêtes et dîner avec ses amis ambassadeurs. Carême adresse au régent son brevet suprême de « connaisseur si délicat ». Plusieurs soirs par semaine, il y a concert dans la salle de musique circulaire aux colonnes de marbre rouge. Et la grande galerie accueille souvent toute la cour. La reine escortée de deux ou trois de ses filles préside aux réceptions. Elle est loin d'être belle. « Qu'on se figure un pain de sucre couvert de brocart d'or et on aura une idée assez exacte de sa tournure », écrit la comtesse de Boigne. Depuis les crises de folie de son mari, elle est très indulgente pour les extravagances de son fils. Il l'adore, prend lui-même, des mains du valet de pied, le plateau d'argent avec la tasse de thé, le sucre, le pot de crème pour les présenter à sa mère et reste debout « le temps qu'elle arrange sa tasse, sans se lever, sans se presser, sans interrompre sa conversation. Seulement elle lui disait, quelque langue qu'elle parlât dans le moment : Thank you, George ! »

Noël approche et, pour échapper aux brouillards sales de Londres, la famille royale a pris l'habitude de respirer l'air de la mer. En 1750, le docteur Russel a publié en latin un essai sur l'« usage de l'eau de mer contre les affections des glandes ». Il recommande de la boire en grande quantité et de s'y baigner. George III a, le premier, plongé dans les eaux de Weymouth où les villas royales poussent désormais comme des champignons. Le prince régent a adopté Brighton, gros village de pêcheurs où il a agrandi une vieille ferme, baptisée fièrement en 1784 *Marine Pavilion*. Le salon en rotonde donne à la fois sur la rivière Steyne et sur la Manche. Dans un cottage voisin, il a installé sa maîtresse catholique, Maria Fitzherbert qu'il a secrètement épousée, malgré toutes ses dénégations. Depuis, son père l'a marié de force à une cousine allemande et protestante, Caroline de Brunswick, qu'il n'a jamais aimée et qui mène en Italie une vie de débauche si tapageuse que le gouvernement de Londres en est alarmé. Leur fille unique, Charlotte, a hérité du tempérament de feu de ses parents. Agée de vingt ans, elle a épousé l'année précédente sur un coup de tête le beau prince Léopold de Saxe-Cobourg.

Quelques jours après son premier grand dîner, Carême, les cuisiniers et tous les serviteurs prennent la route de Brighton devenu au fil des ans le rendez-vous mondain des fêtes de fin d'année. Quelques ministres, plusieurs ambassadeurs y louent des villas et une trentaine de diligences font quotidiennement l'aller et retour. En principe, il faut six heures pour parcourir les cent cinquante kilomètres qui relient Londres au port de pêche. Mais une voiture, La Flèche, plus rapide encore, permet à certains touristes de venir pour le week-end. On parle même de ballons qui bientôt ne mettront que deux heures. Un an plus tôt, en novembre 1815, un essai paru dans le *Tilloch's Philosophical Magazine* a prédit que ces ballons ne tarderaient pas à se diriger dans les airs comme les navires sur les mers.

Arrivé au sommet des deux collines qui surplombent Brighton, Antonin peut se croire dans une nacelle au milieu des nuages. La vue sur la baie est un enchantement. Les rangées de cottages dévalent vers la longue plage de galets sur lesquels sèchent les filets des pêcheurs. Il y a quelques mois, un ingénieur audacieux, Robert Vazie, a proposé pour trente mille livres de construire une jetée comme à Plymouth ou à Cherbourg. Par souscription, il a levé vingt mille livres et pensait obtenir le reste par une taxe sur les bateaux. Mais l'opinion publique s'est élevée avec véhémence contre un tel projet qui aurait dénaturé l'âme de Brighton.

Ses trésors, il faut les préserver ! Ce sont ses parcs à huîtres qui, selon certains pêcheurs, s'étendraient sur plus de cent kilomètres. Et aussi les sources chaudes et sulfureuses si bénéfiques pour tant de maladies. Partout dans la ville, chez Mott's, William's, Wood's et tant d'autres encore, on peut prendre des bains qui effacent les excès de sauces et de champagne. Un musulman venu d'Inde, Sake Dene Mahomed, a lancé les premiers « Vapour Bath » qu'il accompagne de « shampoings », nom donné dans son pays à des massages exécutés quand les chairs ont été bien amollies par la vapeur.

Antonin a un vrai coup au cœur en sautant de voiture devant le Pavillon royal. Depuis plus d'un an, George a demandé à son architecte John Nash de transformer l'édifice géorgien à colonnes, construit par Henry Holland, en un palais de maharadjah. Personne ici n'a jamais rien vu de tel. Certains cuisiniers comparent les bulbes du toit à de gros oignons d'Espagne. D'autres assurent qu'il s'agit plutôt d'alambics. Les plus savants affirment qu'on en trouve d'identiques au Kremlin de Moscou.

L'extérieur n'est rien auprès du vestibule. « Dès que vous entrez... vous vous croyez transporté dans la capitale de la Chine », explique Carême, encore abasourdi de se retrouver au cœur d'une de ses pièces montées, la « ruine de Kan-Kang-Kien », reproduite à la page neuf de son *Pâtissier pittoresque*. Pour un peu, il se sentirait chez lui : « Je m'estimais heureux de parcourir à mon aise cette demeure étrangère et royale, et surtout connaissant les détails de l'architecture chinoise que Chambers a décrite avec tant de talent. Je me sus bon gré de mes recherches à la Bibliothèque impériale. Car ce que j'avais vu et revu dans les dessins des voyages en Chine, je le retrouvais en grand et très beau style. Tout ce que la Chine peut offrir de magnifique se trouve réuni ici : un grand nombre de statues peintes représentant de jolis Chinois et Chinoises grandeur de nature, revêtues des costumes les plus distingués de leur lointain pays. Ces figures sont posées sur des piédestaux élégants. » Déjà, Antonin prête à ces artisans inconnus des antipodes ses propres vertus : « Ceci atteste aux Européens l'intelligence, le goût et le génie des Chinois et quoi qu'on en dise, ces Chinois de la Chine font honneur à leur patrie. »

Ce Pavillon n'a rien de la Cité interdite de Pékin où, en ce mois de décembre 1816, des plénipotentiaires anglais tentent sans succès d'amadouer l'empereur en le couvrant de cadeaux. A Brighton, il n'y a guère qu'une demi-douzaine de chambres de taille modeste. Pour loger ses perpétuels invités, le régent dispose des maisons voisines de Marlborough Street. Car frères, sœurs, amis adorent passer quelques jours dans la romantique station balnéaire de George.

En entrant dans les salons rouge et or de son palais des Mille et Une Nuits, les neurasthéniques oublient tous les périls. Comme si, aux portes en pagode, les dragons tenaient en respect créanciers et pénuries de farine. Aux fenêtres, les verres de couleur transforment les brouillards en brume enchantée et, dans les vapeurs d'encens mêlées aux parfums des tubéreuses, on n'entend plus le vent ni le fracas des grosses vagues grises. Car, depuis des mois, l'Angleterre est noyée sous une pluie diluvienne qui a pourri le blé sur pied et contraint le gouvernement à quémander des céréales à l'Amérique, cette colonie félonne qui hante toujours les cauchemars du roi fou.

Le 2 décembre dans l'après-midi, la reine environnée de

ses malles et de ses filles franchit le porche indien. Son fils lui succède dix minutes plus tard. Le canon tonne, les huit cloches de la vieille église carillonnent tandis qu'au sommet de sa tour carrée le drapeau claque sous l'ouragan.

Le surlendemain, Charlotte et Léopold les rejoignent pour la journée. Il pleut. Il pleut interminablement. Il pleut si fort que personne ne peut mettre un pied dehors. On tue le temps en dînant. En peu de jours, Antonin a déjà fait le tour des menus indigènes. « L'essentiel de la cuisine anglaise, ce sont les rosbifs de bœuf, de veau, de mouton et d'agneau. Ensuite, ces mêmes viandes cuites à l'eau de sel, ainsi que le poisson et les légumes... le potage à la tortue est vraiment le potage national des Anglais, le pâté de fruits et le pouding de toutes les espèces, les poulardes et dindonneaux aux choux-fleurs, le bœuf salé, les jambons de ferme et quelques mets et ragoûts à peu près semblables, voilà tout ce qui constitue la cuisine anglaise. » Avec morgue, il met un point final aux prétentions de ses confrères britanniques : « Le reste appartient à la cuisine française. »

Avant de lui repasser le manche de la casserole princière, son prédécesseur Badois s'est empressé de lui enseigner la soupe à la tortue. « Une triste chose à faire, dit-il, le jour d'un grand dîner » tant elle exige de soins, d'efforts et de précision. Ces tortues sont des monstres marins qui pèsent jusqu'à deux cents kilos. Les bricks anglais les ramènent vivantes des Mascareignes, ces îles Bourbon et Maurice de l'océan Indien où l'on trouve les plus beaux spécimens. « La veille de servir ce potage, vous attachez la tortue par les nageoires de derrière avec une grosse corde, puis vous la suspendez en l'air pour lui couper la tête afin de la laisser saigner pendant la nuit. » Avant d'aller plus loin, Antonin adresse cette solennelle mise en garde : « Vous devez avoir le soin de faire tenir les nageoires de devant par deux hommes. Autrement, elle est capable de renverser la personne qui lui donne la mort. J'ai vu chez le prince régent un jeune homme qui tenait les nageoires d'une tortue et qui fut renversé par un de ses mouvements convulsifs. Celle-ci pesait plus de trois cents livres. »

Pour simplifier l'opération, Carême indique qu'il n'est pas nécessaire comme font certains d'extraire le cœur, le foie et les parties génitales de l'animal. En revanche, il faut retirer la graisse des intestins avant de les jeter. « Ensuite vous enlevez un de ses membres avec toute la chair qui tient à la grande coquille. Vous opérez de la même manière pour les trois autres parties de la tortue. Vous coupez les chairs tout près des joints des gros os. Dans ces chairs, vous trouvez des espèces de noix de veau toutes parées dont on fait des entrées de différentes manières. »

Mais pour y arriver il ne faut pas moins de quatre braisières ou turbotières les plus grandes possible. La première accueille deux cuisseaux de veau, une demi-noix de jambon, huit poules, des carottes, des oignons pour le bouillon. La deuxième, les chairs de la tortue qui doivent « suer » pendant trois ou quatre heures. Dans la troisième, « le plus grand ustensile de batterie de cuisine possible », vous jetez les nageoires et les deux énormes coquilles coupées en quatre. L'assaisonnement se fait dans une dernière casserole. Vous y mettez la moitié de la sous-noix d'un jambon coupée en gros dés ainsi que quatre carottes, quatre oignons, des champignons, une livre de beurre, vingt anchois, du persil, du thym, du basilic, de la marjolaine, du romarin, de la sarriette, des feuilles de laurier, une pincée de girofle, du poivre de Cayenne, du piment, de la fleur de muscade et deux grandes cuillerées de consommé.

Versez sur la viande de tortue huit bouteilles de bon vin de Madère, la purée d'aromates, puis une cinquantaine de petits œufs ainsi préparés : « Après avoir pilé six jaunes d'œuf durs, vous y mêlez du sel et du poivre fin, une pointe de muscade râpée, trois jaunes d'œuf crus et un peu de béchamel. De cette farce, vous formez de petits œufs de la grosseur d'une noix muscade. Faites-les pocher dans du consommé bouillant et les versez ensuite dans le potage. » Pour n'importe quel cuisinier l'opération est terminée mais pas pour Antonin : « J'ai ajouté à ce potage, chaque fois que je l'ai servi, des petites quenelles de farce de volaille, puis des champignons bien blancs. »

La reine, le régent, ses sœurs n'ont jamais rien savouré de si *delicious*. « Mon potage, quoique doux d'assaisonnement, avait conservé le goût aromatique qui le caractérise... le prince m'en fit faire des compliments. »

Tous les fournisseurs royaux ont suivi le cortège. Mais Antonin aime faire dans la matinée le tour des rues en pente. Les chevaux piaffent devant l'Old Ship Inn et The Pavilion Parade, les deux auberges qui font reluire leurs cuivres à travers les vitres sombres. Des éclats de rire gras s'échappent de la Castle Tavern. Dans les rues commerçantes de North Street et Saint James Street, les dames s'arrêtent devant les créations des modistes tandis que des cavaliers montent à l'assaut de la colline ouest, celle de Hove où s'étagent les belles villas. Mais la promenade préférée des « excursionnistes », c'est d'arpenter les berges de la Steyne où chaque soir un orchestre militaire joue une fanfare qui célèbre Waterloo.

A Brighton, il y a marché trois fois par semaine mais, en

cette fin d'année, les légumes hors de prix proviennent de serres chaudes. Les paysans vendent surtout des pommes de terre qui sont « comme tout le monde le sait une partie de la nourriture du peuple anglais puisqu'elles remplacent en quelque sorte le pain ». Le gibier ? Introuvable. « Les chasses n'étant point permises, les seigneurs seulement en ont le droit exclusif. Par conséquent, point de gibier dans le commerce. Cependant le superflu des grandes seigneuries se porte chez le marchand de volaille mais ce gibier ne peut paraître en étalage et se vend en cachette. »

Pauvre Carême qui voit chaque soir s'éloigner le *Packett* pour Dieppe et la riche Normandie ! Pour comble d'infortune, cette terre ingrate est toujours noyée sous une pluie qui vous courbe l'échine avant de vous inonder le cœur. Dans la nuit du 14 décembre, Brighton est balayée par une tornade comme on n'en a jamais vu de mémoire de pêcheur. Le matin, les cheminées jonchent les rues, de nombreuses maisons ont perdu leurs vitres. La grande grille du nord du Pavillon a été arrachée au moment précis où le portier l'ouvrait pour laisser passer une voiture. Et c'est un miracle que l'homme n'ait eu le crâne fracassé. Le surlendemain, la reine, qui souffre des intestins, repart pour Windsor avec ses filles.

Quinze jours plus tard, c'est un nouveau déluge. Dans les trois églises de la ville, les révérends évoquent déjà quelque châtiment céleste. Pour Noël, le régent a chargé Watier de donner de la nourriture aux pauvres. Aidé de quatre notables de la ville, le contrôleur français a distribué cinq tonnes de viande et autant de pain à dix mille personnes. Et à nouveau le 31 décembre.

Au Pavillon, la soixantaine d'invités oublient la colère du

Tout-Puissant avec un menu de trente-deux entrées plus raffinées les unes que les autres. Point de mouton bouilli à l'eau de sel mais des quenelles de faisan à la Villeroy, des filets de sarcelle à la bigarade, des escalopes de ris de veau à la lyonnaise qu'ils arrosent sans retenue de champagne, de bourgogne et de bordeaux toujours baptisé *claret* comme du temps d'Aliénor. Tous les ambassadeurs sont là avec le frère du régent, le duc de Clarence, ainsi que le gouvernement dans son entier ayant à sa tête lord Liverpool.

Le lendemain, il y a conseil des ministres dans le salon en rotonde suivi à nouveau d'un grand dîner. Chaque jour, Carême imagine des menus de vingt-quatre, trente-six et même quarante entrées éblouissantes. Impressionnés, les nobles lords, oubliant Napoléon et les guinées qu'il leur coûte, crient au génie français. Et pourtant le travail n'est pas facile au Pavillon. « Les bouches n'y étaient pas très commodes. » Ces bouches, c'est-à-dire la cuisine, sont en pleine rénovation. Et Antonin s'empresse honnêtement d'ajouter : « Depuis mon voyage, on a achevé la grande cuisine qui est d'une grande beauté. » Avec des colonnes à tête de palmier en tôle peinte qui s'élèvent vers une grande verrière de douze fenêtres à guillotine, une hotte en cuivre au-dessus d'un fourneau de dix mètres de long, une autre au-dessus de la cheminée où le tournebroche permet de rôtir les plus minuscules mauviettes comme les plus imposants gigots. Gros avantage, en Angleterre, point de fagots qui brûlent trop vite et trop fort. Quelques pelletées de charbon de terre suffisent à entretenir un feu égal. « J'ai observé le rôtisseur chez le prince régent : une fois qu'il avait chargé son âtre le matin, il durait une grande partie du jour. Et ce qui est très agréable pour les gens chargés de faire rôtir en Angleterre, c'est de n'avoir pas à remonter à chaque quart d'heure le tournebroche. Car ici les broches tournent par l'effet d'un volant adapté dans le milieu de la cheminée, que la vapeur et la fumée du charbon font sans cesse tourner. »

Antonin n'évoque pas l'inventeur Stephenson qui a lancé l'année précédente la première locomotive à vapeur mais il reconnaît l'intérêt de cette nouvelle énergie dans les cuisines. « La table du milieu est ovale et assez grande pour recevoir le service de quarante entrées. L'épaisseur de la table est un foyer chauffé par la vapeur, et la surface est en fer battu et poli. » Mais pas question de concéder une quelconque supériorité à l'Angleterre : « Ces sortes de tables, avant la Révolution, existaient également dans nos premières maisons de France. »

Le régent sera si fier de sa nouvelle cuisine qu'un jour il ira lui-même y dîner avec ses amis à la chaleur de ses beaux fourneaux. Auparavant, le sol aura quand même été couvert d'un grand tapis rouge. Souvent, il la fait visiter à ses invités. C'est d'autant plus facile qu'elle n'est séparée de la salle à manger que par un office. On peut penser qu'il n'aura pas résisté au plaisir de laisser ses ministres apercevoir Carême une casserole de cuivre à la main. Et peut-être même lui aura-t-il posé quelques questions sur les goûts de Napoléon et de ses maréchaux. Car tout ce qui touche de près ou de loin à l'Ogre captif excite la curiosité de l'Angleterre. Chaque jour, le *Times* publie des colonnes entières sur le détenu de Sainte-Hélène.

Le 7 janvier, les cloches sonnent à midi pour fêter les vingt et un ans de la princesse Charlotte. Tous les notables de Brighton sont conviés au bal donné en l'honneur de la princesse héritière. Le grand chambellan a lancé trois cents invitations sur lesquelles on a spécifié : « aucune soie ni dentelle étrangère ». Cinquante invités de marque assistent au dîner, parmi eux, le secrétaire au Foreign Office, lord Castlereagh, et l'ambassadeur d'Autriche, le prince Paul Esterhazy, aussi fous de truffes et d'aspics que leur ami George. Pas un Français dans la liste des convives. Mais un certain lord St. Helen's dont le nom seul ne peut que percer le cœur d'Antonin. S'est-il vengé en inscrivant à son menu un poulet frit « à la Marengo » ?

Le grand-duc Nicolas arrive le 15 janvier après avoir parcouru l'Ecosse et le nord de l'Angleterre. A nouveau, c'est un grand dîner de quatre-vingts couverts. Parmi ses six pièces montées, Carême ne résiste pas à la tentation d'édifier un « pavillon chinois » assorti à celui qui sert de décor à la fête. En entremets, il inscrit des gros choux de mer : « Ils ressemblent aux branches du céleri et se servent de même que les asperges à la sauce au beurre. » Ce sont des *sea-kales* qu'il orthographie « scakls » avant de le franciser en sikèles. Peu importe, tous les menus sont rédigés en français.

A table, l'héritier de la couronne d'Angleterre bavarde avec le futur tsar de Russie dans la langue de Voltaire universellement adoptée au XVIIIe siècle en diplomatie comme en gastronomie. Et rien ne plaît plus à Carême que d'écrire chaque matin de sa plume impérieuse : « les foies gras à la Toulouse, les poulardes à la Montmorency, la ballottine d'agneau à la Saint-Cloud... ». Pour le plus grand plaisir des convives royaux qui, jusqu'au bal d'adieu du 23 janvier, oublient les trombes d'eau qui se déversent sur les coupoles indiennes de Brighton.

16

A LONDRES, il pleut encore. Antonin distingue à peine la Tamise lorsque les chevaux franchissent le pont luisant de Blackfriars. Et quand il ne pleut pas, les nuages orange striés de noir, de brun, de gris, saturés de suie forment un vaste éteignoir sur la ville. La brume est si épaisse qu'au début de l'après-midi on se croit déjà à la nuit. Ces ténèbres, ce froid humide submergent le cœur d'une tristesse crépusculaire.

A Carlton House, l'heure est au drame. Le prince régent est rentré le 25 janvier pour ouvrir trois jours plus tard la session parlementaire. Rude épreuve. Le prix du blé a doublé en un an et l'Angleterre a faim. Le cortège royal escorté des Horse Guards peut à peine se frayer un chemin à travers une mer de rictus hostiles. Troublé par ces visages haineux, l'héritier du trône lit son discours d'une voix blanche devant un parterre de lords écrasés d'inquiétude. La Révolution française, les sans-culottes, la guillotine, l'émigration et son cortège de malheurs sont présents dans tous les esprits.

Au retour, une pierre brise une vitre du carrosse doré. Les cinq coupables aussitôt arrêtés sont jetés derrière les herses de la Tour de Londres.

Dans les salons de Carlton House, c'est un défilé de ministres, de pairs du royaume qui prodiguent condoléances et conseils. Une semaine plus tard, le 5 février, ils forment un rempart autour du trône sur lequel s'est assis un régent irrité, rouge et bouffi. A la tête d'une procession de dix évêques et d'un millier de notables, le maire de Londres demande pardon pour sa ville. Le 11 février, les sommités savantes d'Oxford baisent avec respect la grosse main de George. Huit jours plus tard, leurs confrères de Cambridge revêtus de leur toge noire et du collier d'argent montent à leur tour les marches du palais pour exprimer leur attachement à la couronne.

L'imposante carcasse du prince de Galles ne résiste pas à tant d'émotions. Victime d'une crise de spasmophilie, il ne quitte pas sa chambre pendant une semaine. Traitement classique de l'époque, ses médecins le saignent à quatre reprises. George ne s'en plaint pas. Les coups de lancette le soulagent. A cinquante-quatre ans, ses bras sont couverts de cicatrices. Car les excès ruinent depuis longtemps la magnifique constitution qu'il a héritée de ses ancêtres du Hanovre. Oiseau de nuit, il boit, des heures durant et depuis son plus jeune âge, du gin à peine troublé d'eau, du triple sherry, du marasquin et aussi du whisky, cette liqueur de sauvages importée d'Amérique qu'il mélange au claret. Au cours de ces soirées trop arrosées, il fume ce qu'il appelle son « herbe d'Espagne » qui lui procure une délicieuse inspiration tant poétique que politique. La mode est aussi au laudanum, de l'opium vendu en élixir dans toutes les échoppes de la capitale.

Les dépressions et surtout les crises de goutte suivent immanquablement cette accumulation d'euphorisants mêlée aux lourds ragoûts des cuisines royales. En arrivant, en 1714, sur le trône d'Angleterre la dynastie des Hanovre a apporté avec elle l'habitude des viandes allemandes calcinées et noyées de sauces épaisses. De l'Inde, sont venues des épices, contre-indiquées pour l'estomac, dont les cuisiniers de Carlton House saupoudrent trop généreusement leurs tourtes aux rognons. « Avant mon arrivée, dans cette royale maison, la cuisine s'y faisait tellement forte, aromatisée, que le prince éprouvait fréquemment des douleurs qui duraient des jours et des nuits. » Pourtant bien des chefs sont français. Mais, eux aussi depuis Catherine de Médicis, ont la main trop lourde, ce qu'Antonin s'empresse d'expliquer de façon irréfutable : « Le ciel de la belle Italie exige sans doute pour les indigènes une cuisine forte et aromatisée, servant de tonique contre le relâchement continuel des fibres de l'estomac. »

Peu importe qu'il s'embrouille dans les latitudes, la couronne britannique tangue dangereusement. Entre la démence du vieux George III et le délabrement du prince de Galles, les Anglais manifestent leur désir de participer à la conduite de leurs affaires. Un vaste mouvement réclame une charte qui élargirait le droit de vote. A Manchester, ces « chartistes » ont réuni six mille personnes. Des turbulences qui annoncent la tempête.

Devant ses fourneaux, Carême se fixe pour noble mission de remettre sur pied l'héritier du trône. Dans un article rédigé lors d'une réédition du *Pâtissier royal parisien*, le critique littéraire Jules Janin écrira : « Le prince de Galles n'était pas encore roi d'Angleterre mais déjà il avait toutes les maladies d'un roi débauché : esprit blasé, estomac fatigué, faible tête. Carême prit en pitié ce malheureux prince. Il déploya pour lui toutes les ressources de son art. Plus d'épices, plus de poivre de Cayenne, plus de ces ragoûts venus de l'Inde, mais

293

au contraire de bons potages rafraîchissants, d'honnêtes légumes, des viandes saines et naturelles. »

Antonin a lu tous les livres des médecins qui décrivent les effets des aliments sur l'organisme : « C'est dans un vieux *Dictionnaire des aliments*, publié en 1709 par Lémery, docteur régent de la faculté de médecine de Paris... que j'ai trouvé l'étude approfondie des vertus bienfaisantes de nos substances alimentaires. » Il connaît par cœur le traité des *Plantes usuelles indigènes et exotiques* que son ami Roques a rédigé en 1808 et illustré en deux volumes dignes d'un miniaturiste florentin. Le genre d'ouvrage que Carême juge si utile aux progrès de son état. Le docteur, comme dans les *Tables de santé* arabes, analyse les vertus médicinales de chaque plante : le persil qui ouvre l'appétit, l'estragon bon pour l'estomac, le cerfeuil qui purifie le sang, l'avocat aphrodisiaque. On y apprend aussi que la vanille, mêlée au chocolat, en facilite la digestion, que le céleri est meilleur cuit que cru, que l'huile d'Aix calme l'inflammation des voies urinaires, que le ratafia de genièvre donne de l'énergie et l'orge une chair succulente aux volailles.

Antonin se passionne aussi pour l'alchimie des cuissons. Le savant Darcet, professeur au Collège de France, a publié avant sa mort en 1801 plusieurs brochures sur l'extraction par la vapeur de la précieuse gélatine des os de boucherie, notamment dans les bouillons et les pot-au-feu dont il faut se garder d'accélérer l'ébullition. « Ce travail est bienfait pour l'humanité puisqu'il contribue à améliorer de beaucoup le régime alimentaire des hôpitaux de Paris et des départements. » Les journaux ne cessent de relater les succès du médecin Cadet de Vaux qui hâte la convalescence des malades en leur faisant boire du « bouillon d'os ».

Chez le marquis de Barbé-Marbois, Antonin a par ailleurs

souvent entendu le plus jeune des frères Richaud disserter sur le rôle hygiénique des jus de rôti pourvu qu'ils ne soient pas altérés par un assaisonnement intempestif. « Il démontra qu'il pouvait conserver le suc nutritif des viandes et par ce moyen entretenir la pureté du sang, véritable baume conservateur de la vie, qu'il était sûr de faire vivre son seigneur dix années de plus qu'un autre cuisinier. » Elixir de jouvence particulièrement précieux pour les hommes qui font l'Histoire : « Dix années de plus sont bien quelque chose d'important. Quel bonheur pour une nation de conserver un grand homme, grand ministre, grand capitaine, un poète, un savant, un artiste un ou deux lustres de plus ! J'ai fait l'expérience des mêmes moyens à la cour du roi d'Angleterre. »

Avec opiniâtreté, il explore tous les bienfaits de cette cuisine digeste dont les recettes viennent en droite ligne du « beau maigre » que lui a enseigné La Guipière. Il en compose d'autant plus facilement les menus qu'il a sous la main des produits de la mer d'une extrême fraîcheur. « A Londres, ce qui est bien supérieur, et je le dis avec regret, ce sont les boutiques de marchands de poisson. J'aimerais trouver ces établissements dans nos belles rues de Paris. Je souhaite bien ardemment de voir quelques-unes de nos riches marchandes de la Halle et de nos grands marchés ouvrir dans nos beaux quartiers de la capitale quelques boutiques importantes remplies de poissons de mer et d'eau douce. »

A Brighton, il a vu les saumons, les merlans, les harengs arriver encore tout frétillants dans les cuisines. Ces paniers étincelants déversés sur les grandes tables en hêtre le conduisent à critiquer les grands maîtres du XVIIIᵉ qui n'hésitaient pas à mélanger viande et poissons. Massialot si fier de son « dindon aux écrevices » ou de son « poulet à la sauce de brochet ». Et même Vincent La Chapelle qui dans son *Cuisinier moderne*, paru en 1735 après la révolution culinaire de la Régence, n'en continue pas moins de farcir sa carpe à la Chambord de foies gras, de ris de veau et d'une demi-douzaine de pigeons avant de la barder de lard.

Antonin déclare avec feu que poissons et abats sont incompatibles. « En y réfléchissant, ne dirait-on pas que le génie de ces grands praticiens n'avait point compris le ridicule qu'il y avait à servir des viandes de boucherie et de la volaille avec du poisson ? Tandis qu'il était si facile de changer cet antique usage par la variété infinie que nous offre le travail des filets de poisson, tels que soles, truites, merlans, saumons et autres en les servant en escalopes, en atteraux Conti aux truffes, en quenelles truffées, ou aux champignons, ou à la ravigote. » Jetant l'anathème, il conclut : « Rien de gras : ce vice a disparu de la cuisine française. »

Chaque jour, dans ce pays de nuages et de boue, il s'instruit sur une nouvelle manière de magnifier la faune des eaux. « En Angleterre, pour rendre la chair de la carpe plus savoureuse et plus nutritive, on est dans l'habitude de châtrer ce poisson. » Quant au cabillaud mieux vaut le plonger dans l'eau bouillante que froide : « La chair en acquiert plus de goût et de délicatesse. Elle s'effeuille, blanche, ferme et crémeuse » surtout quand on y ajoute une pinte de lait. Que dire des succulents turbots que le marquis de Cussy baptise « faisans des mers » ! Antonin, laissant lui aussi s'envoler son imagination, appelle les grosses soles grises « perdrix des mers ». Comme à Paris, certaines mesurent jusqu'à deux pieds et demi. Poisson de roi qu'il cuit désormais en ôtant les deux peaux : « La chair acquiert plus de saveur à la cuisson et elle est en même temps plus agréable pour le service de table. »

Porté dans son plat d'argent par des valets en livrée royale dans la grande salle à manger gothique de Carlton House, son « saumon à la Régence » enchante les yeux. George et ses convives se taisent pour en savourer la première bouchée, incomparable, avec son beurre d'écrevisse, son ragoût d'esturgeon et ses quenelles d'éperlan. « Entre chacune d'elles, vous placez de grosses écrevisses glacées, explique Carême qui décrit son chef-d'œuvre comme s'il était à la portée du premier venu. Posez ensuite sur le saumon une grande palmette formée de filets de sole Conti aux cornichons et sautés au beurre. Ajoutez huit hâtelets composés chacun de deux grosses truffes cuites au vin de Champagne et de trois petites couronnes de filets de soles. » Et la sauce ? Une bonne livre de truffes. « L'addition des truffes à cru donne à cette sauce un goût exquis et la constitue une des plus succulentes pour servir le poisson cuit au court-bouillon. » Trouvaille digne du trône d'Angleterre, il ajoute une demi-bouteille de porto avant de la faire mijoter trente à quarante minutes.

Cette Sainte-Alliance de l'élégance, de la saveur et de la diététique ouvre la voie à une cuisine « moderne » aussi respectueuse du goût des aliments que de leurs vertus. Les ministres crient au miracle. Sous la main de Carême, la savoureuse sauce ne semble pas contre-indiquée pour la goutte. Sur le long fourneau qui occupe tout un mur, les casseroles de cuivre portent la couronne royale et désormais Antonin confère à tout ce qu'il invente pour la santé du prince George cette appellation pompeuse « à la Régence ».

Peu à peu, Carême découvre que certains poissons sont difficiles à digérer, comme le thon ou même le si beau maquereau qu'il a sorti lui-même de l'eau. « Je me rappelle en avoir pêché dans la Manche et les avoir vus expirer au sortir de la mer. Alors ce poisson est étonnant par son éclat argenté. » Il conseille de le manger de préférence au printemps avec sa laitance. C'est le moment où il est dans sa plénitude mais les personnes dont l'estomac est fragile doivent s'en priver. Les constipés feront bien aussi de se méfier de l'anguille ou de la préférer grillée. Tous peuvent se rabattre sur le merlan qui convient aux malades et aux convalescents. « On a vu des personnes en manger jusqu'à satiété et ne point éprouver la moindre indisposition. »

Il recommande aussi les viandes qui ne font pas grossir. Sans pousser l'abnégation jusqu'à laisser à la postérité une recette d'agneau à la menthe, il en reconnaît les qualités : « Le mouton ne favorise pas l'embonpoint comme le bœuf. » Le contrôleur Boucher le lui a souvent répété dans les cuisines de Talleyrand. Carême en a la confirmation dans le *Dictionnaire des aliments* du docteur Aulagnier dont il reprend quelques lignes : « En Angleterre, un athlète destiné au boxage était nourri avec grand soin, afin d'avoir plus de force et d'agilité. Le bœuf rôti était sa nourriture ordinaire, mais comme il prenait un embonpoint considérable, ce qui lui aurait donné du désavantage dans les luttes auxquelles il était voué, on supprima le rosbif, pour le remplacer par du mouton rôti. Cette nourriture fit disparaître son embonpoint, à la grande satisfaction des hommes qui devaient parier pour lui : car des sommes considérables se gagnent et se perdent dans ces jours de boxage. »

Au cours de son séjour, il en fait la terrifiante expérience, sans doute entraîné, un jour de pluie, par des amis de la cuisine. « Il faut avoir vu ces horribles combats pour se faire une idée des coups meurtriers que les boxeurs se portent mutuellement avec la rapidité de l'éclair. Ce cruel spectacle, qui déchire le cœur de l'étranger, est couvert des claquements de mains et des bravos des indigènes : car ces hommes qui se battent pour de l'argent ont leurs partisans et leurs admirateurs. Mais cette coutume est nationale chez les Anglais. A mon séjour à Brighton, j'ai vu deux de ces hommes se battre à outrance. Leurs corps meurtris, défigurés et mourants, se redressaient un moment pour s'anéantir au moindre choc. Ce n'était plus des hommes, mais des cadavres mutilés et expirants : l'un des boxeurs est mort quelques jours après. Je le répète, le cœur de l'étranger se déchire, et des larmes coulent de sa paupière en détournant la vue de cette lutte meurtrière. »

Cet affligeant spectacle le ramène bien vite au régent qui, dans la tourmente chartiste, ressemble à un boxeur sonné. Pour combattre ses crises de goutte, les médecins recommandent des cures de tisane d'orge. A nouveau, Carême ajoute le plaisir à la prescription, avec un « potage d'orge perlé à la royale » dont il est de toute évidence fort satisfait : « Chaque fois que j'ai servi ce potage, il fut apprécié par les conviés gourmands. » On les comprend ! Au bouillon tiré de deux poules et d'un jarret de veau, doucement infusé sur une « cendre rouge », il mêle au dernier moment une purée de volaille et deux à trois cuillerées d'orge perlé.

Ambassadeurs et lords ont une prédilection pour ces soupières fumantes. Certains menus d'Antonin en comportent plus d'une demi-douzaine. Après une journée de chasse à courre au lièvre ou au renard dans cette île où les bourrasques humides vous gèlent le sang, quoi de meilleur qu'un « potage de santé au consommé » pour redonner au corps une température humaine avant de passer à l'attaque d'un saumon à la régence ? « Ceux d'entre nous qui ont servi des seigneurs anglais savent, comme moi, combien ces nobles gourmands aiment nos potages à la française. » Ceux d'autrefois. Les recettes ont franchi la Terreur et la Manche pour remplir, intactes, les soupières d'argent de Mayfair et de Saint James : « J'ai retrouvé à l'étranger nos potages français tels que nos grands cuisiniers les avaient perfectionnés vers la fin du règne de Louis XV et de Louis XVI. Ils y avaient été portés par des hommes de talent qui émigrèrent au commencement de notre Révolution. La noblesse française réfugiée et la noblesse étrangère continuèrent à se faire servir la vieille cuisine telle qu'on la confectionnait chez nous avant le 10 août. »

Et, à Londres, pas question de dépecer à la russe turbots ou chapons. Les nobles lords n'empruntent pas leurs usages aux barbares du Nord. Comme à Versailles, les maîtres d'hôtel relèvent immédiatement les potages par les gros poissons. « Aussi, en retrouvant à l'étranger cette vieille méthode de nos pères, l'avons-nous adoptée sans hésiter. Quoique certains confrères disent que ce service est à l'anglaise, nous ne sommes point de leur avis. — Ce service est, au contraire, éminemment français. Les menus du grand Héliot*, du fameux Vincent La Chapelle l'attestent. D'ailleurs quand ce serait la manière anglaise, serait-ce pour cela une raison pour la dédaigner ? »

Ah, s'il avait toute la responsabilité de la table, il pourrait « dessiner » les plus splendides dîners du monde ! Mais comme le contrôleur Watier le lui a bien précisé à Paris, l'habitude de la couronne est de partager le pouvoir dans les cuisines. Et Carême ne s'y résout pas : « Une seule chose dans le travail m'était désagréable (cela a sans doute contribué à l'ennui extrême que j'éprouvais en Angleterre), ce fut dans la division des grands dîners en trois parties... Les deux chefs de cuisine devaient chaque semaine se renouveler. Si, durant ma semaine

---

* Contrôleur de Louis XV.

de service, il se donnait un grand dîner, je confectionnais seulement alors les entrées et les sauces générales, puis le chef en repos était demandé pour exécuter les potages, les grosses pièces de poisson et autres, et l'entremets de légumes. Ensuite le chef pâtissier donnait ce qu'il lui plaisait de faire : voilà trois personnes pour préparer un grand dîner, et cela sans s'entendre ensemble, afin de convenir de l'ordonnance de son menu, pour que le tout réuni se trouvât en parfaite harmonie, sûr moyen d'avoir de l'élégance et de produire de l'effet. Le contrôleur voyait seul nos trois menus, et nous travaillions dans la même cuisine, avec les égards que l'on se devait mais sans pour cela savoir de quoi et comment notre service se composait. »

Satisfaction d'architecte, pendant une semaine de repos, il prend la diligence pour visiter la cathédrale de Winchester. Plaisir d'amour-propre, c'est sur lui que pleuvent les compliments de l'insatiable George. « Un jour, le prince régent d'Angleterre, que je servais, me tint ce langage : Carême, vous me ferez mourir d'indigestion. J'ai envie de tout ce que vous me présentez, et c'est trop de tentations en vérité ! – Monseigneur, lui répondis-je, ma grande affaire est de provoquer votre appétit par la variété de mon service, mais il ne m'appartient pas de le régler. Le prince sourit en me disant que j'avais raison – et je continuai à lui faire faire bonne chère. »

Les médecins, la cour et lord Castlereagh le premier s'interrogent sur ce mystère. Plus le prince de Galles mange et mieux il se porte. L'héritier du trône est le premier à s'en réjouir et à en rendre grâces à son chef français. Dans les cuisines, Carême s'en rengorge : « Dans l'espace de huit mois que j'y suis resté, j'y fus sept sans quitter le service de Sa Majesté britannique, et elle ne ressentit pendant ce temps aucune attaque de goutte. »

Pour le voyage de Pâques à Brighton, le régent ne veut personne d'autre dans sa cuisine. Au Pavillon, seul maître des batteries de cuivre royales, Carême déploie tout son art, toute sa science. Le 12 avril, le *Times* annonce la grande nouvelle à la nation : « Malgré le temps exécrable, le régent passe ses journées à cheval sur les collines. Il a fait plus d'exercices durant ces quinze jours que pendant les trois années précédentes. »

Paul Esterhazy arrive le dimanche de Pâques pour deux jours. Comme le régent, l'ambassadeur d'Autriche adore la musique. Mais avec son ami George, le prince hongrois ne parle pas seulement de Beethoven ou de son précurseur Haydn qui était, à Eisenstadt, maître de chapelle du château de famille avant de faire fortune en Angleterre. « Il était difficile à ces deux gourmets éminents, à ces deux hommes pleins de goût de passer quelques heures sans causer gastronomie », écrit Carême, déjà sous le charme des bonnes manières et de l'élégance de ce diplomate qui n'hésite pas à bavarder avec lui.

Dans son hôtel de Vienne, le prince possède pourtant la plus splendide des collections de tableaux. Il parcourt l'Europe en carrosse armorié à huit chevaux et quand, dans les grandes occasions, il revêt sa cape de velours noir couverte de perles et de diamants, on dirait qu'il surgit d'un conte des *Mille et Une Nuits*. « Paul Esterhazy, grand seigneur, bon enfant, ne manque ni d'esprit ni de capacité dans les affaires. Il est infiniment moins nul qu'un rire assez niais a autorisé ses détracteurs à le publier pendant longtemps. Il est difficile de se présenter dans le monde avec autant d'avantages de position sans y exciter des jalousies », écrit la comtesse de Boigne.

Le 19 avril, c'est le retour à Londres. Toujours en pleine

forme, le régent regagne Carlton House à cheval sans poser le pied à terre pendant cinq heures.

Malgré ses succès et les nombreux hommages, Antonin est atteint de cette langueur que les romantiques baptiseront d'un mot anglais, le spleen. « Chaque jour établissant de nouvelles différences entre ces deux pays si rapprochés et si étrangers l'un à l'autre, je ressentis bientôt cette maladie de l'âme, cette maladie du pays qui énerve toutes nos facultés intellectuelles : cependant je n'avais rien à désirer dans la maison du prince. S.A.R. aimait mon service, le contrôleur m'estimait, de tout cela mon cœur était reconnaissant. Mais cette idée de me fixer pour toujours à l'étranger me faisait perdre la raison. »

Hors de cuisines, il est au bout du monde. Sans personne à qui confier ses exaltations patriotiques ! Jamais il n'a ressenti une telle solitude. Où est-elle cette verve parisienne dont il s'enivre les jours de carnaval ? Dans ce maudit brouillard qui étouffe tous les bruits, les esprits semblent ralentis, comme engourdis. « Londres et les campagnes des trois royaumes m'étaient insupportables dans l'intervalle des services. Là, tout est sombre. Les hommes s'isolent moralement, vivent séparés, par familles ou groupes. Cette conversation française si attrayante, qui nous console au bout de la terre lorsque nous rencontrons d'aimables compatriotes, n'existe ni à Londres ni dans les belles campagnes de l'Angleterre. »

N'est-ce pas le cœur bonapartiste de Carême qui saigne ? Tous les jours l'Angleterre célèbre sa victoire sur l'Ogre. Arrivé depuis deux mois dans sa grande bâtisse d'Apsley House, Wellington est follement acclamé dès qu'il sort à cheval dans Hyde Park. Le 1er mai, le régent donne en son honneur un grand dîner à Carlton House. On n'y parle que du Bullock's Museum où le duc a fait installer la colossale statue de Napoléon à côté d'un portrait de l'impératrice Joséphine. Toute l'Angleterre défile pour scruter la nudité de l'empereur déchu. Le régent, lui-même dévoré de curiosité, s'est mêlé à la foule sans être reconnu.

Le 18 juin, jour anniversaire de la victoire, c'est l'inauguration du pont de Waterloo au milieu d'une armada de petits voiliers. L'orchestre militaire s'emballe lorsque le régent, toujours resplendissant de santé, inaugure l'ouvrage à cheval entre Wellington et son frère le duc d'York, chef des armées. C'est le pont le plus long du royaume et les journaux ne se privent pas d'affirmer qu'à Paris ceux d'Iéna et d'Austerlitz ne soutiennent pas la comparaison. Dans les rues, les soldats portent des lauriers avec en lettres d'or : « Waterloo 1815 ».

Huit mois que Carême a le mal de la patrie. Pour se l'attacher définitivement, Watier comme Muller, le régent d'Angleterre comme le tsar de Russie, multiplient les offres mirobolantes. « Mon âme était en France », soupire Antonin. Et tout l'or des trois royaumes ne pourrait le retenir sous les nuages de la grise Angleterre.

17

TROIS FEMMES l'attendent à Paris. Est-ce le bonheur ? Pour lui, le mot n'existe pas. Comme tous les grands cuisiniers de l'histoire, c'est un angoissé, un écorché vif. Depuis des mois, Antonin se plaint, se lamente des jalousies de ses ennemis. Il verse des larmes sur les malheurs de son existence alors qu'il vient d'être reconnu comme un maître par la couronne d'Angleterre.

Le 3 février 1817, le *Times* a annoncé la mort, terrassé par une apoplexie, de Beauvilliers, le restaurateur favori des Anglais au Palais-Royal. Ce n'est pourtant pas le livre de l'expert en « plumbuttig » mais le *Cuisinier parisien* de Carême qui sera traduit et publié par le grand éditeur britannique John Murray en 1836 sous le titre *French Cookery*.

Tout à sa révolution culinaire Antonin ne met pas d'ordre dans ses affaires de famille. Sa situation n'a rien d'exceptionnel. En 1817, les registres de Paris comptent 9 047 enfants naturels sur 25 759 bébés. Comme la majorité des pères de l'époque, il ne divorce pas et il ne reconnaît pas sa Maria. Selon la loi, l'adultère est passible de prison. Un certain Roques purge une peine d'un an de réclusion pour ce « crime ». L'épouse peut demander le divorce seulement si le mari a abrité sa concubine sous le toit conjugal. Et il est défendu à un mari coupable d'épouser sa maîtresse même après avoir divorcé.

Carême se débat à coup sûr dans des difficultés privées qu'il esquisse en peu de mots : « Quelques circonstances m'avaient retenu à Paris. » Sa fille a six ans. L'âge d'aller à l'école. Est-ce elle dont il s'agit dans ces lignes publiées en page 2 du *Journal de Paris* le 11 mars 1818 ? « Une jeune fille a été placée dans une maison d'éducation du 12ᵉ arrondissement de Paris par une personne qu'on a lieu de croire n'être point de sa famille et dont on a reçu une lettre il y a quelque temps. C'est pour se conformer au vœu exprimé dans cette lettre et remplir un devoir d'humanité que l'on fait connaître à la famille, par la voie de notre feuille, que *l'enfant Maria se porte bien*. » Dans la terminologie de l'époque, une maison d'éducation est une pension religieuse où l'on élève et instruit les filles. Hélas ! Il n'y a aucune maison d'éducation parisienne qui ait laissé des archives. Et l'on n'a pas de trace du lieu où Maria a passé son enfance. Carême écrira seulement, des années plus tard, dans une lettre à son disciple Jay, que sa fille a été élevée « dans la sainte religion de nos pères ». Quelques lignes plus loin, il évoquera « l'infâme conduite des autres ».

Si cette naissance ne semble pas lui apporter la sérénité, elle ne l'empêche pas de travailler. Et une nouvelle fois, Robert joue les intermédiaires : « Votre recommandation seule vaut une réputation : c'est à elle que j'ai dû ma nomination de chef des cuisines du prince régent d'Angleterre et à Paris, chez le prince royal de Wurtemberg. »

Paul de Wurtemberg est lui aussi un « connaisseur ». Au même titre que le roi, son père, qui mangeait tant qu'on l'avait surnommé l'Eléphant. A l'Hôtel de Ville, lors du banquet de mariage de Napoléon avec Marie-Louise, il avait fallu échancrer une table afin de ménager une place pour sa bedaine. Les mauvaises langues répétaient que Frédéric II était le plus gros des rois pour le plus petit des pays. Mais si père et fils ont le même appétit, le souverain de Wurtemberg a longtemps reproché à Paul ses dépenses extravagantes. En 1816, un mois avant sa mort, il l'a fait revenir à Stuttgart et l'a condamné à une sorte de réclusion dans le beau château de Mergentheim.

Le deuil passé, le prince ne songe aujourd'hui qu'à profiter de la vie. Paris est pour lui la seule ville où l'on s'amuse. Et surtout où l'on sait manger. Les talents de Carême, il a eu l'occasion de les apprécier. A commencer par la fête inouïe donnée à l'Elysée par les Murat pour le mariage en 1808 de sa sœur, la timide Catherine, avec Jérôme Bonaparte.

Trois ans plus tôt, Paul a épousé, à vingt ans, la fille du roi de Saxe. Et Antonin a souvent travaillé en extra pour les buffets de l'ambassade. Du temps de la campagne de Russie. Il y a comme une éternité !

Les banquets inouïs de Vertus, ses expériences de chef de cuisine du tsar et du régent lui confèrent une aura nouvelle. Chez Paul de Wurtemberg, il ne se contente plus de rester aux fourneaux. Il sert ses trois services en maître d'hôtel dans la salle à manger. L'épée au côté. Un honneur qui lui permet de progresser encore : « Cette manière de servir soi-même son dîner a de grands avantages pour la cuisine et pour les maîtres. Le service se fait avec intelligence... Quand les seigneurs veulent savoir de quoi se compose tel ou tel mets, le praticien peut les satisfaire sans avoir besoin de descendre. »

Comme Boucher ou Robert, Antonin renseigne sur un « potage de riz à la Créci », vante les bienfaits d'un « turbot grillé à la Laguipierre ». Il dirige le ballet des laquais qui déposent les entrées sur les chauffe-plats et veille aux petites sauces qui les accompagnent. Quelle différence avec un maître d'hôtel indolent de cette nouvelle génération qui ne daigne pas mettre son nez dans une casserole : « Après avoir fait son marché, il passe du salon à la salle à manger où il fait placer son couvert par les valets de pied ou couvreurs de table. Ensuite il va dans son appartement : là, assis mollement sur un vieux fauteuil doré, il attend complaisamment l'heure du dîner, et, descendant à la cuisine, les mains derrière le dos et l'épée au côté, regarde, observe et fait souvent la mine, car ces messieurs ne sont pas très parleurs. » Et ce n'est pas là le moindre défaut pour ce Parisien bavard.

Au prince Paul, il donne un brevet de nationalité en créant pour lui une béchamel « à la française » légèrement rosée par un beurre d'écrevisse et relevée d'une pointe d'ail : « Elle convient parfaitement pour les pains de carpe, de brochet, de saumon et en général pour les entrées de poisson. On peut y ajouter des queues d'écrevisse et de petits champignons tournés bien blancs. » Quant à sa grosse pièce d'alose, un poisson blanc pêché dans la Seine, il ne résiste pas. Il la baptise « à la gauloise ». Et dans la salle à manger, c'est lui qui la prépare avec soin et entend avec ravissement les soupirs de gourmandise. « Je mis sur chaque assiette une petite portion du dos de l'alose, un peu de farce de l'intérieur, un fragment de laitance, de manière que ce poisson fût accueilli par les convives d'une manière satisfaisante. »

Quelle déception en revanche lorsqu'il découpe une dinde ! Dans la cuisine, rôtie à point, dorée et brillante de jus, elle fait bonne figure. Et pourtant dans la salle à manger les membres de ce gros volatile n'ont point de grâce : « Je ne veux pas dire pour cela qu'on ne doive pas le servir, mais à mon goût, je préfère les moyennes poulardes et chapons et en particulier les poulets à la reine. »

Chaque soir, après le service, il s'assied à sa table, la plume à la main, pour consigner améliorations et défauts que son œil de maître d'hôtel lui fait découvrir.

Mais la salle à manger d'un petit prince allemand, si gourmet soit-il, ne peut rivaliser avec les cuisines du tsar. Une nouvelle fois, le contrôleur Muller fait appel à lui pour le congrès d'Aix-la-Chapelle où les souverains alliés doivent se rencontrer en septembre 1818 afin de décider de rapatrier ou non leurs troupes.

Déjà, le bienveillant Alexandre a fait traverser le Rhin à trente mille de ses cosaques. Commandant en chef de cette armée d'occupation dont la solde, la nourriture et l'habillement sont payés par la France, Wellington n'est pas favorable à l'évacuation. Il veut avant tout s'assurer que l'ennemie héréditaire ne sera plus jamais en mesure d'attaquer ses voisins. De son quartier général de Cambrai, il se rend fréquemment dans les ports de Dunkerque, de Nieuport, d'Ostende, d'Anvers pour inspecter les travaux de fortifications. De la côte flamande au Luxembourg, il s'acharne à construire la plus formidable ligne de forteresses, puis une seconde ligne de Dinant sur la Meuse à Maastricht.

Pour ce travail destiné à l'enchaîner, la France lui verse un salaire royal que le duc emploie, avec sa ténacité coutumière, à meubler ses maisons d'outre-Manche. *Le Journal de Paris* relève d'un ton acide qu'il s'est encore rendu à deux reprises faire des emplettes « assez importantes » dans le bel établissement de « mobilier et de curiosités » que M. Vacher a ouvert 2, rue de la Grange-Batelière. Sa Grâce n'apprécie pas seulement les sofas de Jacob. Des renards français iront bientôt agrémenter les parties de chasse de son domaine du comté de Chester.

Dans le Nord, les anciens officiers de Napoléon sont excédés par la brutalité des troupes prussiennes ou anglaises concentrées autour des nouvelles forteresses. En octobre 1817, à Dunkerque, une affiche placardée sur les murs appelait les Français de tous grades à se soulever contre leurs oppresseurs. Le 11 février 1818, Wellington, rentrant faubourg Saint-Honoré d'un dîner chez l'ambassadeur d'Angleterre, est victime d'un attentat. La balle siffle à l'oreille du cocher et traverse la vitre de sa voiture.

Pour la Saint-Louis, le roi veut donner au généralissime anglais une preuve spectaculaire de la réconciliation de la France autour de son passé. Un grand banquet réunira sur les Champs-Elysées dix mille soldats et officiers de la garde nationale. Lasne en a la charge et pour une fois la Restauration a mis les bouchées doubles et même centuples : « Nous employâmes dans cette affaire 6 bœufs, 75 veaux, 250 moutons, 800 dindons, 2 000 poulets gras, 1 000 poulardes, 1 000 perdreaux, 500 jambons, 500 langues fourrées et saucissons, 1 000 pâtés, 1 000 biscuits et babas, 1 000 carpes, 1 000 brochets, 18 000 bouteilles de vin de Mâcon et 145 pièces de vin... Jamais travaux ne furent plus pénibles pour les cuisiniers », dit Carême.

Avant de banqueter, la garde nationale doit défiler devant le cheval de bronze d'Henri IV qui va retrouver le Pont-Neuf dont la Révolution l'a chassé. La statue a été payée par souscription. Un boucher a donné cent francs, autant qu'un riche banquier, un marquis ou le maire de Rouen.

Le 14 août, le Vert-Galant, environné de drapeaux blancs,

quitte la fonderie du Roule sur un immense traîneau couvert d'un drap bleu ciel à franges rouges constellé de fleurs de lys d'or. Un autre voile fleurdelysé cache le visage du bon Gascon qui a régalé son peuple avec la poule au pot du dimanche. Vingt paires de bœufs revêtus du bleu royal tirent le convoi. Les bouviers, également en blouse bleue, portent le chapeau du bon roi Henri avec une cocarde blanche et une fleur de lys en or. Patatras ! A dix heures du matin, avenue de Marigny, le traîneau dérape et sort du pavé. La procession ne redémarre qu'à quatre heures de l'après-midi. Pour monter la côte du palais Bourbon, vingt chevaux de mariniers sont réquisitionnés afin de donner de l'ardeur aux bœufs. Mais, sous la chaleur caniculaire, ce renfort se révèle insuffisant. Dans la foule qui, depuis le matin, suit la progression de ces travaux d'Hercule, deux à trois mille Parisiens offrent généreusement leurs muscles et leur zèle. Enfin, le pont est franchi et la statue trouve refuge pour la nuit devant l'Académie française. Le 17 août, soixante-quatorze chevaux tirent et hissent le royal cavalier sur son socle devant la garde nationale en armes. Les tambours battent l'hymne qui fait fureur depuis Waterloo, *Vive Henri IV !*

Dans les cuisines de l'Hôtel de Ville, Carême et Lasne sont en plein coup de feu lorsque les douze maires d'arrondissement et le préfet Chabrol de Volvic se rendent en cortège aux Tuileries où la famille royale, les ministres, les maréchaux sont réunis autour de Wellington et des ambassadeurs. En cette fête de Saint-Louis, l'heure est à la joie puisque la grossesse de la duchesse de Berry est confirmée.

La blonde jeune femme s'assied dans la calèche à côté du roi pour passer en revue la garde nationale dont les légions sont alignées rue de la Paix, sur les Boulevards et jusqu'à la porte Saint-Denis. Voyage qui sera fatal au futur héritier des

Bourbons puisque, quelques jours plus tard, la duchesse fera une fausse couche.

A deux heures, la voiture arrive sur le Pont-Neuf, suivie de celle de Wellington. De son pas martyr d'obèse, Louis XVIII prend place sur son trône. De peur que le pont ne s'écroule, la foule est contenue derrière les barrières. Même les marchandes d'orangeade et de citronnade ont été chassées.

Pour dévoiler le visage d'Henri IV, huit personnes ont été désignées par le comité des souscripteurs. Son président, l'insubmersible marquis de Barbé-Marbois, sénateur et courtisan de tous les régimes, se lance dans une de ces homélies que Carême n'aurait pas reniées : « Henri aima la France. Il fut par son caractère et par son esprit le modèle du vrai Français... Il protège avec Sully l'agriculture. Il protège contre lui les manufactures et les arts. Les soins du gouvernement le suivent jusqu'au sein des plaisirs et des amusements. Au-dedans, il a calmé les dissensions... Au-dehors, il a fait la paix. »

Après le défilé, les légions font bombance sous les arbres des Champs-Elysées. « Au milieu, en face l'allée des Veuves*, raconte Antonin, une vaste tente contenait le grand couvert de l'état-major. Ensuite, sur les grandes avenues à droite et à gauche de la route, à partir de la place de la Concorde jusqu'à la barrière de l'Etoile, deux files de tables chargées de dix mille couverts. Chaque convive avait sa bouteille de vin. » Mais il n'y en a pas que pour la garde nationale. De chaque côté de la route, on a installé six immenses buffets, douze fontaines de vin, des chanteurs, des théâtres de variétés, des danseurs de cordes, des mâts de cocagne avec des lots à gagner. Toute l'après-midi, la foule danse au son de huit orchestres. Le soir elle danse encore

---

* Aujourd'hui avenue Montaigne.

sur le Pont-Neuf tandis que les fenêtres pavoisées d'écussons s'illuminent et que crépitent les feux d'artifice.

Boulevard des Capucines la foule admire le Panorama de Londres, et rue du Faubourg-Poissonnière les Promenades égyptiennes. Mais ce qui attire Antonin, c'est la gigantesque fontaine dont on commence la construction sur le chantier de la Bastille. Le bassin en marbre des Flandres est terminé. Le 9 septembre, sont arrivés d'Italie d'autres blocs de marbre. Au centre doit s'élever un éléphant de dix mètres de haut dont les curieux peuvent apercevoir l'immense moulage en plâtre sous un hangar.

La fête continue à Versailles où, deux dimanches de suite, jaillissent les grandes eaux, dans les bals champêtres où se multiplient les attractions. Les jardins Beaujon du Roule ont promis l'ascension d'une baleine lumineuse gonflée au gaz, mais elle refuse plusieurs fois de s'envoler et on est obligé de lui couper la queue à la joie des badauds. Chez Ruggieri, le nouveau feu d'artifice des Quatre-Saisons fait retomber de la neige sur les danseurs. Mais la nouvelle folie, ce sont les « montagnes », des grands couloirs que l'on dévale dans un traîneau de fer en poussant des cris de frayeur. Elles grondent à Tivoli où les ducs d'Angoulême et de Berry sont venus les admirer. Les Anglais y sont si nombreux et si bruyants que, pour un peu, l'on se croirait sur les bords de la Tamise.

Carême, lui, boucle ses malles : « Je me décidai et partis pour Aix-la-Chapelle, toujours destiné à la maison de l'empereur Alexandre. » A quelques kilomètres de la frontière française, le spectacle de la petite ville d'eaux avec ses étroites maisons blotties les unes contre les autres dans ses rues en pente est comme un plan de paix. Avant la Révolution, la princesse de Lamballe y soignait ses rhumatismes. Les thermes ont vu se croiser Talleyrand, Pauline Bonaparte, Cambacérès... L'eau chaude et soufrée qui coule des têtes de serpent en bronze soigne aussi les faiblesses gynécologiques. Joséphine comptait bien y trouver un remède à sa ménopause et le retour de la « petite mer rouge » que Napoléon espérait chaque fois qu'elle prenait les eaux.

C'est déjà à Aix-la-Chapelle qu'il y a un demi-siècle, en 1748, les Européens ont mis fin à la guerre de Succession d'Autriche. Le plénipotentiaire anglais, John Montagu, joueur incurable, pouvait passer vingt-quatre heures à une table de whist sans dormir ni dîner. Il se faisait apporter des tartines de viande froide ou de jambon de Mayence et portait le titre de lord Sandwich, nom qui deviendra le symbole de la gastronomie « sur le pouce ».

Le commandant prussien arrivé dans la ville en même temps qu'Antonin laissera lui aussi son nom dans l'histoire. C'est un colonel de trente-huit ans nommé Carl von Clausevitz. Après ce congrès pacifique, il sera nommé général commandant l'Ecole de guerre de Berlin. Son traité, intitulé *De la guerre*, publié en 1832, un an après sa mort, inspirera aussi bien Lénine que Hitler.

Depuis le début de l'été, Aix-la-Chapelle vit dans une fièvre de fêtes. En juillet, a eu lieu l'exposition des saintes reliques de Charlemagne que l'on ne tire de leur châsse que tous les sept ans. Elles ont fait accourir quarante mille pèlerins venus s'ajouter aux curistes chaque année plus nombreux. Les hôtels ne désemplissent pas. Début septembre, Juliette Récamier arrive pour un mois alors que toute la ville bruisse des prix des locations qui s'envolent. A la plus grande satisfaction des habitants, mille cinq cents envoyés diplomatiques, maréchaux et généraux se disputent les dernières soupentes. « Plus d'un propriétaire tire du loyer de sa maison pour la durée des conférences plus qu'il ne lui en a coûté pour l'acheter », assure la presse locale. Les écuries, elles, s'arrachent jusqu'à quarante francs la journée.

Partout, on repeint et on restaure les belles façades de briques et de pierres grises sculptées d'aigles. On astique les fenêtres aux petits carreaux joints de plomb. Au coin des rues, on redore les statues des saints, ainsi que les enseignes de cygne et de licorne à la porte des auberges. Submergés, les plâtriers, les peintres, les tapissiers, les menuisiers font flamber leurs devis. Tous les jours arrivent de Paris et de Bruxelles des voitures chargées de meubles précieux. A peine sont-ils dans les magasins qu'ils sont enlevés. Une habitante écrit avec jubilation à une amie de Paris : « Notre ville commence à avoir l'air d'une grande ville. »

Dès le printemps, commerçants et bourgeois se sont réunis dans la salle voûtée du grand hôtel de ville, chef-d'œuvre de la Renaissance allemande, pour établir leur stratégie. Ils ont voté la construction d'une nouvelle redoute pour servir de salle de jeux et de bal tout au long de ce congrès qui, espèrent-ils, sera aussi fastueux et fructueux pour leur cité que celui de Vienne. Sur l'ancien terrain des Capucins, ils ont bâti des remises et des écuries pour cent vingt chevaux. Le gouvernement prévoit d'ailleurs de verser des milliers de thalers à l'administration des Postes pour qu'elle augmente la capacité de ses relais. Quand ils voyagent ensemble, le roi Frédéric-Guillaume, le tsar et leur cortège exigent plus de deux cent cinquante montures à chaque halte.

La maison Brammerz a été retenue pour l'empereur d'Autriche dont le service de bouche est arrivé début juillet. Sa suite ne comptera pas moins de cent quarante-six personnes, son écurie quatre-vingts chevaux de selle et vingt-cinq voitures à six, quatre ou deux chevaux. Le 1er août, ce sont les palefreniers qui ont quitté Vienne avec les premiers équipages dont six magnifiques pur-sang blancs destinés au carrosse de François II.

Le roi de Prusse logera à « vingt-cinq pas » sur le fossé des Capucins dans l'hôtel Offerman, « petit mais par son élégance et l'arrangement de son intérieur, il surpasse sans contredit tous les autres hôtels ». Plusieurs voitures sont déjà en route avec la vaisselle royale en argent et de nombreux ustensiles de cuisine. Son chancelier, le prince Hardenberg, occupera, sur la grand-place du marché neuf, une des plus belles maisons de la ville, l'hôtel Bettendorf, avec une collection unique de tableaux Renaissance.

Pour l'empereur Alexandre, le contrôleur Muller a retenu, dans la grande rue de Cologne, le vaste palais où résidaient du temps de Napoléon les préfets français. La propriétaire en voulait trente mille francs mais il a réussi à la faire baisser de deux mille francs. Cette Mme Vlans a déjà décrété qu'elle consacrerait tout son loyer à l'achat de meubles précieux et les garderait en souvenir du passage du souverain.

Mais le tsar ne saurait se contenter d'une maison en ville. Muller a aussi loué pour vingt-six mille francs, à Rohe, au-delà de la porte de Maastricht, une belle campagne entourée d'allées, d'étangs, de bosquets, de jardins et de prairies. Avec surtout une vue délicieuse sur les collines.

Le bourgmestre a abandonné sa maison à Wellington. Lord Castlereagh s'est rabattu sur la demeure du négociant Schloesser, petite rue de Borcette, après d'âpres négociations dont toute la ville jase : « Une chose étonnante, les Anglais, qu'on s'empressait autrefois de recevoir, trouvent très difficilement à se loger. Dernièrement une famille anglaise s'est présentée à vingt-deux auberges et n'a été admise dans aucune, non qu'il n'y eût pas de place mais parce que ces insulaires mettent la plus grande parcimonie dans leur dépense et veulent faire d'avance des accords sur tout. Il est arrivé ici il y a quelques jours une personne chargée d'arrêter un logement pour le ministre d'Angleterre mais les prix lui ont paru si élevés qu'elle est repartie sans rien avoir terminé. Elle a pris avec elle le plan de plusieurs maisons et promis de revenir dans dix jours avec de nouvelles instructions. »

Les banquiers sont arrivés les premiers à la fin du mois d'août. Car les Alliés réclament à la France le remboursement des impôts de guerre levés par Napoléon en Autriche, Pologne, Prusse et dans les divers royaumes ou duchés conquis par la Grande Armée, une somme colossale que Louis XVIII et son gouvernement ne pourront payer qu'en lançant des emprunts. Le numéro un de la finance, Baring, de Londres, loue une maison pour deux cent cinquante francs par jour. Amschel Rothschild, de Francfort, se contente du logement d'un quincaillier à cent francs par jour.

Les actrices, demi-mondaines, musiciens, journalistes, toute la faune qui accompagne les déplacements des souverains se sont casés tant bien que mal. Sir Thomas Lawrence, portraitiste attitré de la cour d'Angleterre, doit figer pour la postérité le regard langoureux d'Alexandre sous son front dégarni. Il y a aussi M. Perry, propriétaire du *Morning Chronicle*, trois boxeurs anglais, dont le célèbre Carters, héros du coup de poing, Elisa Garnerin qui montera en ballon, ainsi que sa concurrente Wilhelmine Reichard, première Allemande à s'être élevée à Dresde, devant le roi de Saxe, à une hauteur de 24 000 pieds. On voit même des marchands turcs passer des annonces pour vanter leurs « draps de bains du sérail ». Chaque soir, ces étrangers enfument les jolies tavernes décorées de carreaux de faïence bleue, grimpent les minuscules escaliers, s'entassent derrière les fenêtres en pignon de bois sculpté de Bacchus. Et jusqu'au milieu de la nuit, la petite ville retentit de leurs rires et de leurs chansons à boire.

Le tsar a loué ses maisons pour deux mois. Et Carême, arrivé début septembre, a sans doute été retenu pour la même période. « Mes appointements étaient de deux mille quatre cents francs par mois et la dépense culinaire, celle que je dirigeais, de quatre-vingt à cent mille francs par mois. Cette munificence avait néanmoins pour base, comme à Paris, un compte rendu parfait, les meilleurs éléments et le plus grand ordre. Je l'avais perfectionné. Cette économie est indispensable à notre mission, car il faut que la table la plus variée et la plus délicate soit logiquement contenue dans des limites. » Limites qui ne doivent guère être contraignantes. Cent mille francs, c'est le dixième de ce que Murat a payé l'Elysée, dix ans plus tôt. D'ailleurs le premier cuisinier du monde n'est pas engagé pour regarder à la dépense mais au contraire pour rendre inégalable la table du tsar de toutes les Russies.

Là encore, les gens d'Aix-la-Chapelle sont bien décidés à faire payer le prix fort, comme l'écrit une volubile bourgeoise : « Les fournitures de vivres pour les cuisines des souverains alliés ont été adjugées pour des sommes très considérables et les forestiers ont reçu des ordres relatifs à la quantité de gibier qu'ils sont tenus de fournir chaque semaine. Des dispositions ont été aussi prises pour se procurer les plus beaux poissons de nos rivières. Des vélocifères* amèneront d'Anvers les huî-

---

* Voitures à six ou huit chevaux, plus rapides que celles de la poste.

tres et les poissons avec beaucoup de rapidité. » Carême a, sans aucun doute, recours à ces voitures à grande vitesse. Muller a indiqué que, comme à Paris, Sa Majesté commencerait chaque dîner par une ou deux douzaines d'huîtres.

Il a par ailleurs tout le loisir d'organiser ses approvisionnements en soles d'Ostende. Car le congrès, qui devait s'ouvrir le 15 septembre, est retardé de douze jours à la demande du tsar occupé à l'implantation de nouvelles colonies militaires. Le souverain ne quitte Saint-Pétersbourg que le 7 septembre, accompagné dans son carrosse de voyage par son nouveau confident, le prince Volkonski.

Alexandre fait halte à Berlin pour inaugurer avec le roi une pierre colossale à la mémoire de tous les généraux russes et prussiens morts pendant la guerre de 1813-1815. Ensemble, ils passent en revue les hommes qui leur rendront les honneurs pendant le congrès. Le tsar gratifie de deux cents ducats le régiment qui porte son nom, deux cents ducats aussi pour les palefreniers des écuries royales et encore deux cents pour les valets de chambre mis à sa disposition.

Et maintenant que la fête commence ! Le 26 septembre, le roi de Prusse et ses trois fils Auguste, Guillaume et Charles parcourent les rues pavoisées. Le surlendemain en début d'après-midi, le souverain accueille l'empereur d'Autriche. Les canons tonnent et les cloches des églises et des couvents sonnent à toute volée. Et à nouveau à dix heures du soir lorsque Alexandre passe la grande porte de Cologne entre deux haies de soldats porteurs de torches. La ville entière est illuminée et la cavalerie l'accompagne jusqu'à son palais où l'attendent Carême et une odeur de sauce aux truffes, nouveauté baptisée derechef « à la parisienne » et destinée à sublimer l'abondant gibier des douces collines des environs. « Cette sauce est des plus suaves pour servir des entrées de broche, comme volailles, faisans, perdreaux, gélinottes et bécasses. Je l'ai servie pour la première fois à l'empereur Alexandre pendant le congrès d'Aix-la-Chapelle : c'est véritablement une essence de truffes. Elle convient aux Lucullus modernes. On peut y laisser les truffes : alors ce sera le ragoût de truffes à la parisienne. » Introuvables en Allemagne, Carême les fait venir non par vélocifère, mais en diligence, comme toutes les exquises spécialités françaises dont il n'entend pas se passer.

Le duc de Richelieu, lui, a apporté de Paris un service en argent offert par Louis XVIII la veille de son départ. Environné d'une odeur de pipe froide, ce grand gentilhomme, héritier d'une des premières familles de France, n'en est pas moins l'ami du tsar. Dès le début de la Révolution, il a émigré en Russie. Il est devenu gouverneur de Crimée où il a laissé un si bon souvenir qu'un négociant d'Odessa vient de commander à l'atelier Baruch Weil, établi rue de Bondy à Paris, un service de porcelaine avec des peintures des différents bâtiments d'Odessa, notamment le lycée Richelieu et, sur chaque pièce, le portrait de Son Excellence.

Les conférences se tiennent chez Metternich. Pour se soustraire à la foule qui se précipite sur leurs pas et assiège la porte de leurs hôtels, les souverains décident de s'y rendre en frac et sans décorations. Le soir, ils se reçoivent à tour de rôle. Mais si lady Castlereagh porte les plus belles parures de diamants, les dîners les plus courus sont ceux du tsar. Dans la grande cuisine dallée de pierre noire, les petits personnages des carreaux de Delft égaient Antonin au moins autant que les conversations avec Muller. Cette fois, il ne se plaint pas du mal du pays et invente deux nouvelles sauces « des plus appétissantes » qui n'ont rien à voir avec les lourds ragoûts teutons.

Ce congrès, qui devait durer deux mois, vire bientôt à la catastrophe. Le 4 octobre, jour de la Saint-François, la ville offre dans la nouvelle redoute un concert et un grand dîner en l'honneur de l'empereur d'Autriche. Mais François II, malade, ne peut y assister. Victime aussi du temps humide, Elisa Garnerin ne réussit pas à s'élever dans les airs et termine sa course à l'hôpital. Sa nacelle aurait blessé les spectateurs sans les barrières de protection et l'ordre du roi Frédéric-Guillaume de couper immédiatement les cordes qui la reliaient au ballon. Les boxeurs anglais ne font pas plus recette et les gazettes ne se gênent pas pour le dire : « Ce spectacle n'est pas du tout du goût des Allemands qui trouvent trop cher de payer cinq francs par place. »

Trois jours après le souverain autrichien, c'est au tour d'Alexandre de garder la chambre. Les journaux annoncent même qu'il a été « purgé ». A son chevet, se relaient ses deux médecins personnels, le *baronet* écossais Wyllie et le docteur Richer. Handicapé par sa surdité, Alexandre n'est plus le séducteur que Carême a servi à Paris. Sa rupture avec le grand amour de sa vie pendant dix-sept ans, Marie Naryschkine, qui l'a remplacé par un officier de sa garde, le tourmente. Depuis longtemps, il déclare ne plus vouloir pécher. Alors que l'incorrigible Metternich est encore parti deux jours en escapade à Spa avec la princesse Lieven, on ne lui connaîtra plus jamais de liaisons. Avec sa femme, il n'a aucune relation. La rêveuse Elisabeth a quitté la Russie en même temps que lui mais pour se rendre comme d'habitude chez sa mère, la vieille et aigre margrave de Bade.

La mystique Krüdener vit en disgrâce dans ses terres de Livonie, mais le tsar de toutes les Russies n'a plus besoin de ses folles exhortations pour se savoir « élu » de Dieu sur terre. L'image du Christ portant sa croix le hante. Dans quelques semaines, en Pologne, il annoncera à son frère Constantin sa « fatigue de porter le fardeau du pouvoir » et son désir d'abdiquer. Avec Richelieu, il a une longue conversation sur la France qu'il désire ardemment faire entrer dans la « congrégation » de sa Sainte-Alliance :

« Votre nation est brave et loyale et a supporté ses malheurs avec une patience vraiment héroïque. Dites-moi sincèrement, croyez-vous qu'elle soit prête pour l'évacuation, pensez-vous le gouvernement suffisamment fort ? Vous savez que je suis l'ami de votre pays et je désire votre parole sur ce sujet.

— Jamais, réplique le duc de Richelieu, il n'y a eu de nation plus digne et mieux préparée pour recevoir la grande marque de confiance que vous lui destinez. Votre Majesté a pu voir avec quelle fidélité la France a rempli ses engagements.

— Mon cher Richelieu, vous êtes la loyauté même. Je ne crains pas le développement des institutions libérales en France. Je suis libéral moi-même. Très libéral. Mais je crains les Jacobins, je les hais. Attention de ne pas nous jeter dans leurs bras. Il n'y a que la Sainte-Alliance des rois fondée sur la moralité et la chrétienté qui puisse sauver l'ordre social. C'est à nous de montrer l'exemple.

— Vous pouvez compter sur le roi de France pour exterminer le jacobinisme.

— Au nom du ciel, monsieur de Richelieu, sauvons l'ordre social. »

Le mystique Alexandre n'en est pas moins fort préoccupé par les cordons de sa bourse :

« Les indemnités sont la seule difficulté. La Prusse veut son argent, l'Autriche aussi et je serais bien aise de recevoir les sommes que vous me devez comme roi de Pologne. Faites un accord avec le grand capitaliste M. Baring. C'est là que la clef de voûte de l'arc européen doit être trouvée. »

Dernier coup du sort, le plus terrible pour la ville d'Aix-la-Chapelle, le 9 octobre, presque sans avoir discuté, Wellington, Castlereagh, Metternich et Hardenberg se rangent aux arguments d'Alexandre. Les Alliés tombent d'accord pour libérer la France et signer avec elle un traité d'alliance. Dans la nuit, une estafette part d'urgence aux Tuileries annoncer la bonne nouvelle : toutes les forteresses seront évacuées le 30 novembre, deux ans plus tôt que prévu. En échange, le royaume payera la somme de 265 millions de francs. L'annonce fait sensation chez les banquiers.

Le lendemain, le tsar est sur pied. Le « beau maigre » de Carême a-t-il, comme pour le régent d'Angleterre, opéré une fois encore des miracles ? Alors que l'empereur d'Autriche ne quitte pas sa chambre, Alexandre fait une courte promenade en ville. Il a pris la précaution de s'habiller en bourgeois, car dès qu'il sort la foule est prête à l'étouffer. Le 14 octobre, il part avec le roi de Prusse pour deux jours de cures à Spa où il a loué l'hôtel du Lion noir.

Le 17, il y a bal dans le palais de la grand-rue de Cologne que l'hôtel de ville a décidé de rebaptiser rue Alexandre. Le 19 octobre, c'est le départ pour Valenciennes où les souverains russes et prussiens passent une dernière fois en revue leurs troupes sur le sol français avant de dîner au Pavillon chinois de la place Verte.

Deux jours plus tard, aux Tuileries, entre deux douzaines d'huîtres, Louis XVIII les rassure sur le paiement des indemnités. Elles seront versées en neuf traites tirées sur les banques Baring et Hope de Londres. La France n'a plus un sou en caisse, mais son terroir est riche. A Soissons, un pied d'artichaut a donné quarante-deux têtes dont neuf pèsent entre quatre et cinq livres. Dans l'Oise, on parcourt des lieues pour venir admirer une grappe de raisin d'un mètre de long. Les récoltes de Champagne et de Bourgogne dépassent toutes les espérances. Et celles de pommes à cidre sont encore plus inouïes en Normandie comme en Picardie.

Carême n'accompagne pas le tsar au cours de ce voyage éclair à Paris. La suite d'Alexandre ne se compose que de deux voitures et, chaque soir, Sa Majesté descend dans une maison particulière. Après le dîner des Tuileries, à la différence du roi de Prusse, il repart aussitôt pour Senlis. Chaque matin, il offre, à ses hôtesses d'un jour, une bague en diamants. M. de Bouge, qui a dédié son dernier ouvrage de géographie au souverain, s'est aussi vu gratifié d'une bague. Comme le dessinateur qui a présenté à Sa Majesté une esquisse du lazaret d'Odessa, et encore M. de Bonnemaison pour son étude sur Raphaël. Le prince Volkonski ne voyage pas sans une valise pleine de bijoux et de tabatières en or à l'effigie de Sa Majesté. A Aix-la-Chapelle, il a fait porter à la cantatrice Catalini une ceinture de diamants. Alexandre se veut « protecteur et ami des arts ».

Les fêtes reprennent le 2 novembre, cette fois au château de Rohe pour l'arrivée de l'impératrice douairière qui possède elle aussi dans son palais un maître d'hôtel français, un nommé Dubois, ami de Carême.

Le 15 novembre, apothéose, la soirée d'adieu à François II d'Autriche est saluée par la presse : « L'empereur de Russie a donné un dîner de gala très brillant. Outre les trois souverains, tous les princes, les généraux, les ministres y ont assisté. La table était de soixante couverts. L'empereur Alexandre a déployé dans cette occasion une munificence extrême. »

Le lendemain le congrès plie bagage. Alexandre, qui n'a aucune envie de rentrer à Saint-Pétersbourg, part pour Bruxelles retrouver sa mère et sa sœur mariée au prince d'Orange. A Aix, on attend son retour dans le palais loué pour quinze jours supplémentaires. Antonin a tout le loisir d'arpenter les rues de la ville, d'admirer ses fontaines moyenâgeuses et leurs filets d'eau coulant du bec d'oisillons qu'on dirait prêts pour la broche.

Deux trésors ne peuvent que plaire au pâtissier-architecte. Carême ne manque jamais de visiter les cathédrales et celle de Charlemagne est unique, étrange, avec sa flèche, son dôme et son chœur séparés. La châsse en or massif, le trône en marbre blanc ont fait frissonner d'émotion Napoléon. Antonin a entendu mille fois le marquis de Cussy lui raconter que l'empereur des Francs, écologiste avant l'heure, aimait voir pousser dans ses vastes jardins d'Aix-la-Chapelle la laitue pommée, le cresson, la chicorée, le persil, le cerfeuil...

Sur la route du retour, au coin d'une rue en pente, un certain Leo Van den Daele a ouvert en 1765 la première pâtisserie d'Allemagne. Sa vitrine est pleine de personnages en pain d'épice, de strudels aux pommes, de gâteaux aux cerises et à la frangipane, que des clientes bien en chair attaquent la lèvre gourmande dans les salons en boiseries foncées du rez-de-chaussée et de l'étage.

Architecte, pâtissier, cuisinier ou auteur, Carême se sent plus que jamais tout à la fois. Il aime dessiner et remplir de nouvelles recettes les pages de ses ouvrages. Mais pas plus qu'Alexandre, il n'a envie de rentrer à la maison.

18

ENTRE Paris et les palais du tsar son cœur balance ! Le soir, le contrôleur tente de le séduire, de le convaincre de venir, comme Riquette et Dubois, exercer son beau talent au bord de la Neva. « Lorsque le congrès se sépara, M. Muller me renouvela ses propositions de Paris : c'était d'aller continuer mon travail à Saint-Pétersbourg. » Le jour du départ, son ami lui décrit une nouvelle fois tous les avantages de la maison impériale : « C'est là, me dit-il en me serrant la main, que vous jouirez du fruit de vos travaux. Vous ferez parmi nous une belle fortune. »

Louis de Rohan insiste aussi. Marié avec la voluptueuse duchesse de Sagan, fille aînée de la duchesse de Courlande, le prince a souvent eu l'occasion de pénétrer chez Talleyrand dans l'univers magique de Carême. Devant les vol-au-vent d'écrevisses et les chartreuses de mauviettes, il a immédiatement reconnu le génie éternel de la cuisine française. Et Dieu sait s'il a pu goûter aux plaisirs de l'Ancien Régime. Sa mère, la princesse de Rohan-Guéméné, était gouvernante des enfants de France et son père donnait les plus belles fêtes de Paris avant sa faillite retentissante en 1783. Lors de son émigration, le prince gastronome a profité du cuisinier de son cousin Louis de Bourbon, le célèbre Dunan, avant que celui-ci ne serve Napoléon. Depuis qu'il vit à Vienne, il ne cesse de s'intéresser au sort des artistes des fourneaux. « Grand nombre de mes confrères savent combien le prince Louis de Rohan a placé et place encore de cuisiniers chez de grands seigneurs tant français qu'étrangers. »

Et quoi de mieux que Saint-Pétersbourg pour un Carême ? « J'avais reçu de lui le conseil de suivre l'empereur en Russie. Je voulus un délai, puis je ne pus me résoudre à quitter les recherches et les travaux de rédaction que j'avais commencés à Paris. »

Mais avant de rentrer, il va visiter l'Autriche. Comme le cuisinier grec Archestrate, il ressent le besoin de voyager pour apprécier par lui-même ce que produisent ces terres étrangères. Lord Stewart, demi-frère du ministre Castlereagh, est en quête d'un chef pour son ambassade de Vienne. Et il ne veut surtout pas d'un Allemand dont les sauces lourdes et « trop grasses » lui restent sur l'estomac. Début juin, avant son retour annuel en Angleterre, le diplomate excédé a licencié tout son personnel de bouche, « de vieux praticiens à grandes prétentions qui ne voulaient pas servir le dîner sous cloche ». Abasourdis, certains valets assuraient qu'il avait été nommé ambassadeur en Russie, d'autres qu'il partait en Afrique comme gouverneur du Cap.

Mais début septembre, l'équipage de milord a fait sa réapparition Minoriten Platz avant de repartir vers Aix-la-Chapelle pour la clôture du congrès. Plus encore que Louis de Rohan, le diplomate a eu maintes fois l'occasion de constater l'effet prodigieux des grandes mises en scène de Carême sur les convives. Et encore l'hiver dernier chez son ami George d'Angleterre. Après le congrès, Alexandre doit se rendre à

Vienne chez l'empereur François II. Et quelle victoire pour Charles Stewart de leur faire les honneurs de son ambassade avec un « saumon à la Régence » ! Quel luxe de s'offrir ce Parisien inégalable que le tsar de toutes les Russies n'arrive pas à attirer dans ses palais !

Irrésistible et vaniteux, comme tous les hommes de petite taille, le diplomate est surnommé par la cour d'Autriche The Golden Peacock, « Le Paon rutilant », tant il adore faire la roue et déployer ses innombrables médailles et décorations dont il chamarre ses uniformes. Il est le vivant contraire de Castlereagh qui assistait au congrès de Vienne en frac noir avec, pour seule note de couleur, l'ordre de la Jarretière. « Ma foi, c'est distingué », avait lâché Talleyrand, pour une fois bluffé par tant de simplicité.

La première femme de Charles est morte, en 1812, dans les bras de son frère peu avant son retour de la campagne d'Espagne. Et l'aîné épaule le cadet qui, selon une tradition bien ancrée dans les trois royaumes, a un nom mais ni terre ni fortune. Leurs ancêtres écossais ont reçu au début du XVIIe siècle, du roi Jacques Ier, un grand domaine en Irlande dans le comté de Donegal. C'est là dans cette lande verte et sauvage, au milieu de ce peuple en perpétuelle ébullition, qu'auprès de son grand-père, lord Camden, Charles a réprimé violemment en 1796 une insurrection encouragée par la République française.

C'est un soldat. Avant ses treize ans, il se battait en Flandres contre les armées de la Révolution. A Leipzig, il a joué un rôle décisif en convainquant Bernadotte de trahir Napoléon et de rejoindre Blücher, ce qui lui a valu l'ordre de l'Aigle noir et de l'Aigle rouge de Prusse, une lettre de félicitations du tsar et, en 1814, le titre de lord Stewart. Son frère l'a nommé secrétaire d'Etat à la Guerre, puis ambassadeur. Mais

Charles n'a rien d'un homme de dossiers, c'est un coq de salon, poussant parfois trop ses avantages.

Redevenu célibataire, il s'est lancé, avec ardeur, dans une folie de conquêtes. Pendant le congrès de Vienne, qui, neuf mois durant, a enfoui les souvenirs de la guerre sous une débauche de fêtes, de luxe et de luxure, la police de Metternich le voyait sortir à l'aube du portail de la duchesse de Sagan. Un soir, une de ses cavalières a eu la surprise de sentir que le diplomate lui pinçait discrètement les fesses dans le grand escalier de l'Opéra. Elle a dû lui donner un soufflet qui a définitivement assis sa réputation de don Juan. Après une nuit bien arrosée, il s'est aussi disputé avec deux cochers qui l'ont frappé de leurs fouets et l'ont laissé en piteux état, dans le caniveau. Dans les clubs de Londres, le bouillant Irlandais y a gagné le sobriquet de Fighting Charley. Comme les fusées des champs de bataille, il s'enflamme, mais oublie aussi vite les offenses.

Carême ne s'en offusque pas. Loin de là ! Il le saupoudre de superlatifs avec la main légère du pâtissier. « Lord Stewart est un gentilhomme suivant la plus haute acception, poli, spirituel, beau... ministre intelligent, ami loyal, maître généreux, grand amateur de la table, et disposé à tout lui sacrifier. » Rien à voir avec le pingre Wellington ! Comme Talleyrand, Charles est un des meilleurs clients de la maison de champagne Ruinart. Fantasque, généreux, raffiné, il jette l'argent par brassées. Et pas seulement pour des dîners brillants. Au printemps dernier, le *Times* révélait qu'il avait encore, dans une course de chevaux bavaroise, perdu huit cents ducats sur un de ses meilleurs étalons. « C'est alors que j'entrai au service de lord Stewart, ambassadeur d'Angleterre. Milord m'accorda vite son appui et son affection. J'obtins les plus dignes appointements, un riche budget, un personnel convenable. »

En plein cœur de Vienne, l'ambassade de Minoriten Platz est « resplendissante ». Avec sa lourde porte de bois sculptée, ses deux cours pavées, son escalier de marbre, la demeure de milord rivalise d'élégance avec le palais Liechtenstein voisin. Carême est sur un nuage. Entre l'hôtel de ville et le château impérial, c'est le quartier des princes. Les Kinsky, les Starhemberg, les Esterhazy, les Batthiany, les Ferstel, les Harrach ont tous construit là des hôtels somptueux couronnés de leurs armoiries dorées. De grandes statues encadrent les portails, des angelots courent sur les façades et, sous les toits, des légionnaires de pierre montent la garde.

A travers les doubles fenêtres de l'ambassade, on ne voit que l'église construite au centre de Minoriten Platz par les Frères Mineurs lors de leur arrivée au XIVᵉ siècle. Aussi grande qu'une abbaye, elle abritait les troupes de Napoléon à la veille du départ pour la campagne de Russie. Les grognards ronflaient dans la nef gothique sous les ailes dorées des anges du maître-autel.

Début décembre, commence une nouvelle ronde de dîners pour fêter l'arrivée du tsar qui loge impérialement dans le palais de François II. Sous le ciel plombé de neige, Antonin fait le tour des étals à poils et à plumes : « Je crois que dans aucune ville de l'Europe il ne se vend autant de gros gibier de venaison qu'à Vienne. Le daim, le cerf, la biche, le chevreuil, le sanglier remplissent les marchés. Les faisans de Bohême sont excellents et communs à cause de leur abondance, de même les levrauts. Ici comme dans le Nord, point de lapereaux. La gelinotte n'est point rare. Les perdreaux gris, les bécasses, les cailles, les grives, les pluviers et autres petits

oiseaux de passage s'y trouvent également en quantité. »
Comme à Londres, Carême ne se fie qu'à sa main. Il inspecte,
soupèse, caresse, compare les prix à ceux de la Halle de Paris :
« La volaille n'est pas chère. » Mais, bien sûr, la qualité s'en
ressent : « Les poulets sont passables, les poulardes, les chapons et les dindons de même. Les crêtes et les rognons y sont
abondants, par conséquent pas chers. Les oies, les canards, les
canetons, les pigeons sont très-communs. »

De quoi quand même régaler milord et ses prestigieux
invités de petites et grandes sauces inédites. La cuiller à la
main, il ajoute à son fumet de gibier quatre gros oignons, de
l'estragon, un jus de citron, un peu de muscade. Mais pas
question d'appellation viennoise. Cette nouvelle sauce sera « à
la lyonnaise ». Quant au potage de levrauts aux champignons
et au champagne servi lui aussi « pour la première fois à
Vienne chez l'ambassadeur d'Angleterre », il le baptise « à la
Saint-George » en hommage au régent qui n'aurait pas renié
ce mélange de filets de lièvre avec des champignons, une
demi-bouteille de champagne, une de « bon » bordeaux et une
grosse truffe coupée en quatre.

Dans le salon de l'ambassade, le tsar se penche, avec son
face-à-main, vers le portrait d'une jolie femme brune posé sur
un guéridon. Il est signé de sir Thomas Lawrence, le peintre
du régent pour qui Alexandre lui-même vient de poser à
Aix-la-Chapelle. Le souverain, dont le cœur reste déchiré entre
ses rêves de sainteté et les souvenirs de ses nuits volcaniques
dans les bras de la princesse Bagration dans cette même ville
de Vienne quatre ans plus tôt, questionne le maître de maison.
Charles répond évasivement, parle d'une certaine miss Stephenson. Pour rien au monde, il ne voudrait compromettre
celle qui occupe toutes ses pensées.

Il y a cinq mois, le collectionneur d'aventures a vacillé sous le regard d'une amazone de dix-huit ans. Elle est grande, elle danse à ravir et elle est douée d'un tel bagout que si elle avait été un homme, s'amusent certains lords, elle aurait fini Premier ministre.

Car Frances Ann est fille de lord Tempest, la plus grosse fortune des trois royaumes. La famille, arrivée en Angleterre avec Guillaume le Conquérant, possède les mines de charbon du comté de Durham. Son père voyageait en Europe et personne ne savait où le joindre lorsqu'il a appris que son oncle lui léguait dans le nord de l'Angleterre ce domaine immense et riche de pépites noires. C'est un domestique qui, lisant un journal, a vu un avis demandant qu'il rentre le plus vite possible. De retour à Londres, il s'est marié et a dépensé son temps et sa fortune entre la boisson et les chevaux de course. Il est mort lorsque sa fille unique avait treize ans.

Sa veuve, tout aussi excentrique et vite consolée, vit la nuit. C'est à Bruton Street, dans sa vaste demeure londonienne que Stewart a fait la connaissance de Frances Ann. Pétulante, elle lui a confié qu'à sa naissance ses parents avaient été tellement déçus de ne pas avoir un fils, « un malheur », qu'elle fait tout pour se comporter en digne héritière. Depuis la mort de son père, elle s'occupe de l'exploitation des mines de Wyniard dont elle cherche à améliorer la productivité. A la saison de la chasse, elle y organise des garden-parties de quatre cents personnes où les quartiers de bœuf rôtissent sur les broches et où la bière coule à flots des tonneaux.

Pour une fois, c'est lui qui est conquis. Il l'a revue à Bruton Street lors d'un second dîner donné pour le régent. Elle l'a regardé à son tour d'un autre œil, amusée par ses chevauchées contre Napoléon, l'entrée des Alliés à Paris et les fastes du congrès de Vienne que Charles décrit avec une verve de gourmet. Pour la fête de la grande-duchesse Catherine, le 6 décembre 1814, le tsar et la tsarine ont donné dans le Manège un dîner de cinquante tables de six couverts. On y a servi des huîtres de Cancale et d'Ostende, des sterlets de la Volga, des truffes du Périgord. Les ananas venaient des serres impériales de Moscou, les oranges de Palerme, les fraises d'Angleterre, les raisins de France. Et chaque convive avait devant lui une assiette de cerises, acheminées de Saint-Pétersbourg malgré le grand froid et qui coûtaient un rouble d'argent pièce.

Vienne ! Frances Ann n'y a jamais mis les pieds. Charles ne demande qu'à l'y emmener. En cours de route, ils visiteraient Paris, la Suisse, la Bavière où l'on boit une bière aussi mousseuse qu'à Wyniard. Si elle voulait... La voilà tout à coup amoureuse de ce cupidon de quarante ans qui a plus d'une flèche dans son sac. Lorsqu'elle a annoncé la nouvelle à sa tante, la prude tutrice en est presque tombée évanouie. Ce Golden Peacock ! Un cadet irlandais, sans fortune, qui collectionne les aventures ! Et dont les ancêtres sont peut-être encore plus fous que les Tempest. La jeune fille a eu interdiction de le voir pendant six mois et de faire un pas sans sa gouvernante, Mrs Cade.

Le 11 août, la mort dans l'âme, Charles a fait voile pour Boulogne sur le paquebot *King George*. Non sans s'être ruiné en diamants et en cadeaux. Preuve de son amour, Frances Ann lui a confié Dash, son petit chien chéri, et son portrait.

La quarantaine imposée par l'inflexible tante touche à sa fin et l'ambassadeur ne songe qu'à retrouver Londres et ses amours. Antonin a tout juste le temps de lever les yeux sur le toit aux tuiles vernissées de la cathédrale romane et de sillonner les petites rues peuplées de visages souriants.

« Vienne est une ville remplie de bonnes gens et une excellente contrée pour notre état. » Avec les deux plus célèbres pâtisseries d'Europe ! Demel et ses plafonds rococos en face du palais impérial. Et, derrière l'Opéra, son concurrent Sacher dont les sombres comptoirs d'acajou étalent orgueilleusement des rangées de gâteaux à étages débordants de crème. Mais quelle déception à la première bouchée de ces génoises, molles et fades ! Antonin leur préfère le grand théâtre si blanc qu'il le croirait sorti de sa plaque à meringue. Une après-midi suffit pour connaître le cœur de Vienne : « Je m'y plus un moment. »

Aussitôt le tsar parti pour Varsovie, le cuisinier prend, le 23 décembre, la direction de Calais avec le diplomate anglais. Puis leurs routes se séparent : « Je rentrai à Paris devant y attendre le retour de Son Excellence qui allait en Angleterre. »

Le 20 janvier, lord Stewart fait, à North Cray dans le Kent, les honneurs de la table de son frère Castlereagh cloué au lit en proie à la plus effroyable des attaques de goutte. A tel point qu'on craint qu'elle ne remonte jusqu'à l'estomac et, qui sait, jusqu'au cerveau.

Conséquence d'un excès de vin blanc du Rhin ou de cette cuisine teutonne trop grasse, depuis son retour d'Aix-la-Chapelle, le chef du Foreign Office reste plus souvent couché que debout. Et parfois, le gouvernement tient conseil à son chevet dans sa maison de Saint James Place.

Carême patiente en rédigeant les premières pages d'un *Maître d'hôtel*. Il a presque le temps d'en remplir les deux volumes. « Plus de trois mois s'écoulèrent dans cette attente. » Et pour cause ! Lord Stewart est à mille lieues. Dans un conte de fées où c'est la bergère qui est jeune, belle et très riche. Une à une, comme autant de redoutes fortifiées, il a abattu les résistances, du chaperon, de la tante, et de toute la gentry de Londres. Le Peacock se marie. L'annonce a déclenché un concert d'exclamations et de ragots alors que débute la saison avec ses grands raouts où les mères recommandent à leurs filles de ne danser qu'avec des fils aînés, des héritiers.

A coup sûr, c'est le mariage de l'année, peut-être même de la décennie. Le samedi 3 avril, lord Castlereagh a quitté sa « gouttière » et lady Castlereagh s'est coulée dans ses rivières de diamants pour le grand dîner qu'ils donnent dans leur hôtel de Saint James Place. La cérémonie nuptiale a lieu le soir même, à Bruton Street, chez la mère de Frances Ann. Le héros national, Wellington, conduit la mariée à l'autel dans une ruineuse robe de dentelle de Bruxelles. La bénédiction est donnée par l'évêque d'Exeter.

Le prince régent a offert un chiot à poil ras à la nouvelle épouse. Et à son ami Stewart rien de moins qu'un petit « lodge » à Bolderwood, au cœur du Hampshire, dans la magnifique Newforest. Il invite le jeune couple à passer, après leur lune de miel à North Cray, quelques jours dans les chinoiseries du Pavillon de Brighton. Puis ils se rendront dans leurs terres de Wyniard, aux abords de l'Ecosse, où Charles doit faire le tour de l'immense domaine, des mines et des fermes dont il est désormais le maître. Le retour à Vienne ne semble guère au menu du jour.

De Saint-Pétersbourg, les appels sont toujours aussi pressants : « Le prince Orlov, dit Carême, m'offrit de nouveau les places devenues vacantes, chez l'empereur Alexandre, de maître d'hôtel et de chef de cuisine. » C'est la fin du printemps et le périple dans ces contrées du Nord semble moins effrayant. Son ami Daniel rentre « riche et honoré du service de l'empereur Alexandre ». Il court lui demander son avis.

Son confrère lui confirme qu'il manque deux maîtres d'hôtel au palais impérial et lui conseille vivement d'oublier Vienne et de partir sur-le-champ pour Saint-Pétersbourg : « Vous n'y trouverez pas, ajouta-t-il, de concurrents sérieux. »

Cette fois, Carême cède. Cette grande capitale russe attire, à prix d'or, tous les artistes renommés. Délaissant d'un pied léger femmes, enfant et processions de la Fête-Dieu, il reprend la route. « Je fis mes malles et m'embarquai à Honfleur... Je me décidai à faire ce grand voyage à mes frais par le noble désir que j'avais de me fixer pour quelques années au service de S.M.I. »

Pour une fois, il se penche sur sa modeste personne et n'épargne rien de ses maux, malaises, nausées. Et c'est peu de dire qu'il n'a pas le cœur marin. « La navigation fut longue et désagréable. Nous ressentîmes dans la Baltique des calmes qui nous retinrent plusieurs jours. Un moment même nous fûmes obligés de nous contenter de la nourriture des marins. Tout près d'Elseneur, nous essuyâmes une tempête épouvantable. Enfin, nous arrivâmes épuisés à Crondstadt. J'étais mourant. » Des biscuits de soldat pour le roi de la pâte feuilletée ! Mme de Genlis, qui s'est rendue, elle, dans la Baltique sous le Directoire, écrivait en 1800 qu'on ne prenait jamais assez de précautions quand on montait sur un vaisseau : « Il faut faire d'amples provisions de choses saines à manger, avoir surtout beaucoup de citrons et de pruneaux, des bouteilles de sirop de vinaigre, de bons vins et des poules si le voyage est long... Quand on souffre du mal de mer, le mieux est de se coucher tout à plat, de rester tranquille et de fermer les yeux. Quelques gouttes d'éther soulagent extrêmement. »

Sur la terre ferme, le moribond reprend vie. Ses compatriotes le guettent depuis plusieurs jours. Nous sommes le

2 août, le pays est dans l'attente d'une naissance chez le grand-duc Nicolas. Et le tsar doit partir dès que sa belle-sœur aura mis au monde l'héritier tant espéré. Il n'y a pas une minute à perdre. « Nous nous rendîmes vite à Saint-Pétersbourg. Mon vieil ami Riquette me présenta aussitôt au prince de Volkonski... Son Altesse me reconnut de suite et elle me dit que j'avais eu grand tort de n'avoir point suivi la cour après le congrès d'Aix-la-Chapelle, attendu que j'aurais été nommé maître d'hôtel de l'empereur, et qu'en ce moment deux cuisiniers russes venaient d'être appelés à ces emplois. Que l'un d'eux ne plaisant point à l'empereur, je devais attendre le retour de S.M. qui partait le lendemain pour Archangel, voyage qui devait durer quarante jours. »

Après deux mois de grandes manœuvres, Alexandre s'éloigne pour un de ses interminables voyages. Cette tournée doit le conduire dans une des régions les plus désertes de son empire, sur les rives de la mer Blanche, à sept cent cinquante kilomètres au nord de Saint-Pétersbourg, jusqu'au port d'Arkhangelsk, libre de glaces trois mois l'été, où il lancera la construction de deux vaisseaux de guerre. Puis il redescendra vers Vaasa et Abo, capitale de la Finlande, le long du golfe de Botnie. « Devant ces grands paysages austères et presque toujours vides, son âme se détend, s'apaise, dit son biographe Constantin de Grunwald. Il rencontre parfois un couvent perdu au milieu des forêts ou sur la rive d'un lac. Il cause longtemps avec les moines et il envie leur quiétude, leur sérénité, leur placide et continuel commerce avec Dieu. »

Au palais d'Hiver, Carême visite les cuisines, les offices où s'affairent une armée de chefs et de marmitons slaves. Comme chez le prince de Wurtemberg, il aura en charge l'élégance de la table, servira dans la salle à manger, attentif au moindre désir de Leurs Majestés. Mais hélas, l'ambiance des communs de Saint-Pétersbourg n'est pas celle de l'Elysée : « Je vis des choses dans les cuisines de la Cour qui ne pouvaient nullement me convenir. Les places de maîtres d'hôtel étaient plus qu'humiliantes. Plusieurs de ces messieurs s'étaient fait congédier pour avoir abusé des grandes ressources que leur donnaient ces places brillantes. Je vis donc, dans les bouches, des commissaires ayant la surveillance sur la gestion des maîtres d'hôtel humiliés. Je vis les choses telles qu'elles étaient et ne voulant pas supporter la peine des sottises des autres, et par caractère préférant l'honneur au vil intérêt, je décidai irrévocablement mon départ. »

Par-dessus le marché, il apprend qu'à peine revenu mi-septembre, le tsar repartira pour de nouvelles grandes manœuvres à Riga puis en Pologne. Son parti est pris : « Quelques jours après, je résolus de ne pas attendre l'empereur, de visiter seulement la ville et même ses environs, les excellents amis que j'y retrouvais, de courir à Moscou, d'y faire le même examen, et de revenir aussitôt, soit en France, soit en Angleterre, où je trouverais en arrivant une belle place, suivant mes habitudes et mon esprit. »

Il y a tant à voir dans la cité de Pierre le Grand qu'il en oublie le Kremlin. Bien sûr, il a emporté le livre récent de l'abbé Georgel, un aventurier jésuite expulsé de Russie. Et il a eu raison de croire *Le Journal de Paris* qui annonçait en dernière page : « Ce *Voyage à Saint-Pétersbourg en 1799-1800* permet à n'importe quel étranger de se guider dans la ville comme s'il y était né. » Pour une fois, il concède que cette capitale du Nord est « la plus belle ville du monde ». Surtout en juillet quand les journées durent jusqu'à minuit et qu'à l'aube le soleil fait déjà miroiter les palais aux tons pastel, les bulbes dorés des églises dans l'eau de son fleuve majestueux. « Les habitants de Saint-Pétersbourg prétendent qu'il faut voir cette ville pendant l'hiver : je pense le contraire car, à mon avis, l'effet pittoresque de tous les pays du monde n'est admirable que dans la belle saison pendant laquelle la nature embellit de ses plus riantes couleurs les jardins des palais des rois. »

Dans ce décor arachnéen aux tons pistache et aux pâtisseries blanches, dans les jardins créés par Paul Ier dans l'île de Krestovski, il se laisse déborder par un lyrisme naïf : « La belle promenade de Christossk, tant suivie des élégants de Saint-Pétersbourg, ne m'eût pas donné une idée si séduisante de ces jolies réunions si l'hiver l'eût couverte de frimas. Enfin si la belle Neva eût été enchaînée par les glaces aurait-elle étalé à mes yeux la richesse de son commerce maritime dont les nombreux navires sont parés des pavillons de tous les peuples du monde et ce nombre infini d'élégantes gondoles, dont les rameurs à longue barbe montrent à l'étranger leur parfait ensemble à ramer en fredonnant la chansonnette russe. »

Pour une fois, il est là en voyageur. Avec ses yeux d'architecte, il déambule dans la grande avenue où Alexandre a fait poser des trottoirs comme il en a vu à Londres lors de son voyage en 1814. Sur le canal de la Moïka, un pont en fer est presque terminé. Longeant les quais, Antonin contemple la toute nouvelle cathédrale Notre-Dame de Kazan avec ses quatre-vingt-seize colonnes : « ... heureux, j'ai passé près de deux mois d'agréments à Saint-Pétersbourg. J'ai voulu voir et j'ai vu tout ce que cette capitale offre de plus remarquable et de curieux ».

Au palais impérial, il s'attarde devant la collection de tableaux sans en manquer aucun. Et cette fois, tant de beautés le font soupirer : « Ce qui m'a particulièrement frappé d'étonnement, c'est la belle salle de l'Hermitage représentant en quelques façons en miniature les loges du Vatican telles qu'on les voit à Rome. En admirant ce bel ensemble des arabesques de Raphaël, j'éprouvais un sentiment de joie et de regret. Ah ! me disais-je secrètement, pourquoi l'une des salles du Louvre ne fut-elle pas disposée pour recevoir la même destination ? »

En sortant de cette caverne aux mille trésors, les places destinées aux parades lui semblent en revanche bien nues. Le crayon à la main, il esquisse des fontaines, des colonnes, un temple à la Paix et aux Beaux-Arts et même un trophée en l'honneur de cette Sainte-Alliance qui va, croit-il, apporter sur terre la prospérité : « Ah, les Grecs élevèrent une statue d'or à la paix qui enrichit les nations. »

Car les rues, pavées de neuf, offrent le spectacle trépidant dont il raffole, avec le ballet des innombrables équipages et des « guitares », véritables petits canapés roulants. Tous les commerces ont des devantures aguichantes, pharmaciens et cordonniers, accordeurs de pianos et tailleurs militaires dont beaucoup sont allemands.

Mais, dans la grande galerie marchande, il comprend pourquoi le tsar ne trouve de plaisir qu'aux tables de Paris. Sous les arcades, les bouchers ont des tabliers sales, des couteaux rouillés. Sur leurs étals collés à la muraille, les viandes « de mauvaise mine » sont mal saignées et grossièrement coupées. Le beurre sent le rance. Les poulets sont maigres et petits, le gibier médiocre. Le gel des hivers prolongés leur fait perdre leurs sucs nutritifs, ce qui explique « l'appauvrissement de la succulence de l'art culinaire dans le Nord ».

Seuls les poissons de la Neva et les fruits rouges sont passables. Mais il paie une pêche cinq fois plus cher qu'à Paris !

Et il ne peut réfréner son petit couplet à la gloire de son beau pays : « ... ce qui est vraiment précieux pour la cuisine française en Russie, ce sont les fruits de France conservés d'après les procédés du sieur Appert. Ainsi nos fraises, nos framboises, nos groseilles, nos cerises, nos pêches, nos abricots, nos prunes viennent dans le Nord, comme dans le reste de l'Europe, se transformer en des gelées d'entremets aussi suaves que belles et en d'excellentes pâtisseries... O Appert ! c'est surtout de l'étranger qu'on t'adresse tous les jours des remerciements et des louanges. » Et si l'inventeur de la conserve mérite une particulière gratitude, c'est que grâce à lui tous les peuples civilisés peuvent se fournir en truffes : « Le sieur Appert les a fait voyager en conservant par son procédé toute leur saveur. »

Partout, les serres chaudes donnent des légumes pendant les huit mois de l'année où le sol est gelé. Mais ces asperges, ces haricots verts et ces concombres perdent toute saveur et surtout le « charme de la nouveauté ». Au palais de Tauride que Catherine II a fait construire pour son jeune favori Potemkine, il s'enthousiasme pourtant devant le travail des horticulteurs : « On se trouve là comme dans un jardin enchanté. Ces grandes vignes étrangères forment des berceaux décorés de grosses grappes de raisin muscat, malaga et autres. Puis ces espaliers ornés de belles pêches et d'abricotiers, ces longs carrés enrichis d'ananas dont chaque mois de l'année doit produire les siens. Puis la division de ces serres dont chaque séparation reçoit une autre température par une chaleur modulée selon la progression de ces fruits vraiment extraordinaires. » Mais ces ingénieux jardins d'hiver sont réservés à quelques amateurs fortunés qui seuls peuvent accéder à ces splendeurs. « Tandis que chez nous, l'hiver et l'été chacun peut s'en procurer à peu de frais. » Et Antonin de lancer son couplet favori : « Ma

341

belle patrie ! Que ton sol est supérieur à celui de tous ces pays ! »

Il ne manque pas de se rendre chez Talon, le restaurant français à la mode. Chaque jour, les Russes y dépensent des fortunes pour dîner comme à Paris et lever leur flûte de Veuve Clicquot dont Talon affirme être un des meilleurs clients. Ses compatriotes lui ouvrent toutes les portes. Et ils sont nombreux dans les joyaux édifiés par la Grande Catherine. « Aussi ai-je éprouvé un véritable plaisir en parcourant les beaux palais de plaisance de la famille impériale. J'ai admiré celui de Sercasello dans toute sa magnificence. » Là, notre Antonin en a perdu la tête. Il est excusable. Il s'agit de Tsarskoïe Selo, la plus folle des pièces montées de l'impératrice dont la façade bleu cobalt et les corniches de crème fouettée rehaussée d'or ébahissent les visiteurs.

Le 11 septembre, la ville s'illumine pour la fête de l'empereur. Alexandre est encore en Finlande, mais sa mère, Maria Feodorovna, donne un grand dîner dans son palais de Pavlovsk. « Dans une salle tout en stuc, se trouvait une table de cent couverts servis en fer à cheval. » A Aix-la-Chapelle, Antonin a réalisé pour elle un de ses inoubliables menus. Avec la complicité du maître d'hôtel, son ami Dubois, il se glisse dans la galerie. « J'ai joui d'un spectacle bien imposant, en pouvant voir à table les impératrices, les grands-ducs, les duchesses, les princes et princesses et la noblesse de Russie... Je regrettais de ne pas voir la table couverte du service à la française, il aurait infiniment mieux convenu. »

Le professionnel reprend le dessus ou plutôt le professeur qui, d'un ton docte, aime à distribuer les bons et surtout les mauvais points : « J'ai été à portée d'observer le service à la russe en Russie, je n'en fus pas satisfait. Le réchauffoir se trouvait loin de la salle à manger et très-certainement le temps que les hommes de service mettaient à monter ce vaste escalier d'un étage était trop long. Arrivés à la salle du couvert, ils déclochaient les mets et les présentaient à chaque convié, en faisant le tour de la table. Pendant ce temps, le dîner refroidissait. » D'autant que ce sont de chétives cloches en fer-blanc. Il se voit les redessinant en cuivre frappé des armoiries impériales.

Le 14 septembre, Alexandre est enfin de retour. Mais déjà il se prépare à partir passer en revue ses troupes à Riga. Carême n'a plus rien à espérer de la capitale russe. « C'est en vain qu'on voulut me retenir. Mes confrères ne pouvaient comprendre que je quittasse Saint-Pétersbourg sans profiter d'aucunes des offres qui m'étaient faites. Je répondis que j'étais venu pour appartenir à l'empereur sans surveillance et que je ne pourrais supporter cette condition changée. Alors on me compara à un voyageur anglais qui venait de remonter la Neva, seulement pour admirer la grille du jardin d'été dont les ornements sont couverts de ducats d'or. »

Dans le port de Cronstadt, toute la richesse du monde semble flotter à la surface de la Baltique. Le 19 septembre, le *Koutousov*, vaisseau amiral de la Compagnie russe d'Amérique, fait son entrée avec une cargaison miraculeuse en provenance d'Acapulco. Depuis une semaine, on décharge le *Kamtchatka* revenu après deux ans de fructueux commerce autour des îles Kouriles.

Le voyage de retour d'Antonin sera bien moins long, mais de nouveau quels vents ! Quelles tempêtes ! Quelles angoisses ! « Nous fûmes plusieurs fois au moment de périr. Le capitaine fut blessé ainsi que le second. Nous étions toujours sur le pont. Nous rencontrions à chaque instant des fragments de bâtiments échoués, et devant Calais, nous n'avions plus un seul mât, une seule voile. Le matin du trente-neuvième jour, nous fûmes secourus par de grandes chaloupes de pêcheurs partis de Calais. Sur la jetée, les habitants nous entourèrent et nous félicitèrent d'avoir échappé à des temps si affreux. C'était pitié de voir nos figures épuisées, nos vêtements salis ! Nous nous soutenions à peine sur nos jambes. Quelques heures après le débarquement, j'allai remercier Dieu, accompagné de quelques vieux voyageurs dans une église du port. »

19

En retrouvant la Picardie, les carottes de Crécy et les pâtés de canard d'Amiens, Antonin oublie vite les horreurs de la traversée. Quelques jours de repos et le voilà sur pied. Pour lui, il n'y a pas de meilleur remède que de bavarder. Il raconte son voyage, il décrit les fastes d'un pays qui n'est pas seulement celui des cosaques, ces barbares qui ont laissé des souvenirs de viols et de pillage dans la moitié de la France. Mais il n'est heureux que dans son Paris bien-aimé. « A chaque pas, je découvrais dans la conversation des hommes quelques traits que je n'avais pas remarqués auparavant et qui me décelaient la mobilité intellectuelle de notre race nationale. » Le beau parleur du Palais-Royal relève de la même excellence que le veau de Pontoise.

Pourtant, depuis qu'il a servi le tsar, ce qui est slave ne lui paraît pas indigne de la France. A son retour de Saint-Pétersbourg, il accepte sur-le-champ de tenir le beau rôle de maître d'hôtel dans une maison russe. « J'entrai en arrivant au service de la princesse Bagration, grande dame, bonne, spirituelle maîtresse d'une table qui ne le cédait en délicatesse, en nouveautés de travail, en dignité, à aucune table seigneuriale française ou anglaise. Le goût de Mme de Bagration était exquis. »

345

Cette beauté, surnommée la Vénus du Nord et même la Vénus nue, a fait chavirer bien des cœurs. A commencer par celui du tsar pendant le congrès de Vienne. Mais les femmes ne résistent pas non plus à son charme. Mlle George, l'actrice la plus convoitée d'Europe, n'a éprouvé aucune jalousie à son égard lorsque, après Tilsit, invitée avec Talma par le tsar à prix d'or, elle s'est arrêtée en Autriche. « Arrivée à Vienne, je fus de suite appelée chez la princesse Bagration, femme jeune, jolie, spirituelle. J'y restai huit jours. » Quarante ans après sa première rencontre, la comtesse Anaïs de Bassainville demeure intarissable : « Qu'on se figure un délicieux visage blanc comme l'albâtre, légèrement coloré de ce rose pâle qui fait le charme de la rose du Bengale, des traits mignons, une physionomie enfantine et expressive tout à la fois, une taille moyenne si bien prise qu'on n'eût voulu n'y rien changer. Dans tout son être une mollesse orientale unie à la grâce andalouse. Enfin la beauté russe dans toute sa perfection, or, quand les Russes sont belles, elles n'ont pas leur égale dans le monde. »

Vrai caravansérail, le palais de son père, grand chambellan de l'empereur, était toujours ouvert, toujours animé. Les orangers, le bourdonnement des courtisans, le chant des oiseaux semblaient, même au cœur de l'hiver, y transporter le printemps de Constantinople. Le prince était d'une telle prodigalité que, malgré son immense fortune, il recourait sans cesse aux usuriers. A bout d'expédients, il avait même, un jour, mis en gage sa décoration de Saint-André en diamants. Les grandes fêtes de l'anniversaire d'Alexandre approchant, et sans le moindre kopeck, il avait soudoyé le valet de chambre de Sa Majesté pour qu'il lui prête le modèle afin de le faire recopier. Le tsar s'en était aperçu, avait souri et payé ses dettes.

Mariée très jeune en 1800 à un richissime prince géorgien de trente ans son aîné, Catherine Bagration est partie s'amuser à Vienne quelques jours après ses noces. Son maréchal de mari ne s'en est pas ému : « Nous soldats, notre épouse, c'est notre épée », disait ce Murat russe avant de mourir à Borodino, tué par un boulet à la tête de sa cavalerie.

La frivole Vénus n'a pas attendu cette désastreuse nouvelle pour accorder à ses nombreux admirateurs la faveur de son vertigineux décolleté. De Metternich, elle a eu une fille prénommée Clémentine en souvenir de ce cher Clément. En 1815, pendant le congrès les rapports de police sont éloquents : « Les femmes les plus charmantes, raconte Henri Troyat, s'efforcent en dansant, en bavardant ou en couchant, de confesser leur partenaire. Dans les loges de théâtre et les alcôves, entre deux sourires et deux étreintes, on joue à se tirer les vers du nez. Parmi l'armée des informatrices bénévoles, la nièce tendrement aimée de Talleyrand, Dorothée, duchesse de Courlande, et sa sœur, la princesse de Sagan, font figure de professionnelles. Le tsar, lui, a pour meilleur agent de renseignements la très dévergondée princesse Bagration. » Mais son tableau de chasse ne s'arrête pas là. Le grand-duc Constantin, Eugène de Beauharnais, le futur roi de Wurtemberg, le prince de Bavière ont passé avec elle plus d'une nuit inoubliable, ce qui ne l'empêchait pas d'annoncer qu'elle allait se remarier avec Charles Stewart.

Catherine a suivi à Paris son impérial amant. Et elle y est restée après son départ, ne quittant son hôtel de la rue de Provence que pour s'installer dans le palais voisin de l'Elysée qu'occupait son amie, la blonde et hystérique Julie de Krüdener.

Son salon est le plus cosmopolite de la capitale. Talleyrand et le duc de Berry y viennent en habitués. Et lord Byron y rencontre tous les bas-bleus parisiens, à commencer par la comtesse Molé qui écrivait « des romans si froids qu'en les lisant, on attrapait des courants d'air », disait cette peste de Mme Hamelin. Héritière de son père, la fantasque princesse navigue sur un océan de dettes. Mais elle veut qu'on pénètre chez elle comme au « Paradis de Mahomet ». Elle accueille à bras ouverts Russes, Polonais, Autrichiens et Prussiens à qui elle fait les honneurs de sa salle à manger. « A table, elle avait une grâce, un charme de conversation qu'on citait partout comme des modèles », dit Carême. Elle adore le bruit, les artistes et les nouveaux visages. Un soir, elle reçoit le corps diplomatique au complet, et trois jours plus tard, elle organise un grand bal avec plusieurs orchestres.

Au milieu des statues de Canova, des peintures de Raphaël et des plantes capiteuses, la maison regorge de valets et de femmes de chambre. Dans les cuisines, Antonin ne manque ni de bras ni de talents. La princesse a même son officier comme autrefois. En 1845, ce M. Etienne fera paraître un *Traité de l'office* dans lequel il ne manque pas de rendre un hommage ému à ce palais enchanté : « La réunion du beau et du grand dans toutes les parties du service... C'est en cela qu'excellait madame la princesse de Bagration... Elle passait des plus gracieux détails aux moindres, cherchant dans le décor quelque rapport avec telle ou telle personne de la réception. Chaque invité était sûr de pouvoir satisfaire une de ses préférences. »

Dans la salle à manger, Carême porte l'habit noir et a lui aussi l'œil au moindre détail du service : « Je servais toujours mon dîner en maître d'hôtel. J'étais toujours complimenté. » Pour ces Russes qui adorent les anguilles, il invente une

348

« anguille de Seine à la Condé », gros travail qui nécessite deux heures et demie de préparation. Souvent, il bavarde avec les invités. Et non des moindres. Le président de la Chambre des députés, M. Ravez, élu du Bordelais et fidèle de Louis XVIII, lui communique la recette de la sauce tortue à l'américaine qui lui permet d'élargir son répertoire. Aux tronçons d'anguille, il faut ajouter quatre anchois, une demi-bouteille de champagne et du piment de Cayenne.

Antonin évoque les filets de turbot servis au tsar avec un beurre d'anchois ou l'anguille à la Régence créée au Pavillon de Brighton. Catherine Bagration sourit : si fière de posséder chez elle ce cuisinier des rois qui chaque jour l'éblouit d'entrées nouvelles. « La princesse me dit un jour : "Carême, n'est-ce pas, on vous avait dit que mon service était capricieux ?" Je m'inclinai. "Vous voyez le contraire. Vous me voyez enchantée de vos menus. Je les accepte comme vous me les offrez." Je remerciai madame la princesse et ajoutai que l'indispensable qualité de ma fonction était surtout cette délicatesse et cette variété qu'elle voulait bien citer. »

Comme à Carlton House, il met tout son talent à restaurer la vigueur de la princesse détériorée par trop de bals et de nuits blanches. « Un jour à dîner, et devant moi, le prince de Talleyrand la félicitait sur quelque amélioration de santé. "Oui, je me porte mieux, et je dois cela à Carême." Le prince approuva vivement avec toute sa grâce spirituelle, toute sa bonté. En ce moment-là, je fus bien heureux. »

Le célèbre Broussais passe plusieurs fois par semaine. Elève de Bichat, il a fait toutes les campagnes de Napoléon avant de rénover et diriger le Val-de-Grâce. Hélas, pas plus que ce spécialiste de l'intestin Carême ne réussit à guérir les maux plus ou moins imaginaires de cette belle excentrique qui de plus en plus souvent garde la chambre.

Antonin profite de ces répits pour dessiner au propre les embellissements de Saint-Pétersbourg crayonnés pendant son voyage en Russie. Une dizaine de fontaines et de colonnes qu'il souhaite dédicacer à l'empereur Alexandre. Mais il faudrait d'abord que Sa Majesté accepte. Il fait richement relier plusieurs exemplaires de ses planches avant de les confier à un certain Morel, négociant, qui part pour la capitale russe. « Par une fatalité très ordinaire, le navire sur lequel il s'embarqua fit naufrage sur les côtes de Danemark, ma caisse a donc été la proie des flots. Je fus sensible à cette perte, en considérant combien j'allais éprouver de retard à recommencer cet ouvrage. Ainsi en un seul instant j'ai vu s'évanouir toutes les espérances puisqu'il est vrai que je comptais voir paraître ce recueil de dessins sous les honorables auspices du souverain auquel je l'avais dédié. Cette fâcheuse circonstance a changé le plan de cet ouvrage et j'en ai supprimé la dédicace afin de réunir ces dessins à mes projets sur les embellissements de Paris. »

Nouvel imprévu, la santé de la jolie Vénus s'aggrave. Dîners et bals sont annulés. Alitée, la malade consent à libérer son cher et précieux Carême. « Pendant mon voyage en Russie, lord Stewart avait repassé par Paris se rendant à Vienne. Il m'avait écrit à Saint-Pétersbourg pour m'engager à retourner près de lui. Sa lettre contenait cette ligne aimable : "Je n'ai pu trouver encore de cuisinier qui me rappelle votre service." Cette lettre, renvoyée en France, me parvint chez madame la princesse de Bagration. Je ne pus accepter, on le comprend, et je remerciai avec reconnaissance. Lord Stewart insista et je reçus une autre lettre de Vienne. »

En décembre 1820, Antonin reprend la route de l'Autriche. Depuis son dernier séjour, l'ambassade de Minoriten Platz a été complètement redécorée. « Aussi magnifique que confortable », il la trouve à son goût. Le boudoir de Frances Ann est rose. Et dans sa chambre tendrement éclairée par des lampes d'albâtre, le baldaquin est une tente de mousseline blanche.

Dans les antichambres, Carême croise le secrétaire d'ambassade Gordon et ses deux adjoints, dont l'un est le fils du secrétaire privé de George d'Angleterre et l'autre le futur gouverneur d'Australie. Il y a là aussi le chapelain, le révérend William Bradford, et sa femme, une Irlandaise pétulante et gourmande qui lui raconte que, pour le dîner de Noël, l'ambassade a servi à ses invités, pour accompagner les *pies* à la viande, du brandy chaud, ce qui a beaucoup amusé les diplomates.

Une foule de valets en livrée jaune et argent s'activent dans les couloirs. Frances Ann a aussi un jeune page turc, qui porte un uniforme les jours de réception. Car le grand maître des cérémonies est on ne peut plus pointilleux sur l'étiquette. Lors d'un bal, l'ambassadrice a demandé un verre de citronnade. Il lui a répondu : « Non, Votre Excellence, c'est contraire aux usages. »

A son arrivée, la jeune femme a écrit à sa mère une longue description de sa présentation à la cour en grande parade avec deux voitures : « Le maître de cérémonies dans la première et moi dans la seconde. Trois valets en livrée jaune et argent derrière chaque voiture. Deux courriers me précédaient avec à la main une canne d'argent et sur la tête des chapeaux argent avec deux plumes de couleur. Je portais une robe magnifique en lamé doré avec une traîne de deux mètres et demi... L'impératrice portait sept colliers de diamants autour du cou et trois ceintures de diamants autour de la taille et sa tête et ses manches couvertes de diamants. »

Après plusieurs fausses couches, lady Stewart est enceinte. Elle l'a appris en plein mois d'août, à Baden, la ville d'eaux préférée de la famille impériale où son mari avait loué une grande villa. Cette nouvelle grossesse a d'ailleurs failli tourner à l'incident diplomatique le soir où ils ont donné leur bal. Au cours de la soirée, Frances Ann a été prise d'un malaise. Charles l'a conduite dans sa chambre et a demandé que la musique cesse immédiatement. Mais un orchestre viennois ne saurait s'interrompre alors qu'une archiduchesse, belle-sœur de l'empereur, est en train de valser. Le bouillant Charley s'est emporté et, faisant irruption dans le salon, il a exigé que les violons fassent silence. L'archiduchesse a quitté le bal sans un mot. Depuis, toute l'Autriche s'indigne de l'incroyable arrogance de ce couple à qui la fortune fait perdre la tête et le sens des convenances. Plus un membre de la cour ne daigne mettre le pied dans les salons de Minoriten Platz. Charles a consolé sa femme en lui offrant pour ses vingt et un ans un bouquet de diamants à faire verdir de jalousie toutes les archiduchesses.

Qui, sinon Carême, serait capable de restaurer le prestige de l'ambassadeur d'Angleterre ? A son arrivée, Frances Ann informe Antonin de ses appointements : « Ils étaient importants. » Hélas, il doit reprendre la route. Car milord est parti pour Laybach, près de Venise, où les souverains alliés, réunis en congrès, travaillent à la défense des trônes européens. Après l'Espagne et le Portugal, le royaume de Naples s'est enflammé, ces derniers mois, aux feux de la révolution allumée par les armées de Napoléon. Le peuple réclame une Constitution et un Parlement. Et que le roi s'y soumette. La Sicile est en pleine anarchie.

Un premier rendez-vous de monarques a eu lieu à Troppau sur la frontière polonaise à deux cents kilomètres de Vienne. Mais devant l'ampleur du désastre, Alexandre, François II et Frédéric-Guillaume de Prusse ont décidé de se rapprocher de Naples où, avec leurs armées, ils comptent bien remettre au plus tôt le Bourbon sur son trône.

A leur suite, Carême reprend la diligence et trotte sur les routes enneigées : « Je traversai la Suisse, la Lombardie, la Vénétie et le Frioul. » Au cours de son bref passage à Milan, il recueille la recette de la vraie sauce « milanaise » mijotée avec du jambon maigre, quelques champignons, échalotes, persil, thym, basilic, laurier, clou de girofle, une cuiller de sucre, un demi-citron et un verre de madère sec. Mais sans tomate. A son passage à Bologne – pourquoi diable est-il passé par Bologne ? – il s'enthousiasme pour la « piémontaise », une béchamel aux truffes blanches du Piémont parfaite pour les entrées de volaille. A Laybach, quel bonheur ! Il retrouve le contrôleur Muller et plusieurs « confrères, de mes meilleurs amis. Ils étaient tous charmés de me revoir ».

Hélas ! Point de lord Stewart : « La personne de l'ambassadeur m'échappait encore, car la veille même, il était parti pour Vienne. » Sans doute rappelé par Frances Ann, toujours angoissée à l'idée d'une fausse couche. Ces allers et retours fulgurants irritent le secrétaire du congrès Freiher von Gentz qui parle avec colère de « ce fou d'ambassadeur et de sa maudite épouse ». Déjà à Troppau, les journaux autrichiens indiquaient que lord Stewart n'était resté qu'une heure au congrès, une heure qu'il avait passée à se quereller avec Metternich : « Son Excellence est aussitôt repartie pour retourner d'où elle venait. Ce voyage singulier a donné lieu à une foule de bruits plus extraordinaires les uns que les autres. On parle d'une note importante relative au royaume des Deux-Siciles. » Une autre fois, à peine arrivé, Charles avait appris que son ambassade était en flammes. Frances Ann venait tout juste de se déshabiller dans son boudoir quand le feu avait pris dans sa chambre. Courant vers l'escalier, elle était tombée évanouie en haut des marches. C'est un pompier autrichien, qui, la prenant dans ses bras, l'avait sauvée de ce début d'incendie heureusement vite éteint. Et de nouveau, Charles avait parcouru ventre à terre les cent cinquante lieues qui séparent la frontière polonaise de Vienne pour retrouver sa femme enceinte de quatre mois.

Avant de repartir à la poursuite de ce maître feu follet, Carême a tout juste le temps de raconter à ses amis les malheurs survenus à ses « Projets d'embellissements de Saint-Pétersbourg ». Ses confrères l'encouragent à les redessiner. Le prince Volkonski les remettra à Sa Majesté.

Par beau temps, il ne faut que trois jours pour regagner la capitale autrichienne en passant par les Alpes slovènes. Et Antonin est bientôt à pied d'œuvre. « A Vienne, je repris la rédaction du menu qui n'était pas changé. » Cette fois, l'ambassadeur ne bouge plus. Le Golden Peacock a mieux à faire que de régler l'avenir du royaume de Naples. Son frère Castlereagh lui confirme que le gouvernement anglais ne désire surtout pas se compromettre avec ces monarques de droit divin.

Depuis un an, Charles est investi d'une autre mission politique ultra-confidentielle. En janvier 1820, le vieux George III est mort sans avoir retrouvé ses esprits. Le régent, devenu George IV, est toujours affublé d'une épouse, Caroline, qui,

après avoir mené en Italie une vie de débauche avec un athlé-
tique valet d'écurie nommé Bergami, prétend désormais partager le trône d'Angleterre. Mais, depuis qu'en 1817, leur
fille, la fougueuse Charlotte, est morte en donnant naissance
à un enfant mort-né, le roi ne parle que de son remariage
pour donner à la couronne un nouvel héritier.

George a proposé un arrangement financier en échange
d'un divorce. Mais Caroline est rentrée en Angleterre bien
décidée à faire valoir ses droits. Soutenue par l'opposition,
elle a été accueillie dans la ferveur populaire. Le roi a demandé
au Parlement le vote d'une loi approuvant son divorce. Pour
fournir les preuves de l'inconduite de la reine avec son Bergami, Charles mène, depuis des mois, personnellement
l'enquête parmi le nombreux personnel passé au service de
Caroline à Milan et sur le lac de Côme à la villa d'Este, cadre
de rêve pour les lunes de miel anglaises comme pour les
amours clandestines.

Il a réussi à soudoyer des dizaines d'écuyers napolitains,
d'aides de cuisine français, de femmes de chambre suisses...
Cette petite troupe de deux cents domestiques, envoyée à
Londres à grand renfort de guinées, répond désormais aux
questions des évêques et des nobles lords sous le regard avide
d'une Europe passionnée par les nuits ardentes de Caroline
et de son bellâtre à moustache. Jamais l'Angleterre n'a connu
un tel scandale. George IV menace de quitter le pays et de
s'établir définitivement dans son royaume du Hanovre. Il ne
trouve même plus de consolations dans ses belles cuisines à
vapeur du Pavillon, car tout Brighton, chauffé à blanc par les
pasteurs méthodistes scandalisés par son vrai-faux mariage
avec une catholique, a pris fait et cause pour la reine.

A Vienne, Charles doit également circonvenir les autorités

autrichiennes, Metternich en tête, afin qu'elles refusent de délivrer un passeport aux témoins à décharge qui pourraient être recrutés par Caroline. Des affaires aussi scabreuses ne se traitent qu'en petit comité et à l'aide de grands champagnes. Comme Talleyrand à Paris, l'ambassadeur tient une conférence quotidienne avec son chef pour décider des plaisirs que sa table réservera à ses invités. « Chaque jour, je recevais dans nos belles cuisines même la visite de milord. » En cette fin d'hiver, Son Excellence aime réchauffer ses convives avec un ou deux potages français ou un copieux consommé de tortue au vin de Madère que, depuis son séjour à Carlton House, Carême réussit mieux que personne. Ensemble, ils tombent d'accord pour privilégier la hure de sanglier, les perdreaux, le faisan en abondance alors que la viande est loin de la qualité anglaise ou française : « Deux ou trois maisons de bouchers fournissent les cuisiniers français. Eux seuls se permettent des observations sur la qualité de la viande et sur la mauvaise tenue des boucheries. Mais les Viennois répondent à cela qu'ils font comme faisaient leurs pères. » Accablé, Carême conclut : « Ces boutiques ressemblent à nos marchands d'abats de Paris. »

Dès son premier dîner le 26 janvier, il sert des asperges, de grosses asperges blanches « d'un goût agréable ». Elles réapparaissent dans chaque menu, sans nul doute pour donner plus d'éclat encore à sa table servie à la française. Car elles coûtent très cher et une seule fruitière en vend. Durant tout l'hiver, à condition d'en payer le prix, on trouve chez elle les légumes les plus rares et, comme les contrôleurs des palais voisins, Antonin se déshonorerait de s'approvisionner ailleurs. Hélas ! « Là, comme en Russie... il manque à Vienne les truffes de France, le poisson de mer, et nos bons fruits d'hiver, puis nos vins exquis. »

Trieste, à trois bonnes journées de route, est le port de mer le plus proche. Et les arrivages de turbots, soles, cabillauds, homards et huîtres sont hors de prix. Mais le Danube est là pour compléter les ressources de l'Adriatique.

Pour fêter la fin du congrès, il réussit sans peine à composer le 16 février un souper de quatre-vingt-deux couverts digne des grands Robert et La Guipière. Quelle diversité ! Quelle élégance ! Dans le grand salon, les cinq tables de dix couverts, servies en ambigu, ont chacune leur pièce montée différente : la fontaine égyptienne, la fontaine de Rome antique, la fontaine des Seize-Colonnes, la cascade de Paestum, la ruine de Palmyre. Dans la bibliothèque, un autre menu attend les vingt convives. Et les douze privilégiés qui entourent le maître de maison dans la salle à manger ont droit aux trois magnifiques services à la française avec leur ballet de laquais en livrée jaune et argent. Charles peut s'endormir rassuré. Grâce à « Carême de Paris », l'ambassade d'Angleterre reconquiert ce soir-là l'estime de l'Autriche.

En trois mois, ce sera le seul souper d'apparat. Car le marquis de Londonderry, père de Charles, meurt début avril. L'ambassade prend le deuil. Antonin en profite pour inspecter la ville resplendissante en ce début de printemps. Partout des jardins, des guinguettes fleuries, des tonnelles où les Viennois s'attablent et boivent de grandes chopes sur des tables en bois.

Rompu à la marche à pied, il traverse un bras du Danube jusqu'au parc situé à une demi-heure de l'ambassade : « Le Prater est délicieux pour la promenade. » Dans les allées, il n'est pas rare de croiser les archiducs à cheval et même le sérieux François II qui, après deux veuvages, vient de se remarier. La semaine de Pâques, Vienne a droit à un autre spectacle dans le hall de la cathédrale Saint-Etienne où, le jeudi saint, prennent place les hussards Esterhazy, uniformes rouge et vert brodés d'argent, vestes de léopard, le plus beau des régiments de l'armée. Car l'empereur vient laver les pieds de douze pauvres comme Jésus l'a fait avec ses apôtres. Pour symboliser la Cène, deux grandes tables sont dressées sur une estrade pour ces douze mendiants que la police a ramassés dans les rues. François II et les archiducs apportent eux-mêmes les plats en or avant d'accrocher à leur cou une bourse pleine de florins. L'impératrice et ses dames d'honneur attachent un tablier sur leurs robes de cour pour servir les vieilles femmes assises à la table voisine.

Poussé par la curiosité, Carême n'hésite pas à sortir de la capitale : « Ses environs présentent des sites enchanteurs. » Les villages d'Essling et de Wagram ne sont qu'à quelques lieues vers le nord. Pendant les batailles, les Viennois escaladaient les quatre cents mètres de la colline du Kahlenberg pour voir le choc furieux des armées. Schönbrunn où grandit, presque prisonnier de son grand-père, le fils de Napoléon, l'Aiglon âgé de dix ans, éveille en lui la nostalgie des splendeurs joyeuses du César français.

Au cours d'un de ses allers et retours à Laybach, l'ambassadeur a remis au prince Volkonski, les *Projets d'embellissements de Saint-Pétersbourg* qu'il a redessinés. Le cuisinier-architecte les a accompagnés d'une dédicace au tsar : « Si Votre Majesté voulait bien le permettre... Je réclame son auguste bienveillance et si elle daigne accueillir l'hommage de ces esquisses d'architecture, ce sera pour moi une récompense bien honorable. Le goût de ce bel art, où j'essaie de faibles talents, sans doute, m'a été comme inspiré à l'aspect des monuments de l'Egypte, de la Grèce et de l'Italie. » Il a signé « Carême » avec son « C » orgueilleux, un accent circonflexe léger comme une hirondelle et, dessous, l'arabesque en nid d'ange.

Quelques semaines plus tard, la réponse arrive ! L'empereur Alexandre accepte. « Une magnifique bague couverte de diamants d'un grand prix accompagnait cette lettre. Je la reçus les larmes aux yeux. Comme ma vie était devenue belle ! Ma bague était le sujet d'une curiosité universelle parmi mes confrères. Elle m'était enviée par ceux qui passaient leur vie dans la dissipation. Voyez comme l'empereur était délicat ! Il ne pouvait me récompenser dans un art où je lui avais plu et il me récompensait dans un autre art auquel j'avais consacré tous les loisirs de ma vie et l'aptitude que j'ai eue de bonne heure pour le dessin d'ornement. »

C'est l'apogée d'une vie de peine, de nuits blanches dans la fournaise pour porter la cuisine française à la hauteur des autres beaux-arts. Pour que ce sacre soit parfait, Carême arrache son triste bonnet de coton et, tel Napoléon, se couronne lui-même d'une toque élégante digne de son état. « Lorsque j'eus l'idée de porter mon bonnet garni ainsi d'un rond de carton (on pourrait le faire octogone), ce qui lui donne plus de grâce, je me trouvais à Vienne, c'était pendant mon dernier voyage... L'ambassadeur... sourit et me dit : Cette nouvelle coiffure convient mieux à un cuisinier. Je fis observer à Son Excellence qu'un cuisinier devait annoncer l'homme en bonne santé, tandis que notre bonnet ordinaire nous donnait un air malade. Milord approuva, et je ne quittai plus cette coiffure nouvelle. Mes jeunes gens la prirent, et quelques cuisiniers de Vienne la mirent à la mode. »

Son crayon se fait plus léger et précis que jamais pour dessiner les attributs de cette noblesse nouvelle. La cravate nouée haut, le tablier blanc au-dessus du genou découvrant des bottes basses en cuir souple comme celles qu'affectionne le tsar Alexandre, la large ceinture d'un maréchal d'Empire, le couteau planté à la taille, telle une épée. Et la toque, cette toque qui, s'élevant au fil des décennies, célèbre à jamais l'ambition triomphante du Palladio de la gastronomie française.

20

DEPUIS le baptême du roi de Rome, aucun berceau n'a été entouré d'autant de bonnes fées, de magiciens et d'enchanteurs. Dans sa chambre de mousseline blanche, Frances Ann met au monde, le 26 avril 1821 à trois heures du matin, un gros garçon que son père, plus Peacock que jamais, prénomme fièrement Charles. Héritier de la première fortune industrielle du royaume, le nouveau-né représente l'avenir de cette Angleterre du charbon et de l'acier qui fera du règne de Victoria, tout juste âgée de deux ans, le premier empire de puissance et de gloire.

Paris, Bruxelles et Londres ont été mis à sac pour la plus somptueuse des layettes. Les médecins se succèdent au chevet de la mère et de l'enfant tant désiré. Trois nourrices ont été recrutées en Angleterre. Mais Frances Ann souffre de montées de lait. Et Carême, qui n'a même jamais évoqué la naissance de sa petite Maria, note presque tendrement que le « beau Charles » est « nourri par sa mère, une des meilleures, des plus jolies grandes dames de l'Angleterre ».

La bague du tsar au doigt, comment les calomnies mesquines des envieux pourraient-elles désormais l'égratigner ? Le 15 mai, de son impétueuse écriture, il remercie lord Stewart d'avoir ainsi illuminé son existence : « Milord, le plus beau jour de ma vie fut celui où Votre Excellence daigna transmettre, en mon nom, à l'auguste souverain de toutes les Russies le projet que j'ai eu l'honneur de dédier à Sa Majesté impériale. »

Ce qu'il ne peut ajouter, par pudeur, c'est que l'énergie, le charme, la joie de vivre de ce couple non conformiste ensoleillent sa vie. Le roi d'Angleterre, à qui Charles a, au cours des mois précédents, rendu des services si personnels, vient d'écrire au rayonnant lord Stewart qu'il serait heureux d'être le parrain du bébé. Il souhaite que son ami rentre pour son couronnement prévu le 19 juillet et soit à ses côtés pour sa première visite royale en Irlande. La lettre est signée du sceau de l'amitié : « Il n'y a personne sur cette terre qui ne connaisse votre valeur et vous aime plus que votre affectionné George. » Sa Majesté compte que Carême puisse marquer de son génie le banquet de trois cent cinquante couverts qui suivra le sacre de Westminster.

Mais Frances Ann est encore trop fatiguée pour supporter un tel voyage. Le bébé, surtout, vient d'être vacciné. Et les médecins tiennent à surveiller les effets de l'inoculation encore hasardeuse.

L'ambassade est sens dessus dessous. Le baptême, fixé au 22 juin, à dix heures du soir, sera suivi d'un grand souper. Metternich remplacera le roi George IV dans le rôle du parrain. Au centre du grand salon, les menuisiers dressent une estrade et un dais supporté par de minces colonnes en or. Les tapissiers recouvrent les marches de velours rouge. Les valets déposent avec des gestes religieux un vase en porcelaine de Vienne pour l'ondoiement et deux chandeliers de bronze au milieu des palmiers et des gigantesques bouquets d'héliotropes. Le coup d'œil est superbe.

Lord et lady Stewart attendent cent quatre-vingt-dix invités : « Haute noblesse nationale et étrangère, corps diplomatique, voilà les convives », dit Carême.

Dans la grande galerie trônent le pavillon turc, la ruine d'Athènes sur son rocher en biscuit et la cascade semi-circulaire sur un gradin. Quatre autres chefs-d'œuvre en pâte d'amandes sont destinés à la table de milord : un pavillon romain, une cascade vénitienne, un pavillon persan sur un rocher et, bien entendu, pour honorer l'illustre famille des Londonderry, un pavillon irlandais sur un pont. Le casque anglais est, lui, réservé au salon du baptême. Mais pour ne pas faire de jaloux, il y a sur les trois autres tables un casque autrichien, un palmier russe et une lyre ornée d'une couronne qui célèbre la grande patrie de la musique.

Mais cela ne suffit pas encore à la boulimie inventive de Carême : « Je composai cinq trophées en mastic, représentant les armes des cinq puissances alliées. Ces trophées achevés furent descendus dans les appartements de l'ambassadeur, placés sous cinq grands verres en cylindre et présentés dans un des plus magnifiques soupers que j'aie jamais fait exécuter. »

Autour des femmes en longues robes lamées or ou argent, les uniformes hongrois, polonais, turcs, allemands forment une tour de Babel. L'envoyé du prince de Moldavie s'avance sous un caftan de zibeline. Et une grande croix d'émeraudes danse sur la soutane rouge du nonce pontifical.

Fidèle à sa réputation, lord Stewart porte en sautoir une chaîne en or au fermoir en rubis et émeraude, serti de diamants en forme de serpent. L'heureux père a offert à son épouse une parure de perles de dix mille livres. En robe de satin blanc rehaussée de dentelle de Bruxelles, Frances Ann tient, à la main, son bouquet de pierres précieuses et dans ses cheveux bruns d'autres diamants jettent des milliers de feux.

Les tables servies en ambigu brillent sous les pains de foie gras aux truffes, les gâteaux de lièvre sur leur socle, les sterlets à la génoise, les galantines d'anguilles au beurre de Montpellier, sans compter les entremets chauds de légumes, les babas, les meringues, les nougats, les gelées de fraise, d'orange, de groseille et de liqueur des îles. Emportés par leur élan fastueux, Carême et l'ambassadeur ont eu du mal à arrêter des menus dignes de ce jour historique. « Le souper fut d'un raffinement extrême et les Allemands sont de bons juges et de bons vivants... La fête fut superbe », écrit l'épouse irlandaise du chapelain, Martha Bradford.

Carême n'est pas encore au bout de ses triomphes : « Le lendemain matin, au lever de milady, milord me fit demander au salon, où je reçus de nouveaux éloges. J'avais été aussi loué, me dit-il, que son "beau Charles"... L'illustre couple m'offrit une superbe tabatière en or avec ces bonnes et gracieuses paroles : "Ceci est un témoignage de notre satisfaction et doit vous rester comme souvenir du talent que vous avez montré chez nous. – Votre souper ne sera jamais oublié à Vienne." Je priai alors milady d'agréer au nom de son fils l'hommage de mes trophées, et Leurs Excellences acceptèrent avec bonté. Lord Stewart me pria ensuite de porter un de ces trophées chez monsieur le prince de Metternich. "Car il a demandé, ajouta-t-il, à le considérer plus à son aise." Je m'acquittai sur-le-champ de cette commission. Le prince de Metternich me reçut avec une grande bonté, admira de nouveau le surtout, me dit les choses les plus flatteuses et je me retirai bien heureux. »

Et maintenant en route pour Londres où les attend le roi d'Angleterre. Le 1ᵉʳ juillet, s'ébranle enfin le convoi autour du bébé porté comme l'enfant Jésus. Dans les berlines, s'entassent le secrétaire d'ambassade, un docteur, plusieurs nurses, des valets qui tous surveillent les diamants : « une grande caisse de voiture en est remplie », selon le comte Rodolphe Apponyi.

A un jour d'avance, Carême trace la route gastronomique de Leurs Excellences : « L'itinéraire dont j'étais muni indiquait des haltes. J'y arrivais avant l'ambassadeur, j'y préparais son dîner et celui de sa belle famille. » Sous le ciel d'été, la Bavière est radieuse avec ses rivières à truites, mais les cuisines bien misérables et les aubergistes sans scrupules : « Lord Stewart fut partout durement rançonné. »

Et pourtant, Antonin ne peut mettre la main sur quelque ustensile en cuivre. Car ici on en est encore, comme au temps d'Henri IV, à cuire bouillons, viandes et poules dans des pots en terre cuite. A l'ombre des cathédrales de Ratisbonne, Francfort, Mayence, toujours la même déception. Ces Allemands ne connaissent même pas la sauce allemande telle qu'on la « professe » en France. Leurs jus, mal travaillés, sont gras et clairs. Jamais à court d'inventions, Antonin réduit ses petites sauces veloutées jusqu'à les transformer en pain de glace puis les dissout le lendemain au bain-marie dans du bouillon : « Cette manière d'agir est bonne pour les voyages. Elle m'a parfaitement réussi pour revenir de Vienne en Autriche jusqu'à Calais. »

Grande première, ils embarquent sur le *Rob Roy*, le premier navire à vapeur mis en service sur la Manche. Hélas la tempête souffle. La traversée est deux fois plus longue qu'en bateau à voile. Cinq terribles heures pendant lesquelles tous les passagers sans exception jurent de ne plus jamais mettre le pied sur le pont d'un navire.

Le 8 août au soir, ils débarquent à Douvres dans un pays en grand émoi. George IV, dont l'acharnement politique a été, depuis un an, mis à rude épreuve, s'est enfin fait couronner il y a quinze jours. Contrariété fâcheuse pour Carême : « Nous n'arrivâmes pas à temps. Je le regrettai d'abord. » Autre mauvaise nouvelle : la reine, qui a gagné son procès mais s'est vu fermer au nez les portes de l'abbaye de Westminster le jour du sacre, vient de mourir au terme de son pathétique mais inutile combat. Sœur de l'électeur de Brunswick, celui-là même qui a déclaré la guerre à la France en 1792, Caroline a demandé d'être inhumée dans sa terre natale. Un député de l'opposition a exigé que, le 14 août, le cercueil de la reine traverse la City avant d'embarquer à Harwich.

A peine sur le quai, Charles reçoit un courrier de son frère, lui conseillant de venir le rejoindre avec femme et enfant dans le Kent de crainte des émeutes dans la capitale. « Milord nous quitta tout de suite et me laissa à Londres », dit Carême. Il ne semble pas qu'Antonin ait trouvé sa place dans les cuisines du cottage de Cray Farm que, dans ses mémoires, la comtesse de Boigne décrit comme une maison de curé : « On descendait de voiture à une petite barrière qui, à travers deux plates-bandes de fleurs communes, donnait accès à une maison composée de trois pièces. L'une servait de salon et de cabinet de travail au ministre, l'autre de salle à manger, la troisième de cabinet de toilette. Au premier, il y avait trois chambres à coucher. »

Antonin attend Son Excellence dans la grande demeure de la place Saint James située à deux pas de Carlton House. George IV est en Irlande et le cuisinier a tout le loisir de récolter des informations sur le banquet du sacre. Derrière les fourneaux, s'activaient pas moins de cent trente chefs, aides et marmitons. « Quand je sus à quels hommes j'aurais été réuni, je regardai comme heureux de ne m'y être pas trouvé. D'après ce qu'on m'a raconté, rien n'avait été plus triste, plus mesquin, plus mal proportionné que le service de ces fêtes, et mon ancien collègue de Carlton House avait complètement échoué. Il n'a pu depuis se relever. »

A la fin du mois d'août, le souverain est de retour. Lord Stewart se précipite chez son ami George qui lui annonce une grande nouvelle : pour la première fois, le roi d'Angleterre va se rendre à Vienne après avoir traversé son fief du Hanovre. Quel contretemps pour Charles obligé une fois de plus de reprendre la route ! Il avertit respectueusement Sa Majesté que les austères Habsbourg risquent de faire mauvais visage à sa maîtresse, la pulpeuse lady Conyngham. Aussitôt le périple est annulé.

Carême s'en va vers le nord de l'Angleterre dans le sillage de lord et lady Stewart qui gagnent enfin leurs terres du comté de Durham. A cinq cents kilomètres de Londres, cette lande de chasse rocailleuse et marécageuse réputée pour l'élevage des chevaux commence à se trouer d'immenses et sombres puits de mines de charbon. Le chef parisien ne fait aucun commentaire sur ce noir poumon de l'Angleterre. Ni même sur le château pourtant palladien des Tempest. Entièrement redécorées les chambres peuvent désormais accueillir quarante invités.

Antonin se contente, à son habitude, de décrire ses créations. Il baptise « à la Stewart » un potage destiné à revigorer les chasseurs de renard : lentilles, jambon, poule, perdrix, carottes, oignons mijotent quatre heures avant d'être réduits en purée et agrémentés de petites quenelles de farce de perdreau. « Ce potage est savoureux et du goût des seigneurs anglais. Je l'ai servi pour la première fois à lord Stewart, dans le voyage que je fis avec sa seigneurie dans ses terres de Winiare, sur les frontières d'Irlande. » L'Irlande est en face, oui ! Mais il faudrait auparavant franchir la mer du Nord déchaînée.

Comme à Brighton les pêcheurs déversent sur la table de la cuisine les paniers d'osier pleins de saumons et de brochets. Pour ces gros poissons, éclatants de fraîcheur, Carême invente la cuisson à deux temps. La truite saumonée, marinée dans l'huile et le laurier, est d'abord grillée d'un côté à la broche avant d'être braisée dans la poissonnière avec une bouteille de vin du Rhin ou de Sauternes : « J'ai servi cette grosse pièce pour la première fois chez le marquis de Londonderry à Winiare. » Il dédie ce chef-d'œuvre à la Vincent La Chapelle dont le *Cuisinier moderne* a d'abord été publié en anglais à La Haye avant d'être traduit en français.

La mère de Charles est la première à venir goûter cette cuisine miraculeuse qui a triomphé de la goutte du roi. Devant toute la famille, Frances Ann annonce qu'elle est à nouveau enceinte. Plus question de courir les mers et les routes jusqu'à Vienne, mais bien, pour l'ambassadeur, de gérer en homme d'affaires sinon en père de famille avisé ce domaine immense et prospère. Les mineurs de Wyniard extraient chaque mois plus de vingt mille tonnes de charbon. Et, pour en faciliter l'exportation, il faudrait à l'embouchure de la rivière créer un port accessible aux bateaux. Pour s'agrandir vers la mer, le 13 octobre 1821, Charles rachète à ses voisins, les Millbanks, leur terre de Seaham avec le château où lord Byron, six ans plus tôt, a épousé l'héritière de la famille qu'il a quittée après quelques mois de mariage.

Maintenant, il s'agit de creuser, d'aménager, de rentabiliser. Et pour Frances Ann de mener une vie calme avec son fils loin du monde et des réceptions. Même le voyage à Londres est déconseillé. Milord et milady comptent rester à Wyniard jusqu'au printemps, terme de la grossesse.

Carême ne va pas gaspiller son génie dans cette triste contrée sans fêtes ni conversations. « Je revins à Paris. Je dus entrer vers cette époque chez lord Stair, gastronome réputé. Les conditions me convenaient. Mais on n'accordait pas un personnel suffisant, je remerciai et me retirai. » Nul doute que le père de lord Stair, ambassadeur à Paris sous le régent, a dû donner à son fils des leçons de gastronomie. Mais là encore, le chef a bien d'autres ambitions que de diriger, rue de Clichy, dans l'hôtel de ce pair d'Ecosse, une brigade de second ordre.

Depuis que le tsar Alexandre a accepté sa dédicace, l'artiste ne songe qu'à la publier en introduction à ses dessins. Il y ajoute trois projets d'embellissements pour Paris. C'est un grand album d'architecte, édité début novembre 1821 avec le plus grand soin et le concours du célèbre graveur Normand, l'homme de Fontaine et Percier. On peut se procurer l'ouvrage chez l'auteur, 20, rue Caumartin ou à la librairie Firmin-Didot, 24, rue Jacob.

C'est la première fois qu'un pâtissier se lance dans cette voie réservée aux diplômés de l'Académie royale des Beaux-Arts. Il se croit obligé de se justifier dans la préface : « Ce n'est pas sans crainte que je me suis décidé à publier ces recueils de dessins. Je les soumets aux connaisseurs, non comme architecte, mais comme amateur d'architecture... heureux de trouver dans l'étude le délassement de mes travaux et des consolations dans le malheur. »

Le malheur ? Ce mot revient souvent sous sa plume sans

qu'en soit précisée la nature. Une chose est sûre, s'il n'avait pas été un enfant de la misère et de la Révolution, Antonin aurait rêvé de bâtir des palais à la gloire de son pays. « Mes moyens pécuniaires m'empêchèrent de me livrer à cette belle carrière. » Ces projets pour Paris, il les porte depuis que ses yeux se sont ouverts sur les temples de l'antiquité en feuilletant les recueils de Palladio à la bibliothèque de la rue de Richelieu.

Lorsque Napoléon redessinait le cœur de Paris, il avait déjà conçu deux projets, une fontaine et une colonne, qu'il avait présentés en 1807 à l'architecte Fontaine. Ces croquis lui « valurent de la part de cet estimable artiste les encouragements les plus flatteurs ». Pour remercier le bâtisseur de l'Empire, il avait aussitôt repris ses crayons : « J'avais dessiné et lavé sur des châssis comme le font les élèves de l'Académie un projet pour l'achèvement du pont de Louis XVI et un autre d'un arc de triomphe destiné à la gloire de nos armées. »

Peu après cette visite, le jeune pâtissier s'est rendu chez Jean Nicolas Louis Durand, professeur d'architecture à l'Ecole polytechnique : « Je dessinai le projet d'une colonne triomphale que je présentai à M. Durand par le désir que j'avais de connaître l'auteur du bel ouvrage publié en 1800 et intitulé *Parallèle des monuments antiques et modernes.* » Le grand homme, tout en lui disant « les choses les plus obligeantes sur [son] esquisse », l'encourage à rester amateur, mais à profiter de ses dispositions pour le dessin en rédigeant des ouvrages illustrés sur la pâtisserie et les pièces montées : « Je pense avoir rempli ma tâche. » Sage M. Durand... *Le Journal de Paris* annonce, le 15 août 1822, la réédition du *Pâtissier pittoresque*.

Carême se remet à sa passion en dessinant un bas-relief pour l'arc de triomphe de l'Etoile que Waterloo a laissé en plan, un temple de la gloire pour la place du Carrousel et une colonne de soixante-dix mètres de haut, dédiée aux fastes de la nation française. Influencé par l'Empire, il voit grand. Mais aussi bien à Paris qu'à Saint-Pétersbourg, les places vides ne manquent pas.

Depuis qu'un sombre dimanche de février 1820 un nommé Louvel a planté son poignard dans la poitrine du duc de Berry à la sortie de l'Opéra, le théâtre lyrique de la rue de Richelieu est démoli pierre par pierre au grand désespoir des amateurs de bel canto. Carême a-t-il jamais écouté *La Vestale* de Spontini ou *Le Calife de Bagdad* de Boieldieu ? En tout cas, il a régalé leurs illustres auteurs. Et nul ne peut avoir résidé à Vienne sans être pénétré de l'importance de la musique pour l'âme d'un grand pays : « Depuis mes voyages en Angleterre, en Allemagne, en Russie, je regrette encore plus que nous n'ayons pas une scène d'opéra digne de la nation. »

Il la verrait bien au coin du boulevard à la place de Frascati. Et là encore, il a le coup de crayon majestueux. « L'entrée principale donnerait sur la rue de Richelieu de même qu'une grande façade s'élèverait sur la rue Vivienne... en parallèle avec le beau palais de la Bourse. Ce monument serait séparé par deux vastes rues de deux colonnades de 300 pieds de longueur destinées à servir de jardin d'hiver... Et, durant la belle saison, ces deux monuments débarrassés... des orangers replacés aux jardins des Tuileries donneraient deux vastes galeries alors consacrées à recevoir l'exposition des produits de l'industrie nationale... alors, nous aurions une foire annuelle, ce qui manque encore à la capitale. »

En 1823, il publie un deuxième volume avec quatre projets de fontaines. Puis en 1826, trois volumes avec, entre autres, deux phares, l'un pour Bordeaux et l'autre pour Calais qui, espère-t-il, éviteront des naufrages aux malheureux voyageurs.

« Ah ! que ne puis-je décrire toutes les angoisses que j'ai éprouvées à mon retour de Russie en France. Sur 39 jours de navigation, nous éprouvâmes 23 jours de tempête. »

Il dédie le premier de ces derniers recueils à Charles X : « Sire, ces projets sont destinés à rappeler les plus grands événements de cette époque : le retour de votre auguste famille en France, la campagne de 1823 en Espagne, ce beau fait d'armes de votre illustre fils et la naissance miraculeuse du jeune prince Henri Dieu-Donné. » Il signe « Carême de Paris ». Mais cette particule de cuisinier n'attire pas le regard du roi ultra et provoque les ricanements des Tuileries.

Seul Alexandre Ier, si courtois, si honnête dans ses jugements et respectueux des talents, même ceux de ses adversaires comme Napoléon, seul le tsar a su prendre la mesure de la créativité bouillonnante du petit Français qui ne cherche qu'à servir la beauté. L'artiste le plus reconnu de son état, recherché par les étrangers, ne récolte de son ambition inassouvie d'architecte que sarcasmes et affronts de la part de son souverain.

Déjà la veille de Noël 1823, Carême a participé au grand banquet militaire donné par l'Hôtel de Ville pour célébrer la campagne éclair du duc d'Angoulême parti en Espagne remettre son cousin Ferdinand VII sur son trône. Cette fête parisienne, commencée le 15 décembre par une grande parade sur les Champs-Élysées, clôt dix jours de réjouissances et de feux d'artifice. « Dans cette mémorable soirée, nous servîmes 7 000 personnes, écrit le jeune Gouffé engagé pour l'occasion. La partie de Carême était le froid, composé de 100 grosses pièces dont 18 sur socle et de 300 entrées froides dont 20 sur socle. Nous étions dix-sept ouvriers et notre travail dura quatre jours. »

La table royale, en triple fer à cheval, accueille trois cent quatre-vingt-dix couverts. A son intention, Antonin a réalisé sept trophées en mastic façon bronze, semblables à ceux qui ont tant séduit Metternich à Vienne. Il a mis six semaines « sans prendre aucun repos » pour exécuter ce « considérable » ouvrage.

Mais les Bourbons, décidément, n'ont pas ces manières élégantes auxquelles Antonin s'est habitué dans diverses capitales. « Les trophées presque achevés furent examinés par le duc de Périgord*, et le lendemain par le duc de Grammont. Après les compliments, on me pria de fixer le chiffre des dépenses. Je répondis qu'à cet égard mon travail était d'abord un hommage, et que l'on ferait pour les dépenses ce que l'on jugerait convenable... Quelques observations durent me blesser et je dis, dès ce moment, que je retirais mes trophées. Je destine au Conservatoire, à la collection des œuvres d'ouvriers, plusieurs pièces de ce surtout. »

Quelle différence avec le prince Esterhazy qui reçoit lui-même Carême pour lui proposer d'entrer à son service ! « Vers la fin de 1823, on parlait du prince Esterhazy pour l'ambassade de Paris. M. le duc de Périgord me rappela à Son Excellence qui me reçut avec bonté et se souvint avec un vif plaisir des dîners du prince régent. Il m'agréa pour le cas de son ambassade et me retint assez longtemps ce jour-là pour causer de gastronomie, dont il parlait d'une manière vraiment pertinente et avec beaucoup d'esprit. »

Et rien ne peut autant combler Antonin qu'une conversation avec un homme de culture, d'éducation et de goût. Le prince n'est pas seulement connaisseur et gourmand, il est, comme le tsar, le roi d'Angleterre et Metternich, admiratif de ce génie français qui porte à son apogée l'art de la cuisine.

---

* Neveu de Talleyrand.

L'*Art de la cuisine*, c'est d'ailleurs le titre de l'œuvre monumentale qui hante Carême depuis son entretien avec le professeur Durand. « J'espère avec le temps, a-t-il écrit dans son premier recueil d'architecture, pouvoir donner à mes confrères un ouvrage plus considérable dont je suis sans cesse occupé. Je considère cette nouvelle production comme devant être en quelque sorte le Code de la gastronomie du dix-neuvième siècle. »

En 1822, il a publié son *Maître d'hôtel* dédié aux frères Robert dont le restaurant a tant fait pour la rénovation de la cuisine moderne. Au fil des deux volumes, il donne un choix des menus servis à Murat, à Alexandre Iᵉʳ, à George IV et à lord Stewart. « L'admiration est à son comble lorsqu'on considère, dans le traité de Carême, ces magnifiques buffets de bal et de fêtes où l'élégance et la somptuosité rivalisent avec l'exquis du goût », dit le marquis de Cussy dans une notice en forme de prologue.

Plus que tous les discours, cette longue liste de menus démontre les progrès de la cuisine « moderne » lorsqu'il les compare avec ceux du « fameux Héliot » ou de Vincent La Chapelle qui chargeaient leurs tables avec trop de profusion : « Il me semble que le dégoût devait s'emparer des conviés délicats. »

Plus de menus tout en bœuf ou cochon comme dans les *Dons de Comus*. Plus de « maigre » sans imagination comme dans les *Soupers de la cour* de Menon. Plus d'oille « à la jambe de bois » ni de rôt « d'éperlans frits trempés dans des œufs et panés ». Carême se fait une trop haute idée de son sacerdoce pour consentir à des appellations aussi vulgaires qui choquent sa sensibilité d'esthète. Chaque potage, entrée ou entremets servis sur les tables royales a d'abord reçu un joli nom avant d'être décoré de truffes, de quenelles de perdreau ou d'éperlan. Il redessine aussi les tables et les allège de leurs nombreux plats de viandes et de gibiers. « Cette comparaison établit ce que la science culinaire a gagné de développement dans l'ordonnance des menus, d'habileté dans les dépenses, d'économie bien entendue. Elle a obtenu aussi une élégance bien inconnue à nos prédécesseurs. »

Ce *Maître d'hôtel* révolutionnaire se vend aussi à Londres, à Saint-Pétersbourg et à Vienne chez le libraire Schalbacher. Comme Archestrate, Carême a voyagé. Et ses explorations lui ont révélé la richesse inégalée du terroir français qui favorise le génie des artistes des petites sauces. « Puisse ce nouvel hommage rendu à l'art de la gastronomie aider le sort des hommes à talent qui l'exercent, en donnant aux grands seigneurs la noble idée de nous apprécier comme nous devons l'être et de ne pas nous confondre parmi les domestiques ! »

Comme tous les « seigneurs » qu'il a servis, il pose pour la postérité. Et c'est le célèbre Fontaine qui réalise l'esquisse du portrait. Les tempes un peu dégarnies, Antonin porte une grande lavallière et une cape d'artiste. A côté de lui, on aperçoit la plume de l'écrivain et du dessinateur. Et le livre qui lui a valu la reconnaissance du tsar, *Projets d'embellissements pour Saint-Pétersbourg*. Au premier plan, à l'index de la main droite, brille ostensiblement sa bague en diamants.

Mais qui donc, grands dieux, oserait encore le reléguer dans une cuisine ? Qui à part les Bourbons... Et Dieu sait pourtant qu'ils souffrent de la goutte !

21

L'HORRIBLE MALADIE, si répandue dans les maisons où la table est reine, fait rire. A la tribune de l'Assemblée, le gourmet président Ravez provoque l'hilarité des députés en lisant le message d'excuse de M. de Bussel, élu des Hautes-Alpes, atteint d'un violent accès de goutte qui l'a forcé à s'arrêter pour une durée indéterminée alors qu'il était en route pour « rejoindre son poste » à Paris. Mais la goutte fait aussi atrocement souffrir. C'est le prix cruel de la bonne chère. L'infirmité des princes. Et, à part quelques bouillons, aucun médecin n'a trouvé de remède pour soulager ce fléau du siècle qui met le feu aux articulations. Le roi obèse Louis XVIII en meurt en 1824 après toute une vie de martyr. Deux ans plus tard le narcissique Talma, qui pourtant soignait sa ligne d'empereur tragique, y succombe à son tour. Les douleurs n'épargnent pas les femmes. La duchesse de Berry, qui, depuis l'assassinat de son mari et la naissance, six mois plus tard, de son fils, le duc de Bordeaux, tient à « faire servir grandement sa table », subit elle aussi les assauts de la goutte dans son château de Rosny.

Outre-Manche, lord Castlereagh en a été constamment victime. Après des crises à répétition durant le printemps, il a fini le 12 août 1822 par perdre la raison et s'est tranché la gorge avec son rasoir, mettant fin à ses tortures.

Sur son sofa de douleur, le roi d'Angleterre ne cesse de réclamer Carême qui seul lui permet de se régaler sans subir un calvaire. Dieu, qu'il est loin le temps où le *Times* s'émerveillait de voir George caracoler des heures durant sur les belles collines de Brighton ! Le 9 juin 1823, Sa Majesté est dans un état si lamentable, après cinq mois d'attaques aux pieds et même à la main droite, que ses valets de Carlton House doivent le porter dans un fauteuil jusqu'à la voiture qui l'emmène à Windsor.

Les journaux publient des bulletins militaires précisant les reculs ou les avancées de l'ennemie. Et Paul Esterhazy n'a peut-être pas le cœur d'abandonner son royal ami. A plusieurs reprises, le diplomate s'arrête à Paris où il est reçu aux Tuileries.

Avec sa suite, il descend à l'Hôtel de l'Empire devenu le bien-nommé Hôtel des Princes. Car cet établissement de la rue de Richelieu est réputé pour ses appartements somptueux et, dans la cour, ses grandes remises pour carrosses. Après avoir été célèbre pour ses restaurants, le quartier du Palais-Royal ouvre ses premiers palaces, comme le Meurice dans l'ancien hôtel de Noailles.

Le frère de Paul est grand chambellan de l'empereur d'Autriche. Et François II comme Metternich préfèrent garder leur luxueux ami dans la métropole anglaise où se règlent les affaires du monde, notamment avec les Rothschild. En 1825, le prince revêt sa cape de diamants pour assister au sacre de Charles X. Mais c'est finalement le comte Antoine Apponyi qui prend possession le 25 février 1826 de l'ambassade parisienne, rue Saint-Dominique.

Entre-temps, Carême repousse les plus alléchantes propositions. L'ambassadeur de Russie le supplie de l'accompagner à Naples. Lord Granville, dès son arrivée en France, le prie de gouverner la table de l'ambassade d'Angleterre, rue du Faubourg-Saint-Honoré. Mais aucune offre ne peut rivaliser avec celle du luxueux connaisseur hongrois : « Je me faisais un scrupule d'être fidèle à l'engagement moral que j'avais pris auprès de monsieur le prince d'Esterhazy. »

Paul a bien tenté d'enlever Carême à Londres. Sans succès. Comment l'ambassadeur d'Autriche pourrait-il réussir là où le roi d'Angleterre échoue ? « Le cuisinier français est heureux dans toutes les capitales de l'Europe, mais celui qui ne veut pas quitter sa patrie doit avoir du courage », soupire Antonin, songeant, entre deux ébauches de dessins, aux fortunes qui s'envolent.

Il a réalisé son grand rêve d'architecte destiné à embellir Saint-Pétersbourg et Paris. Mais Alexandre est mort et il n'a rien à attendre des Bourbons. Pourtant, il n'imite pas le célèbre Chateaubriand qui sacrifie son immortalité d'auteur à une carrière éphémère d'ambassadeur en Italie et en Angleterre. Il est tout plein de ses livres. Il veut témoigner du Génie de la cuisine qui élève la pensée des hommes comme le Génie du christianisme transfigure leur âme.

« Carême de Paris » ne veut plus quitter sa ville. Il a désormais à ses côtés sa chère petite Maria, âgée de treize ans, et il n'envisage pas de l'abandonner pour repartir à l'étranger. Elle est douce, sensible et reçoit, chez les religieuses, l'éducation qui lui a manqué à son grand regret. Il l'habitue à « une sage économie » sans « goûts frivoles ». Il lui raconte sa pauvre enfance rue du Bac, les horreurs des charrettes roulant vers l'échafaud, ses obscures besognes de gâte-sauce à la barrière du Maine. Mais son regard brun s'enflamme quand il évoque ses premiers succès dans les grandes maisons de l'Empire. Lui que la Révolution a privé du bonheur d'être architecte a réussi à s'imposer en édifiant les incroyables buffets de Talleyrand, modèle de l'Europe gourmande.

Depuis que le tsar lui a offert une bague en diamants, tous les fainéants crèvent de jalousie et se répandent en sarcasmes sur ses prétentions à devenir le meilleur cuisinier du monde. A ces mots, l'adolescente se jette dans ses bras. « En la pressant sur mon sein, je lui dis que Dieu m'avait bien dédommagé en me donnant ma chère Maria, puisqu'elle me comprenait de tout son entendement, et chaque jour que j'en remerciai le juste Ciel, puisque Dieu me donnait des consolations à celui qui n'a point mérité le sort douloureux d'être victime par suite de l'infâme conduite des autres. »

Flânant sur les quais, Antonin feuillette encore et toujours les trésors des bouquinistes. En réponse aux ricanements qui ont salué son projet de fontaine d'éléphant, il trouve un petit recueil du sieur Ribart, ingénieur et membre de l'académie des sciences et belles-lettres de Mézières, contenant quatre pages de texte et sept planches gravées prouvant qu'un éléphant triomphal a failli être érigé, en 1758, à la gloire de Louis XIV.

Il garde ses habitudes, se rend à la Halle, arpente Paris, s'attarde devant les nouvelles devantures. Dans la troisième édition de son *Pâtissier royal parisien*, il se flattera des progrès accomplis grâce à lui : « Dans tous les quartiers, je remarque avec joie l'amélioration et l'accroissement que les établissements de pâtissiers ont reçus depuis que cet ouvrage a paru... Les pâtissiers des faubourgs ayant mon livre dans les mains n'ont pas craint de venir s'établir dans le centre de la capitale. » A la vitrine d'un confiseur de la rue des Lombards, il découvre le jeune Jules Gouffé, qui sera l'un des plus grands pâtissiers du siècle. « C'est sous la direction de cet habile maître que j'ai fait mes débuts à l'âge de seize ans. Ayant remarqué à l'étalage de la boutique de mon père deux corbeilles de pastillage et une pièce montée en pâte d'amandes qui étaient mon œuvre, l'excellent homme s'intéressa à moi et m'emmena avec lui... J'ai travaillé successivement à toutes les parties dans les grands extras. » Plus tard, Gouffé s'insurgera contre les critiques infondées dont son maître a été l'objet : « En refusant à Carême la qualité de grand cuisinier, ses contemporains ont été injustes envers un homme qui, pendant vingt ans de laborieux efforts, avait reculé les limites de son art. »

Pendant ces longs mois d'expectative, presque quatre ans, il n'a cessé de publier. Après son *Maître d'hôtel*, il entend maintenant, dans un *Cuisinier parisien*, proclamer par des recettes la révolution gastronomique dont, sous ses yeux, les maisons Talleyrand et Murat ont été les laboratoires. A Brighton, il en a imposé la nouvelle loi en s'écriant devant les casseroles du régent d'Angleterre : « Plus de gras ! Ce vice a disparu. »

Pour ses petites sauces, il crée une cuiller qui permet de doser la quantité idéale de bouillon. Désireux de faire profiter les jeunes gens de tous ces progrès, il songe à ouvrir une école de cuisine avec des démonstrations de recettes anciennes et modernes suivies de débats entre praticiens. Le pâtissier S. G. Sender, ancien chef des grands extraordinaires dans les cours de Hollande, du Danemark, de Suède, d'Angleterre et du Japon, raconte que son arrière-grand-père Gustave Wayntraub a travaillé avec Carême. Cet aïeul avait un fils, Armand, ami du chef Urbain Dubois. Dans une lettre à son confrère, Dubois écrit le 3 janvier 1888 : « Mon cher Armand, comme tu le sais, notre maître Carême eut l'idée en 1825 de créer à Paris une école de cuisine, malheureusement ce projet fut comme beaucoup d'autres abandonné. »

Une fois encore, son protecteur Louis de Rohan lui conseille d'accepter les offres du nouveau roi de la finance, James de Rothschild, qui fait son siège depuis de longs mois. Le prince général, installé à Paris, fait, lui, une cour effrénée au duc de Bourbon, père du duc d'Enghien tué sur ordre de Napoléon. Depuis cette mort, le dernier des Condé, qui a toujours recherché les amours faciles, tarifés ou ancillaires, vit au château de Saint-Leu avec sa maîtresse. Il a soixante-quatorze ans et son cousin espère hériter de cette colossale fortune des Condé que Louis-Philippe d'Orléans lorgne de son côté pour ses fils. Ce feuilleton en or massif passionne tous les banquiers de la Chaussée d'Antin au moins autant que l'ascension fulgurante des Rothschild.

A trente-quatre ans, James ne redoute pas la goutte d'acide urique qui tue, mais ce petit juif enrichi de Francfort a bien compris que, s'il veut rafler la mise, il doit en imposer par sa table. Son frère Nathan, établi depuis 1804 à Londres, lui a expliqué qu'on ne traite les gros emprunts d'Etat que grâce à des dîners dont la seule lecture du menu fait tomber toutes les préventions.

Lorsque le jeune homme est arrivé à Paris en 1811, il logeait à la pension Beaulieu, 5, rue Napoléon, sur le même trottoir que la pâtisserie Carême. Il s'appelait Jacob et conservait, à vingt ans, un épouvantable accent judéo-tudesque dont son protégé, le poète allemand Heine, dit qu'on ne s'en débarrasse jamais. Cinq ans plus tard, il écrivait encore à l'un de ses frères : « C'est difficile pour moi de m'établir. Tu connais leur jalousie et je suis un étranger ici. »

Pourtant, aucune porte ne lui est fermée. Nathan est un ami de Wellington. Il a forcé le blocus de Napoléon en faisant passer de l'or en contrebande entre l'Angleterre et le continent. Comment ? Un troisième frère, Carl Mayer, établi à Dunkerque, a acheté un nommé Martin, commissaire de police à Gravelines, chargé de l'espionner. Ce qui a mis en fureur le ministre Savary. Mais les frères, sans cesse en route, sont insaisissables. Salomon arrive à Paris en 1812 pendant que James fait la navette entre la capitale et Gravelines où il se trouve à la mort du père le 19 septembre à Francfort.

Nathan, devenu chef de la famille, a donné cinq millions à Louis XVIII lorsque le gros Bourbon a quitté l'Angleterre. Et Waterloo a consacré la toute-puissance de la fratrie. Apprenant le premier la défaite de Napoléon, le banquier a pu griller ses concurrents à la Bourse de Londres.

Durant la première Restauration, Talleyrand, chef du gouvernement, s'irritait déjà de la rapidité des courriers des frères Rothschild qui informaient le ministère anglais dix à douze heures avant les dépêches diplomatiques. L'arrivée de Wellington à Paris à la tête des troupes d'occupation a définitivement assis la fortune de James.

La trouvaille, c'est d'avoir créé la première multinationale bancaire. Plus besoin de faire transporter les sacoches de numéraires. Plus de coûteuses assurances pour se protéger des brigands. Un seul papier rédigé en hébreu par l'un des cinq frères et porté par un coursier suffit. Moins chers que leurs rivaux, les Rothschild rétribuent mieux l'argent qu'on leur confie. Ils obtiennent vite le quasi-monopole des transactions internationales. Autre innovation juteuse : les frères lancent des titres payables au même taux sur les différentes places européennes.

James, c'est le petit dernier. Il est roux, avec les yeux enfoncés dans les orbites et une large bouche de batracien zébrant des joues sanguines. L'historien Michelet s'émerveille de ce grotesque visage : « Frappant comme une ébauche de Rembrandt, avec son profil de singe intelligent. » Ses aînés ont beau le pousser à la magnificence, il est encore imprégné de l'esprit d'économie régnant dans la maison du ghetto de Francfort que la mère, Gutle, ne quittera jamais : « un portier, un commis, deux domestiques, un cocher, tout cela m'effraie et coûte cher », écrit-il en 1817 à Nathan et à Salomon, installé à Vienne depuis le congrès où il a mené à bien la conquête de Metternich.

Cette année-là, James est admis à l'escompte de la Banque de France, ce qui lui permet de s'établir comme banquier. Surmontant ses frayeurs, il achète le château de Boulogne, petit mais élégant avec ses salons baignés de soleil, sa salle à manger d'acajou clair et ses deux bibliothèques. Le parc de sept hectares, qui bientôt deviendront trente-deux hectares, est couronné de serres magnifiques où poussent les ananas dont rêve Carême, sans compter un immense potager, une basse-cour, un lac et une orangerie où Antonin réalisera à la belle saison des déjeuners historiques.

L'année suivante, pour célébrer le titre de baron donné aux cinq frères par l'empereur d'Autriche, James acquiert rue d'Artois, future rue Laffitte, l'hôtel du financier Laborde, guillotiné en 1793, et devenu, sous l'Empire, propriété de Fouché. Il y donne ses premières fêtes dont Wellington est le roi. L'hôtel voisin et identique a appartenu à la reine Hortense. Plus tard, Salomon s'en portera acquéreur.

Depuis un siècle, c'est le quartier des hommes et des femmes qui ont l'esprit d'entreprise ou d'aventure. C'est le quartier de Carême, et il se transforme à vue d'œil depuis que la nouvelle Bourse y attire une race de ces spéculateurs qui fourmillent déjà sous la plume du jeune Balzac. Le 28 décembre 1822, l'hôtel de Thélusson, joyau de Murat, est vendu par adjudication pour créer la future rue La Fayette. Le parc est divisé en lots et le palais démoli.

Le 11 janvier 1823, James assiste à un dîner des ambassadeurs donné aux Tuileries par le duc d'Escars, premier maître d'hôtel de Louis XVIII. *Le Journal de Paris* indique qu'à la sortie ce gotha de la diplomatie s'est retrouvé « chez M. de Rothschild où il y a eu une grande soirée ». Il est désormais consul général d'Autriche. Et si les Bourbons ne reçoivent pas un Rothschild à leur table, toutes les autres portes dont celles du duc d'Orléans, futur Louis-Philippe, sont ouvertes au protégé de Metternich. Un mois plus tard, nouvelle grande fête rue d'Artois, avec mille deux cents invités.

Récompense en forme d'Austerlitz : James récolte en juillet le grand emprunt du gouvernement pour financer l'expédition d'Espagne. Plus question d'économies de bouts de chandelle. Dans la cour de son hôtel, deux statues tiennent des torchères dans lesquelles, nouveauté extraordinaire pour l'époque, brûlent des flammes alimentées au gaz. Son équipage à quatre chevaux est mené par deux postillons en livrée bleu et or. Il a sa loge à l'Opéra et s'y montre en compagnie d'une inconnue étincelante de diamants. « Ses liaisons font jaser au point que ses frères s'inquiètent. Il est obligé de se justifier auprès d'eux et de leur assurer qu'il mène une vie parfaitement vertueuse ! » s'amuse sa biographe, Anka Muhlstein.

Il a trente-deux ans. Pour tenir une maison dont on parle

dans les gazettes et les salons, il lui faut une femme et un chef. Il trouve la première dans sa proche famille, sa nièce Betty, la fille de Salomon. Leur père, Mayer Amschel, a fixé pour règle que l'argent des Rothschild doit rester aux Rothschild. James possède en capitaux propres la somme fabuleuse de trente-trois millions de francs. Salomon offre une dot d'un million et demi. Le contrat est signé le 10 juillet 1824. Sans communauté de biens entre les époux. *Le Journal de Paris* annonce que le baron a donné au préfet de la Seine, Chabrol de Volvic, la somme de 12 000 francs destinée aux pauvres, à l'occasion de son mariage célébré à Francfort, dans un ghetto transfiguré par la munificence des fils Rothschild.

Quant au cuisinier, il n'y a pas non plus à hésiter. Sa table est déjà réputée, comme Betty l'a écrit en septembre 1821 à sa cousine Charlotte. Venue en visite, à Paris, rue d'Artois, la future épouse parlait, dans sa lettre, du « bon cuisinier de l'oncle ». Mais maintenant il faut à James le meilleur du monde. Les cinq frères qui s'entendent comme les doigts de la main entament une lutte impitoyable sur le terrain de la frime. C'est à celui qui aura le plus grand château, les plus beaux parcs, et surtout la table la plus éblouissante. Une apostrophe revient comme une obsession dans les repas familiaux : « Mon chef est meilleur que le tien ! » Par bonheur, un seul des cinq frères mange casher. Et ce n'est pas James, mais l'aîné Amschel de Francfort.

Tout accaparé par la publication de ses œuvres, Antonin ne se laisse fléchir que le jour où il n'a plus l'espoir de servir le flamboyant Esterhazy. Il signe un premier contrat le 14 février 1826. Il est de trois mois, comme celui du chef d'office, Auguste Couilleaux, engagé en mars.

Les cuisines, larges et aérées, ont le défaut d'être éloignées de la salle à manger, mais Carême commande les dernières nouveautés en matière de fourneau et des tables à vapeur qui permettent, comme au Pavillon de Brighton, de tenir entrées et entremets au chaud. Ainsi que les assiettes qu'il ne veut voir que préalablement chauffées. Selon l'usage anglais, il engage aussi quelques femmes. Un caviste s'occupe de faire rentrer les caisses de vin du Rhin, de Chypre, de Médoc et de Champagne. Les onze domestiques logent au second étage.

La sérieuse Betty, elle, ne demande qu'à s'instruire. A vingt et un ans, la jeune Viennoise est brune, ronde. Elle a un accent moins rauque que son mari mais ne sait pas rédiger un menu en français. Adolescente, elle a sans doute entendu la grande société autrichienne se répandre en interminables éloges sur le chef de lord Stewart, ce génial Carême que Metternich a reçu personnellement à l'égal des grands de ce monde. Peut-être même a-t-elle accompagné son père à une soirée de l'ambassadeur d'Angleterre à Minoriten Platz...

Pour ses fêtes et l'aménagement de son hôtel, James a engagé Jean-Louis Berthault. L'architecte a élargi l'escalier et transformé l'édifice en palais néogothique. Comme chez le régent, la salle à manger ressemble à la nef d'une cathédrale. Depuis l'avènement de Charles X, ce style Renaissance en dentelle de bois clair est du dernier chic. La salle de bal, qui peut accueillir trois mille personnes, est digne des châteaux de la Loire. De hautes fenêtres gothiques éclairent un plafond et des pilastres peints de délicats fruits et légumes encadrant des rôts presque fumants. Le billard, jaune et bleu, décoré de scènes de la vie à Athènes, est, lui, une copie de la salle de bains de Titus et de Livie. Dans son ouvrage consacré au « luxe français sous la Restauration », le critique d'art Bouchot décrit l'extravagance du style Rothschild, les antichambres fleuries comme des serres, les escaliers dont chaque marche porte un vase débordant de plantes rares, la profusion des amphores étrusques achetées à Naples.

Vous entrez dans le hall par une énorme baie drapée de courtines dont les franges sont plutôt des lingots que des passementeries. Entre les fenêtres gothiques, les consoles en bronze sont flanquées de tabourets bleu et or assortis aux livrées des valets de pied. Rien ne brille jamais assez pour James qui a engagé le décorateur à la mode, Duponchel, metteur en scène à l'Opéra et grand ami de Delacroix.

Le baron a décidé de donner au moins deux dîners par semaine, sans compter les bals et les soirées de musique toujours précédées d'un festin d'amuse-bouche. Grand amateur d'art lyrique, James invite les divas de l'époque, la Pasta, la Sontag et surtout leur prodigieux pygmalion, Rossini, arrivé à Paris en 1823.

Le musicien a dix ans de moins que Carême. En 1816, à vingt-quatre ans, il a composé son immortel chef-d'œuvre, *Le Barbier de Séville*. Mais il est aussi fou de gastronomie que de bel canto. Comme George IV dont il est devenu l'ami et l'hôte à Brighton, il adore les truffes blanches du Piémont. Et comme Sa Majesté, un de ses grands plaisirs est de descendre dans les cuisines respirer le parfum enivrant de ces ruineuses tubercules qui lui chantent son Italie. Et pour une fois, Carême trouve à qui parler. « Rien n'est aimable comme la conversation de Rossini et rien ne peut lui être comparé. C'est un esprit tout de feu, volant sur tous les sujets », écrit Stendhal.

Les deux artistes sont volubiles, intarissables. Le docteur Roques, ami des deux hommes, livre le fruit succulent de leur collaboration : « Vous émincez finement des truffes du Piémont, vous mettez ensuite dans un saladier de l'huile d'Aix, de la moutarde fine, du vinaigre, un peu de jus de citron, du poivre et du sel. Vous battez ces divers ingrédients jusqu'à parfaite combinaison et vous y mêlez vos truffes. Cette espèce de salade, d'un goût très appétissant, a enlevé tous les suffrages dans une réunion qui a eu lieu chez le Lucullus de la finance, M. le baron James de Rothschild. Et c'est le célèbre Rossini qui l'avait préparée. » Un saladier de truffes blanches ! Voilà un investissement que même un Rothschild ne pourrait plus aujourd'hui envisager. Le docteur Roques expose aussi la recette du pouding aux truffes noires à peine moins coûteux. Mais cette folie gastronomique que l'auteur attribue à Carême a aussi des vertus qui justifient son prix de revient. « La truffe..., affirme-t-il, remonte le ressort des organes, ranime le sang engourdi dans les veines, donne de la hardiesse, du courage, de l'esprit même, inspire l'électeur, le député, le diplomate, on dit aussi l'académicien. Que de résistances vaincues, de doutes éclaircis, que de consciences ébranlées par un excellent ragoût de truffes. » Voilà peut-être le secret de l'inspiration trépidante des opéras de Rossini.

Le compositeur italien que s'arrachent les plus grandes maisons de Paris apprécie en connaisseur les arpèges et les volutes des symphonies orchestrées par Carême. « J'obtins, dans la maison Rotschild, la bienveillance sans prix d'un homme de génie, du maestro Rossini. C'est un connaisseur, on le sait. Il disait toujours qu'il ne dînait bien selon ses goûts que chez Mme de Rotschild. – Il me demanda un jour si mon service ne partait pas d'une méditation très attentive. – Je répondis affirmativement. – Tout ce que je fais, dis-je, est écrit. Je le change légèrement en l'exécutant. » Méditations, le mot est à la mode. En 1820, Lamartine a fait paraître les siennes, son premier succès, et en 1825, Brillat-Savarin, sa *Physiologie du goût*, autre succès, composé de trente méditations sur l'appétit, les aliments, la soif, la gourmandise... Mais si Carême cite quelques leçons du professeur, il se sent plus proche des créateurs comme Rossini !

Le père du *Barbier* a tant d'affinités avec le cuisinier qu'il rapproche leurs arts respectifs au point de les confondre. « Rossini a le grand malheur de ne rien respecter que le génie », note Stendhal. Quelle consécration pour Carême qui se veut le poète des équilibres subtils dans ses recettes comme dans ses menus ! « L'art du cuisinier a cela de commun avec l'art du peintre et du musicien : le premier, par les nuances qu'il donne à ses couleurs, produit le grand ensemble de ses tableaux qui séduit la vue et l'imagination. Le musicien, par la combinaison de ses notes, produit l'harmonie, et le sens de l'ouïe nous cause les plus douces sensations que puisse produire la mélodie. Il en est de même à l'égard de nos combinaisons culinaires. Le sens de l'odorat et le palais du gastronome éprouvent des sensations pareilles à celles de l'amateur de peinture et de musique lorsque son œil contemple l'ensemble d'un bon dîner. Que ces rapprochements n'effraient point les admirateurs de peinture et de musique. J'en appelle aux gastronomes qui professent les arts libéraux, et en particulier au célèbre Rossini : ce parallèle ne sera pas pour eux un paradoxe. Oui, le charme de la gastronomie a eu dans les temps de l'antiquité et a dans nos temps modernes une grande influence sur les hommes de génie. »

Non, l'immortel inventeur d'un tournedos fameux ne s'offusquera pas des affirmations de l'illustre Carême. Il lui a même offert sa cuiller à confiture en vermeil, hommage au moins aussi éloquent que la bague du tsar. Il rêverait presque d'enlever Antonin pour qu'il nourrisse à profusion son inspiration. « Je me rappelle encore qu'un jour il était question pour Rossini d'un voyage aux Etats-Unis, il voulut bien ajouter : "Je pars si Carême veut m'accompagner." » Tous les deux redoutent autant de prendre le bateau ! Le voyage n'aura pas lieu.

La rue d'Artois, c'est l'apogée de Carême. Il en est l'acteur principal, la tête d'affiche. Si Duponchel règne dans la salle de bal, Carême a la haute main sur la décoration de la table. Il choisit les nappes, les surtouts en bronze doré, les cristaux et dessine avec l'orfèvre Odiot les couverts en vermeil. Ses méditations s'appliquent aussi à l'argenterie qu'il veut convertir à ses préceptes. « Les plats carrés sont détestables pour le service de cuisine. J'en ai fait l'expérience chez le régent d'Angleterre. Il suffit d'avoir un peu de goût pour juger que les formes rondes et ovales conviennent seules pour y dresser nos entrées et nos grosses pièces avec élégance. » Le dessinateur a l'œil à tout. Aux casseroles d'argent pour les soufflés et aux chauffe-plats en forme de boules qu'il souhaite plus élevées. La somptuosité des chandeliers, des saucières et des assiettes doit être à la hauteur de ses créations.

Dans ses mémoires, le pâle et frêle comte Rodolphe Apponyi, conseiller et cousin de l'ambassadeur d'Autriche, vient dîner en voisin, le 19 avril 1826, chez le baron : « La conversation générale a tourné sur le plateau magnifique en forme de candélabre qui décorait le milieu de la table... Trois figures sur une espèce de palmier, le tout en vermeil et fait en Angleterre ne coûte pas moins de cent mille francs. Le dîner a été excellent, monsieur Carême, fameux *empoisonneur*, a fait son possible pour justifier son titre, à commencer par la célèbre soupe aux tortues qui est de rigueur dans tous les dîners à prétention. Tout a été apprêté au vin de Madère... C'est dire combien la digestion a été laborieuse. » Il manque au maladif Autrichien le robuste estomac de Rossini et cette aptitude à tout goûter, tout apprécier, tout sublimer.

Car les bals succèdent aux grandes réceptions. Et l'on se damne pour une invitation chez Rothschild ou plutôt pour approcher le grand Carême. Le repas fini, l'artiste monte au salon. Il croise les invités : Chopin, Heine, Ingres, Delacroix, les diplomates et les ministres qui n'ont pas eu, comme Rossini, le privilège de soulever le couvercle des casseroles. Dans *La Rabouilleuse*, Balzac en fait un modèle : « Au fond des provinces, il existe des Carême en jupon, génies ignorés qui savent rendre un simple plat de haricots digne du hochement de tête par lequel Rossini accueille une chose parfaitement réussie. » Son répertoire, maintenant, est illimité. Il en a donné un aperçu dans son *Maître d'hôtel*. Il ne cesse pourtant de créer, d'étonner, de provoquer les enthousiasmes des gourmands et de recueillir les éloges des experts.

Au milieu de cette débauche de splendeurs et de ces festivités ininterrompues, le salaire de ce maestro apparaît incroyablement mesquin : trois cent soixante-quinze francs par mois en 1826 ! Huit ans plus tôt, à Aix-la-Chapelle, chez le tsar Alexandre, Antonin avoue avoir touché deux mille quatre cents francs par mois. Le nouveau journal *Le Corsaire* écrit : « La cuisine n'est plus un métier, elle est devenue une science véritable et tel grand seigneur qui donne à peine mille deux cents francs de traitement à son secrétaire n'hésitera pas à payer quatre mille francs son cuisinier. » Les barèmes des salaires sont mystérieux chez le baron James. L'architecte Maingot qui va entreprendre la reconstruction de son hôtel ne perçoit que mille francs par an d'honoraires. Après deux ans de dur labeur, Carême voit ses émoluments généreusement passer à cinq cents francs.

Mais l'illustre chef est tout à ses ouvrages et ceux-ci le lui rendent bien. En cette année 1827, ils lui ont rapporté plus de vingt mille francs. Même le baron en est pantois. « Je lui dis encore que mes livres m'avaient créé un revenu qui allait bien au-delà de mes besoins. J'augmenterai ce revenu car je n'ai pas fini ma tâche. J'ai encore à publier un livre sur l'état entier de ma profession à l'époque où nous sommes. — Mais quel est donc ce revenu ? me dirent bienveillamment M. de Rotschild et sa famille. Une vive surprise accueillit ma réponse, ce que je disais semblait un rêve. J'ajoutai que ce revenu ne datait pas d'une année mais de plusieurs. — On était convaincu, mais on ne cessait pas d'être singulièrement étonné. »

Mais qu'importe l'argent. L'important, c'est de pouvoir réaliser les folles recettes qui jetteront les bases d'une gastronomie entièrement revisitée. Dans la cuisine de la rue d'Artois, les paniers débordent de truffes et les aides mouillent les turbotières avec les meilleurs champagnes. « L'anse du panier chez les Rothschild est une grosse métairie », dira Victor Hugo dans *Choses vues*. Carême a carte blanche avec les fournisseurs. Chaque jour, de ses mains grassouillettes, Betty paraphe les comptes mirobolants sans hausser les épais sourcils qui soulignent son immense front bombé. « Ce ne fut ni au service de l'empereur Alexandre, ni à celui du prince régent d'Angleterre, ni à Vienne que je donnai ce grand développement d'élégance à mes grosses pièces de cuisine, mais bien à Paris, chez M. le baron de Rotschild. Dans cette maison opulente, j'avais la satisfaction de faire autant de dépenses que mes grands dîners le commandaient, afin de bien faire. Seul moyen de stimuler le génie des cuisiniers jaloux de leur réputation : car à quoi bon du talent sans avoir la possibilité d'avoir l'argent nécessaire pour se procurer des provisions de première qualité ? »

Il réserve aux saumons des soins amoureux, ses plus jolis hâtelets et des appellations nobles qui sont autant d'invitations à de sublimes explorations : saumon à l'impériale, saumon à la Rothschild, à la financière... Le matin, il s'entoure de toutes les précautions lorsqu'il le soupèse à la Halle. « Le saumon doit avoir le brillant de l'œil d'un rouge clair et transparent. Il doit être ferme au toucher. On doit le choisir court et rond, ce qui le constitue bien fait, gras et de bonne qualité. »

Les Rothschild adorent ce poisson qui leur rappelle le ghetto de leur enfance. Ils font venir de Francfort des caisses de saumoneaux que Carême reconnaît fort appétissants. « Les pêcheurs de Mayence et de Francfort ont l'habitude de plonger ces petits poissons une seconde dans une eau de sel bouillante dans laquelle ils ajoutent un peu de vinaigre et d'herbes aromatiques... Dès qu'ils sont parfaitement froids, ils les arrangent par lits sur du persil effeuillé placé dans de petites boîtes de bois de sapin qui en contiennent depuis cent jusqu'à mille et les font ainsi voyager dans les grandes villes d'Europe. »

Les esturgeons, eux aussi, raffolent des petits saumons et remontent les rivières pour s'en délecter. Carême a pour ces vedettes de l'antiquité une tendresse pleine d'érudition. « Les Grecs le considéraient comme le poisson par excellence. Aussi dans leurs banquets, c'était le mets le plus fêté. Les Romains l'estimaient plus encore : dans leurs fastes gastronomiques, ils couronnaient de fleurs l'esturgeon. Les serviteurs chargés de le présenter à table marchaient au son de la flûte, ayant également des couronnes de fleurs sur la tête. Quelle pompe !

Quel faste culinaire ! » Pour rappeler ces prestigieux temps antiques, il enfile des bouquets de fleurs dans les dix hâtelets d'un « esturgeon à la romaine » mijoté dans trois bouteilles de champagne puis garni de grosses truffes et d'éperlans en couronne.

Mais son chef-d'œuvre est la « carpe à la Chambord moderne » décorée de quarante filets de soles et de lamelles de truffes. Cette grosse pièce de huit à neuf kilos est cuite dans deux bouteilles de sauternes et une de madère. Dans son *Almanach des gourmands*, paru en 1829, Horace Raisson le décrit comme le mets le plus cher du répertoire gastronomique : « Ce rare et délicieux poisson ne peut paraître convenablement sur une table honnête sans être habillé d'un billet de 500 francs. » Le critique en donne la recette « telle qu'elle a été formulée par M. C..., l'une des premières célébrités mangeantes de la capitale... Une carpe ainsi préparée a été mangée chez un des premiers Apicius de la capitale. Des députés et des journalistes avaient été invités. Ce superbe poisson accueilli par des acclamations, méthodiquement dégusté, arrosé du meilleur vin de Laffitte a laissé des souvenirs profonds dans le quartier de la Chaussée d'Antin. Huit jours après on en parlait encore. »

Bien sûr la dépense n'est pas habituelle, mais c'est peu de choses au regard de l'effet produit. Toute l'Europe lance des regards de concupiscence vers la salle à manger de la rue d'Artois. A commencer par le roi d'Angleterre lors d'une conversation avec son ami Paul Esterhazy. « Un jour, Sa Majesté demanda où j'étais. Le prince lui répondit : Chez M. de Rotschild, et c'est là, ajouta-t-il, que se trouve aujourd'hui la meilleure table de Paris. – Je le crois, répondit George, puisque Carême gouverne cette table. Ces paroles m'ont été rapportées par une personne présente et d'un rang éminent. » Le nouveau tsar de Russie, Nicolas Ier, qui a souvent apprécié la cuisine de Carême du temps de son frère Alexandre, a, lui, déclaré à son ambassadeur, le comte Pahlen : « Votre table doit rivaliser avec celle de Mme de Rothschild. »

Mission presque impossible ! L'ultra-mondaine lady Morgan, arrivée à Paris dans les fourgons de Wellington, décrit pour la postérité la journée historique où elle a dîné chez le baron. Par une belle et chaude après-midi de juillet 1829, munie du précieux bristol, elle arrive vers cinq heures au château de Boulogne. « Nous admirâmes les touffes de belles fleurs qui ornaient l'entrée. Les plantes, les fruits de tous les climats, répandus çà et là, la verdure anglaise et le soleil de France, les eaux vives et les oiseaux des tropiques, c'était charmant et magnifique : il eût été difficile d'entrer dans une demeure plus belle et plus gracieusement hospitalière. Mme de Rothschild était au piano. »

La conversation bourdonne autour de Rossini et du peintre Gérard dans les salons aux murs tapissés de primitifs flamands. Des jouets d'enfant traînent sur les consoles. Betty se fend de quelques banalités sur la chaleur exceptionnelle. Malgré les stores rayés jaune et blanc, l'atmosphère est caniculaire. Mais lady Morgan a la tête ailleurs. « Mon attention était toute pour Carême. Jugez si je fus charmée lorsque j'entendis ces mots : "Madame est servie." Tout le monde se leva, on passa sur-le-champ dans la salle à manger : non, comme à Londres, suivant l'ordre du livre rouge, mais d'après les simples lois de la politesse, qui réserve les premières places aux étrangers. »

Pour plus de fraîcheur, Antonin a fait dresser la table dans l'orangerie en marbre blanc au milieu des arbustes, des fleurs et des fontaines. La pétulante Irlandaise est déjà transportée. « La table, servie en ambigu, était couverte au milieu par un dessert d'une admirable élégance... Des porcelaines plus précieuses que l'or et l'argent, à cause des perfections du travail, retraçaient des scènes de famille. Tous les détails du service annonçaient la science des délicatesses de la vie, une simplicité exquise. »

Assise à la droite du baron, la romancière découvre son nom écrit en sucre candi sur une colonne de la pièce montée. Elle en rougit d'émotion et sa verve gourmande s'exalte. « L'ordonnance et le dîner, tout décelait Carême : c'était sa brillante variété, sa mesure parfaite. Plus d'épices anglaises, plus de jus noir, au contraire, de fines saveurs et le parfum des truffes. On aurait pu se croire au mois de janvier. Ce service excitait la satisfaction universelle, et à un moment donné nous couvrîmes de nos éloges quelques mets délicieux. Les végétaux avaient encore les teintes de la vie, la *mayonnaise* semblait avoir été fricassée dans la neige, comme le cœur de Mme de Sévigné, la *plombière*, avec sa douce fraîcheur et le goût de ses fruits, remplaçait notre fade soufflé anglais. »

Devant ce raffinement des saveurs, cette harmonie des couleurs, cet art porté à son apogée, lady Morgan n'hésite pas à hisser Carême sur le même piédestal que Shakespeare. « Je soutiens fermement qu'il a fallu moins de génie pour composer certains drames que pour exécuter ce fin et beau dîner. » Après le café, le chef rejoint les invités dans le jardin. Comble de bonheur, l'héroïne de la fête peut enfin lui témoigner son enthousiasme. Il s'incline, remercie, la félicite à son tour d'avoir écrit de belles pages sur la France. Il lui dédiera le potage inventé ce jour-là et baptisé en son honneur « potage anglais de poisson à lady Morgan ». La recette occupe deux pages et nécessite une barbue, une sole, une anguille, une livre de truffes, une bouteille de champagne, des champignons, des anchois, des quenelles de merlan, du beurre d'écrevisses, des crevettes et deux douzaines d'huîtres.

« On ne peut vivre que là », répète ingénument Antonin quand il évoque ses cinq années passées dans les cuisines des Rothschild. Depuis Waterloo, les dettes de guerre ont fait oublier les fastes de l'Empire. L'heure est aux économies même pour la cour. Seule la visite du roi et de la reine de Naples à leur fille, la duchesse de Berry, réveille les palais de Saint-Cloud, de Trianon, de Compiègne et de Neuilly. Que de souvenirs pour Antonin ! D'autant que le couple royal loge à l'Elysée-Bourbon. « Ce monarque a dû sans doute se reposer des fatigues de son voyage dans l'appartement que Murat habitait avec tant de luxe et d'éclat. Il avait été lui-même roi de Naples et il fut fusillé. Quelle étrange destinée que celle des hommes et des empires ! »

C'est sur ces turbulences de l'histoire que les Rothschild bâtissent leur fortune. Après avoir prêté à l'Angleterre, à l'Autriche, à la France, les frères viennent de lancer un emprunt de dix millions de ducats à 5 % pour permettre au sultan turc d'éponger ses dettes de guerre avec la Russie. En 1829, James achète à la veuve de Fouché, sur la route de Reims, le château de Ferrières pour deux millions six cent mille francs. « M. le baron voulut bien me dire tout de suite que les ressources de Ferrières rendraient mon service plus facile. Il ajouta avec bonté : Ce beau château, dans une dizaine d'années, vous offrira aussi une retraite. – Je le remerciai vivement et lui dis que je ne croyais pas que ma santé me permît d'agréer ces offres, que j'étais épuisé. Mon vœu, d'ailleurs, monsieur le baron, n'est pas de finir mes jours dans un château mais dans un humble logement à Paris. »

Quelques mois plus tôt, a paru son *Cuisinier parisien* qu'il dédie au grand La Guipière : « J'associe ainsi mes travaux à ton nom. Je t'ai cité avec orgueil dans tous mes traités, et aujourd'hui je place sous le patronage de ton souvenir mon plus bel ouvrage. Il attestera dans l'avenir la beauté et l'élégance de l'art culinaire au dix-neuvième siècle, et c'est à tes talents que cet art doit son éclat. » Ce mot « art » qu'il répète désormais avec superbe indique qu'il porte la cuisine française vers ces sommets que l'étranger contemple presque à genoux. Grâce à sa curiosité toujours en éveil, à ses voyages, à son goût pour l'alchimie culinaire, il a dépassé tous ses maîtres. Il est devenu l'« incomparable ». Alexandre Dumas lui rendra justice : « Carême était un poète, il mettait son art à la hauteur de tous les autres et il avait raison. Car, arrivé où il en était, il n'y a plus de taille. » Avec sa silhouette mince, ses mains d'artiste, ce langage exubérant et châtié qu'il emploie pour s'émerveiller de la beauté créée par le génie des hommes sur toute la surface de la terre, le voici l'égal de Rossini, de Palladio, de Raphaël. Les œuvres qu'il signe sont à jamais uniques.

22

PERSONNE ne le connaît mieux que sa fille, sa petite Maria. Elle a dix-sept ans. Elle vit avec sa mère, rue Gaillon, dans le prolongement de la rue Neuve-Saint-Roch où Carême a désormais son « humble logement » dans un bel immeuble Empire si joliment encadré de ces rosaces et palmettes qu'il dessine amoureusement.

Elle est douce, sensible, généreuse et bien éduquée. Elle va lui servir de secrétaire et, sous sa dictée, calligraphiera ses chefs-d'œuvre avec des majuscules élégantes et des boucles qui doivent plaire à l'artiste. Maria a pour son père amour et vénération. Deux ans après sa mort, elle confiera à un certain Monnais qui lui demande des renseignements biographiques : « S'il a laissé de la fortune ? Non, monsieur, il ne s'est jamais soucié d'en acquérir, ses idées avaient une toute autre direction. Une ambition plus noble que celle de la fortune a occupé toute ma vie, disait-il. J'ai voulu être utile à ceux dont j'exerçais la profession, j'y ai tout sacrifié et si j'avais à recommencer ma vie, je le ferais encore. »

Il a toujours l'œil sur ses élèves. L'un d'entre eux, Jay, dirige en plein centre de Rouen, rue des Carmes, entre la cathédrale et le palais de justice, le restaurant du Café de France dont il veut faire une halte gourmande obligatoire sur la route du Havre et de Dieppe, les deux stations de bains de mer qui font fureur. Un dessin des *Classiques de la table* reproduit la façade tout en vitres de l'établissement avec, sous le porche, l'entrée du salon et à gauche, trois noms : Carême, A. Jay et Mériotte, qui dirigera l'établissement en 1845. « Les petites salles élégantes et tranquilles accueillent une clientèle familiale. La cuisine est simple et exquise. La cave riche en vieux crus », apprécie le *Comfort*, un guide gastronomique qui pratique déjà le franglais à l'usage des visiteurs d'outre-Manche.

Carême a-t-il aidé son disciple ? En tous les cas, il se préoccupe de ses projets. Le 1er février 1829, il lui écrit en le vouvoyant : « Mon ami, que faites-vous ? Mais que dis-je, je me rappelle la longue quirielle de travaux qui vous accablent... Courage, mon cher Jay... J'admire en vous ce noble caractère de l'homme à talens, qui veut par ses travaux, s'affranchir de la servitude. Ah mon ami, ce pitoyable mot m'attriste profondément, je fais des vœux de cœur pour que toutes vos entreprises soient couronnées du plus heureux succès. » Et Dieu sait si l'ouvrage ne manque pas. « La Normandie, dit Balzac, est un pays où l'on ne craint pas de rester quatre heures à table pour des repas de trente ou quarante services. »

A Rouen, Carême a un autre confrère avec qui il commence également une correspondance suivie. Ce Routoure lui a adressé, lors de la réédition de son *Pâtissier royal*, des compliments qui lui vont droit au cœur : « Votre suffrage ainsi que celui des hommes estimables de mon art m'aidera à supporter les fatigues du travail laborieux que je me suis imposé. » Routoure l'a invité à demeurer chez lui lorsque Carême viendra rendre visite au jeune Jay dans cette « bonne ville commerçante » de Rouen.

Mais Antonin a tant à dire et écrire sur son art, tant à expliquer, à raconter aux cuisiniers de demain. Au moins six volumes, peut-être sept, non, huit ! Et pourquoi pas dix ! annonce-t-il lui-même. De quoi mériter l'immortalité... « Mes confrères à réputation, et les jeunes praticiens qui ont du bon sens, comprendront combien il m'aura fallu de courage et de persévérance pour suivre sans relâche, depuis vingt ans, un travail aussi aride que la description d'un tel ouvrage... En suivant cette nouvelle manière de décrire la cuisine française, c'est un nouvel hommage rendu à la mère patrie de la gastronomie, à la science alimentaire et aux grandes célébrités culinaires. »

Le temps que lui laisse la « servitude » de la rue d'Artois, il le consacre au premier tome de cette somme ambitieuse qu'il intitule *L'Art de la cuisine française au XIXe siècle*. Il commence par les potages qu'il entend réhabiliter. Point de grand dîner qui ne commence par quelques soupières en argent ! Il s'indigne et écrase de son mépris les professeurs de gastronomie, ces « compilateurs » qui ne croient pas aux vertus d'un bouillon de santé ou à l'élégance d'une bisque d'écrevisses. Chacun de ses menus en comporte au moins deux. Et le plus souvent quatre. Il en décrit le processus quasi chimique à l'origine de tous leurs bienfaits : « Oui, le potage est l'agent provocateur d'un bon dîner », proclame-t-il avec emphase. Il anoblit même le pot-au-feu et cette poule au pot du bon roi Henri, qui depuis des siècles charpente la vigueur et la bravoure de la nation française.

De son écriture décorative, Maria copie cinq cents recettes dont une centaine adaptées de l'étranger. Carême en a lui-même exécuté plus de la moitié. Il ne les améliore pas seulement de quelques graines de pavot ou quenelles de perdreau, il en change les noms et les offre en hommage à tous les êtres qu'il admire, Lucullus, Raphaël, Sully, Colbert, Buffon, Napoléon... et Boieldieu. Pour le compositeur français le plus illustre de l'Empire, il crée un potage de purée de volaille et de champignons aux crêtes et rognons de coq.

Ayant côtoyé tant de grands artistes et servi tant de têtes couronnées, il a l'ambition de surpasser tous les auteurs des siècles précédents et de rédiger l'ouvrage le plus complet et universel. Et pas seulement des « formules » toujours terminées par « Dressez et servez chaud », comme ironisait Grimod de La Reynière en 1823 dans une lettre au marquis de Cussy en fustigeant la littérature de « ces Messieurs » de la cuisine.

Exilé à Villiers-sur-Orge, le grognon auteur de l'*Almanach gourmand* reçoit toujours des bourriches d'huîtres du Rocher de Cancale, mais il a dû renoncer à ses réunions du Jury dégustateur et à ses chroniques gastronomiques. A l'écart de la vie parisienne, il n'écrit plus rien, regrette les cuisiniers de l'Ancien Régime et n'aperçoit pas la révolution dont Carême est le Mirabeau.

A présent, c'est l'auteur du *Pâtissier royal* qui est à la mode. C'est lui que la presse suit à la trace. *Le Journal de Paris* du 7 février 1830 annonce, en prenant peut-être ses souhaits pour des réalités : « L'illustre Carême dont la réputation est, comme chacun sait, européenne, pour ne pas dire plus, ouvre à Amiens un cours théorique et expérimental sur l'art auquel il a fait faire de si immenses progrès. » Le projet ne se fera pas, mais le « maître » ne cesse d'enseigner sa science dans ses ouvrages. Deux mois plus tard, le 6 avril, dans le même *Journal de Paris*, une grande publicité, semblable à celles des derniers livres de Chateaubriand, Balzac et Victor Hugo, annonce la parution d'une brochure : *Coup d'œil sur l'influence de la cuisine et sur les ouvrages de M. Carême*. Son auteur, l'homme de lettres Audiguier, a analysé de la première à la dernière ligne la littérature du rénovateur de la table française « La gastronomie attend un historien. Mais celui qui voudra mériter ce titre aura en vain approfondi toutes les connaissances humaines, s'il ne consulte aussi les livres de M. Carême que le monde gourmand considère comme les archives de l'art. » Audiguier le voit déjà président d'une Académie de cuisine où siégeraient « les diplomates de l'office, les grands dignitaires du buffet, et tous les *cordons bleus* à la suite ». L'idée de ce cénacle qui débattrait des dernières inventions et méthodes de la science de la bouche trotte depuis longtemps dans la tête du « réformateur de l'ancienne école et fondateur de la moderne ».

Dans ce premier volume de son *Art de la cuisine*, Antonin se montre tel qu'en lui-même, bavard, curieux, et un peu mémorialiste. Il y ajoute des conversations avec Dunan et Chandelier, cuisiniers de Napoléon, des souvenirs de fêtes, des impressions de voyage et surtout des commentaires acides sur les princes comme Cambacérès qui ont à ses yeux le défaut impardonnable de manquer d'élégance. En guise de préambule, il écrit une « Histoire philosophique de la cuisine » d'Adam à Bacchus puisée aux meilleures sources : la *Physiologie du goût* de Brillat-Savarin, l'*Histoire de la vie privée des Français* d'Alfred Franklin et le *Voyage du jeune Anacharsis en Grèce*, best-seller du XVIIIᵉ siècle de l'abbé Barthélemy dont l'auteur, archéologue, a lu tous les manuscrits grecs, latins, syriaques, chaldéens et arabes.

Carême étale lui aussi une érudition encyclopédique sur la révolution qui occupe ses pensées : mettre au point une nourriture ayant des effets bénéfiques sur la santé. Au cours de chasses aux champignons dans les sous-bois versaillais, il en bavarde inlassablement avec son ami Roques. Leur petite troupe de gastronomes se compose essentiellement d'officiers de la Grande Armée en retraite. Ensuite, c'est le médecin qui se met aux fourneaux, et Antonin, pour une fois simple dégustateur, se régale d'une omelette aux cèpes sans crainte d'une mortelle indigestion.

Avec cet herboriste universel, il a des discussions fructueuses pour l'élaboration de cette cuisine moderne dont il se veut le poète : « J'ai soumis ces bouillons médicinaux, que j'ai extraits et rajeunis de Vincent La Chapelle, à un médecin réputé de nos jours, qui a blâmé seulement l'ébullition des herbes rafraîchissantes qui y sont indiquées, tandis que l'infusion pure et simple doit avoir lieu. » Ses potages, il les place d'ailleurs sous le parrainage des grands médecins qui les prescrivent à leurs patients, potage de navets aux petits pois pour le rhume, de crème de riz pour l'estomac, de vermicelle à la pluche de cerfeuil pour purifier le sang.

Grâce à ces bouillons bienfaisants, Carême a réussi à remettre sur pied le régent. D'Angleterre est d'ailleurs arrivé, il y a encore quelques mois, un ultime appel au secours : « Le roi se rappelait avec bonheur mon service. Il regrettait que... je n'eusse pu revenir occuper mon poste agrandi... Les conditions étaient magnifiques, les appointements étaient doublés et on les transformait en bonnes rentes au bout de quelques années. » La lettre écrite au nom de Sa Majesté et signée par son grand chambellan, lord Conyngham, proposait cinq cents livres sterling (douze mille cinq cents francs, plus du double de ce qu'il gagne chez les Rothschild) par an, le laissait maître de ses approvisionnements et lui garantissait la moitié de ses gages en rentes viagères en cas de décès de George IV. « Le prince, me disait-il, n'avait pas oublié mes services et désirait m'attacher définitivement à sa maison. Les avantages étaient bien séduisants, mais je ne pus accepter. D'abord ma place chez M. le baron de Rothschild était très convenable. Ensuite j'étais fatigué, je sentais déjà les premières atteintes du mal qui me ronge. »

Depuis le fameux dîner de Boulogne célébré par lady Morgan, Antonin sent ses forces le trahir. « C'est à quelques mois de là que je fus sérieusement attaqué par la maladie qui me tourmente et qui me ferme peut-être l'avenir. »

Le docteur Broussais lui conseille les eaux de Vichy. Antonin y arrive le 4 juin 1830. Seul. Sa fiche de police porte sobrement : profession, cuisinier. Il a quitté Paris où, au milieu de sa cour d'ultras et d'évêques, Charles X conduit le pays à l'insurrection.

Le 14 juin, en pleines élections législatives, Talleyrand, qui regarde toujours avec morgue sombrer les régimes dédaigneux de son génie politique, prophétise : « Nous marchons vers un monde inconnu sans pilote et sans boussole. Il n'y a qu'une chose qui soit certaine, c'est que tout cela finira par un naufrage. » Le plus raffiné des gastronomes que Carême ait servis reste fidèle à Bourbon-l'Archambault, mais c'est pourtant la bourgade de Vichy qui attire aujourd'hui la cour et les ambassadeurs.

Pour la saison 1828, s'est ouvert le grand établissement thermal avec ses trois galeries couvertes et ses quatre-vingt-quatre « cabinets de soins » dotés de baignoires en bois, car cette eau gazeuse altère le métal. La bâtisse ressemble à une caserne et l'architecte Carême doit la trouver peu élégante. Mais à Vichy, raconte l'historien local, Adolphe Michel, « vous appartenez corps et âme à M. le médecin-inspecteur.

C'est lui qui règle l'emploi de votre journée, vos repas, vos promenades, vos plaisirs. Le médecin est un despote qui n'admet point d'opposition. Il veut de la ponctualité, de la docilité avant tout ». Dès six heures du matin, la cohorte des buveurs est sur pied. La procession se dirige vers les sources et la place Rosalie, en face des Bains, où officie la première des « naïades », Françoise, une petite bossue coiffée d'un chapeau de paille qui distribue à chacun l'eau miraculeuse : « Françoise ne sait rien donner qu'un verre d'eau, le verre d'eau égal et le même pour tous, que chacun reçoit et boit à son tour, cent fois par jour si le médecin le veut. On doit à Françoise un sou, pour cent verres comme pour un : malheur à qui se tient envers la maligne naïade dans les strictes conditions du tarif. »

A neuf heures, après le bain, un coup de cloche dans chaque hôtel appelle les dames à leur toilette. A dix heures on se met à table. Même rituel l'après-midi pour un dîner plus raffiné servi à cinq heures. Entre-temps les curistes se promènent jusqu'aux berges du Sichon, parmi les bosquets et les tilleuls. On longe les bords de l'Allier jusqu'aux ruines du couvent des Célestins, on projette une randonnée au sommet de la côte de Saint-Amand où des ânes dociles et bien peignés vous mènent, à travers vignobles et vergers, admirer les feux du soleil couchant sur la Limagne enchantée. C'est déjà l'heure du cotillon au son d'une mélodie de Schubert, d'une fantaisie de Herz ou de Chopin.

La duchesse d'Angoulême a lancé la station en y accourant dès la saison 1814, deux mois après son retour d'émigration. Ses deux grand-tantes, Adélaïde et Victoire, y avaient séjourné en 1785 avec leur neveu, le futur Louis XVIII. A l'époque, on comptait à peine plus de trois cents curistes par an. Et, pendant la Révolution, les nobles songeaient plus à sauver leur tête que leur foie. Dans l'église Saint-Blaise, même la Vierge noire, patronne des malades, a été décapitée mais sauvée par d'héroïques femmes pieuses qui l'ont remise dans sa niche après la Terreur.

Pendant l'expédition d'Egypte, Letizia Bonaparte, souffrant de mauvaises digestions, logeait avec son fils Louis, chez la veuve Georgeon, le meilleur établissement, situé juste en face des Bains. Pendant leur cure, les Bonaparte ont accepté de signer l'acte de naissance de la petite-fille de leur hôtesse que les Georgeon ont tenu à appeler Letizia. Au retour de la mairie, Madame Mère fulminait contre l'officier d'état civil qui prétendait vérifier dans le calendrier républicain si ce prénom était bien français. Peu importe, les eaux l'ont soulagée et elle a conseillé à son demi-frère, le futur cardinal Fesch, gros mangeur, de s'y rendre l'année suivante.

En 1801, Napoléon a nommé un médecin-inspecteur des eaux minérales, le docteur Lucas, aussitôt élu maire de la station. Ce praticien a, comme Talleyrand, le génie des alternances politiques. En 1814, pour l'arrivée de Marie-Thérèse d'Angoulême, il a fait coudre à toute allure un drapeau blanc. Pour le second séjour de la duchesse, deux ans plus tard, toutes les fenêtres étaient pavoisées et la ville couverte de fleurs de lys.

En 1830, la fille de Louis XVI y fait son sixième séjour entraînant les ultras dans son sillage. Dans les allées du parc, Carême croise le duc de Grammont, la comtesse de Challus, le comte de Rastignac... L'afflux de l'aristocratie anglaise, allemande et même portugaise est tel que vingt-six propriétaires louent des chambres en dehors des hôtels. Promu médecin personnel de sa fidèle curiste, le docteur Lucas, monté à Paris, est désormais baron et président de l'Académie royale de médecine. En 1825, il a demandé au chimiste Longchamp de prôner les propriétés bénéfiques de la source froide des Célestins et des six sources chaudes, dont le goût, disait Mme de Sévigné, est « détestable ».

Après sa cure, Antonin va mieux. « Relativement à ma santé, écrit-il à son ami Routoure, elle est en partie rétablie, cependant, je ne vous dissimule pas que je crains de recommencer à faire mon service, qui pourtant doit être plus doux, devant avoir un homme de plus avec moi. Autrement, je vous promets bien de ne pas recommencer tant de fatigues passées. Mes forces ne pourraient y suffire. »

Rentré à Paris, il assiste à une nouvelle révolution. Le 25 juillet, Charles X, au mépris de la charte, suspend par ordonnances la liberté de la presse, dissout la nouvelle Chambre trop libérale à son gré et fixe la date des prochaines élections. Boulevard des Capucines, les émeutiers cassent à coups de pavé les vitres de l'hôtel du Premier ministre Polignac. Le tocsin sonne l'état de siège. En quelques heures, la rue Saint-Honoré est jonchée de cadavres. Comme en 1792, les émeutiers déferlent sur les Tuileries qui sont prises et reprises trois fois avant qu'on y voie flotter le drapeau tricolore.

Hors de Paris, plus de diligences, plus de voyageurs pour raconter les barricades, plus de journaux pour dénombrer les cadavres. « Les bruits les plus sinistres, écrit Carême, se répandaient avec rapidité sur les mémorables événements de Paris. Cette grande cité, au dire des provinciaux, était à feu et à sang. Quelle consternation pour les personnes qui se trouvaient aux eaux, séparées de leur famille ! Quelle cruelle anxiété ! »

Car la baronne Betty se remet de la naissance d'Alphonse, son troisième enfant en quatre ans, dans les Pyrénées, à Saint-

Sauveur, une station thermale voisine de Pau. Elle s'affole, comme raconte Antonin : « Son valet de pied nommé Pierre Dupuis pria madame la baronne de lui permettre de partir en courrier, lui assurant que bientôt elle serait tranquillisée par les lettres qu'il lui rapporterait de sa famille. Il part avec la plus grande diligence, arrive à l'hôtel rue d'Artois, reçoit ses dépêches et repart à l'instant même. De retour à Saint-Sauveur, madame la baronne le remercie de son zélé dévouement. Elle est heureuse. Rien de fâcheux n'est arrivé aux personnes de sa famille. Mais les journaux l'effraient. Selon les uns, tout est pour le mieux, selon les autres, il faudrait bouleverser le monde entier. Tristes choses que la confusion des systèmes politiques, le rédacteur de chaque feuille voudrait que l'on gouvernât à sa guise. Quel dédale ! Quel océan de discordes civiles ! O révolutions ! Si le Ciel vous envoie sur la terre pour châtier la tyrannie des rois, que ne rendez-vous les peuples plus heureux et meilleurs. »

A Vichy, la duchesse d'Angoulême fait ses malles, maudissant la bêtise de Charles X et de son Polignac qui lui font revivre les pires heures de son adolescence : « Si j'avais été là, il ne les aurait pas signées ! » Par Autun, Chalon, Mâcon, Dijon, elle regagne Saint-Cloud où son oncle et beau-père s'effondre dans ses bras. Le 16 août, à Cherbourg, les Bourbons quittent l'histoire et la France à bord du *Great Britain*.

Les Rothschild ne sortent pas leur mouchoir. La duchesse n'a jamais daigné les recevoir à sa table. Carême ne pleure pas non plus. Le 3 septembre 1830, il écrit à son « bon » Routoure : « Enfin le Ciel a protégé notre belle patrie. Les Français peuvent dire avec orgueil qu'ils sont replacés au premier rang des nations civilisées. Maintenant seulement nous pouvons désormais jouir paisiblement du fruit de notre industrie. Les épargnes du peuple français ne serviront plus à engraisser ces hommes hypocrites et imbéciles qui regorgeaient d'or, de décorations et de titres d'excellence. Oui, mon cher monsieur Routure, si je vis quelque temps un bonheur à la rentrée des Bourbons, c'est que l'honnête homme... ne pouvait point supposer qu'un roi puisse fausser ses serments. Mais la Providence a pris soin de châtier les coupables, les refoulant au-delà des mers. »

Des revanchards qui n'acceptent pas que le commerce parisien s'enrichisse ! Dans une lettre à Routoure du 21 janvier 1829, Carême s'en indignait déjà : « Je me rappellerai toute ma vie avoir entendu au café de Foy en 1815 quatre têtes à perruque tenir ce langage. Ces quatre hommes sexagénaires (qui je pense ne pouvaient être que de vieux émigrés) disaient entre eux : Qui est-ce qui possède toutes les maisons de Paris ? La classe marchande. Toutes les belles maisons de campagne des environs sont encore la propriété des commerçants de la capitale. En vérité, cela fait mal à voir, tandis que nous autres sommes réduits à la gêne et à la médiocrité. »

Heureusement pour sa santé, les lendemains de révolution ne sont propices ni aux réjouissances ni aux dépenses. Le nouveau roi Louis-Philippe d'Orléans est un client des Rothschild, un ami même, mais son trône est encore fragile. Ce n'est qu'à la veille de Noël que les mondanités reprennent et que les beaux équipages réapparaissent au Palais-Royal. James et Betty donnent, le 15 février, leur grand bal annuel où se rend le comte Apponyi : « Les salons étaient remplis. » Mais au même moment, l'archevêché de Paris est mis à sac, on chante *La Marseillaise* et *La Carmagnole*, à deux pas des Tuileries, devant Saint-Germain-l'Auxerrois : « L'aide de camp du fils aîné de Louis-Philippe nous dit qu'on proclamait la république dans les rues. Mme de Rothschild mourait de peur dans la crainte du pillage de sa maison. Malgré cela, nous dansions toujours... Le bal a duré jusqu'à quatre heures du matin et n'a pas été troublé. » Et le légitimiste autrichien qui déteste la vulgarité de cette monarchie boutiquière ajoute : « M. de Rothschild, malgré la bonne envie qu'il a de paraître gai, est triste dans l'âme car son argent se fond dans ses caisses comme un glaçon pendant la chaleur. » Le diplomate prend ses désirs pour des réalités. Le baron, sous Louis-Philippe, va vite devenir la première fortune de France et bénéficier du cri de guerre de Guizot : « Enrichissez-vous. »

Pendant ces semaines où Paris retient son souffle Carême a le temps de mettre les bouchées doubles dans son labeur d'auteur. Jamais personne n'a autant écrit sur la gastronomie. Mais l'époque est aux œuvres monumentales. Le 24 janvier 1831, le jeune historien Frédéric Fayot qui, plus tard, s'érigera comme son secrétaire posthume, publie une *Histoire de France depuis 1793 jusqu'à Charles X*, quelques semaines après avoir fait paraître en trois volumes une *Histoire de la Révolution des 27, 28, 29 juillet 1830*. Et il prépare une histoire de la Pologne. Victor Hugo annonce, lui, dans une publicité en caractères gras, la sortie des deux tomes de son dernier roman, *Notre-Dame de Paris, 1482*.

Stimulé par cette intense industrie éditoriale, Antonin, sans s'accorder le moindre répit, attaque le deuxième volume de son *Art de la cuisine*, consacré aux grosses pièces de poisson, chefs-d'œuvre d'élégance et de légèreté pour lesquels il a récolté tant d'hommages à travers l'Europe. « Me voilà enfin arrivé à cette partie tant désirée par moi... Quoi de plus fatigant... que cette longue série de bouillons et de potages. Dans la description de mes grosses pièces, un peu de dessin viendra au moins me distraire et me délasser. » Surtout de ses

souffrances qui ont repris et l'empêchent de diriger sa brigade.
« Ce sont des douleurs dans le côté droit, lesquelles sont
souvent insupportables à la suite d'un service actif. Je n'ai
connu la fatigue que depuis ce moment. »

Roques est le seul à préciser le diagnostic du mal dont
souffre Carême : « Tous ceux à qui il a procuré de douces
jouissances apprendront avec peine qu'il est en proie à une
affection hépatique des plus rebelles. » Probablement un can-
cer. Une légende, propagée par le pâtissier Lacam, prétend
qu'il était brûlé au côté droit par le charbon et les rôtissoires.

Parfois Broussais délègue auprès du malade son assistant,
l'élégant Marcel Gaubert, la plume de ses interventions à
l'Académie de médecine et même de son *Traité de pathologie
et de thérapeutique générale* qui fera date dans l'histoire de la
santé. Ces autorités médicales sont des connaisseurs, des
admirateurs à qui Antonin a coutume d'envoyer, au premier
de l'an, une timbale de filets de poularde aux truffes dont le
parfum se répand dans tout le voisinage.

Comme Roques, Gaubert est un ami et un confident. Car
lui aussi s'érige en pionnier très préoccupé par l'importance
du choix des aliments pour améliorer la longévité : « Attendez,
dit-il avec son doux sourire, que j'aie terminé le monument
à la gloire de mon maître et je m'efforcerai de tracer l'histoire
de l'estomac ! Je ferai sentir que la bonne médecine et l'art
de vivre se touchent par plus de points qu'on ne croit, que
le traitement des maladies chroniques est illusoire sans une
entente approfondie des soins hygiéniques et particulièrement
du régime. »

Carême n'a plus la force de poursuivre ses expérimentations
culinaires devant ses fourneaux. Un de ses élèves prend sa
suite chez les Rothschild dont le train de maison est chaque

jour plus grandiose. « Un de mes vieux amis, M. Magonty, me remplace dans mon service. La bonne famille de M. le baron peut voir que j'ai bien apprécié ma santé lorsque je lui ai dit que je quitterai incessamment le travail. »

Le 27 mai 1831, il retourne aux eaux, toujours seul. Cette fois, il écrit sur sa fiche de logement : profession, rentier. Cette saison 1831, le célèbre Broussais accompagne à Vichy la princesse Bagration arrivée en grand équipage avec une dame d'honneur et huit domestiques. La fantasque Russe s'est mariée quelques mois plus tôt avec un généreux colonel écossais de dix-sept ans plus jeune, qui a payé ses trois millions de dettes. Mais Carême ne rencontre ni son médecin ni la Vénus prodigue qu'il a servie en maître d'hôtel. Il est déjà reparti.

Profitant du soulagement accordé par sa cure, il cède enfin aux invitations insistantes de son ami Routoure et se rend à Rouen en septembre. Il brûle de visiter le restaurant de son cher Jay. Mais il ne s'intéresse pas seulement à la carte du Café de France, à son habitude, il veut tout voir.

Lorsque la diligence, du haut de la dernière colline, lui révèle le panorama de la vieille ville à colombages, il ne peut réfréner son émotion à peine altérée par le crachin normand : « Ce spectacle sera plus beau encore lorsque les rayons de soleil viendront embellir les clochers et les tours gothiques de vos églises. » Son hôte, le « judicieux » Routoure, le guide à travers le port en construction, les halles aux toiles, la tour du Gros-horloge, l'hôtel-Dieu, le théâtre où Talma a obtenu tant de triomphes et la cathédrale dont la flèche a été détruite par la foudre dix ans plus tôt. Devant les colonnes et les vitraux de la vieille abbatiale, Antonin tombe presque à genoux : « Je n'oublierai jamais l'admiration dont j'ai été

413

pénétré en considérant l'intérieur de Saint-Ouen. Les détails de l'architecture, dont l'harmonie est parfaite, ont longtemps captivé ma pensée. Je me rappelais les églises gothiques que j'ai vues en Allemagne, en Italie, en Angleterre et même en France, quoique la cathédrale de Reims soit d'une architecture bien remarquable. Winchester que les Anglais citent avec orgueil n'offre point aux regards du voyageur observateur un aspect d'intérieur ni aussi élégant ni aussi somptueux que Saint-Ouen... Ce chef-d'œuvre m'a ravi d'un sentiment que je ne saurais décrire. »

Hélas, le pauvre Jay semble être un piètre gestionnaire ! Et de retour à Paris, Carême prend à cœur de chercher un financier pour renflouer le Café de France. Il met la main sur un providentiel Morinville qui a fait sa fortune avec le Café Anglais des Boulevards. De fil en aiguille, voilà Antonin chargé de marier la fille de Routoure, Augustine, à un cousin de ce Morinville qui va travailler dans le restaurant rouennais. Le jeune homme est un beau parti : « bonne mine, bonne constitution, bonne manière, bon sens, et le désir de bien faire ». Il s'est taillé un joli magot de 10 000 francs dans la restauration. Antonin est si persuasif, si habile à mêler tous les ingrédients, que cette bonne sauce normande à la crème conjugale est rapidement mitonnée.

La joie du « bon » Routoure fait tellement plaisir à voir que l'agent matrimonial est subitement saisi du désir de faire aussi le bonheur de sa fille Maria. Car en ce printemps 1832, sa maladie de foie s'aggrave et il redoute de la laisser sans soutien.

Pourquoi ne se marierait-elle pas avec son cher Jay qu'il considère presque comme son fils spirituel ? Au cours d'un voyage de son protégé à Paris, il lui parle à cœur ouvert. Mais

414

les semaines passent. Deux lettres arrivent de Rouen sans que le jeune restaurateur fasse la moindre allusion à cette union. Quelle déception ! Le 10 août 1832, Carême prend une nouvelle fois sa plume de père : « Depuis notre dernière entrevue, je ne pense qu'à vous, à ma chère Maria et à notre avenir, et ma santé en a éprouvé un choque sensible qui a rendu ma souffrance plus vivement sentie... Pourquoi ne point me répondre quelles sont vos réflexions sur notre douloureux et touchant entretien ? » Et puisque Jay est un peu fâché avec les comptes, ensemble, ils termineraient le grand *Art de la cuisine*. « Nos deux noms seuls si tu le désires comme moi resteront inséparablement unis. J'ai déjà quatre nouveaux volumes à publier, mes dessins sont terminés, je vais les faire graver et cette nouvelle publication doublera notre revenu. Enfin mon bon ami, en terminant nous deux le traité des entrées en général et l'entremets de légumes, ce qui pourra nous donner encore quatre volumes, alors la cuisine française aura acquis le plus grand accroissement que jamais auteur culinaire lui ait donné et notre revenu pourra bien aller à douze mille francs par an. Tu vois bien, mon cher Jay, que tu pourrais bien achever mes ouvrages si Dieu me rappelait de ce monde, et ma chère fille et sa famille jouiraient du bien que j'aurais si laborieusement acquis. » Pour la première fois, il évoque la « famille ». Non pas la sienne mais celle de Maria. Un mot pudique pour parler d'Agathe qu'il n'entend pas non plus laisser dans le besoin.

Car, depuis le printemps, la « peste » est sur l'Europe. En Prusse, en Russie et en Angleterre où, en février, on comptait déjà près de mille cinq cents morts. Cette épidémie de choléra, qui frappe avec une soudaineté et une brutalité inouïes, affole la France. A Rouen, un tonnelier atteint le dimanche matin

415

décède le jour même à neuf heures du soir. Les Parisiens ne sortent plus, de peur d'être contaminés. Les parents hésitent même à se rendre aux obsèques de leurs enfants. Les funérailles ont lieu la nuit pour éviter d'épouvanter les voisins par de trop nombreux convois funèbres.

De sa chambre, Carême entend le glas de Saint-Roch sonner interminablement. Au mois d'août, son mal le terrasse : « Je suis entre les mains des médecins, mais aucune amélioration ne s'annonce. Je suis tombé. Je garde le lit. Mes forces disparaissent. »

23

L'HIVER, la nuit obscurcit vite le ciel de Paris. Mais décembre, c'est la saison de feu pour les pâtissiers, les confiseurs, les traiteurs. Au Palais-Royal et dans les Halles, les devantures se parent de guirlandes, de festons d'or et d'argent. Pour la première fois, Carême est privé de ce spectacle qui l'enchantait. Dans sa chambre, à l'ombre de Saint-Roch, le pionnier de la belle cuisine française livre un combat silencieux contre le temps qui le trahit, contre la souffrance qui l'envahit : « Que Dieu veuille me conduire plus loin ! Je le souhaite, car je voudrais achever ma tâche... »

A sa fille, il dicte encore et toujours... Maria remplit les cahiers qu'elle confie à l'historien Frédéric Fayot qui les relit et les classe. Devant ce florilège de noms illustres qui défilent sous ses yeux, le jeune écrivain s'étonne. Trop préoccupé de son œuvre, Carême n'a jamais parlé de lui, de sa naissance, de son enfance ni de ses années passées dans les coulisses de l'Histoire. Pressé de questions, Antonin écrit quelques souvenirs. Et voici que tout se bouscule, sa découverte des grands architectes de l'antiquité, ses premiers extraordinaires chez Talleyrand, les fêtes pour l'Empereur chez Murat à l'Elysée, les éloges du roi d'Angleterre, la bague en diamants d'Alexan-

dre Ier... Toute une vie à concevoir des œuvres uniques...
Hanté par la fragilité, la fugacité de son art, le virtuose rêve
de laisser sur la terre de France une trace aussi éternelle que
celle des architectes et des peintres. Il se veut leur égal ou
plutôt l'un d'eux. Depuis des années, il énonce de sa voix
magistrale : « Les Beaux-Arts sont au nombre de cinq : la
peinture, la sculpture, la poésie, la musique, l'architecture
laquelle a pour branche principale la pâtisserie. »

Certes, ses recettes exigent la fortune d'un tsar ou d'un
Rothschild, et surtout des trésors de dextérité et de génie.
Mais, pour la postérité, il indique avec précision les gestes
appris en observant ses maîtres, les astuces qui permettent
d'échapper aux accidents si fréquents dans les cuisines. Dans
une notice publiée en 1835 dans *Le Corsaire*, le marquis de
Cussy n'hésitera pas à affirmer que Carême « seul a écrit d'une
manière convenable sur l'art culinaire. Il apprend à ceux qui
ne savent pas, il perfectionne ceux qui savent déjà. Il laisse
loin derrière lui ces écrivains, qui, supposant avoir écrit sur
la cuisine française, n'ont laissé que des formulaires chétifs,
incorrects et incomplets ! ». Ah, si Carême avait pu le lire !
Toute la persécution, dont il se prétendait victime, aurait
disparu. Ah, s'il avait pu voir ses livres trônant dans la bibliothèque du roi Louis-Philippe !

Dans son appartement de la rue Neuve-Saint-Roch, c'est
un défilé de tous ceux qui le reconnaissent pour un maître.
Son ami Roques lui apporte un exemplaire de son *Histoire
des champignons*. Le malade contemple avec ravissement les
vingt-quatre planches de dessins à l'aquarelle si éclatants de
vérité et de fraîcheur qu'on croirait les cueillir sur un tapis de
mousse. Pour apaiser ses douleurs, Maria tourne les pages et
de sa voix claire raconte la naissance des oronges : « Recou-

verts d'un voile blanc dans leur enfance, ils sont ensuite tout rayonnants d'or en brisant leur prison. Ainsi paraît l'oronge, champignon d'un goût exquis dont les Romains étaient si friands et que Néron appelait l'aliment des dieux... Clément VII les aimait tellement qu'il en avait défendu l'usage dans ses Etats de peur d'en manquer. » Elle s'arrête.

L'espace d'un instant, Carême se repose sur ses oreillers et songe à ce cortège de gourmands, à tous les grands de ce monde qu'il a vus tressaillir de joie devant ses purées de morilles ou de truffes qui forment avec ses petites sauces et ses grosses pièces de viande, le troisième volume de l'*Art de la cuisine*. « Au milieu de ses souffrances, dit Roques, il parle encore de son art avec une verve admirable. Il nous disait il y a peu de jours : Vous avez vengé la science culinaire des sarcasmes de quelques esprits faux, qui préfèrent une mauvaise cuisine aux ragoûts les plus délicats... et je veux que vous sachiez que votre histoire des champignons dont ma fille me lit de temps en temps quelques articles est pour mes maux le calmant le plus doux. »

Avec Louis de Cussy, il évoque ce Néron qui avait le palais fin, très fin, mais le plus mauvais estomac de Rome. Depuis les Cent-Jours, l'ancien préfet du palais, dont l'impératrice Marie-Louise aimait les belles manières, s'est replié dans un modeste appartement où il reçoit ses fidèles pour des dîners d'un goût si infaillible que son cuisinier accepte de travailler sans gages. A Brillat-Savarin qui un jour lui demandait deux douzaines d'huîtres ouvertes et détachées, le marquis a répondu : « Professeur, vous n'y pensez pas, je ne vous excuse que parce que vous êtes du département de l'Ain. » Carême rit. Son œil brille.

A son chevet, se relaient six sommités de la médecine. Aux

côtés de Broussais et de son assistant Gaubert, le célèbre Dupuytren, membre de l'Institut, médecin-chef de l'Hôtel-Dieu et autrefois premier chirurgien du roi, les docteurs Touchon et Duval et son ami Roques tentent désespérément de sauver l'homme devant qui se sont inclinées tant de têtes princières et couronnées. Carême n'a pas cinquante ans et ce bavard a encore tant et tant à dire à ses « jeunes gens » qui vont relever le flambeau. « Quelques heures avant d'expirer, raconte Fayot, la partie gauche de son corps se paralysa. Il perdit connaissance. Sa jeune fille, l'objet de toutes ses pensées après avoir été celui de tous ses soins paternels, parut elle-même s'être effacée de ses idées : son esprit était mort pour les siens. Dans cet état, il eut encore en se réveillant un instant à la vie un souvenir très lucide de sa profession. On était à la fin de la soirée. Un de ses élèves les plus aimés voulut le voir et lui parler. Après quelques questions faites avec force et douleur, le mourant rouvrit les yeux et reconnut cette voix : "C'est toi ? dit-il, merci, bon ami ! Demain envoie-moi du poisson. Hier les quenelles de soles étaient très bonnes, mais ton poisson n'était pas bon. Tu ne l'assaisonnes pas bien. Ecoute." Et à voix basse, avec faiblesse, mais nettement, il lui rappela la prescription : et il faut doucement secouer la casserole, ajouta-t-il, et sa main droite imitait par un faible mouvement sur le drap le mouvement qu'il voulait indiquer. Il n'a plus reparlé ni reconnu personne.

« Une demi-heure après, ajoute Fayot, tout était fini. »

Les nuages gris drapent Paris, le grand amour de sa vie. De nos jours, la France lui aurait réservé des honneurs officiels. Mais, à l'époque, on ne reconnaissait pas ces artistes des cuisines dont notre pays tire, depuis des siècles, sa richesse et sa gloire. C'est grâce à lui que tout a changé, et dès le lendemain de sa disparition.

Ses admirateurs, Etienne Magonty et le pâtissier Alhain de la rue Gaillon, signent le certificat de décès. Broussais, élève du célèbre docteur Gall spécialiste du cerveau et de phrénologie, manifesta, quelques heures après sa mort, l'intention d'ouvrir le crâne de son ami pour examiner le siège de tant de fertilité et d'inventions.

Nous sommes le 12 janvier 1833. Les plus grands journaux du lendemain lui rendent hommage. *La Tribune* encense le « Cuvier de l'art culinaire ». *Le Constitutionnel* regrette que les médecins n'aient pu le sauver. *Le Figaro* relève comme une incongruité que « le fameux Carême soit mort pendant le carnaval ».

Deux jours plus tard, son cercueil pénètre à midi dans l'église Saint-Roch où reposent Corneille et Le Nôtre. L'épitaphe de l'architecte des jardins de Versailles lui semble destinée : « La France n'a pas seule profité de son industrie. Tous les princes de l'Europe ont voulu avoir de ses élèves. Et il n'a pas eu de concurrent qui lui fût comparable. »

Dans les innombrables livres de cuisine parus depuis sa disparition, le Palladio de la cuisine tient la première place. « Carême est peut-être la seule gloire de son siècle qui n'a pas été contestée », assure l'historien Frédéric Fayot. Au cimetière Montmartre, Antonin est voisin de Berlioz. Sa tombe est une simple dalle de pierre blanche rongée par la pluie.

Epilogue

L A DOUCE MARIA ne se mariera pas avec le restaurateur Jay mais avec un professeur de belles-lettres, ce qui aurait enchanté son père.

La même année 1837, Henriette, devenue sa tutrice, épousera un rentier en secondes noces.

Agathe Guichardet, morte en 1840, est la seule à être enterrée à côté d'Antonin avec cette simple inscription « Madame veuve Carême ».

Ce n'est pas non plus Jay mais Plumerey qui achèvera sous l'œil vigilant de Fayot les deux derniers tomes des cinq volumes de *L'Art de la cuisine au dix-neuvième siècle*. Plumerey a été un des élèves de Carême chez Talleyrand avant de devenir chef de cuisines du comte Pahlen, l'ambassadeur de Russie à qui le tsar Nicolas Ier écrivait : « Votre table doit rivaliser avec celle de Mme de Rothschild. »

Outre les onze ouvrages de Carême, Fayot éditera aussi *Les Classiques de la table*, cours de gastronomie dans lequel le marquis de Cussy retrace ses conversations avec Carême.

Le 21 juin 1894, à la requête des pâtissiers, Paris donne aux Halles une rue Antoine-Carême. L'idée revient à Joseph

Favre, auteur du *Dictionnaire de cuisine* et fondateur de cette Académie de cuisine dont rêvait Antonin. Lacam a lancé une souscription pour mouler un buste réalisé à partir du portrait de Fontaine. Le comité d'organisation qui tient ses réunions au Café Marengo regroupe la chambre syndicale des limonadiers-restaurateurs, des pâtissiers, de la boulangerie, des confiseurs, des cuisiniers et même le syndicat de la volaille et gibiers.

Un banquet et un bal sont prévus après la pose des plaques en début d'après-midi. Les journaux parisiens rendent à l'époque un compte rendu de la cérémonie patriotique : « Au centre du pavillon de la volaille qui avait été pavoisé, se dressait une estrade garnie de velours rouge frangé d'or et surmontée de drapeaux français encadrant ceux de l'Académie de cuisine et ceux de la Fédération des cuisiniers de France. Le buste de Carême était posé sur un piédestal autour duquel étaient disposés des sièges, des fleurs, de la verdure. M. Goblet, ancien président du Conseil des ministres et député du 1er arrondissement, M. Jacques, député, M. Dandre, adjoint au maire ainsi que les membres du comité d'organisation, les présidents de toutes les chambres syndicales et sociétés culinaires d'alimentation. La musique du 102e régiment d'infanterie joue *La Marseillaise* que tous les assistants debout et chapeau bas écoutent et applaudissent. »

La rue Antoine-Carême existe toujours mais perdue sous le béton de ces nouvelles Halles que le Palladio de la cuisine française aurait critiquées d'une plume qui lui serait sûrement tombée des mains...

Un dîner avec Carême

Mettez dans une casserole deux verres de bon lait et 60 gr de beurre. Lorsque ce mélange commence à bouillir, vous l'ôtez de dessus le feu et vous y ajoutez 150 gr de farine tamisée. Le tout bien mêlé, vous remettez la casserole sur le fourneau en remuant. Lorsque la pâte se trouve ainsi desséchée pendant trois minutes, vous la versez dans une autre casserole pour y mêler 60 gr de beurre, 60 gr de Parmesan râpé et deux œufs. Le tout bien incorporé, ajoutez une bonne pincée de mignonnette, une demi-cuillerée de sucre en poudre, un œuf et 90 gr de vrai gruyère coupé en petits dés. Travaillez bien ce mélange puis joignez-y encore trois bonnes cuillerées de crème fouettée. Vous couchez les ramequins, sur votre tour légèrement enfarinée, un peu moins gros qu'une noix, les placez sur des plaques légèrement beurrées et les dorez au four un peu gai : vingt minutes de cuisson, servez de suite.

Pas de sel, le sucre adoucit l'âcreté du fromage quelque bon qu'il soit.

425

POT AU FEU DE MAISON
OU BOUILLON RESTAURANT

Mettez dans une marmite quatre livres de tranches de bœuf, un fort jarret de veau et une poule à moitié rôtie. Ajoutez trois litres d'eau froide. Faites écumer doucement. Cette opération terminée vous y joignez un peu de sel, deux carottes, un navet, trois poireaux et un demi-pied de céleri que vous attachez en bouquet et un clou de girofle piqué dans un oignon. Ayez soin de faire repartir la marmite après avoir ajouté les racines, puis vous le faites mijoter cinq heures sans interruption.

Voilà un bouillon de maison qui est sain, restaurant, et qui convient dans les ménages où la nourriture des enfants est soignée.

CABILLAUD À LA HOLLANDAISE

La fraîcheur du cabillaud est facile à reconnaître lorsque l'œil est entouré d'une partie charnue, transparente et rosée. L'ouïe doit être également rosée. On doit le choisir court et rond.

Placez-le sur la feuille de la poissonnière à moitié remplie d'eau bouillante dans laquelle vous avez mis du sel blanc. Ajoutez une tasse de lait. Dès que la chair des ciselures s'est bien écartée et qu'elle devient ferme au toucher, vous égouttez le cabillaud. Après l'avoir entouré de groupes de pommes de terre cuites à l'eau de sel et de persil, vous les servez avec deux saucières de beurre tiède dans lequel vous avez ajouté sel, poivre, muscade râpée et le jus d'un citron.

426

Observations : le cabillaud, étant frais, cuit de cette manière est un manger succulent et digne des Amphitryons les plus sensuels.

ON PEUT Y AJOUTER
UNE SAUCE HOLLANDAISE

Après avoir cassé six jaunes d'œufs dans une casserole, vous y mêlez un peu de beurre, sel, poivre, muscade râpée, une grosse cuiller de bouillon de poisson, une autre de glace de poisson. Remuez cette sauce sur un feu très doux et à mesure qu'elle se lie vous y joignez un peu de beurre à trois ou quatre reprises en ayant soin de la remuer sans cesse. Au moment du service, vous y versez un peu de bon vinaigre ordinaire afin de la rendre appétissante et relevée, puis un bon morceau de beurre.

VARIANTE :
CABILLAUD AU GRATIN, GROSSE PIÈCE

Mettez dans l'intérieur une forte maître d'hôtel (beurre et persil). Beurrez grassement la feuille de la poissonnière, placez dessus le cabillaud et le masquez avec une livre de beurre frais d'Isigny, fondu et mêlé avec deux maniveaux (petits paniers) de champignons hachés, poivre, sel, muscade râpée, le jus de deux citrons, quatre cuillerées de persil haché, une pointe d'ail pilé et deux échalotes hachées et blanchies. Puis vous versez autour une bouteille et demie de bon vin blanc de Chablis. Faites partir l'ébullition sur un fourneau ardent. Placez ensuite la poissonnière sur un four doux. Arrosez le cabillaud avec sa cuisson, en observant que l'ébullition soit douce mais non interrompue. Comptez un quart d'heure par kilo. Dès que la chair est ferme au toucher, dressez-le sur son plat et servez dessus la moitié de sa cuisson et le reste dans une saucière.

Observation : On peut également servir avec cette grosse pièce une sauce au vin de champagne.

POUR SE REMETTRE ?
BOUILLON DE VOLAILLE
POUR LES POTAGES DE SANTÉ

Mettez dans une marmite deux poulets légèrement dorés au four et deux litres d'eau. Après l'avoir écumée, vous y mêlez une carotte, un navet, un clou de girofle piqué dans un oignon, deux poireaux, un demi-pied de céleri et une laitue, le tout émincé et passé légèrement roux dans un beurre. Ajoutez un peu de sel, faites mijoter trois petites heures. Dégraissez le bouillon avec soin.

Ce bouillon sans bœuf est léger, nourrissant et convient aux personnes dont l'estomac fait mal les fonctions de l'hygiène.

EN DESSERT :
MADELEINES À L'ORANGE OU AU CITRON

Râpez sur un morceau de sucre, la moitié du zeste d'une orange ou d'un citron, écrasez ce sucre très fin, mêlez-le à 270 gr de sucre en poudre, 240 gr de farine, deux jaunes et six œufs entiers, deux cuillerées d'eau-de-vie et un peu de sel. Remuez avec une spatule. Lorsque la pâte est liée vous la travaillez encore une minute seulement. Cette observation est de rigueur autrement cela dispose les madeleines à s'attacher au moule, à être plucheuses ou à se ratatiner.

Faites fondre 300 gr de beurre d'Isigny dans une casserole. Lorsqu'il est un peu refroidi, vous en remplissez un moule à madeleines : vous verserez ce beurre dans un autre moule et ainsi de suite jusqu'au nombre de huit, après quoi vous reversez le beurre dans la casserole. Vous recommencez trois fois cette opération ce qui vous donnera 24 moules beurrés. Il ne faut pas les renverser, attendu qu'ils doivent conserver le peu de beurre qui s'égoutte au fond de chacun d'eux.

Après, vous mêlez le reste du beurre dans la pâte, puis vous la placez sur un fourneau très doux en remuant et aussitôt qu'elle commence à devenir liquide, vous la retirez pour qu'elle n'ait pas le temps d'y tiédir. Ensuite vous garnissez les moules avec une cuillerée de ce mélange. Mettez au four chaleur modérée.

On peut mêler à la pâte 60 gr de beaux raisins de Corinthe.

Nous avons choisi volontairement les recettes les plus simples et les plus revigorantes. Pour les saumons à la Périgord, les galantines de faisan à la parisienne et autres petits pains à la duchesse, se reporter aux ouvrages de Carême :

OUVRAGES DE CARÊME

Le Pâtissier royal parisien, 2 tomes, 1815.
Le Pâtissier pittoresque, 1815.

Le Maître d'hôtel, 2 tomes, 1822.
Le Cuisinier parisien, 1828.
L'Art de la cuisine au XIXe siècle, 5 tomes dont les deux derniers
    ont été écrits par Plumerey.
Les Projets d'embellissements de Saint-Pétersbourg et Paris, 1821,
    1823, 1826.

Nous remercions particulièrement.

Mmes Bernadette Chirac qui nous a fait visiter les cuisines de l'Elysée où Carême a tant appris de son maître La Guipière, Christiane Filloles qui a exploré les Archives de Paris, Astrid Harz de l'ambassade d'Autriche, Pauline Prévost-Marcilhacy, auteur du bel ouvrage *Les Rothschild, bâtisseurs et mécènes* (Flammarion).

MM. Sender, ancien chef des Grands Extraordinaires des cours d'Europe, Rémi Flachard, libraire rue du Bac, Daniel Morcrette, libraire à Luzarches, Michel Hiver, bouquiniste de l'Empereur, Alain Huchet, bouquiniste des gastronomes, Emmanuel d'André, collectionneur de littératures gourmandes, Gilles Fagnart, généalogiste à Liège, Loïc Métrope, archiviste à la paroisse Saint-Roch, David de Rothschild pour ses anecdotes familiales, Josselin de Rohan pour ses précisions sur son ancêtre qui fut l'un des protecteurs de Carême.

Ainsi que Ray Smith, responsable des archives du *Times*, la Bodleian Library d'Oxford et le personnel de la Bibliothèque historique de la Ville de Paris.

Index

Abrantès, duchesse d', Laure Junot : 98, 102, 103, 105, 109, 110, 116, 119, 124, 164, 206, 212, 213, 233.

Agar, avocat : 182.

Aigrefeuille, marquis d' : 98, 99, 102, 103, 141, 151, 174.

Alexandre Ier, tsar de Russie : 12, 13, 14, 15, 16, 17, 18, 19, 20, 21, 24, 25, 26, 27, 28, 116, 169, 196, 226, 254, 258, 260, 276, 309, 313, 316, 317, 319, 320, 321, 322, 323, 324, 325, 327, 331, 335, 337, 339, 342, 343, 346, 350, 353, 359, 360, 369, 372, 374, 378, 391 392, 395, 418.

Alhain, pâtissier : 223, 244, 421.

Aligre, chevalier d' : 213.

Andréossi, général : 126.

Angoulême, duc d' : 25, 313, 372.

Angoulême, duchesse d' : 25, 406, 407, 409.

Apponyi, comte Antoine : 377.

Apponyi, comte Rodolphe : 365, 390, 410.

Argenson, marquis d' : 84.

Aron, Jean-Paul, historien : 61.

Audiguier, homme de lettres : 403.

Augereau, maréchal, duc de Castiglione : 164.

Aulagnier, médecin, homme de lettres : 298.

Avice, pâtissier : 63, 86, 130, 174.

Azzara, chevalier d' : 126.

Badois, cuisinier : 273, 284.

Bagration, princesse Catherine : 26, 331, 345, 346, 347, 348, 349, 350, 413.

Bailly, pâtissier : 61, 63, 76, 78, 80, 87, 88, 91, 92, 111, 121, 122, 123, 125, 141, 148, 149, 216, 223, 247.

Balaine, restaurateur : 140.

Balzac, Honoré de, homme de lettres : 384, 391, 400, 402.

Barbé-Marbois, marquis de : 85, 121, 136, 137, 144, 147, 167, 225, 294, 312.

Barclay de Tolly, général russe : 260.

Barras, directeur : 54, 72, 73, 83.

Barthélemy, abbé, écrivain : 403.

Bassainville, Anaïs de, mémorialiste : 78, 346.

Baston, abbé : 106, 154.

Baudelocque, médecin : 111.

Bavière, Augusta de : 175.

Beauharnais, Eugène de, vice-roi
d'Italie : 25, 27, 32, 46, 115,
165, 175, 230, 347.

Beauharnais, Hortense de, reine de
Hollande : 25, 27, 46, 122,
123, 157, 158, 160, 175, 189,
191, 205, 211, 213, 254, 383.

Beaumarchais, homme de lettres :
37, 68, 82, 141.

Beauvilliers, restaurateur : 14, 52,
53, 56, 81, 263, 264, 265, 305.

Bécart, pâtissier : 156.

Belin, intendant : 101, 106, 151.

Bellanger, architecte : 73, 123,
200.

Belloy, cardinal de : 159, 174.

Bénard, Pierre-Nicolas, architecte :
235, 238.

Benoist : 23.

Bergami : 355.

Bernadotte, maréchal, roi de
Suède : 79, 158, 230, 328.

Bernard : 61.

Berry, duc de : 254, 257, 268, 313,
348, 371.

Berry, duchesse de : 311, 376, 397.

Berthault J.-L., architecte : 386.

Berthellemot, confiseur : 59, 92,
144.

Berthier, Louis Alexandre, maréchal, prince de Neuchâtel,
prince de Wagram : 79, 92,
110, 115, 119, 157, 164, 166,
181, 208, 222.

Bertrand, restaurateur : 270.

Bessières, maréchal, duc d'Istrie :
164, 209, 212, 238.

Biennais, orfèvre : 96, 158.

Bisson, général : 95, 192.

Blücher, maréchal prussien : 11,
27, 188, 253, 255, 265, 328.

Boigne, comtesse de : 266, 276,
280, 302, 366.

Bombelles, marquis de : 82.

Bonaparte, Caroline : voir Murat,
Caroline.

Bonaparte, Elisa, princesse de Lucques : 144, 175, 176.

Bonaparte, Jérôme, roi de Westphalie : 197, 198, 200, 230.

Bonaparte, Joseph, roi d'Espagne :
71, 86, 99, 102, 114, 120, 157,
158, 163, 171, 174, 176, 189,
217, 230, 248.

Bonaparte, Letizia : 123, 145, 163,
200, 215, 238, 407.

Bonaparte, Louis, roi de Hollande : 25, 122, 123, 157, 158,
163, 171, 176, 230, 407.

Bonaparte, Lucien : 72, 79.

Bonaparte, Napoléon, Premier
consul puis Empereur et roi : 9,
12, 13, 16, 18, 19, 20, 23, 25,
27, 49, 54, 58, 61, 64, 70, 72,
74, 76, 77, 84, 85, 86, 87, 91,
94, 95, 96, 97, 98, 101, 108,
109, 110, 111, 116, 117, 118,
120, 121, 123, 124, 126, 128,
134, 136, 143, 145, 146, 147,

149, 152, 155, 156, 165, 167, 172, 173, 175, 176, 178, 181, 186, 187, 189, 192, 193, 195, 196, 197, 198, 200, 201, 204, 205, 206, 208, 209, 213, 226, 230, 233, 235, 237, 238, 240, 242, 243, 244, 246, 249, 253, 254, 257, 259, 265, 268, 273, 288, 289, 303, 307, 314, 317, 325, 327, 328, 332, 370, 372, 382, 407.

Bonaparte, Paulette, puis Pauline, princesse Borghèse : 95, 110, 119, 157, 158, 163, 189, 205, 230, 233, 234, 235, 314.

Boucher, contrôleur : 11, 14, 18, 19, 74, 78, 86, 128, 129, 130, 134, 135, 250, 298, 307.

Bouchot, critique d'art : 386.

Bougainville, explorateur : 87.

Bourdon, fruitier : 160.

Bourrienne, secrétaire de l'Empereur : 101.

Braschi, cardinal : 166.

Brillat-Savarin, gastronome : 52, 104, 261, 403, 419.

Brongniart, architecte : 77.

Broussais, médecin : 349, 405, 412, 413, 420, 421.

Brunswick, Caroline de, princesse de Galles puis reine d'Angleterre : 281, 354, 355, 356, 366.

Brunswick, duc de : 42.

Cade, Mrs, gouvernante : 333.

Cadet de Vaux, pharmacien : 294.

Cambacérès, second consul puis archichancelier, prince de Parme : 79, 96, 97, 98, 99, 100, 101, 102, 103, 104, 106, 107, 108, 109, 112, 116, 117, 119, 123, 128, 141, 147, 149, 151, 153, 155, 158, 165, 167, 174, 191, 192, 206, 207, 230, 240, 263, 267, 314, 403.

Camérani, régisseur d'opéra : 141.

Caprara, cardinal : 123.

Carcel, marchand de lampes : 166.

Carême, Jean, père d'Antonin : 29, 39, 41, 46, 150.

Carruette, cuisinier : 161, 162.

Castellane, maréchal de : 99.

Castlereagh, lady : 320, 335.

Castlereagh, lord : 290, 301, 316, 323, 327, 328, 334, 335, 354, 376.

Caulaincourt, Louis de, duc de Vicence, grand écuyer : 97, 196.

Chabrol de Volvic, préfet : 311, 385.

Chambers, Guillaume, architecte : 88, 282.

Chandelier, cuisinier : 95, 403.

Chaptal, ministre de l'Intérieur : 20, 118, 119.

Charles X, comte d'Artois, puis : 18, 19, 38, 41, 52, 73, 164, 262, 268, 372, 377, 386, 405, 408, 409.

Charlotte d'Angleterre : 281, 284, 289, 355.

Chateaubriand, François-René de, homme de lettres et diplomate : 378, 402.

Chaumette, procureur : 43.

Chénier, André : 37, 74.

Chénier, Marie-Joseph : 37.

Chéron : 138.

Chevalier, cuisinier : 132, 154, 199.

Chevet, madame : 61.

Chevet, traiteur : 60, 61, 125, 209.

Choiseul-Gouffier, comtesse de : 196.

Clary, Désirée, femme du maréchal Bernadotte, reine de Suède : 157, 158.

Clausevitz, Carl von : 314.

Clicquot, veuve : 255, 342.

Close, pâtissier : 67.

Cobenzl, comte von, diplomate : 114, 126, 144.

Coignet, capitaine : 100, 172.

Coigny, marquise de : 85.

Condé, prince de : 30, 41, 66, 381.

Condé, Bathilde d'Orléans, princesse de : 31.

Constant, maître d'hôtel : 23, 123, 192

Constantın, grand-duc de Russie : 19, 322, 347.

Constantin, maître d'hôtel : 67.

Contades, maréchal de : 67.

Contentin, banquier : 108.

Conti, prince de : 53, 54, 180.

Conyngham, lady : 265, 367.

Corcellet, traiteur : 59, 125.

Cornwallis, lord, ambassadeur : 120, 127.

Corvisart, médecin : 239.

Couilleaux, Auguste : 385.

Courlande, Dorothée de : voir Dino, duchesse de.

Courlande, duchesse de : 250.

Courtois, cuisinier : 142.

Couthon : 56.

Crescentini, chanteur : 118.

Crousle, Antoine : 216.

Cussy, marquis de : 10, 67, 68, 202, 216, 220, 248, 296, 325, 374, 402, 418, 419, 423.

Cuvier, naturaliste : 160.

Dalberg, duc de : 13.

Daniel, cuisinier : 23, 335.

Danton : 54, 56.

Darcet, savant : 294.

David, peintre : 43, 93, 150, 204.

Davout, maréchal, duc d'Auerstadt, prince d'Eckmühl : 164, 195.

Dazincourt, acteur : 36.

Debauve, pharmacien : 33.

Demidoff, ambassadeur : 144.

Demidoff, madame : 144.

Denuelle, Laure : 198.

Dervieux, danseuse : 123.

Desaix, général : 92.

Despeaux, mademoiselle, couturière : 153.

Despréaux, maître à danser : 86, 113, 212, 213.

Destillières, banquier : 184.

Dino, Dorothée, duchesse de : 18, 250, 347.

Dubois, maître d'hôtel : 23, 324, 326, 342, 381.

Dubois, médecin : 239.

Duchemin, Pierre Claude, pâtissier : 49, 184.

Duchesnois, mademoiselle, actrice : 143.

Dugazon, chanteuse : 74.

Dumas, Alexandre, homme de lettres : 398.

Dunan, cuisinier : 23, 61, 159, 186, 187, 194, 268, 327, 403.

Dunouy, peintre : 182.

Dupleissy, chef-pâtissier : 69.

Duponchel, décorateur : 387, 390.

Dupuis, valet de pied : 409.

Dupuytren, chirurgien : 420.

Durand, Jean Nicolas Louis, architecte : 370, 374.

Duroc, madame : 157.

Duroc, maréchal du palais, duc de Frioul : 79, 87, 94, 114, 184, 187, 205, 212, 233.

Dutfoy, pâtissier : 81.

Duval, médecin : 420.

Epistémon, chroniqueur : 61.

Escars, duc d', premier maître d'hôtel du roi Louis XVIII : 384.

Esseid Ali, ambassadeur : 74.

Estaing, vice-amiral d' : 184.

Esterhazy, prince Paul : 290, 302, 373, 377, 378, 385, 394.

Etienne, chef d'office : 348.

Eugène, cuisinier d'ambassade : 227, 228, 236, 238.

Favre, Joseph, auteur : 61, 75, 424.

Fayot, Frédéric, historien : 411, 417, 420, 421, 423.

Fesch, cardinal : 77, 183, 197, 267, 407.

Feuillet, chef-pâtissier : 66.

Fitzherbert, Maria : 281.

Foncin, bijoutier : 110.

Fontaine, P.L.F., architecte : 93, 94, 112, 117, 121, 143, 152, 177, 183, 198, 202, 204, 205, 217, 242, 256, 257, 258, 369, 370, 375, 424.

Fontanes, homme de lettres : 37, 145, 154.

Forioso, acrobate : 203.

Fouché, duc d'Otrante : 71, 79, 92, 166, 383.

Fouquier-Tinville : 53.

Fragonard, peintre : 77.

François II, empereur d'Autriche : 114, 316, 321, 324, 328, 330, 353, 358, 377.

Franconi, écuyer : 38, 195.

Frangeau, madame, sage-femme : 111.

Frédéric-Guillaume III, roi de Prusse : 12, 20, 187, 315, 319, 321, 353.

Galitzine, prince : 17.

Gall, docteur : 421.

Galliffet, marquis de : 30, 131.

Gallo, marquis de : 126.

Garchi, glacier : 59.

Garrot, valet : 97.

Gastaldy, docteur, gastronome : 98, 141, 159, 174.

Gaubert, contrôleur : 274.

Gaubert, Marcel, médecin : 412, 420.

Gellée Claude, dit Le Lorrain, pâtissier puis peintre : 66, 75.

Gendron, traiteur : 59, 124, 125, 136, 141, 148, 149, 167, 168, 216, 223.

Genlis, madame de : 336.

George III d'Angleterre : 127, 143, 273, 280, 293, 354.

George IV, régent, puis roi d'Angleterre : 273, 277, 280, 282, 283, 290, 292, 293, 297, 301, 302, 327, 354, 355, 362, 366, 374, 377, 387, 404.

George, mademoiselle, actrice : 143, 149, 346.

Georgel, jésuite : 338.

Gérard, peintre : 182, 197, 204, 395.

Germon, madame, couturière : 153.

Gilliers : 83.

Girardin, Stanislas : 235.

Gohier, directeur : 79.

Golovine, princesse : 175.

Gordon, secrétaire d'ambassade : 351.

Gottschalk, docteur : 61.

Gouffé, pâtissier : 61, 380.

Gouffé, Jules, son fils : 372, 380.

Grand-Mange, cuisinier : 97, 100, 106, 108.

Grand-Mange, mère du cuisinier : 97.

Granville, lord, ambassadeur : 378.

Grasilier, Léonce, historien : 238.

Grassini, cantatrice : 93, 114, 118, 265, 266.

Grimod de La Reynière, Alexandre : 10, 36, 37, 44, 53, 61, 63, 80, 95, 97, 98, 102, 125, 135, 139, 140, 141, 142, 150, 159, 168, 174, 179, 201, 220, 253, 263, 265, 267, 273, 402.

Gros, peintre : 197, 204.

Grouchy, général de : 119.

Grunwald, Constantin de, historien : 337.

Guichard, veuve, restauratrice : 144.

Guichardet, Agathe : 244, 245, 246, 275, 423.

Guichardet, Claude : 244.

Guichardet, Marie Agathe, dite Maria : 245, 275, 379, 399, 401, 414, 415, 417, 418, 423.

Guillaumot, chaudronnier : 101.

Guillebeau, Virginie, danseuse : 213.

Guillet, tonnelier : 216.

Guimard, danseuse : 77.

Hainguerlot, banquier : 60, 71, 121.

Hamelin, banquier : 71, 78.

Hamelin, madame : 348.

Hardenberg, prince, chancelier : 316, 323.

Heine, Heinrich, écrivain : 381.

Hénault, président : 70.

Héneveu, pâtissier : 86.

Hérault de Séchelles : 53.

Hoche, Lazare : 55.

Holland, Henry : 282.

Hua, notaire : 215.

Hugo, Victor : 392, 402, 411.

Isabey, peintre : 213.

Jablonowska, princesse : 26.

Jacob, ébéniste : 93, 101, 117, 183.

Janin, Jules, critique : 293.

Jay, cuisinier : 306, 399, 400, 413, 414, 415, 423.

Joséphine, impératrice : 25, 26, 27, 32, 72, 73, 76, 77, 78, 79, 84, 87, 92, 94, 110, 113, 117, 119, 122, 123, 124, 153, 156, 176, 189, 200, 204, 205, 206, 209, 229, 253, 271, 304, 314.

Jourdan, général : 58, 79.

Julien, violoniste : 59, 212.

Junot, Laure : voir duchesse d'Abrantès.

Junot, général, duc d'Abrantès : 90, 109, 112, 116, 143, 145, 164, 189, 190, 197, 198, 209.

Kielmannsegge, comtesse de : 134.

Kourakine, Alexandre, ambassadeur : 19, 22, 225, 226, 239.

Kourakine, Alexis, son frère : 239, 240.

Krüdener, baronne Julie de : 255, 260, 321, 347.

Laborde, maître d'hôtel : 77, 249, 383

Lacam, Pierre, pâtissier-glacier : 46, 80, 220, 263, 412.

Lacépède, comte de : 149.

La Chapelle, Vincent, cuisinier : 194, 296, 300, 368, 374, 375, 404.

Lacour-Gayet, historien : 40.

La Fayette, marquis de : 40, 87.

Laffitte, banquier : 25, 253.

Laforge, pâtissier : 63.

La Guipière, cuisinier : 19, 177, 183, 184, 185, 187, 190, 193, 194, 203, 204, 209, 210, 214, 217, 231, 246, 249, 261, 295, 357, 398.

Laharpe, avocat : 116.

Lange, traiteur : 179.

Lannes, maréchal, duc de Montebello : 79, 90, 91, 92, 151, 164, 165, 227, 239.

Laplace, comte de : 70.

Larché, pâtissier : 63.

Lasne, cuisinier : 132, 154, 194, 203, 232, 268, 269, 274, 275, 310, 311.

Lauzun, duc de : 55.

Laval, vicomtesse de : 85.

Lavalette, Antoine Marie de, directeur des Postes : 207, 249, 253, 257, 267.

La Vaupalière, marquis de : 81, 82, 264.

Lawrence, Thomas, peintre : 317, 331.

Laÿs, chanteur : 13, 74.

Lebeau, pâtissier : 87.

Lebrun, troisième consul : 109, 147, 155.

Leckermaan : 179.

Le Coq, chef-pâtissier : 69.

Ledoux, architecte : 47, 77, 88, 146, 151.

Le Doyen, restaurateur : 14.

Le Gacque, restaurateur : 14, 37, 140.

Legrand, architecte : 30.

Lejeune, baron : 115.

Lemercier, Népomucène : 43, 79.

Lémery, docteur : 294.

Le Nôtre, André, paysagiste : 164, 421.

Lenotre, Georges, historien : 159.

Leroy, couturier : 153, 205, 265.

Leszczynska, Marie, reine : 83.

Leszczynski, Stanislas, roi de Pologne, duc de Lorraine : 83, 114.

Liechtenstein, prince de : 173.

Lieven, princesse : 321.

Ligne, prince de : 230.

Liverpool, lord : 288.

Longchamp, chimiste : 408.

Louis, abbé : 13.

Louis XV : 70, 78, 83.

Louis XVI : 16, 23, 26, 31, 38, 39, 40, 50, 73, 115.

Louis XVIII, comte de Provence puis : 15, 18, 24, 27, 52, 53, 250, 254, 263, 264, 269, 275, 312, 317, 320, 323, 376, 382, 406.

Lozet, pâtissier : 223.

Lucas, docteur, maire de Vichy : 407.

Lucchesini, marquis de : 126, 136.

Luynes, duchesse de : 39.

Mack, général autrichien : 173, 193.

Magonty, Etienne, cuisinier : 413, 421.

Mahy de Chitenay, Henriette, épouse de Carême : 215, 223, 244, 245, 246, 275, 423.

Maille, vinaigrier : 33.

Maingot, architecte : 391.

Malthus : 169.

Maradan, libraire : 140.

Marcoff, comte de : 126.

Maria Feodorovna, impératrice douairière de Russie : 342.

Marie-Antoinette, reine : 26, 36, 38, 60, 113, 225.

Marie-Louise, impératrice : 11, 13, 227, 229, 232, 233, 234, 235, 237, 238, 241, 243, 248, 249, 307, 419.

Marmont, maréchal de, duc de Raguse : 16, 77, 79, 90.

Mars, mademoiselle, comédienne : 266.

Martin, commissaire de police : 382.

Masséna, maréchal, duc de Rivoli, prince d'Essling : 164, 165.

Massialot, cuisinier-auteur : 295.

Massimo, cuisinier : 158.

Masson, Frédéric, historien : 22, 48, 87.

Matignon, mademoiselle de : 82.

Mazurier, glacier : 141.

Melas, général von : 92.

Melbourne, lady : 265.

Menon, auteur : 248, 374.

Méot, restaurateur : 53, 109.

Mercier, Louis-Sébastien, homme de lettres : 30, 35, 37, 47, 51.

Mérigot, madame, auteur : 51.

Mériotte : 400.

Metternich, Clément, prince von : 17, 20, 206, 209, 230, 250, 320, 321, 323, 329, 347, 353,

356, 362, 364, 373, 377, 383, 384, 386.

Michel, Adolphe, historien : 405.

Michelet, Jules, historien : 383.

Michelot, intendant : 158.

Mirabeau, Honoré Gabriel, comte de : 40, 41, 127.

Montesson, marquise de : 77, 113, 114, 118, 198.

Montmorency, duc de : 82.

Moreau, général : 58, 79, 124.

Morgan, lady : 265, 395, 396, 405.

Morillion, cuisinier : 36, 135.

Morinville, restaurateur : 414.

Mortier, maréchal, duc de Trévise : 105, 164, 195.

Muhlstein, Anka, historienne : 384.

Muller, contrôleur du tsar : 19, 20, 21, 22, 28, 257, 261, 304, 309, 316, 319, 320, 326, 353.

Murat, Antoinette : 209.

Murat, Caroline, grande-duchesse de Berg et de Clèves, puis reine de Naples : 15, 18, 84, 109, 110, 111, 123, 124, 145, 146, 147, 151, 157, 160, 161, 175, 176, 181, 182, 183, 188, 189, 190, 191, 193, 197, 198, 205, 206, 207, 209, 212, 213, 217, 226, 230, 233.

Murat, Joachim, maréchal, grand-duc de Berg et de Clèves, puis roi de Naples : 15, 19, 79, 90, 92, 109, 110, 112, 123, 145, 146, 147, 154, 155, 157, 167, 175, 176, 177, 178, 181, 185, 187, 188, 191, 195, 196, 197, 198, 207, 208, 209, 211, 212, 213, 217, 230, 233, 246, 318, 374, 397, 417.

Napoléon : voir Bonaparte.

Narbonne, comte de : 85.

Naryschkine, Marie : 321.

Nash, John, architecte : 282.

Naudet, président de comité, puis restaurateur : 56, 82.

Necker, ministre : 35, 77.

Ney, maréchal, duc d'Elchingen, prince de la Moskova : 150, 157, 165, 195, 257, 267.

Nicolas de Russie, grand-duc, puis tsar Nicolas Iᵉʳ : 276, 278, 290, 337, 395, 423.

Nivernais, duc de : 70.

Nivet, pâtissier : 63.

Normand, graveur : 369.

Odiot, orfèvre : 390.

Orieux, Jean, historien : 86.

Orléans, duc d' : 69, 77, 78, 90.

Orléans, duc d', Philippe-Egalité : 31, 35, 53.

Orléans, duc d', puis roi Louis-Philippe : 381, 384, 410, 411, 418.

Orlov, prince : 335.

Oudinot, maréchal, duc de Reggio : 195.

Ouvrard, financier : 71, 78, 92, 117.

Pache, maire de Paris : 50.

Pahlen, comte, ambassadeur : 395, 423.

Palladio, architecte : 88, 398.

Palmerston, lord : 266.

Palud, maître d'hôtel : 232.

Parmentier, Antoine Augustin : 169.

Pasquier, baron : 201, 243.

Pastilla, chef-pâtissier : 81.

Paul Ier, tsar de Russie : 116.

Penthièvre, duc de : 52.

Percier, architecte-décorateur : 93, 94, 112, 121, 143, 177, 182, 183, 198, 199, 202, 204, 205, 217, 248, 369.

Perrégaux, banquier : 60, 77, 120.

Pie VII, pape : 151, 152, 166.

Pigage, Nicolas de, architecte : 180.

Pitt, William, ministre : 120.

Plumerey, cuisinier : 423.

Polignac, prince de : 408, 409.

Pompadour, marquise de : 68, 176.

Portland, duc de : 274.

Potocka, princesse : 26, 189.

Potron, notaire : 244.

Poulet-Malassis, historien : 55.

Pradt, Mgr de : 13, 250.

Préval, général de : 238.

Provençaux, frères, restaurateurs : 53.

Raisson, Horace, auteur : 394.

Rapp, général : 124.

Ravez, président de la Chambre des députés : 349, 376.

Récamier, Juliette : 72, 78, 112, 147, 225, 241, 266, 314.

Récamier, banquier : 77, 172, 225.

Regnault de Saint-Jean-d'Angély, madame : 233.

Reichardt, compositeur : 106.

Reinhardt, ministre des Relations extérieures : 16.

Renette, armurier : 109.

Restif de La Bretonne, homme de lettres : 37, 140.

Réveillon : 35.

Richaud, frères, cuisiniers : 121, 137, 138, 139, 156, 194, 295.

Richelieu, duc de : 320, 322.

Richelieu, maréchal de : 70, 176.

Riquette, cuisinier : 18, 23, 132, 154, 203, 210, 214, 217, 326, 337.

Robert, restaurateur : 19, 54, 108, 116, 121, 139, 140, 143, 147, 177, 178, 179, 183, 203, 204, 209, 214, 217, 261, 274, 306, 307, 357, 374.

Robespierre, Maximilien de : 42, 53, 56, 80, 199.

Roederer, conseiller d'Etat : 79.

Rohan-Guéméné, prince Louis de : 237, 250, 326, 327, 381.

Roques, Joseph, médecin : 294, 387, 388, 404, 412, 418, 419, 420.

Rossini, Gioacchino : 387, 388, 389, 390, 391, 395, 398.

Rothschild, Alphonse de : 408.

Rothschild, Mayer Amschel de : 317, 385.

Rothschild, Betty de : 385, 386, 395, 410, 423.

Rothschild, Carl Mayer de : 382.

Rothschild, James de : 381, 382,

383, 384, 385, 386, 387, 388, 391, 397, 405, 410, 411.
Rothschild, Nathan de : 381, 382, 383.
Rothschild, Salomon de : 382, 383, 385.
Rouget, pâtissier : 83, 141.
Roustan, mamelouk : 23, 187.
Routoure, pâtissier : 400, 408, 409, 410, 413, 414.
Roze, restaurateur : 54.
Ruggieri, frères : 59, 94, 313.

Sagan, duchesse de : 326, 329, 347.
Sainte-Foy, Radix de : 85.
Saint-Just : 53.
Saisseval, marquis de : 40.
Salm-Krybourg, prince de : 30.
Saqui, signora, acrobate : 235.
Savard, cuisinier : 108, 132.
Savary, ministre, duc de Rovigo : 382.
Saxe-Cobourg, Léopold de : 281, 284.
Schelley, lady : 133.
Schwarzenberg, prince Paul von : 11, 13, 16, 20, 227, 235, 241.
Schwarzenberg, princesse Pauline von : 237, 250.
Ségur, comtesse de : 226.
Ségur, Louis-Philippe de : 85, 152, 170, 226, 227.
Sender, S. G., pâtissier : 380.
Serlio, architecte : 88.
Sicard, abbé : 20.
Soubise, maréchal de : 67, 77.

Soult, maréchal, duc de Dalmatie : 195.
Souza de, ambassadeur : 105.
Sprengorten de, ambassadeur : 116.
Staël, Germaine de : 25, 72, 77, 241.
Stair, lord : 369.
Stendhal : 387, 389.
Stephenson : 289.
Stewart, lady Frances Ann : 332, 333, 335, 351, 352, 354, 361, 362, 364, 367, 368, 369.
Stewart, lord Charles, puis marquis de Londonderry : 11, 20, 27, 127, 259, 270, 327, 328, 329, 331, 332, 333, 334, 335, 347, 350, 352, 353, 354, 355, 357, 361, 362, 363, 364, 365, 366, 367, 368, 374, 386.
Stohrer, pâtissier : 82, 83, 87.
Suffren, bailli de : 184.

Taigny, traiteur : 168.
Taillevent, maître queux : 84.
Talleyrand-Périgord, Charles Maurice de, prince de Bénévent : 9, 10, 12, 14, 16, 18, 38, 39, 40, 60, 72, 74, 75, 78, 79, 84, 86, 92, 94, 107, 108, 112, 114, 118, 127, 128, 131, 132, 133, 135, 136, 143, 144, 145, 147, 159, 161, 166, 173, 181, 206, 208, 240, 250, 263, 267, 278, 298, 314, 326, 328, 329, 347, 349, 356, 379, 382, 405, 407, 417, 423.
Tallien, madame : 60, 72, 78.

Talma, acteur : 76, 143, 241, 346, 376, 413.

Talma, Julie, sa première femme : 76, 77.

Talon, cuisinier-restaurateur : 23.

Tchernichev, aide de camp du tsar : 19, 26.

Tiroloy, chef-pâtissier : 69, 89.

Tortoni, restaurateur : 151.

Touchon, docteur : 420.

Troyat, Henri : 347.

Tyszkiewicz, princesse : 250.

Van den Daele Léo, pâtissier : 325.

Vaudémont, princesse de : 85.

Vazie, Robert, ingénieur : 281.

Velloni, glacier : 59, 176.

Vernet, Carle, peintre : 182.

Véry, restaurateur : 14, 140.

Vialles, Pierre, historien : 192, 208.

Vigée-Lebrun, Elisabeth, peintre : 197.

Vignole, architecte : 88.

Vigny, Alfred de : 176.

Villevieille, marquis de : 98, 192.

Visconti, madame : 78.

Vlans, madame, propriétaire : 316.

Volkonski, prince : 319, 324, 337, 354, 358.

Voltaire : 41.

Walewska, Marie : 189, 198, 212.

Watier, contrôleur : 273, 274, 277, 278, 287, 300, 304.

Wattel (ou Vatel), contrôleur : 129, 130, 259.

Wellington, duc de : 20, 253, 254, 255, 259, 265, 266, 267, 270, 303, 304, 309, 310, 311, 312, 316, 323, 335, 382, 383, 395.

Weltje, contrôleur : 274.

Whitworth, lord, ambassadeur : 127, 143, 157.

Wurtemberg, Catherine de, reine de Westphalie : 200, 202, 237, 307.

Wurtemberg, Frédéric, roi de : 307, 347.

Wurtemberg, prince Paul de : 306, 307, 308, 337.

York, duc d' : 304.

Des mêmes auteurs

La Dernière Reine. Victoria, 1819-1901, Robert Laffont, 2000
La Dame des 35 heures, Robert Laffont, 2002.

PHILIPPE ALEXANDRE

Gaston Defferre, Solar, 1964
Le Président est mort, Solar, 1965
L'Élysée en péril, Fayard, 1969
Le Duel de Gaulle-Pompidou, Grasset, 1970
Chronique des jours moroses, Solar, 1971
Exécution d'un homme politique, Grasset, 1973
Le Roman de la gauche, Plon, 1977
Vie secrète de Monsieur Le, Grasset, 1982
Marianne et le pot au lait, en collaboration avec Roger Priouret,
    Grasset, 1983
En sortir ou pas, en collaboration avec Jacques Delors, Grasset, 1985
Paysages de campagne, Prix Aujourd'hui 1988, Grasset, 1988
Mon livre de cuisine politique, Grasset, 1992
Plaidoyer impossible pour un vieux président abandonné par les siens,
    Albin Michel, 1994
Nouveaux Paysages de campagne, Grasset, 1997

BÉATRIX DE L'AULNOIT

Un pantalon pour deux, Stock, 1984
Un homme peut en cacher un autre, Stock, 1985
Gorby passe à l'Ouest, Stock, 1988
Les Rochambelles, Lattès, 1992
Le Triangle de Tokyo, Denoël, 1998

Composition par I.G.S.-Charente Photogravure à Angoulême
et impression Société Nouvelle Firmin-Didot
en octobre 2003
pour le compte des Éditions Albin Michel

N° d'édition : 21967 – N° d'impression : 65660
Dépôt légal : novembre 2003

Imprimé en France